Württemberger Wein

CARLHEINZ GRÄTER

Württemberger Wein

Landschaft
Geschichte
Kultur

DRW-Verlag

ISBN 3-87181-270-6

Konzeption, Produktion und Satz:
Wais/Redies - Verlagsprojekte, Stuttgart
Gestaltung und Umschlag:
Hans-Jürgen Trinkner, Stuttgart
Druck: Karl Weinbrenner & Söhne GmbH & Co.,
Leinfelden-Echterdingen

Bestellnummer: 270

Geleitwort

„Im Württemberger Lande,
da wächst ein guter Wein"
(aus „Des Knaben Wunderhorn")

Bei der ungeheuren Fülle von Informationen zu dem im vorliegenden
Buch behandelten Thema Württemberger Wein, die sich im Verlauf von
Jahrhunderten angesammelt hat, muß es zunächst fast vermessen erscheinen, die richtige Auswahl zu treffen und dabei auch spezielle Bereiche anzusprechen, deren gründliche Kenntnisse entweder nur dem unermüdli-
chen Forscher oder aber dem mit der Materie vertrauten Praktiker vorbehalten sind. Doch der für die Erarbeitung dieses Werkes grundlegende
Gedanke führte zu einer interessanten Verknüpfung weinkultureller, historischer und naturwissenschaftlicher Fakten, gepaart mit vielen fachli-
chen Einzelheiten über den Weinbau in unserem Lande.

Bei der Lektüre des Buches erkennt der Leser rasch, daß es dem Autor
vor allem auch darum ging, die wichtige und eigenständige Stellung des
Württemberger Weins im Kultur- und Wirtschaftsleben für jedermann
verständlich darzustellen. So wendet sich das Werk nicht nur an alle pas-
sionierten Freunde württembergischer Weine, sondern auch an alle neuen
Freunde, die erst dabei sind, unser Anbaugebiet richtig kennenzulernen,
und mit offenen Augen auf Entdeckungsreise gehen möchten.

Mit dem schwäbisch-fränkischen Weinland, den Rebhängen zwischen
Tauber und Albtrauf, zwischen Kocher und Zabergäu bis hinab zum Bodensee, will dieses grundlegende Werk vertraut machen. Es ist ein zuver-
lässiger Führer und treuer Begleiter zu den landschaftlichen und kunstge-
schichtlichen Sehenswürdigkeiten im Umfeld des Weins und der Menschen, die ihn kultivieren. Es zeigt, daß dort, wo die Rebstöcke stehen,
schaffige, aber auch fröhliche Leute leben, die mit viel Beharrlichkeit und
Eifer seit Jahrhunderten ihre schwere Arbeit besorgen und die Trauben
unter dem Segen der Sonne zur Reife pflegen.

Dem aufmerksamen Leser wird es sicher nicht entgehen, daß das Buch
auch eine Liebeserklärung des aus dem Taubertal stammenden Autors
Dr. Carlheinz Gräter an das Weinland Württemberg bedeutet. Entstanden
ist dadurch eine umfassende und erschöpfende Abhandlung, die gleichzeitig eine in dieser Form überfällige Würdigung des traditionsreichen
Anbaugebiets Württemberg darstellt.

Weinsberg, im Juli 1993
Hermann Hohl
Präsident des Weinbauverbandes Württemberg e.V.

Zum Anstich!

Jeder Faßanstich war früher ein freudig verwegener Akt. Dem Verfasser ist ein bißchen ähnlich zumute. Wer das Literaturverzeichnis dieses Buches durchmustert, mag überrascht sein, daß hier nach 125 Jahren erstmals wieder eine historisch fundierte Gesamtschau zum Thema Weinbau und Weinkultur in Württemberg vorliegt. 1868, im gleichen Jahr, in dem die von ihm inspirierte Weinbauschule Weinsberg gegründet wurde, hat Immanuel Dornfeld, „Kameralverwalter, Finanzrat in Weinsberg, Ritter des Friedrichsordens, Mitglied der württembergischen Weinverbesserungsgesellschaft sowie mehrerer landwirtschaftlichen Gesellschaften und Vereine", seine Geschichte des Weinbaus in Schwaben veröffentlicht. Sie ist bis heute ohne Nachfolge geblieben, sieht man von der grundlegenden, 1953 erschienenen Studie Karl Heinz Schröders über Weinbau und Siedlung in Württemberg einmal ab.

Nach einem Exkurs über das Leitmotiv Weinkultur wird die von Rebstock und Weingärtner nachhaltig geprägte Kulturlandschaft des Landes nachgezeichnet. Der Abschnitt „Weinblätter der Geschichte" schlägt den Bogen von der Wildrebe der Neckarauwälder bis hin zur Rebflurbereinigung der Nachkriegsjahre. Es folgt eine „Weintopographie zwischen Bodensee und Taubergrund" sowie eine Einführung über den Umgang mit dem Württemberger Wein. Weinchronik, Weinbiographien, eine Übersicht über Weinbaumuseen und Weinlehrpfade, ein Wörterbuch der Weinsprache, Anmerkungen zu Maß und Münze sowie Hinweise zur Literatur beschließen das Buch.

Direktor Dr. Gerhard Götz und Bibliothekar Helmut Smyk von der Staatlichen Lehr- und Versuchsanstalt Weinsberg habe ich für wohlwollende Unterstützung zu danken.

Wenn nun nach 125 Jahren wieder eine, mit Rücksicht auf Umfang und Preis notgedrungen knappe, aber dennoch umfassende Geschichte des Weinbaus und der Weinkultur Württembergs vorliegt, kann ich mit Sebastian Francks Vorspruch zu seiner Chronica von 1531 schließen: „... deshalb hoff' ich, dies Buch bedürf' keines Weinausrufers!"

Würzburg, im Mai 1993
Carlheinz Gräter

Inhalt

Notwendige Gedanken
über Wein und Kultur

Weinkultur – das ist ein junger Begriff für eine uralte Sache. Laut Grimmschem Wörterbuch, wo das Stichwort Wein 166 Spalten füllt, erscheint die Wortbildung erstmals anno 1810, posthum, bei Johannes von Müller, dem Geschichtsschreiber der schweizerischen Eidgenossenschaft, philologisch noch ganz selbstgenügsam als ein Gelehrtenbegriff für den Anbau und die Pflege des Rebstocks. Unser längst vieldeutig schillerndes Wort Kultur kommt ja aus dem Lateinischen, von colere, pfleglich das Land bebauen; es haftete also ursprünglich am umhegten Garten, am gestrählten Acker, am beschnittenen Wingert, am nachhaltig bewirtschafte-

Weinlese im Neckartal. Gemälde von Johann Gutekunst (1801-1858).

11

ten Wald, an der immergrün, immerbunt sich verjüngenden Wiese. Es tut gut, sich manchmal daran zu erinnern, daß all unsere Kultur und Zivilisation auf ein paar Handbreit fruchtbarer Erde, stets gefährdetem lebendigem Humus gründet. Erst der Überschuß der landwirtschaftlichen Kulturen schuf die Voraussetzung der geistig-seelisch-sinnlichen Kultur im heutigen Wortsinne, nämlich die Muße.

Weinkultur schließt vieles ein, Sakrales und Profanes, Werktägliches und Festliches: das gotische Fresko Christi in der Kelter wie die winterliche Besenwirtschaft in der Esslinger Industrie-Aue; das Wengerterhaus an der Rems und das Träubelesbild an der Tauber; den musealen Prunkpokal und den am 27. Dezember in der Kirche geweihten Johanniswein; den mauergewappneten halsbrecherisch steil terrassierten Weinberg überm Neckar und die bacchischen Kellergewölbe alter Bürgerhäuser, Schlösser, Pfleghöfe; Atmosphäre und Stil des Fellbacher oder Heilbronner Herbstes wie die Weinkarte im Lokal und die Weinpreisliste mit den exakten Daten über Restzuckergehalt und Säurepromille.

Herzstück aller Weinkultur aber bleibt die Weingesittung, der redliche Umgang mit dem edelsten Produkt der Erde: vom Rebschnitt über sparsames Düngen und Spritzen bis hin zum Ausbau in Faß und Tank, von der eigenen Bibliotheca subterranea, dem Flaschenkeller, bis hin zur kerzenerhellten Weinprobe oder dem täglichen Viertele am Stammtisch.

Weinkultur meint unseren Umgang mit Rebe und Wein, sie schließt so nicht nur vieles, sondern auch viele ein – Wengerter und Kellermeister, Gastwirt und Gesetzgeber, Künstler und Konsument.

Lebensmittel damals – und heute?

Wir tun uns mit der Weinkultur heute etwas schwerer als unsere Vorfahren, auch wenn Standespolitiker, Erzeuger und Werbung einträchtig versichern, noch keine Generation vor uns habe so reintönig bekömmliche, preiswerte, rundum nette und edle Viertele und Fläschle getrunken. Denn es fällt uns schwer, den Wein als Lebensmacht oder auch nur als Lebensmittel unbefangen anzunehmen. Für allzu viele steht er noch immer auf einem geheimen Altärchen oder im Giftschrank allgegenwärtig chemischer Imprägnierung – nicht wie das tägliche Brot selbstverständlich auf dem Tisch.

Ein paar Exempel lassen die Kluft zwischen der Weinkultur in Gegenwart und Vergangenheit ahnen. 1991 umfaßte im Anbaugebiet Württemberg die im Ertrag stehende Rebfläche 10 831 ha, die Einwohnerzahl gut fünf Millionen. Ums Jahr 1600 wuchs die Rebe im gleichen Gebiet auf schätzungsweise 45 000 ha; das Herzogtum Wirtemberg zählte damals etwa 450 000 Einwohner, wozu noch einmal etwa 400 000 Einwohner in den später angeschlossenen Territorien kamen. Wen verwundert's da, daß kaum ein Schwabe oder Franke allzu weit in den Kirchenbüchern zurückblättern muß, um auf einen Weinbauern oder Häcker als Vorfahren zu stoßen?

Nicht nur Weingärtner, Händler, Wirte, Fuhrleute, städtische und herrschaftliche Diener und Beamte lebten als Erzeuger, Verkäufer und Kontrolleure unmittelbar vom Wein. Bis hinein ins vorige Jahrhundert waren Naturalsteuern und Naturalbesoldung, Zinseinkünfte und Renten in Form von Wein die Regel. Das klingt noch in Mörikes Turmhahn-Gedicht an:

> „Am Samstag muß ein Pfarrer fein
> Daheim in seiner Klause sein.
> Nicht visiteln, herumkutschieren,
> Sein Faß einbrennen,
> Sonst hantieren . . ."

Die Weinsteige teilte das Land

Der Wein war im Landschaftsbild allgegenwärtig, er galt als bedeutendster Exportartikel des Herzogtums, und er hat das Leben unserer Vorfahren handgreiflich wie metaphorisch buchstäblich durchtränkt: Brautpaare tranken ihn am Hochzeitstag ebenso wie Reisende vor dem Aufbruch als Johannissegen. Bei der Taufe kreiste der Kindelweinbecher. Bis zur Ablösung der Grundlasten Mitte des vorigen Jahrhunderts reichte das Kameralamt in einigen Orten des Oberamts Heilbronn jeder Bürgersfrau sechs Maß Wein, wenn sie einen Knaben geboren hatte, und vier, wenn ein Mädchen zur Welt gekommen war.

In der Leichenpredigt auf die 1589 verstorbene Herzogin Anna Maria, Mutter von zwölf Kindern, hieß es, sie sei dem Fürstenhaus „wie ein fruchtbarer Weinstock gewesen, der voll Trauben gehangen". In der Reichsstadt Esslingen hatte der Scharfrichter eine Feldflasche seines Besoldungsweines mitzuführen, wenn er einen Delinquenten zur Richtstätte brachte, damit sich der arme Sünder unterwegs noch einmal stärken konnte. Bis ins Zeitalter der Reformation stellte man an Allerseelen Brot und Wein als symbolische Speisung der Toten auf die Gräber – eine Gabe, die dann meist an die Ortsarmen ging.

Gute Weinjahre blieben als Marken im Fluß der Zeit haften. Der schwäbische Historiker und Erzähler Gerhard Raff erinnert sich, daß ihm seine

Großmutter „zum Eintritt ins Gymnasium die Erstausgabe von Christian Gottlob Barths 1843 erschienener ‚Geschichte von Württemberg – neu erzählt für den Bürger und Landmann' in die Hand gegeben, die sich ihr Vater, der Weingärtner Christian Maier, nach der reichen Ernte des gesegneten Weinjahres 1868 erwerben konnte".

Seit dem Mittelalter gilt die Scheidung Württembergs in Oberland und Unterland „oder nach der Stuttgarter Weinsteige in das Land ob der Steig oder unter der Steig". Es war kein selbstverliebtes Wortspiel, wenn der Schwabe Friedrich Schiller die patriotische Vignette reimte.

> „Der Name Wirtemberg
> Schreibt sich von Wirt am Berg.
> Ein Wirtemberger ohne Wein,
> Kann der ein Wirtemberger sein?"

Johann Konrad Dirlam bekannte in seiner 1778 erschienenen kleinen Geschichte des Neckarweins mit entwaffnender Offenheit: „Meinem kurzen Weinverstand nach ist derjenige Wein nicht gesund genug, mit dem ich ohne Gefahr den Durst nicht löschen darf." Und als sich der junge Justinus Kerner 1809 auf eine Bildungsreise durch Deutschland aufmachte, schrieb er aus Hamburg an seinen Freund Uhland: „Weine trinkt man hier bloß französische, besonders rote. Ach, die sind lange nicht so herzlich wie unser Neckarwein, nach dem mich, sooft ich ein Glas klingeln höre, ein Sehnen anwandelt, wie den Schweizer nach seinen Bergen, wenn er das Alphorn hört."

Dazu paßt die hartnäckige schwäbische Abstinenz gegen das Bier, auch wenn da die Interessenpolitik der Landstände und der Grundherrschaften hineinspielte. 1709 erst wurde in Stuttgart öffentlich Bier ausgeschenkt; dabei galt es noch lange bestenfalls als Abendtrunk kleiner Handwerker, Taglöhner und Soldaten. Fritz Wiedermann meinte dazu in seinem Buch über die Stuttgarter Gastronomie: „Noch Mitte des 19. Jahrhunderts war es für einen ‚soliden Bürger' undenkbar, in einem Lokal Bier zu trinken. Ausnahmen gab es höchstens beim Besuch von Gartenwirtschaften . . ."

Den ersten folgenschweren Einbruch erlebten Weinbau und Weinkultur Württembergs im Gefolge des Dreißigjährigen Krieges. Noch verheerender als die Verödung und Verwilderung der Rebstücke wirkten sich die starken Bevölkerungsverluste auf den arbeitsintensiven Weinbau aus. Die Raubkriege Ludwigs XIV., die Feldzüge des republikanischen und napoleonischen Frankreich mit ihren Weinkontributionen führten zum unbedenklichen Anbau von Massenträgern, was den guten Ruf der württembergischen Weine ruinierte und den Weinexport eingehen ließ. Dank

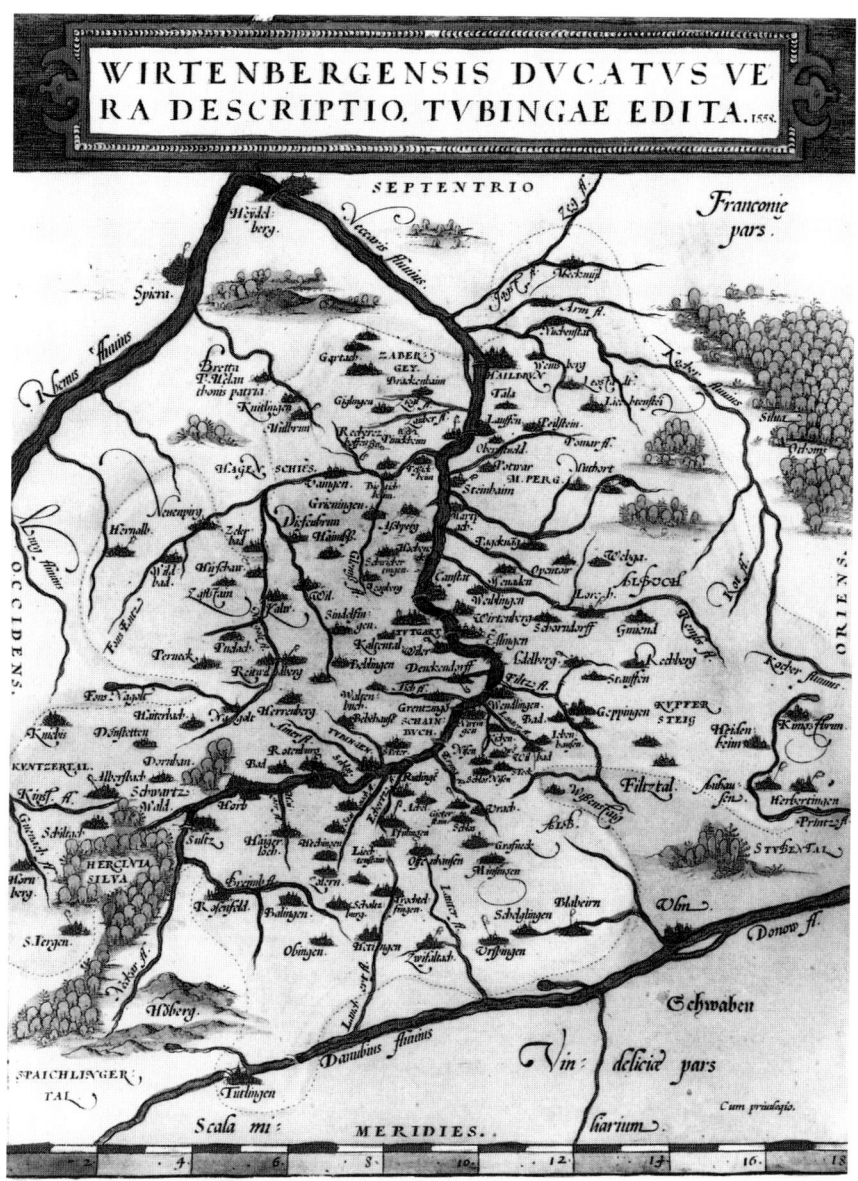

Karte des Herzogtums Schwaben aus dem Jahr 1558.
Deutlich zeichnet sich der Neckar als Stammbaum des Landes ab.

besserer Brautechnik und der Ausweitung des Obstbaus in den aufgelassenen Rebhalden kamen Bier und Most statt des Landweins als Volksgetränk auf, neue Genußmittel wie Kaffee, Tee, Schokolade und Tabak gesellten sich hinzu.

Im Umbruch blieb der Stand

Den zweiten Einbruch brachte die Industrialisierung. Sie fand ihre Standorte bevorzugt in den dichtbesiedelten Weinbaugebieten und eröffnete dem Wengerter erstmals Alternativen zu seiner risikoreichen Schwerarbeit im Weinberg. Als Schulbeispiel gilt das Zabergäu. Solange es abseits der neuentstandenen Industriezentren am Neckar blieb, behauptete sich der Weinbau und gewann sogar wieder an Boden. Mit dem Bau der Zabertalbahn 1896, die das Auspendeln ebenso wie die Ansiedlung örtlicher Industrie ermöglichte, setzte aber auch hier der Erosionsprozeß des heimischen Weinbaus ein. Das Auftreten der Rebseuchen, vor allem der Peronospora, der Blattfallkrankheit, sowie die Invasion der Reblaus – beide aus Amerika eingeschleppt – haben den Rückgang der Rebkultur allenfalls beschleunigt, jedoch nicht ausgelöst.

Daß sich Württemberg trotz aller Widrigkeiten als Weinland behauptet, daß die Rebkultur im Zug der Umlegungen seit drei, vier Jahrzehnten sogar eine Renaissance erlebt, läßt sich nicht allein mit der alles in allem ungebrochenen Konjunktur der Gesamtwirtschaft erklären. Fortschritte in der Weinbautechnik wie in der Kellerwirtschaft gaben ebenso den Ausschlag wie die beharrliche Treue des Württembergers zu seinem Wein. Vor allem aber ist da die Figur, ja Institution des Wengerters zu nennen. Er bildete, auch nach dem Fall der Zunftpflichtigkeit 1822, einen eigenen Stand – und das nicht nur in Heilbronn, wo dieser Begriff heute noch lebendig ist. Weitgehend selbständig in seiner Arbeit, entwickelte er ein Unabhängigkeitsgefühl und Selbstbewußtsein, das schon früh in den landeskundlichen Beschreibungen registriert und als Derbheit, Trotz und Eigenwilligkeit, als Eigensinn beschrieben wurde.

Schenkel fegen, Söhne machen

Dazu wird in Heilbronn folgende Anekdote erzählt: Beim Schneiden der Reben im Frühjahr wird, wenn ein Stock in der Zeile ausfällt, ein Einleger gemacht, also Nachwuchs gezogen. In Heilbronn nennt man das „einen Sohn machen". Das Entfernen der Rebenrinde bezeichnet man mit

16

„Schenkel fegen". Also erhielt eine Kommerzienratswitwe, die sich ihren Weinberg von einem Wengerter im Taglohn bebauen ließ, eines Tages folgende Rechnung präsentiert: „Der Frau Kommerzienrat im Wartberg zwei Söhne gemacht und die Schenkel gefegt, acht Stunden = sechs Mark."

Schwäbisches und fränkisches Stammeselement mischen sich beim württembergischen Wengerter ebenso wie konservative und liberale Wesenszüge. Der Volkskundler Martin Scharfe hat dazu ein paar Stichworte genannt und von einer spezifischen Subkultur des Weingärtnerstandes vor allem in den Städten gesprochen. So hätten etwa die berüchtigten Tübinger Gôgen der Unterstadt gegenüber der Ehrbarkeit und der Universität in der Oberstadt eine förmliche Kontrastmentalität entwickelt und sich 1831 eine eigene kleine demokratische Revolte geleistet. Und die Reutlinger Weingärtner seien noch

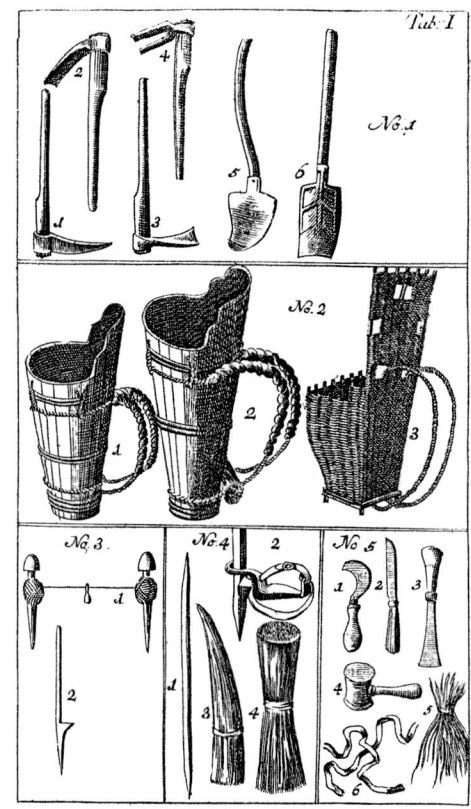

Handwerksgerät des Wengerters. Kupferstich aus Balthasar Sprengers Standardwerk über die „Praxis des Weinbaues überhaupt, besonders aber in Schwaben ..." von 1778.

im späten 19. Jahrhundert, sehr zum Verdruß der Geistlichkeit, sonntags in aller Herrgottsfrühe in die Weinberge erkrankter oder eben verstorbener Standesgenossen gezogen und hätten dort gemeinsam die fälligen Arbeiten verrichtet.

„In politischer Hinsicht", so Scharfe, „bedeutete die Eigenwilligkeit in der Regel wohl eher eine konservative Haltung, was sich an den Geschehnissen von 1848 gut beobachten läßt. Die mitrevoltierenden Cannstatter Weingärtner, die nach dem Rätemodell für mehrere Monate einen ‚Zwanzigerausschuß' einsetzen halfen, begründeten dies mit der Forderung nach Wiederherstellung älterer Rechte. In Heilbronn wurde die verhält-

17

nismäßig heftige 48er Revolution von Arbeitern und Soldaten getragen. In Stuttgart wird ausdrücklich vermerkt, die Weingärtner stünden auf seiten der ‚Ordnungspartei'. Bei nächtlichen Unruhen hätten sie gerufen, sie arbeiteten von früh bis spät, nachts wollten sie schlafen."

Einfühlsam und anschaulich beschreibt der aus Wiesloch stammende Weinkundler Johann Philipp Bronner 1837 das Arbeitsethos, die Hoffnungen und Enttäuschungen des Wengerters, und er schildert zugleich die Schwerarbeit, die diesem sein Handwerk vom historischen Weinberg bis hin zur Rebflurbereinigung unserer Tage abgefordert hat. Achtzehnmal, so heißt es, mußte er im Jahr um jeden seiner Stöcke gehen. Ein Hinweis vorweg: Unter „felgen" versteht man das oberflächliche Lockern der Krume, während die Karsthaue der tiefgründigen Bodenbearbeitung diente. Und nun die Würdigung Bronners:

Ein Porträt des Wengerters

"Wer je Gelegenheit hatte, das Geschäftsleben des württembergischen Weingärtners kennenzulernen, der wird mit mir übereinstimmen, daß nicht wohl jemand anders mit so vieler Ausdauer und Hingebung sich dem edlen Weinstocke widmet als der Württemberger. Der Gedanke an seinen Beruf begleitet ihn Morgens beim Aufstehen und Abends beim Niederlegen. Der Weinbau ist die Achse, um welche sich alle seine Lebensverhältnisse drehen. Nach seinem Gott ist er allein seine Sonne, um die sich die Welt seines Berufes dreht und nur Planeten sind ihm alle andere Arbeiten. Keine Hitze an den brennenden Mauern, keine Kälte, keine schneidenden Winde auf den Berghöhen scheuet der Weingärtner, wenn es gilt seine Lieblinge zu pflegen, unverdrossen steigt er Tag für Tag seine Berge himmelan und nur zu oft wankt er mit zitternden Knien des Abends seinem Lager zu, um den künftigen Tag mit gleicher Ausdauer das gestrige Werk wieder zu beginnen. Weder Sommer noch Winter verläßt er seine Weinberge, sie sind seine Welt, der Tummelplatz seines Lebens und seiner Gewohnheiten. Nur die unerbittlichen Elemente können ihn abhalten, die Stätte seines Wirkens zu besuchen. Keinen Tag kennt er, im Laufe des ganzen Jahres, wenn es nur möglichst die Witterung erlaubt, wo er nicht eine Beschäftigung im Weinberge fände. Was könnte sachgemäß mit einem solchen Fleiß erreicht werden!

Wenn sich die ganze Natur zur Ruhe begibt, so kann er nicht ruhen, seine Sorge umfaßt alle Lebensperioden seiner Schützlinge. Gestattet diesen das große Gesetz – die Natur –ihre Ruhe, so kommt der Weinbauer wie eine sorgliche Mutter, die ihre Kinder im Schlafe zudeckt, damit sie nicht verkälten, er befreit seine Rebstöcke von ihren Banden, legt sie um und deckt sie mit Erde, mit Mist, mit Pfählen, mit Steinen oder Rasen, je nachdem es üblich ist, damit nicht ein harter Winter ihnen Schaden bringe.

Ist er damit fertig, so holt er, manchmal aus tiefer Grube, sich Erde hervor und trägt sie, den Rücken schwer belastet, bergan, oft auf beschwerlichem Gestäffel, eine der härtesten Arbeiten, die man nur verrichten kann, wenn man den ganzen Tag noch bei karger Kost schwer beladen bergan und bergab steigen muß.

Endlich gebieten ihm die Elemente Ruhe, und er ergreift ungern eine andere Beschäftigung, als z.B. Dreschen, Holzmachen und dergleichen. Sobald die Sonne ihre wohltuenden Strahlen wieder spendet, so ruft sie ihn zu neuer Tätigkeit, entweder hat er eine neue Stelle anzurotten oder er trägt wieder Erde, Dünger, räumt die Wassergräben und Wasserabzüge aus, und kann kaum den Tag erwarten, wo er seine Reben wieder aus der Decke ziehen kann, an Maria Verkündigung. Ist dieser herangekommen, dann wird mit allem Eifer die Rebe zur Hand genommen und mit Hilfe des Messers dieselbe zu ihrer künftigen Bestimmung vorbereitet.

Sind die Reben nach dem Schnitte zusammengelesen, und in Bogen geformt, dann wird der Boden aufgehackt, damit er locker werde, worauf die Pfähle eingesteckt werden, an welche man die Bögen festbindet. Nach diesem wird der Boden wieder gefelgt, die jungen Triebe und unnötigen Auswüchse werden weggebrochen und die Reben, welche das künftige Tragholz binden sollen, werden an den Pfahl leicht geheftet, nach dem Blühen wird abermals geheftet, zum zweitenmal gefelgt, später wieder aufgebunden, oft zum drittenmal gefelgt, und zuletzt, wenn die Trauben anfangen weich zu werden, schneidet man die Gipfel ab, man überhauet, und bricht oder schneidet die Eberzähne ab ... Die Lese und das Keltern beschäftigt den Weingärtner wieder; hat er sein Geschirr aufgeräumt, dann hat er teils Dünger, teils Rasen, wo es gebräuchlich ist, herbeizu-

Das Buttentragen im Herbst ist Schwerarbeit geblieben. Zeichnung von Alfred Reder.

schaffen, die Stöcke auszurüsten, von den Pfählen zu trennen, die Pfähle auf Haufen zu setzen, und die Reben umzulegen . . .

Dies ist ein ewig wiederkehrender Turnus, der besorgt wird, und besorgt werden muß, ob der Weinstock etwas trägt oder nicht . . . Der Weingärtner von Profession ist auch schon so daran gewöhnt, daß er auch wenn er keine bestimmte Beschäftigung hat, dennoch nie ohne ein Arbeits-Werkzeug in den Weinberg geht, wenn er auch nur etwas mit Stroh aufbindet, oder sonst ein leichtes Geschäft hat, er muß, wo er nicht seine Butte, wenigstens seine Felghaue auf dem Rücken haben. Er kann sich schon selbst nicht ohne ein Werkzeug sehen und hält es für eine Schande, ohne ein solches sein Haus zu verlassen, weil er die Meinung hat, man halte ihn für einen Müßiggänger . . .

Die einzige Zeit, die der Weingärtner als Ruhe genießt, und die eigentlich seine Ferien sind, das ist der Zeitraum von der Lesebeendigung bis zum Tag des Verkaufes seines Mostes. Dies sind seine glücklichsten Tage im Laufe des ganzen Jahres, und hier ruht er gleichsam auf seinen Lorbeeren. Sind die Trauben einmal in der Bütte, und die Lese ist vorbei, dann ist er glücklicher als ein König; an Dinge, die da kommen werden, denkt er jetzt nicht, er lebt nur in der Gegenwart. Wenn man das ganze Wesen eines solchen Verhältnisses kennt, so kann man sich leicht denken, mit welchem Selbstgefühl in der ersten Zeit der Weingärtner bei seiner gefüllten Bütte steht; er macht sich selbst die Berechnung seines Glückes, gibt dem Weine einen ihm konvenablen Preis, und bringt eine ihm wohlgefällige Zahlenreihe heraus, die ihn auf eine höhere Lebensstufe bringt.

Er hält sich gewöhnlich in der Nähe des Weinmarktes auf, plaudert mit seinen Nachbarn und läßt sich wohl auch einen Schoppen weiter schmecken. Erscheint der erste Kaufmann, so wird ihm mit einem eigenen Stolze begegnet, jeder lobt seine Ware als die beste, und die Hoffnung auf einen höheren Gewinn erlaubt selten so vielen Mut, einen Kauf abzuschließen. Der Wein muß soundso viel gelten, dies ist die allgemeine Sprache der Verkäufer. Wenn aber einmal 8 bis 10 Tage vorübergehen, und die Käufer bleiben aus, oder es kommen nur wenige, was andererseits wieder Spekulation der Käufer ist, die dies zu ihrem Vorteil, aber auch zu ihrem Nachteil tun, dann wird emsig Erkundigung eingezogen, wie da oder dort der Wein verkauft worden sei. Somit sinkt der Glücksbarometer etwas herunter, der so gutes Wetter prophezeite, der frühere Stolz wandelte sich allmählich in Geschmeidigkeit um, und mit begierigen Blicken frägt man sich, ob heute noch keine Käufer angekommen seien. Ist dies aber der Fall, und ein oder mehrere Akkorde kommen zustande, dann findet sich gewöhnlich der Weingärtner in seiner Rechnung betrogen; denn er erhält gewöhnlich weniger, als er gehofft, er wird also schon etwas enttäuscht. Gestalten sich aber gar noch die Umstände, so daß die Käufer über die Zeit ausbleiben oder nicht wiederkommen, dann beengt die Sorge sein Herz, ihm, der weder Faß noch Keller hat, möge der Most liegenbleiben, es ergreift ihn eine Art Verzweiflung, sein mit saurem Schweiß erzieltes Gut ohne Wert zu sehen, und er fügt sich dann gerne in die Umstände, mögen sie sich günstig oder ungünstig zeigen, denn ihm bleibt keine Wahl mehr übrig als ja zu sagen.

Kommt nun die Zeit, wo der Wein abgefaßt und bezahlt wird, dann wird die Enttäuschung vollendet, der Glücksbarometer fällt auf Regen und Sturm, und es bleibt nur noch die Rückerinnerung an einige glückliche, in Hoffnung verlebte Tage. Wohl sieht er die blanken Taler für sein Gut hinzahlen, er darf sich an deren Anblick weiden, allein ihm wird es nicht vorgezählt, sondern dem Stadtrechner, der gewöhnlich die Rechnung macht und das Geld einzieht, weil er dafür aufgestellt ist, damit die Schulden, besonders aber die Gemeinde- oder herrschaftlichen Schulden zu zahlen."

Mysterium und Werkgerechtigkeit

Die beiläufige Bemerkung Bronners, nächst Gott sei der Weinbau die Sonne, um die das Wengerterleben kreise, rückt die Arbeit des Weingärtners ins rechte Licht. Was der Herbst ihm bescherte, war ja nicht nur Lebensmittel oder Luxusgetränk, sondern – als Meß- und Abendmahlswein – auch Opfergabe und Element des Kults. Das Beharren der katholischen Kirche auf dem Vinum verum, dem reinen, lauteren, unverfälschten Wein, ist bekannt. Bis heute darf bei der Messe nur Prädikatswein, allenfalls trockengezuckerter Wein, verwendet werden. In der evangelischen Kirche gibt es keine Vorschrift, jedoch gelten in beiden Glaubensgemeinschaften Ähre und Traube nach wie vor als eucharistische Symbole.

Den Weingärtnerzünften verwandt waren die Urbansbruderschaften, religiös-soziale Institutionen wie die alten Zünfte. Auch nach der Reformation blieb in Württemberg, diesem „lutherischen Spanien", die Verehrung des Winzerpapstes St. Urban lebendig. Im protestantischen Ingelfingen etwa wurde der Heilige noch im 17. Jahrhundert an die Kirchenwand gemalt, und die Fahne, die der Weingärtnerverein im nicht weniger lutherfesten Weikersheim 1863 weihen ließ, zeigt den Weinpatron mit päpstlicher Tiara, Kreuzstab und Becher. Auch wenn seither die schwäbischen Urbänle als geschnitzte Trinkbuttenträger ikonographisch verweltlicht sind und statt der Tiara eine Zackenkrone oder ein schlichtgrünes Käpple tragen, so schimmert der sakrale Bezug doch noch durch.

Mysterium und Werkgerechtigkeit durchdringen sich in dem vor hundert Jahren zu Cannstatt gedruckten „Gebet eines Weingärtners", das im Heilbronner Weinbaumuseum unter Glas verkündet:

> „Zerbrich mein Herz durch wahre Buß',
> Wie ich die Stöck' zerbrechen muß . . .
> Hau ab, Herr, was voll eitlem Stolz,
> So wie ich auch abhaue Holz . . ."
> Und weiter heißt es:
> „Schütt über mich den Segen ab,
> Daß ich davon den Nutzen hat' . . ."

Nicht von ungefähr schmückten Josua und Kaleb, die beiden Kundschafter, die mit der Riesentraube aus dem Gelobten Land zurückkehrten, gotische Kirchenwände ebenso wie die Ofenwandplatten aus den württembergischen Eisengießereien des vorigen Jahrhunderts.

Als sich der Weingärtnerverein im protestantischen Weikersheim 1863 eine Fahne malen ließ, mußte der Rebenpatron St. Urban aufs Tuch.

Unter seinen „Silhouetten aus Schwaben" hat der Literat Carl Theodor Griesinger im Vormärz auch den Wengerter porträtiert und die Summa gezogen: „Ein Weingärtner in Württemberg ist daher stets ein Muster von Geduld." Arbeit gilt im pietistisch gefärbten Schwaben als säkularisierter Gottesdienst, und so ist denn auch die Gottesfurcht samt den aus ihr resultierenden Tugenden wie Sittlichkeit, Sparsamkeit, Pünktlichkeit, Fleiß "gleichsam als Triebkraft für die Transmissionsriemen in den Fabrikhallen wirksam geworden". Natürlich wirkten bei der intensiven mittelständischen Industrialisierung des Landes auch andere Kräfte mit, aber die Folgerung, daß das schaffige, pflegerische, tüftlerische Element des Wengertererbes hier mit Erfolg aufs technische umgepolt worden sei, liegt nahe. Ein arbeitsaufwendiger Weinberg brachte und bringt mehr ein als ein Ackergewann, eine Feinmechanikerwerkstatt mehr als eine Dorfschmiede. Nicht von ungefähr entspricht hier der industriellen Rührigkeit und Solidität die Dichte des historischen Weinbaus. Wenn der Fabrikarbeiter feierabends am mittleren Neckar noch den vom Vater und Großvater überkommenen Weinberg hegt und pflegt, so mutet das wie ein unbewußter Akt der Dankbarkeit an.

Schwäbische Tracht im Oberamt Cannstatt. Lithographie um 1850.

Von den beiden schweren Einbrüchen im Weinbau Württembergs war eingangs die Rede. Sie fielen nicht nur mit Kriegsgetümmel und Rebseuchen, sondern auch mit Erschütterungen der sozialen, religiösen, geistig-seelischen Strukturen, mit Reformation und Renaissance, mit dem Prozeß der Industrialisierung und mit der Revolutionierung des Verkehrs zusammen. Der stetig wachsende Glaube an das Machbare veränderte das Konsumverhalten, es schwand das unmittelbare Abhängigkeitsgefühl von der Natur, Brot und Wein verloren mit ihrem spirituellen Bezug auch ihren sinnbildhaften Charakter als Zeichen des Friedens, der Gastfreundschaft und der Dankbarkeit für die Gaben der mütterlichen Erde. Es ist kaum mehr vorstellbar, daß ein zeitgenössischer Lyriker sich selbst und die Traube im Kelterprozeß der Läuterung erkennt, wie das der alemannische Mönch Notker von St. Gallen tat:

„Traube war ich,
getreten bin ich,
Wein werde ich."

Ulrich von Pufendorf, jahrzehntelang Präsident des Collegium vini, hat unserer Gesellschaft das Gebot der Weinkultur als Bildungsaufgabe gesetzt:" . . . der wissende Umgang mit dem Wein kann den Verlust an Naturbeziehung ausgleichen helfen. Das ist eine Herausforderung an die weinbauenden Menschen, Weine auszubauen und anzubieten, durch die die Weintrinker die Landschaft, den Jahrgang und die Rebsorte auf der

Zunge nacherleben können und dadurch ein Stück Sprache der Natur zu entziffern lernen. Das erfordert auf seiten der Weintrinker eine Methode zielbewußter Vermittlung von Wissen über den sachgerechten Umgang mit dem Kulturgut Wein und der Kunst der Weinbeschreibung – dies wurde in früheren Zeiten über das Leben mit der Natur und der Familie vermittelt, heute ist Weinkultur eine Bildungsaufgabe für jeden einzelnen geworden."

Wein formt die Kulturlandschaft

Das Weinland Württemberg ordnet sich auf den ersten Blick nach dem Lauf des Neckars und den klimatisch geschützten Talgassen seiner Seitenflüsse Ammer, Rems, Murr, Bottwar, Enz, Zaber, Lein, Sulm, Kocher und Jagst. Nur die Tauber, eigenwillig auch sonst, fällt dem Main zu. Mit ihrem Widerspiel von Fels und Wasser, Burg und Dorf, sonnseitiger Weinhalde und schattseitigem Hangwald fügen sich diese Täler zu einem Muster schwäbisch-fränkischer Kulturlandschaft, in einer unnachahmlichen Mischung von nördlicher Herbe und heiterer Fülle des Südens. Die Rebe ist bei uns den Flüssen hold.

Neckarland und Weinland decken sich im Württembergischen weitgehend, auch wenn die Halden mit wachsender Entfernung vom „vaterländischen Hauptfluß" meist nur noch ausgestocktes Weinland sind, von Ackerstreifen gebändert, von Obstbäumen besetzt oder vom Buschwald erobert. Auf der Landkarte gleicht der Lauf des Neckars dem knorrig gedrungenen Wuchs eines Rebstocks mit den Seitenflüssen als Ranken, während seinem Ursprung der Wurzelballen der Quellbäche fehlt.

Der Neckar schlägt sich als geduldiger Steinmetz durch das Schwäbisch-Fränkische Schichtstufenland zum Rhein. Im Weinland wechselt er gleich zweimal vom Keuper in den Muschelkalk. Erstmals tritt der Fluß bei Bad Cannstatt in den hochgewölbten Schild des Hauptmuschelkalks mit den charakteristischen Felsengärten um Besigheim ein. Vor Heilbronn geht der Muschelkalk wieder unter Tage, es öffnet sich eine weite Keupermulde, und auf der letzten Strecke von Bad Wimpfen bis Gundelsheim steht wieder Muschelkalk überm Tal.

Eugen Gradmann hat in einer kleinen Studie über Weinbau und Landschaft die rhythmisch bewegte Gestalt der Rebe im einzelnen gezeichnet und fährt dann fort: „Schön ist ihre geordnete Vielheit im Weinberg, die sich den Bergformen anschmiegt, ohne sie zu verhüllen; in ihrem Frühlingsgrün, das den Sommer überdauert, und in dem leuchtenden Gelb und Rot des Herbstes . . . Kein Anbau paßt besser als Weinberge für unsere Keuperhügel, und in unsere Muschelkalktäler. Dort wirken sie gleich der ganzen Landschaft klassisch; hier aber romantisch. Zu den runden Keuperbergen stehen gut die Buchenschöpfe über den Weinbergen. Reicher an sogenannten malerischen Reizen – in Wahrheit mehr plastischen und zeichnerischen – sind die Weinhänge in den Tälern des Muschelkalks mit ihren Klingen, Felswänden . . ."

Der Dreiklang von Acker, Weinberg und Wald folgt der Höhenskala, wobei das Unterland zwischen Stuttgart und Heilbronn, die Herzgrube des Neckarlandes, von gewellten, lößschweren Ackerebenen des Gäus und dem buchtig aufgelockerten Saum walddunkler Keuperhöhen begleitet wird.

> „Üppiger nirgends das Korn und schwellender nirgends die Rebe,
> Kräftiger nirgends das Brot, würziger nirgends der Wein!"

So lobte um 1495 der Magister Johannes Tector aus Bönnigheim in seinem Gedicht „Nicria" das Neckarland. Goethe notierte im Tagebuch seiner dritten Schweizer Reise 1797 auf der Fahrt von Heilbronn nach Ludwigsburg: „... eine immer abwechselnde Fruchtbarkeit, bald Wein, bald Feldbau."

Temperamentvoller reagierte Nikolaus Lenau auf seine erste Begegnung mit dem Neckarland. Dem lässigen Donauländer blieb der ökonomisch-rationelle Umgang der Schwaben und Franken mit Mutter Erde unheimlich, er witterte fast schon eine Vergewaltigung der Natur. An seinen Schwager Anton Schurz schrieb er im Juli 1831: „In Württemberg weht bereits eine mildere Luft als in Bayern, der Himmel hat ein schöneres Blau, die Menschen sind wärmer. Eine Kultur hat der Boden in Württemberg und Baden, wie ich noch nicht gesehen. Freundlich ist der Anblick eines so gut bebauten überall so fruchtbaren Landes allerdings, und erfreulich fürs Herz, denn man denkt sich auch gleich die Menschen hinzu, die das alles genießen werden, und froh sein; aber, lieber Bruder, ich konnte mich eines gewissen Eindrucks des Kleinlichen doch nicht verwehren, und armselig kam mir der Mensch vor, der wie ein Bettler, ein zudringlicher, seine Hand auf jeden Stein reckt, in jedes Loch steckt, daß ihm die Natur etwas hineinwerfe. Sieh, lieber Alter, da spricht wieder der Ungar aus mir.

. . . In Ungarn ist der ganze Landbau eine bescheidene Anfrage bei der Natur, eine ganz und gar nicht heftige Einladung, daß sie kommen möge mit ihren köstlichen Gaben; die Faust des Deutschen packt die gute Frau gleich an der Gurgel und drückt und würgt sie so gewaltig, daß ihr das Blut bei Nas' und Ohr hervorquillt."

In unseren Tagen hätte sich ein so empfindsamer Beobachter wie Lenau vielleicht gefreut, daß in der industriellen Werkstättenlandschaft des Neckartales und seiner Seitenkammern, ja mitten im Stuttgarter Großstadtkessel die grüne Signatur der Rebe überdauert hat.

Klima, Lage, Rebgestein

Der warme Golfstrom hat dem Westen Europas ein Klima beschert, das bis hinauf zum 50. Breitengrad geschlossene Weinbaugebiete duldet. Württemberg liegt in einer Zone, in der sich maritimes Klima mit milden Wintern, kühlen Sommern, reichlichen Niederschlägen und kontinentale Klimazüge mit strengen Wintern und sengenden Sommern die Waage halten.

Drei nahezu konzentrische Klimagürtel zeichnen sich ab. Der erste, innere Bereich umfaßt das Neckartal zwischen Esslingen und Gundelsheim mit dem Unterlauf von Enz, Rems, Kocher und Jagst. Bei einer mittleren Meereshöhe von 220 m liegt die mittlere Jahrestemperatur bei 9,6 °C. 180 bis 220 frostfreie Tage werden gezählt, wobei der spätreifende Trollinger zum Beispiel eine Mindestvegetationszeit von 180 frostfreien Tagen braucht. Übermütig haben Wengerter hier die Opuntie, den Feigenkaktus, vom Mittelmeer auf ihre Weinbergmäuerchen verpflanzt. Man sieht sie am Esslinger Ailenberg, am Kleinheppacher Kopf wie am Mundelsheimer Käsberg. Allerdings bedrohen Gewitter und Hagelschlag die Gegend um Stuttgart und das mittlere Nekkartal häufiger als die Randlandschaften.

Um diese langgestreckte sonnenverwöhnte Zone legt sich der zweite Klimagürtel; er umfaßt die restlichen Bereiche des Neckarbeckens und greift auf nachbarliche Bezirke über: auf Stromberg, Heuchelberg, Zabergäu, Enztal, Strohgäu und Filder, auf das Neckartal von Tübingen bis Esslingen, auf das Vorland der mittleren Alb und die neckarzugewandten Säume der östlichen Keuperberge, auf die Hohenloher Ebene im Westen und auf den Taubergrund. Die durchschnittliche Meereshöhe beträgt hier schon 370 m, die mittlere Jahrestemperatur nur

Entwicklungsstadien der Rebe von der Winterruhe bis hin zum Laubfall.

27

noch 8,5 °C, immer noch ein verträgliches Klima für die Rebe. Allerdings beginnt hier die Vegetationsperiode so spät, daß die frisch austreibenden Weinstöcke von den berüchtigten Maifrösten gefährdet werden. Besser sind die Gebiete im Einflußbereich der vom Kraichgau einströmenden Westwinde dran, die von den Keuperhöhen gegen die kalten östlichen Luftmassen abgeschirmt werden.

In den noch höher gelegenen, entsprechend kälteren und feuchteren Gegenden des dritten Klimabereichs findet sich kein kompakter Weinbau mehr. Fröste – spät im Frühjahr und früh im Herbst – bescheren der Rebe dort meist eine zu knappe Vegetationszeit. Ausnahmen bilden ein paar geschützte Täler im Vorland des Schwarzwaldes und der Alb mit hoher Sommerwärme sowie südlich exponierte Hänge im vielfältig zertalten Keuperland; insular ist hier ein freilich extrem risikoreicher Weinbau möglich.

Die Rebkultur ist ja nicht nur von den groben Rastern der klimatischen Durchschnittswerte, sondern auch vom Kleinklima des Geländes, von der Lage abhängig, also von südlich und südwestlich geneigten Hängen mit hoher Sonneneinstrahlung, von windgeschützten Buchten, Kammern, Kesseln und Nischen. Daß der Wald als Pelzkappe und bergender Mantel ein förderliches Mikroklima für die Rebe schafft, hat man schon früh erkannt. Immanuel Dornfeld meinte in seiner 1868 erschienenen Geschichte des Weinbaus in Schwaben, daß der früher „ausgedehntere und dichtere Stand der Waldungen nicht nur in Württemberg . . . den Weinbergen durch Abhaltung der kalten Winde weit mehr Schutz als gegenwärtig gewährte". Otto Haag hat darauf aufmerksam gemacht, daß sich mit der Verfichtung unserer Wälder die thermische Rangordnung verändere. Reiner Nadelwald kann die durchschnittliche Jahrestemperatur eines Standortes bis zu 1 °C absenken, und rentabler Weinbau endet in der Regel bei einer Jahres-Isotherme von 7,5 °C.

Steile, Exposition gegen Süden und Windschutz gelten als Wertmesser guter Lagen. Der Wechsel der Witterung korrigiert aber immer wieder solche Maßstäbe. In extrem trockenen Jahren schneiden Standorte mit tiefgründigen Böden und geregeltem Wasserhaushalt am Hangfuß oder in Seitenlagen besser ab als reine Südhänge, wo dann selbst die bis zu acht Meter tief wurzelnde Rebe unter Trockenheit leidet.

Neben Klima und Lage ist das Rebgestein einer der Faktoren, auf die der Weingärtner nicht oder kaum einwirken kann. Im Weinland Württemberg stockt die Rebe hauptsächlich auf den Verwitterungsböden von Muschelkalk und Keuper. Hinzu kommen Eisensandstein am Albtrauf und Kalke des Braunen Jura sowie Basalttuff um Metzingen, während am Bodensee und im Schussental Molasse, zermahlener, verbackener Ge-

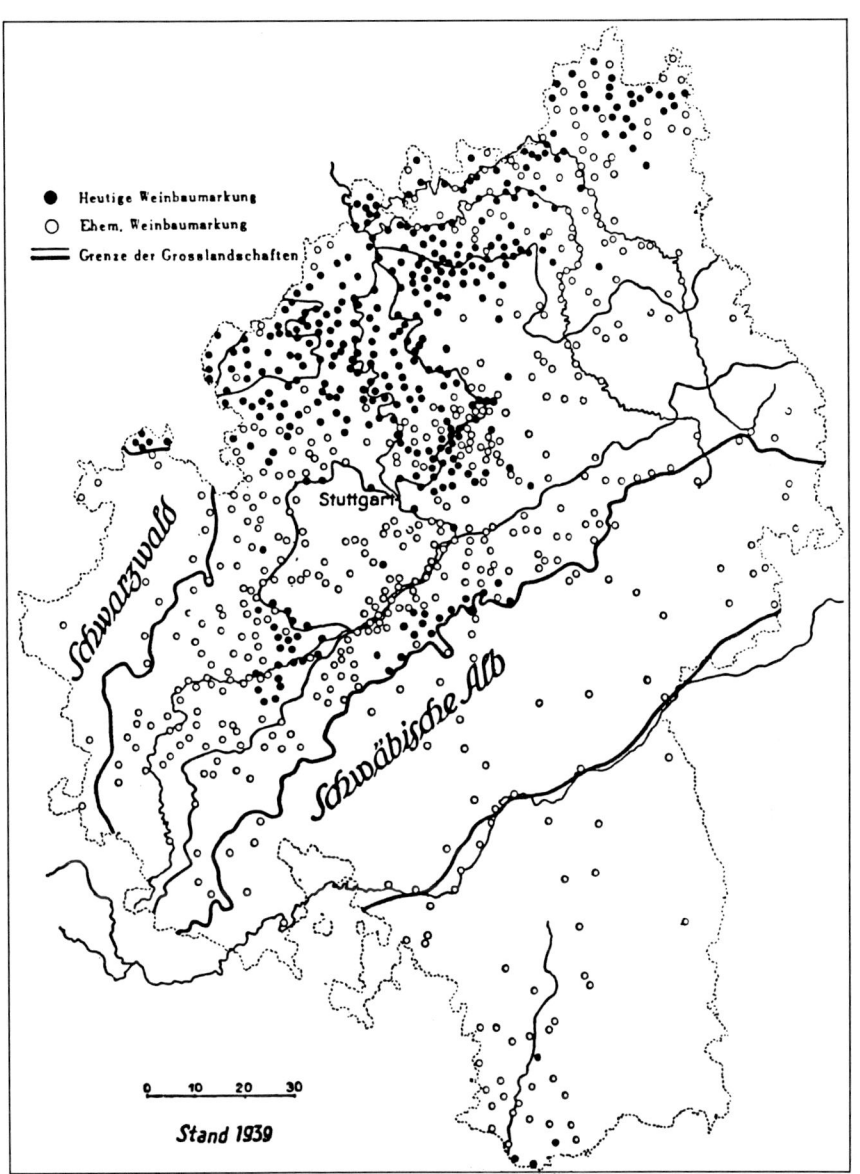

Heutige und frühere Verbreitung der Rebkultur in Württemberg
nach dem Stand von 1939.

steinsschutt der Tertiärzeit, ansteht. Löß und Lößlehm als Weinbergböden finden sich am unteren Neckar.

Der Muschelkalk, der Historiker unter den Gesteinen, zeichnet sich profilscharf im Gelände ab. Den steilen Felspaketen des hitzigen Wellenkalks an Tauber, Jagst und Kocher folgt die durch unterirdische Auswaschung in sich zusammengesunkene, flachere, fruchtbare Feldterrasse des mittleren Muschelkalks. Scharfkantig setzt sich darüber der mauerartig geschichtete, graublaue Hauptmuschelkalk mit teilweise tiefgründigen lehmig schweren Böden ab. Er bestimmt am mittleren Neckar und an der Enz mit felsigen Prallhängen und amphitheaterförmigen Terrassenschwüngen das Landschaftsbild. Im versickerungsträchtigen, ohne Mergelbänder oft nur flachgründigen Muschelkalk lagen die Erträge seit jeher niedriger als im Keuperland. Auf Hauptmuschelkalk bringt der Riesling markante, der Trollinger warme, manchmal fast samtige Weine mit "Bodeg'fährtle". Als Leitsorte im Muschelkalk gilt aber der Silvaner.

Auch der Keuper läßt sich dreifach aufgliedern, wobei jeweils eine Folge weicher Mergelschichten und eine widerständig harte Sandsteinstufe zusammengehören: unterer Keupermergel oder Gipskeuper mit Schilfsandstein; Bunte Mergel mit Kieselsandstein oder Stubensandstein; rote Knollenmergel und Rätsandstein. Diese Einteilung ist zwar einprägsam, aber recht schematisch, weil Mergel und Sandstein im Gelände oft viel häufiger wechseln und die Formationsgrenzen zuweilen verwischen.

Im Neckarland bilden der Gipskeuper mit vorwiegend grauen, graugrünlichen und rötlichen Mergeln sowie die lebhaft grün und rot kolorierten bröckeligen Bunten Mergel die besten Weinbergböden. Hier wachsen besonders ausdrucksvolle und körperreiche Weine – vor allem Trollinger und Riesling. In windgeschützten, kuscheligen Lagen des Heuchelbergs, den sogenannten Schmelzpfannen, erstarkt auf den warmen, kräftigen bunten Mergelböden der Limberger zu feuriger Wucht. Den feinkörnigen Schilfsandstein und den grobweiß verkitteten Stubensandstein haben die Wengerter zum Bau der Terrassenmäuerchen und Stäffele gebrochen. Auf den Verwitterungsböden beider Sandsteine gedeihen sogar noch die sonst eher verwöhnten, in ihren Bodenansprüchen notfalls aber auch bescheidenen Burgundersorten. Sie geben hier aromatisch zarte, freilich nicht sehr nachhaltige Weine. Auf gründigerem Lettenkeuper, Gipskeuper, Buntem Mergel und Hauptmuschelkalk geraten die Burgunder samtiger, feinherber, voller. Der Schwarzriesling, dem irreführenden Namen zum Trotz ein Burgundersproß, bringt vor allem auf Lößlehm milde, delikat ausgewogene Weine.

Eine jahrtausendalte Düngepraxis ist im Keuperweinland zu Hause: das Einbringen von Kies, Kerf und Leber, rasch zerfallenden Bunten Mergeln, extra reich an Mineralien und Spurenelementen, die in eigenen Mergelgruben gewonnen und in Erdenbutten in die Rebzeilen getragen wurden. Die den Wengertern von der Stadt Heilbronn überlassene Grube am hinteren Wartberg gegen Erlenbach zu ist noch erhalten. Begehrt waren vor allem die veigelesblauen und ziegelroten Kiese. Der schwärzliche nährstoffreiche Leberkies entstand aus abgelagertem Faulschlamm und bildet Linsen im Schilfsandstein.

Konzentrationsprozeß und Klimaschwankungen

„. . . vom Rhein her kommend, gelangte die Rebkultur zunächst bis an den Neckar, dringt von dort bis gegen Ende des Hochmittelalters in das mittlere Albvorland, an den Keuperstufenrand sowie ein gutes Stück jagst-, kocher- und filsaufwärts vor, um zu Beginn der Neuzeit dann schließlich an den Rändern von Schwarzwald und Alb, im Inneren der Keuperlandschaft und stellenweise sogar auf der Albhochfläche aufzutreten – im ganzen eine Demonstration der Wanderungstheorien en miniature, wie sie exakter nicht gedacht werden kann. Im südlichen Oberschwaben, wohin der Weinbau wahrscheinlich ebenfalls auf west-östlichen Wegen gekommen ist, und im Nordosten, wo wir mit einer tauberaufwärts erfolgten Einwanderung rechnen müssen, wiederholt sich dieser Vorgang . . . In seinem ganzen Verlauf ist der Wanderweg der Rebkultur durch klimatische Leitlinien vorgezeichnet."

Das Bild, das Karl Heinz Schröder 1953 in seinem grundlegenden Werk über Weinbau und Siedlung in Württemberg gezeichnet hat, bedarf einiger Korrekturen. So drang die Rebe im Tauberland beispielsweise vom Mainfränkischen flußabwärts vor, denn am waldvermummten Unterlauf, im Buntsandstein haben erst die Bronnbacher Zisterzienser gerodet und mit Terrassenweinbau begonnen. Und daß die Römer am Neckar primitiven keltischen Weinbau schon vorgefunden haben, darf vermutet, daß sie hier selbst ausgedehnteren Weinbau betrieben haben, als sehr wahrscheinlich angenommen werden.

Anhand der Flurkarten, Oberamtsbeschreibungen und anderer Zeugnisse hat Schröder die frühere Ausdehnung des Weinbaus im heutigen Württemberg nach der Kreiseinteilung des Stichjahres 1939 dokumentiert. Danach erlosch der Weinbau in den damaligen Landkreisen Aalen, Biberach, Ehingen, Freudenstadt, Heidenheim, Münsingen, Rottweil, Saulgau, Tuttlingen und Ulm sowie in den Städten Altensteig, Backnang, Balingen, Böblingen, Calw, Crailsheim, Göppingen, Geislingen an der Steige, Heimsheim, Herrenberg, Horb, Bad Liebenzell, Nagold, Neuenbürg, Sin-

MARBACH WEINSBERG HESSIGHEIM

HOF UND LEMBACH DERDINGEN SÜLZBACH

GRANTSCHEN HÖSSLINSÜLZ STRÜMPELBACH

SCHNAIT KORB NEUSTADT

Weinmotive auf württembergischen Ortswappen, vom Rebmesser im Stockheimer und Cleversulzbacher Schild bis zur biblischen Kalebstraube.

HIRSCHAU

LINSENHOFEN

KOHLBERG

NEUHAUSEN/ERMS

GEMMRIGHEIM

GROSSHEPPACH

ENDERSBACH

STETTEN

WIMMENTAL

STOCKHEIM

CLEVERSULZBACH

HARSBERG

delfingen, Urach, Waldenbuch, Welzheim und Wildberg bereits vor 1830. Bis 1900 folgten Gaildorf, Hechingen, Kirchberg an der Jagst, Langenburg, Nürtingen, Schwäbisch Gmünd und Weil der Stadt, im ersten Drittel unseres Jahrhunderts schließlich Friedrichshafen, Kirchheim unter Teck, Schwäbisch Hall, Tettnang und Waiblingen, das inzwischen aber wieder Weinstadt geworden ist.

Dieser Konzentrationsprozeß vollzog sich von außen nach innen, folgte also wieder, wenn auch diesmal umgekehrt, klimatischen Leitlinien. Darüber hinaus hat man wiederholt auch anhaltende Klimaverschlechterungen für das Schwinden der Rebkultur verantwortlich gemacht. Solche Verschlechterungen, Serien feucht-kalter Sommer etwa, gab es. Das beweisen die Jahresringe alter Bäume, die Analyse von Pflanzenpollen, Bohrkerne aus Eisschichten und die Klagearien der Chroniken. So war das Hochmittelalter eine Warmzeit, während es zwischen 1560 und 1730 eine kleine „Eiszeit" mit bis zu zwei Grad niedrigeren Jahresdurchschnittstemperaturen gab. Zwischen 1731 und 1811 erwärmte sich das Klima wieder, kühlte dann aber für ein halbes Jahrhundert erneut empfindlich ab. Trotzdem erlebte das Rebareal in Württemberg Ende des 16. Jahrhunderts seine wohl stärkste Ausweitung, und während sich das Klima ab 1895 wieder erwärmte, schrumpfte die Ertragsfläche im Weinbau Württembergs bis 1932 von 17050 ha auf 10311 ha kontinuierlich zusammen, örtlich auch innerhalb des klimatisch erstrangigen Kernbereichs. Die Gründe dafür haben wir kennengelernt.

Wehrdorf und Städtevielfalt

Bronner hat uns das Arbeitsjahr des Wengerters als Katalog der Mühsal nahegebracht, der sich von der römischen Zeit bis zur Mitte unseres Jahrhunderts kaum veränderte, infolge der mittelalterlichen Terrassierung sowie späterer Schädlingsbekämpfung eher noch zunahm. Der herkömmliche Weinbau forderte einen achtmal größeren Arbeitsaufwand als der Ackerbau. Für einen Hektar Rebland benötigte man die Arbeitskraft von vier Personen, was etwa der traditionellen Regel „ein Mann je Morgen" entspricht. Arbeitsintensität und höherer Ertrag führten in den Weinlandschaften zu einer auffälligen Bevölkerungsdichte.

Im Altwürttembergischen hat die früh einsetzende kleingewerbliche Entwicklung mit ihrem hohen dörflichen Handwerkeranteil diesen Zusammenhang verwischt, und später verdichtete rationellere Landwirtschaft die Bevölkerung auch in reinen Ackerbaugemeinden. Dagegen hat Schröder am Beispiel des Tauberlandes, wo weinbauintensive Orte mit

Üppigen Weinwuchs um Hall am Kocher verzeichnet das Brandbild von 1680 noch.

schwachem Handwerkeranteil bis ins frühe 19. Jahrhundert konserviert blieben, die früher weinlandweite Wechselwirkung von Einwohnerzahl und Rebhandwerk belegt. Dort wiesen Weinbaudörfer, unter annähernd gleichen Klima- und Bodenbedingungen, doppelt und dreifach stärkere Bevölkerungsdichte als benachbarte Ackerbaugemeinden auf.

Vor allem in den Randzonen des spät besiedelten Keuperberglandes spricht die Hanglage zahlreicher Ortschaften mit Weinbau und unzureichender Ausstattung an Ackerland dafür, daß sie ihre Entstehung der Rebkultur verdanken. Ohne die typischen Burgsiedlungen sind das gut zwei Dutzend Dörfer, Weiler und Hofgruppen. Sie finden sich vor allem im oberen Tal der Ohrn, an den Löwensteiner Bergen und um Esslingen; aber auch Sillenbuch und Gablenberg bei Stuttgart nennt Schröder in diesem Zusammenhang, ebenso Mönchberg am südlichen Schönbuchrand, das sich wohl aus einem Rebgut des Klosters Hirsau entwickelt hat.

Im Weinland Württemberg hat Schröder mehr als 90 mit Mauer, Wall und Graben befestigte Dörfer nachgewiesen. Sie häufen sich auffällig am Nordwestrand des früheren Herzogtums zwischen Kraichgau und Keuperbergland. Eine zweite dörfliche Wehrprovinz stellt das Tauberland dar. Der Weinbau allein erklärt dieses ländliche Fortifikationswesen nicht, denn es fehlt fast gänzlich am mittleren Neckar, am Unterlauf der Rems, in der Gegend um Tübingen, also im Inneren Altwürttembergs. Nur in ausgesprochenen Durchgangslandschaften mit starkem Rebbau, besonders gefährdet durch Straßenlage und Attraktivität ihrer Weinvorräte, hat sich die Landesherrschaft solch aufwendige Befestigungen geleistet. Hinzu kam die territoriale Gemengelage im Norden des Landes. Die Vertrautheit der Wengerter mit der Mauertechnik, der für den Verteidigungsetat einträgliche Weinbau und die hohe Zahl an Arbeitskräften vor Ort förderten das teure, mühselige Befestigungswerk. Die Rebkultur verstädterte also das Dorf und gab ihm mit Mauer, Turm und Tor ein Steingesicht.

Weinland heißt aber auch Städteland. Im Vergleich mit den übrigen Landesteilen weisen die Regionen mit wirtschaftlich bedeutendem Weinbau um Tauber, Jagst und Kocher, im Neckarbecken, im angrenzenden Keuperbergland und im Vorland der mittleren Alb eine mehr als doppelt so hohe Städtedichte auf. Auch hier hat der Wein Geschichte gemacht. Er stärkte die Kaufkraft und schuf als exportträchtige Sonderkultur zugleich ein Marktbedürfnis. Aus den Dörfern und Marktorten entwickelten sich kleine und mittlere Städte. Und die städtischen Verbrauchergruppen taten das Ihre, um die Nachfrage nach Wein, also den Aufschwung des Weinhandels, zu fördern.

Bei der dichten Reihung von Städtegründungen hat natürlich auch die schon erwähnte territoriale Zersplitterung der Weinlandschaften im Norden Württembergs eine Rolle gespielt. Geistliche und weltliche Herrschaften suchten sich einen Anteil an diesen steuerkräftigen Provinzen zu sichern und zumindest einen ihrer Orte als Verwaltungszentrum wie als Umschlagplatz des Handels zur Stadt zu erheben.

Schließlich ist das hügelige Weinland auch reich an Burgen, den frühen Zeugen territorialer Herrschaftsbildung. Dazu Schröder: „Wer vom Österberg bei Tübingen in das Land blickt, erkennt schon mit bloßem Auge vier Sitze einst mächtiger und städtegründender Geschlechter: Hohentübingen, die Weilerburg, den Hohenzollern und die Achalm. Besonders deutlich offenbart sich die politische Wirkung der Reblandschaften in den Auseinandersetzungen zwischen Württemberg, Baden, der Pfalz und Kurmainz um den Besitz des Gebiets am mittleren Neckar . . .“

Haus und Flur

Die Bauformen Gehöft, gestelztes Kleinbauernhaus und quergeteiltes Einhaus mischen sich im Weinland Württemberg. Nördlich von Enz und Murr, im Fränkischen, überwiegt das Gehöft, bei dem sich Wohnhaus und Nebengebäude um einen Hof gruppieren. Betriebe mit vorherrschendem Weinbau konnten auf eine Scheuer verzichten, sie brauchten aber Stallungen, weil der Düngerbedarf für die Weinberge zur Viehhaltung zwang. Der Keller liegt meist unterm Wohnhaus, zum Hof hin, und rückt das erste Wohngeschoß ins Hochparterre. Beim gestelzten Kleinbauernhaus lagen Kuhstall und bäuerliche Wirtschaftsräume im Erdgeschoß, der Keller meist unter der Scheune. Das quergeteilte Einhaus mit Stall und Torkel, also Kelter, im Erdgeschoß ist vor allem am Bodensee heimisch.

Eine Sonderform stellt das Weingärtnerhaus dar, ein stattlicher, mehrgeschossiger, giebelständiger Fachwerkbau auf steinernem Sockelgeschoß, der neben Stall und gewölbtem Weinkeller oft noch einen ebenerdigen Vorkeller für Hackfrüchte und Arbeitsgerät besaß. Vorbild war das städtische Bürgerhaus, obwohl die württembergische Landesordnung von 1495 noch verfügt hatte, daß kein Bauernhaus mehr als zwei Stockwerke haben dürfe, ausgenommen Pfarrhaus und Wirtshaus. Die meisten dieser Häuser mit hochragendem Kellergeschoß tragen Baudaten zwischen 1520 und 1630, sie entstanden also in der hohen Zeit des Weinbaus und des Weinhandels in Württemberg. Damals wurden auch kleinere Wengerterhäuser und Gehöfte nachträglich unterkellert, um sie zeitgemäßer und wirtschaftlicher zu machen – eine Praxis, die sich im vorigen Jahrhundert wiederholte.

Aber selbst in Gebieten intensiver Rebkultur blieb das Weingärtnerhaus selten. Schröder schätzt, daß in Weinbaustädten allenfalls jedes zehnte, auf dem Land gerade mal jedes zwanzigste Haus diesem Typ entsprach, und in vielen Weinorten ist es sogar überhaupt nicht oder nur vereinzelt zu finden. In den meisten Fällen hat wohl eine Grundherrschaft die geräumig unterkellerten Hochhäuser erbaut und dort einen Pfleger eingesetzt, um die Naturaleinkünfte zentral zu sammeln und zu verwalten. Überhaupt waren Weinkeller früher sehr viel rarer, als man annehmen möchte, sie gehörten durchaus nicht selbstverständlich zum Wengerterhaus. Die meisten Weingärtner verkauften ihr Gewächs ja bis zum Aufkommen der Genossenschaften unter der Kelter, brauchten also allenfalls Lagerraum für den Haustrunk oder den Most. Natürlich haben gelegentlich ein paar kapitalkräftige Weingärtner gemeinsam einen großen Gewölbekeller gebaut oder städtische Weinhändler solche Lagerstätten im Dorf errichtet.

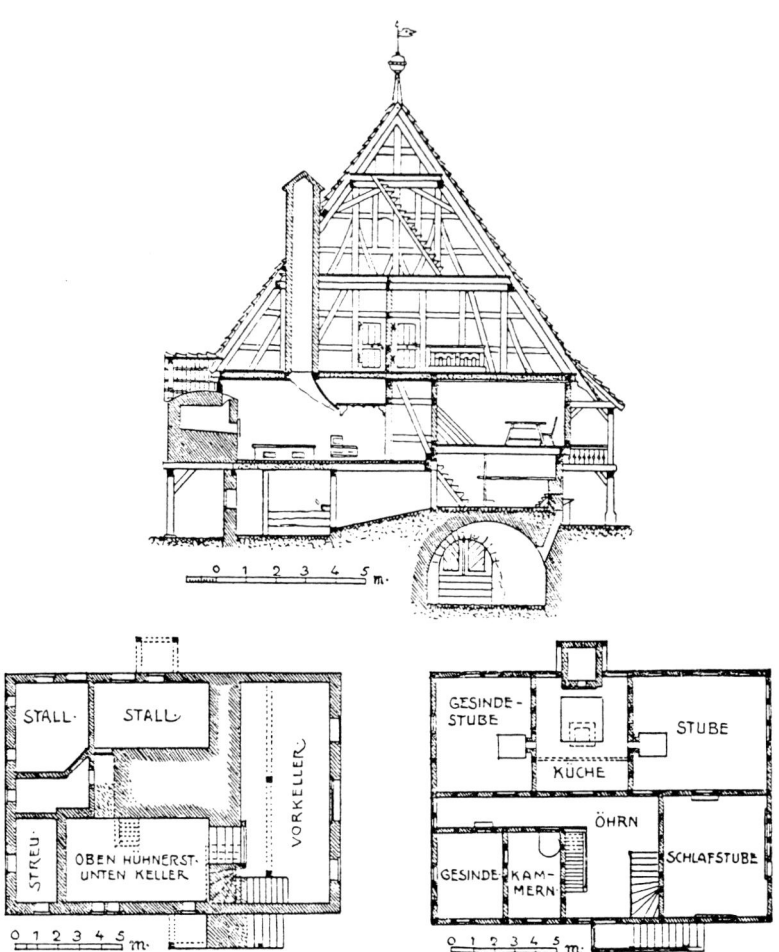

Schnitt und Grundrisse eines Weingärtnerhauses in Stümpfelbach:
Erd- und Obergeschoß.

Der Heilbronner Rebenzüchter und Muster-Wengerter Hermann Schneider hat das heimische Weingärtnerhaus der Reichsstadtzeit so beschrieben: Im Untergeschoß der gewölbte Keller aus Heilbronner Sandstein; im Erdgeschoß Tenne, Stall, Kellerraum; im ersten und zweiten Fachwerkgeschoß Wohnung; darüber, in den Dachgeschossen, die Böden für Heu, Frucht und Brennholz. Von der Tenne aus führte durch alle Stockwerke das Zugloch, ein Aufzugschacht, in dem mit Zugseil und Rolle die Vorräte hochgeschafft wurden.

Bis zur Rebflurbereinigung unserer Tage war das Weinland von einer unglaublichen Besitzzersplitterung geprägt – im Neckarland lag die durchschnittliche Parzellengröße unter zehn Ar. Schuld trug daran die Realteilung im Erbrecht. Langgestreckte Parzellenstreifen bänderten die terrassierten Rebhänge. Otto Linck, Forstmann und Kunsthistoriker, Lyriker und Naturschützer, Keupergeologe und Interpret der historischen Weinberglandschaft, hat das buntgewirkte Bild der Mauerweinberge im Keuper am eindringlichsten gezeichnet:

„Die ganzen Mauerzüge dieser kunstvollen Terrassenlandschaft sind im Trockenmauerwerk aufgeführt und mit feinstem Gefühl so gegen den Berg gestellt, daß sie dem Bergdruck widerstehen; darauf beruht ihre harmonische Einfügung in die Landschaft. Von der Ferne gesehen zeichnen die durchlaufenden Mauerzüge graphisch den Bau der Landschaft nach. Sie folgen aber nicht den Höhenlinien, sondern bestehen aus lauter kurzen Geraden, die sich mit Winkeln um die Flanken der Berge ziehen. Die weicher fallenden Rebhänge der Keuperhügel sind mehr in rhombisch verschobene oder rechteckige Stücke aufgeteilt, die in gebrochenen Reihen über den Hängen liegen. Schon Goethe ist das Mauerwerk der Weinbaulandschaft am Neckar als Besonderheit aufgefallen, als er 1797 in das Tagebuch seiner Reise in die Schweiz schrieb, die Weinberge seien hier ‚mit Mauerwerk artig zu Terrassen verbunden'."

Der historische Weinberg

Einer der Klassiker der südwestdeutschen Landeskunde, der Geograph Robert Gradmann, hat das Gefüge der schwäbisch-fränkischen Rebenszene einmal als Element der „großartigsten Kulturlandschaft des Abendlandes" bezeichnet. Was diese Kulturlandschaft so reizvoll machte, war einmal ihr architektonischer Bau, das großzügig stilisierende rhythmische Linienspiel von Terrassenmauern und Rebzeilen; das war zum anderen die Fülle von Kleindenkmälern wie Grenzstein, Mauerinschrift, Wengertschützenhaus, Bildstock, Wallfahrtskapelle und die steinerne Ruhebank am Hohlweg.

Einzigartig war diese vom Menschen geschaffene und im Gleichgewicht gehaltene Kulturlandschaft schließlich auch wegen des farbigen Mosaiks ihrer Lebensgemeinschaften von Flora und Fauna. Mit seinen Hohlwegen und Rainen, seinen Felsbändern und Steinriegeln, seinem Trockenmauerwerk und seinen Hecken vereinte der historische Weinberg eine Fülle von Biotopen. Hinzu kamen eingesprengte Steppenheidestreifen, Obstbaumwiesen und Buschwälder.

Die Terrassenmäuerchen waren als Trockenmauern aufgerichtet, also ohne Betonfundament und Mörtel aus Bruchsteinen oder, wie am Eilfinger Berg von den Maulbronner Zisterziensern, aus fugengenau aufgesetzten Quadern. Durchlässig für Luft und Bergfeuchte, atmend und stabil, kniehoch, brusthoch aus dem anstehenden Gestein errichtet, waren sie Fleisch vom Leib der Landschaft.

Die eindrucksvollsten Mauerweinberge finden wir heute noch im Hauptmuschelkalk am mittleren Neckar sowie am Unterlauf der Enz. Hier hat man nicht nur übermannshohe Terrassenmauern hochgestemmt, sondern auch die überhängenden Felsen mit gemauerten Bögen abgesichert.

In der schmucklosen Bruchsteinmauer – rauchgrau im Muschelkalk, bunter im Keuper, fleischfarben im Buntsandstein – finden sich gelegentlich sorgfältig behauene Quader aus fremdem Material, meistens aus dem bildsamen Sandstein gefügt: ehemalige Grenzsteine, Türstürze aus abgebrochenen Häusern mit den Initialen des Bauherren und schließlich In-

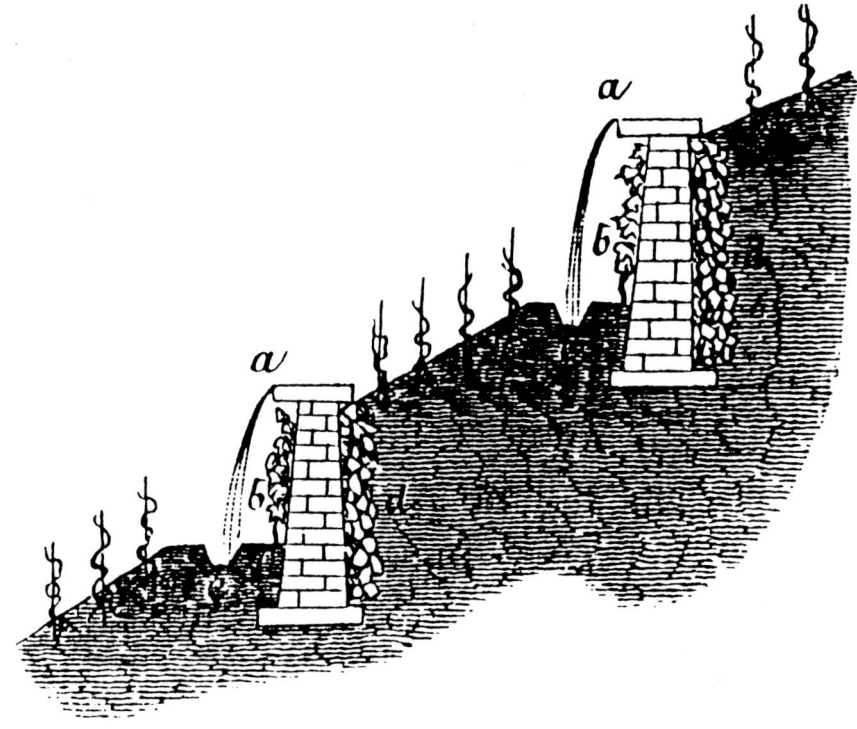

Terrassenmauern im Weinberg mit Regenüberlauf.

schriftentafeln, die der Weinbergbesitzer anläßlich einer Erneuerung selbst behauen und einsetzen ließ.

Diese Steine vermerken das Datum des Mauerbaues und sind zuweilen als Bildsteine mit Berufsemblem geschmückt: etwa mit dem zweizinkigen Karst, mit der schweren Wengerthacke oder mit dem sichelig gekrümmten Rebmesser, der Heppe, Hippe oder Hape. Und weil die Personalunion von Handwerker, Weinwirt und Weinbergbesitzer früher gang und gäbe war, tauchen auch der Ochsenkopf oder das Hackbeil des Metzgers oder die Brezel des Bäckers auf. Häufiger sind allerdings Lochsteine, durchbohrte Blöcke, durch die Eichenstangen für Rebspaliere geschoben wurden. An der wärmespeichernden Mauer konnten die verwöhntesten Rebsorten gezogen werden. Damals galt der Spruch: „Ein rechter Wengerter herbstet an der Mauer seinen Eigenbedarf."

Wer historische Ansichten der Weinberglandschaft betrachtet, wird kaum einmal ein Weinberghäuschen im Gelände sehen. Erst die Maler und Graphiker des 19. Jahrhunderts haben mit ihren Herbstszenen und pokaleschwingenden Altherrenrunden auch hübsche Weinberghäuschen ins Genrebild gerückt.

Vor hundert Jahren noch tupften nur stilvoll vornehme oder kitschig auftrumpfende Weinberghäuschen die stadtnahen Hänge, meist Wochenendhäuser wohlhabender Weinbergbesitzer. Diese Pavillons sind fast alle verschwunden, ebenso die in den Weinbergen gelegenen Landhäuser um Stuttgart und Bad Cannstatt, etwa die Villa Rebenberg an der Prag. Draußen auf dem Land aber gab es ursprünglich nur die massiv gebauten Häuschen der Wengertschützen, öffentliche Bauten sozusagen, von der Gemeinde errichtet.

Das änderte sich um die Jahrhundertwende. Mit der Invasion bisher unbekannter Rebschädlinge und Rebseuchen begann für den Weingärtner das Spritzen. Dazu brauchte er Wasser. Um das schwere Spritzgerät unterzubringen und über die Dachfläche möglichst viel Regenwasser aufzufangen, errichtete man jetzt landauf, landab meist recht primitive Häuschen im Wellblechstil.

Markantere Akzente setzte das Wengertschützenhaus. Der Weinberghüter, von der Gemeinde bestellt und kontrolliert, sollte nicht nur Starenschwärme und Traubendiebe mit Schreckpistole und Rätsche abhalten; ihm oblag auch die Hut über Wägen, Bütten und Kufen, die im Herbst über Nacht im Weinberg blieben. Das Hüterhäuschen stand entweder am Fuß oder an der Steilkante des Rebhanges, um die beste Übersicht zu gewähren. Während der im Herbst oft schon empfindlich kalten Nächte konnte der Schütz in dem massiv-steinernen, oft tonnengewölbten Häusle ein offenes Feuer entzünden – der Giebel hatte ein Rauchloch, eine Tür

fehlte grundsätzlich. Wenn dem Wengertschütz dieses herbstliche Robin-
sonleben langweilig oder unangenehm wurde, ging er selbst schon mal an
einen verlockend üppigen Weinstock. Darauf spielen die in Hausen an
der Zaber überlieferten Spottverse an:

> „Wengertschütz
> Ist bodeknütz,
> Geht die Stäffle auf und a,
> Zupft die schönste Traube a!"

Zum Bild des historischen Weinbergs gehörten auch die im Rebenge-
lände errichteten Keltern, wie die 1786 erbaute Glockenkelter mit Zehnt-
weinhäusle unterhalb der Yburg bei Stetten im Remstal. Diese herrschaftlichen Bannkeltern gingen später in Gemeindebesitz über. Im Ort hat man
sie zu Gerätehallen, außerhalb oft zu gemeindlichen Schafscheuern umgebaut.

Steinriegel, Flora und Fauna

Im Muschelkalkland um Neckar und Enz, Jagst und Kocher, Tauber
und Vorbach stellen die senkrecht zu Tal ziehenden Steinriegel, Steinras-
seln, Kormauern, Steinrutschen die einprägsamsten Leitfossilien der Rebkultur dar. Generationen von Weingärtnern haben hier im Oberen Muschelkalk die mehr als faustgroßen Steinbrocken zusammengetragen und
an den Parzellengrenzen zu Wällen aufgehäuft. Uralten grauen Echsen
gleich, brüten die Steinriegel in der Sonne. Ihre vermoosten Tatzen reichen oft bis zu den Hangkanten, wo heute längst der Wald rauscht.
Die Steinriegel sind selten geworden. Die Flurbereinigung hat sie als
billig-bequemes Schottermaterial für den Wegebau abgetragen. Eine be-
merkenswerte Ausnahme macht da Belsenberg in einem Seitentälchen
des Kochers, wo man sie geschickt mit in die Umlegung einbezogen und
erhalten hat. Im historischen Weinberg des Hauptmuschelkalks wirkten die Steinriegel günstig auf das Kleinklima ein. Überbuscht wehrten sie als Windschirm dem kalten Ost, nachts strahlten sie wie Kachel-
öfen die tagsüber gespeicherte Sonnenglut an die Rebe zurück. Darüber hinaus verraten die Steinriegel, wie sehr unsere Weinberge im Lauf
der Jahrhunderte unterm Abschwemmen der lebenswichtigen Humuskrume gelitten haben. Georg Wagner, Altvater der südwestdeutschen
Geologie, hat festgestellt, daß der gewachsene Untergrund der Steinriegel, der das ursprüngliche Bodenprofil markiert, inzwischen bis zu ei-

*Belsenberg in einem Seitentälchen des Kochers hat seine Steinriegel
in die Rebflurbereinigung einbezogen.*

nem Meter über dem Profil der angrenzenden, ungeschützten Rebgewanne liegt.

Dazu paßt die Beobachtung des aufklärerischen Ökonomen Georg
Ferdinand von Forstner: „Im Hohenlohischen . . . sieht man in jedem
Frühjahr ganze Scharen von Menschen, beiderlei Geschlechts, die steilsten
Berge – gleich den Gemsen – hinanklettern, um die herabgerollte tragbare
Erde buttenweis vom untersten Fuß des Berges bis auf den steilsten Gipfel
desselben zu schleppen." Und über die Steinriegellandschaft des Haupt-
muschelkalks urteilte er: „. . . das Aug' wähnt nicht selten im steinigen
Arabien zu sein."

Wo die Steinriegel von Gesträuch freigehalten werden, gedeihen auf
den langgestreckten Geröllhalden fast nur Flechten, Moos, Mauerpfeffer
und eine Handvoll hitzeverträglicher Pflanzen. Meist aber sind die Riegel
von Weißdorn, Schlehe, Heckenrose, Hartriegel, Liguster, Berberitze, Wilder Stachelbeere, Pfaffenhütchen und gelegentlich von Holunder über-
wachsen, deren Samen, mit Vogelkot verschleppt, hier aufkeimen konnten. Dann wird aus dem grauen Steinwall ein grüner Heckenriegel. Im
Endstadium eines aufgelassenen Weinbergs schlagen schließlich auch Eiche, Feldahorn und Vogelkirsche zwischen den Steinbrocken Wurzeln,

dicht umschlungen von der Waldrebe. Der Naturfreund sieht die Steinriegel gern. Sie geben nicht nur den Gefiederten und der Kleinlebewelt, sondern auch Spitzmaus und Igel, Eidechse, Natter und Wiesel Unterschlupf in der sonst so verödeten Flur.

Unsere heutigen Weinberge stellen den Extremfall einer Monokultur dar. Im historischen Weinberg war das anders. Um den Mischsatz der Rebstöcke pflanzte der Wengerter Gemüse, Heilkräuter, Färbepflanzen und Beerenbüsche; dazwischen standen vereinzelt Obstbäume, vor allem Quitte, Walnuß, der weißfleischige Weinbergpfirsich und die Kirsche.

Am Mauerwerk siedelte eine Flora, die sich den trocken-heißen Lebensbedingungen mit Wachsüberzug, Haarfilz, Rosettenbildung und Polsterwuchs angepaßt hatte: Fetthenne und Mauerpfeffer, Frühlingsfingerkraut und Natternkopf. Fast das ganze Arsenal solch einer Saharaausrüstung vereint die Hauswurz. Zwischen die Rebgewanne schoben sich Buschwald, Steppenheide, Felsbänke, Obstbaumstücke und artenreiches Geheck.

Die Pflanzengesellschaft im regelmäßig durchgehackten Weinberg hatte sich ganz auf diesen Rhythmus eingestellt und wird als Hackfruchtgesellschaft bezeichnet. Das waren Vogelmiere, Ackerwinde, Greiskraut, Hirtentäschel, Gauchheil, Ehrenpreis, Taubnessel, Pfennigkraut, Erdrauch und Bingelkraut.

Farbige Tupfer setzten ausdauernde Zwiebelgewächse: die Traubenhyazinthe, wegen ihrer leinenblauen Tracht auch Baurebüble genannt, der weißblühende Milchstern und die buttergelbe Weinbergtulpe, die im 16. Jahrhundert, vom Mittelmeer kommend, erst in die Gärten, dann in die Weinberge verpflanzt wurde und dort verwilderte. Diese Gewächse überstanden zwar das Durchhacken, nicht aber den Einsatz des Motorpflugs an der Seilwinde. Nur noch in den Grenzmarken rentablen Weinbaus, etwa im oberen Vorbachtal, wo die Rebhänge weiterhin traditionell bearbeitet werden, sieht man im Frühjahr ganze Weinberge im kühlen Tulpengold erstrahlen.

Neben dem Teppich der Hackfruchtgesellschaft und neben Gartenflüchtern wie Weinbergiris, Wildtulpe und Pfingstnelke stoßen wir in traditionell bearbeiteten oder aufgelassenen Weinbergen noch auf fremdäugig anmutende Gewächse, Relikte früheren Zwischenanbaus. Denn, wie gesagt, der Wengerter zog hier auch Gewürzkräuter, Arznei- und Färbepflanzen für Händler und Apotheker wie für den Hausgebrauch. Meist waren es Pflanzen südlicher Herkunft, die sich im Weinbauklima wohlfühlten und unbekümmert gediehen.

Dazu gehören Fenchel, Wermut und Ysop, der sich etwa am Vulkanklotz des Hohentwiel üppig ausgebreitet hat, Lavendel, Eibisch und

Melisse. Im Herbst leuchten auf den Steinriegeln die mennigeroten Fruchtlampions der Judenkirsche, deren Beere als Zugabe zum Arzneiwein diente. An die früher als schmackhafte Medizin genossenen Würzweine erinnern der offizinelle Salbei, der manchmal hundert und mehr Jahre alte, verholzte Büsche bildet, dazu die zierlich geschnittene Weinraute, deren Blattmuster in der Bauplastik unserer gotischen Kirchen wiederkehrt. Beiden galt der Spruch:

> „Salvia cum ruta
> faciunt tibi pocula tuta.“
> (Salbei und Raute machen dir die Becher sicher,
> segnen dir den Trunk.)

Andere Kräuter erinnern an die uralte Technik des Färbens mit Pflanzensäften: die orangefarbene Färberkamille, das stattliche gelbgrüne Resedagewächs des Färberwau oder der Krapp, dessen Wurzelrinde den roten Farbstoff Alizarin lieferte. Häufiger noch trifft man – seiner einstigen wirt-

Heimkehr aus dem Weinberg. Scherenschnitt von Luise Duttenhofer.

schaftlichen Bedeutung entsprechend – auf den Färberwaid, etwas hochtrabend Deutscher Indigo genannt. Seine vergorenen Blätter entwickelten unter Zutritt von Sauerstoff das begehrte Blau im Textilgewebe. 1543 berichtete der Tübinger Botanikprofessor Leonhart Fuchs, daß in manchen Gegenden Schwabens und Frankens alle Raine und Mauern der Weinberge voller Waid stünden.

Mit seinen Hecken, Heiden, Obstbaumstücken und lichten Buschwäldchen, mit Trockenmauern, Hohlwegen und kräuterreichen Rainen bildete der historische Weinberg auch ein Mosaik der Biotope, der Lebensräume für die Tierwelt. Heute finden Vögel im deckungslosen Gelände der ausgeräumten Rebflur weder Nistgelegenheit, Jagdrevier noch Futterplatz. Das gilt besonders für das Rebhuhn, das seinen Namen längst zu Unrecht führt, weil es heute zwischen den gespritzten Weinstöcken verhungern oder qualvoll verenden müßte. Ähnlich ergeht es der Weinbergschnecke. Verschwunden sind die meisten Amphibien und Reptilien; nur noch die gelbbäuchige Unke laicht in den Rückhaltebecken mit geringer Stautiefe am Fuß der Weinberge. Die in der Nacheiszeit vom Mittelmeer ins Neckarland eingewanderte Mauereidechse war vom Aussterben bedroht; ihre Bestände sollen sich durch das Begrünen der Weinberge seit dem praktizierten umweltschonenden Rebanbau wieder stabilisieren. Den Eidechsen wiederum stellt die muskulöse Schlingnatter nach, die beharrlich mit der Kreuzotter verwechselt und totgeschlagen wird, weil sie sich – ungiftig und harmlos – mit Zischen und Beißen energisch zur Wehr setzt.

Was für Steinschmätzer und Rotschwänzchen, Würger und Wendehals, Eidechse, Kröte und Schlange gilt, trifft auch für die Kleinlebewelt zu. Der kribbelnde und wibbelnde Artenreichtum der Spinnen, Käfer, Asseln, Wespen, Falter und Wildbienen hat es schwer mit dem Überleben in der Monokultur. Eine der ganz wenigen unmittelbar an den Weinberg gebundenen Tierarten ist die vom Mittelmeer her zugewanderte Blutrote Singzikade, die nur noch am mittleren Neckar und am Stromberg vorkommt. Um Besigheim heißt sie Weinzwirner, flußabwärts Weinvogel, am Stromberg Traubensurrer, im Fränkischen Lauer. Horrheimer und Lauffener Reblagen haben von ihr den Namen Lauer. Sie sucht stets die sonnigsten und wärmsten Standorte, deshalb stellt ihr Vorkommen ein Weingütesiegel eigener Art dar. Die Lauffener Lauerweinberge waren früher berühmte Muskatellerlagen.

Wo man die Schlehenhecken am Saum der Weinberge ausgerottet hat, erlischt das Vorkommen der Blutroten Singzikade, denn ihre Larven leben ausschließlich von den Wurzeln des Schwarzdorns. Die Zikade selbst saugt den Saft des Weinstocks, richtet aber nicht den mindesten Schaden an. Ihr metallisch-surrender Gesang ist von Ende Mai bis Mitte Juli zu hören und gilt dem Wengerter als Vorzeichen eines guten Herbstes. Mit der Nachtigall hat die Singzikade gemein, daß nur die Männchen singen. Diese Eigenheit hat den Griechen Xenarchos vor gut 2 000 Jahren zu der boshaften Einsicht gebracht: „Glücklich leben die Zikaden, denn sie haben stumme Weiber."

Weinblätter der Geschichte

Die wilde Rebe führt heute buchstäblich ein Schattendasein: Im Dunkel dichter Auwälder an Oberrhein und Donau sind ihre Bestände zu einem Bruchteil dessen geschrumpft, was einst an beiden Strömen und deren Nebenflüssen wuchs. Ein Gewährsmann des vorigen Jahrhunderts hat das Lianenwerk von damals anschaulich gemalt: „... wie sie in Gruppen dem Dickicht entsteigen und mit starken Armen sich in die höchsten Waldkronen aufschwingen, bald umfangreiche Lauben von Stamm zu Stamm wölben, bald, über Gesträuch und geschlossene Hecken herabfallend, zu weitläufigen Laubwänden sich aufbauen. Besonders schön erscheinen

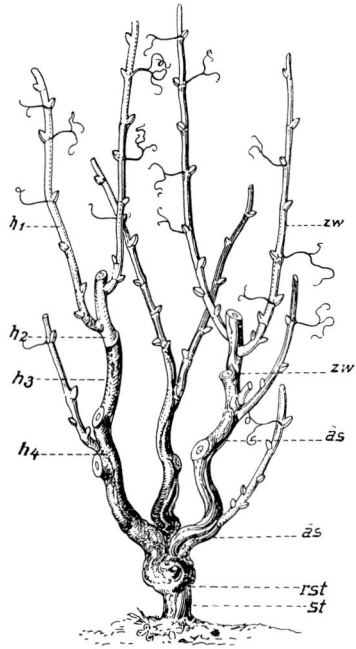

Kulturrebe, bei der sich gleich über dem Stammansatz die Veredlungsstelle (rst) abzeichnet. Die Bezeichnungen h1 bis h4 weisen auf ein- bis vierjähriges Holz hin.

diese Rebengewinde im Herbste, wenn das durch alle Farben von Goldgelb bis ins dunkle Purpurrot sich verfärbende Laubwerk gleich Feuergarben in ruhiger, stiller Größe aus dem Dunkelgrün des Eichenwaldes emporsteigt."

Der Weinbauexperte Johann Philipp Bronner, der sich Mitte des vorigen Jahrhunderts als erster eindringlich mit der Wildrebe, Vitis vinifera var. silvestris, befaßt hat, entdeckte unter Tausenden von Stöcken allein zwischen Mannheim und Rastatt noch etwa drei Dutzend verschiedene Sorten. Heute wächst sie nur noch vereinzelt bei Germersheim und Ketsch am Oberrhein und an der Donau auf den Strominseln ab Preßburg. Am Neckar und an der Ill, drüben im Elsaß, ist sie längst verschwunden. Daran war kein Klimawechsel, keine Rebseuche, keine Frostkatastrophe schuld. Der Mensch hat mit Stromkorrektion und Flußbau erst die Auwälder, ihre natürlichen Standorte, dezimiert und dann die übriggebliebenen Wildreben als lästiges Forstunkraut ausgehackt.

48

Lange haben die Botaniker die Vitis silvestris für Varietäten verwilderter Kulturreben der Römerzeit gehalten. Erst Bronner hat 1857 erkannt, daß sie „Kinder unserer Flora" sind und „als natürliche Schlingpflanzen unserer Vegetation angehören und von jeher angehört haben". Inzwischen haben die Paläobotaniker die Stammtafel der Wildrebe bis in die Kreidezeit vor 130 Millionen Jahren zurückverfolgt. Die Eiszeit vertrieb die Wildrebe und vernichtete ihre Formenvielfalt. Erst nach der letzten Eiszeit drang sie durch die Burgundische Pforte an Rhein, Main und Neckar und – aus dem Südosten – durchs Donautal wieder bei uns ein. Im Orient hat man sie schon vor 8 000 Jahren durch Aussaat vermehrt und ausgelesen, ihre Trauben gekeltert und zu Wein ausgebaut. Im Gegensatz zu unseren Kulturreben, die bekanntlich Zwitter sind, bilden die meisten Wildreben auf Fremdbestäubung angewiesene männliche und weibliche Stöcke. Anders als bei der vegetativ vermehrten Kulturrebe einheitlichen Ursprungs, stellt jeder Wildrebenstock „ein genetisch eigenständiges Individuum" dar.

Offensichtlich hat man in der Jungsteinzeit die Beeren der Wildrebe gesammelt. Ihr Holz und ihre Traubenkerne fand man an der Berger Inselquelle bei Stuttgart, in Hall am Kocher, in den Pfahlbauten am Bodensee und in Heilbronn auf einem Siedlungsplatz der Rössener Kultur.

Bronners These von der Eigenständigkeit der Vitis silvestris ist anerkannt. Umstritten bleibt sein zweiter Ansatz, wonach zahlreiche Kulturreben unmittelbar von den Wildreben der Stromsysteme Rhein und Donau abstammen: etwa der Riesling, „unverkennbar eine teutsche Traube", der Traminer, Gelbhölzer, Ortlieber, die Orangetraube, der Tauberschwarz, die Römertraube, der elsässische Kleinedel, der Fütterer in Württemberg sowie Silvaner, roter Zierfandler, grüner Muskateller, Weißer von Grinzing, Rotgipfler und der in der Steiermark beheimatete blaue Wildbacher.

Unbestritten ist dagegen, daß bei Wildreben ebenfalls Zwitter vorkommen, die zwanglos zur heutigen Kulturrebe hinüberspielen, unbestritten auch die Anpassungsfähigkeit der Rebe, ihre Neigung zu Mutationen, zu Erbsprüngen also, die ihr den Wechsel vom Auwald zum sonnigen Südhang ermöglicht haben können.

Pfennigklug und talerdumm

Karl und Franz Bertsch fragen in ihrer „Geschichte der heimischen Kulturpflanzen", ob Kulturreben auch von Wildreben der Auwälder am Neckar abstammen könnten. Sie verweisen auf den Blauen Affenthaler, der einen herben, aber haltbaren Wein ergibt und von dem Christian

Single in seinem 1860 erschienenen Tafelwerk der Traubensorten Württembergs sagte: „Wir haben diese in Württemberg ziemlich verbreitete Traubensorte weder am Rhein, noch am Main und in der Schweiz angebaut gefunden." Die ertragreiche, spät ausreifende, kleinbeerige Rebe paßt jedenfalls in das Bronnersche genealogische Schema. Dabei darf der württembergische Affenthaler nicht mit dem Affentaler aus der badischen Ortenau verwechselt werden, der aus Trauben des Blauen Spätburgunders gewonnen wird. Das Ortenauer Rotgewächs hat seinen Namen vom Avetal, das wiederum aufs Nonnenkloster Lichtental bei Baden-Baden zurückgeht und von den Winzern zum Affental verballhornt worden ist.

Die Bekämpfung von Schädlingen und Pilzseuchen im Weinberg kostet Unsummen an Geld und Gift. Trotz der Inflation neuer Kreuzungen tun sich die Rebzüchter schwer, widerstandsfähige und geschmacklich ansprechende Sorten zu finden. Welchen natürlichen Schatz an kerngesundem, klimatisch abgehärtetem, veredlungsfähigem Erbgut wir mit der bedenkenlosen Vernichtung des Waldunkrauts Wildrebe verspielt haben, läßt sich nur ahnen. Bronners Sortenkatalog der Vitis silvestris jedenfalls liest sich heute wie eine Sage. Beim Ausrotten der Wildrebe hat der Mensch wie so oft im Umgang mit der Natur gehandelt – pfennigklug und talerdumm!

Hat römischer Weinbau überlebt?

Vorrömischer Weinbau in Südgallien, vermittelt durch griechische Kolonisten, ist gesichert. Mit der Eroberung ganz Galliens durch Caesar weitete sich hier rasch auch die römische Rebkultur aus. Der Naturhistoriker Plinius der Ältere und der Agrarschriftsteller Columella schildern das Gallien der frühen Kaiserzeit übereinstimmend als ein mit Italien konkurrierendes Weinland mit autochthonen Sorten, hervorgegangen aus heimischen Wildreben. Auch Südtirol und die Südschweiz bauten spätestens seit dem ersten Jahrhundert n. Chr. Wein an; die rätische Rebe wurde den besten italienischen Sorten gleichgestellt. Archäologische Funde haben römischen Weinbau im linksrheinischen Deutschland bewiesen, und für die Mosel gibt es sogar das literarische Zeugnis des Mosella-Poeten Ausonius.

Wenn nun in der Pfalz Winzermesser gallisch-griechischer Herkunft mit einem beilartigen Sporn auf dem Rücken geborgen worden sind und man in Xanten am Niederrhein sowie am Rheinknie bei Basel Holz und Traubenkerne der Kulturrebe aus dem ersten nachchristlichen Jahrhundert gefunden hat, so läßt das den Rückschluß auf einen – wenn auch primitiven – keltischen sowie auf ausgedehnteren römischen Weinbau am

Neckar zu. Vor der Einbeziehung Südwestdeutschlands ins Imperium Romanum bildet der Rhein keine natürliche Grenze für die Rebkultur, danach noch weniger. Es mutet unwahrscheinlich an, daß der ungeheure Weinbedarf der Grenztruppen über mehr als 150 Jahre ausschließlich durch mühselige Importe gedeckt wurde und die etwa 800 gesicherten Villae rusticae, rationell wirtschaftende Gutsbetriebe im Weinland Württemberg, diese Marktchance versäumt hätten.

Am mittleren Neckar, an der Rems und an der Mündung der Murr hat man rotschwarze, sichelig gekrümmte Hapen aus der Römerzeit gefunden, die freilich ebenso zum Schnitt der Obstbäume wie der Rebstöcke gedient haben können. Die meisten Jupitergigantensäulen entdeckte man im Bannkreis der Villae rusticae. Vor und neben Bacchus galt der Himmelsvater und Wettergott Jupiter als Schutzherr der Rebe. Er war im alten Rom Schirmherr der Winzerfeste, sein Hohepriester eröffnete die Weinlese, in seinem Namen wurde im Spätherbst der junge Wein gekostet und im Frühjahr das erste Faß des neuen Jahrgangs geöffnet. Ihm zur Seite stand dabei, wie auf den Gigantensäulen, Venus als Patronin der Gärten, mithin auch der Weingärten.

Der 1968 in Walheim am Neckar geborgene, aus Stubensandstein gehauene Torso einer Jupitergigantensäule weist auf seiner oberen Trommel ein üppiges Weindekor auf: Schlangen winden sich durchs Gerank, Eroten schneiden die Trauben in Körbe, jagen Fuchs und Vogelschwarm. Sieben nackte Personen

Römische Jupitergiganten-
säule, 200 n. Chr. aus Stubensand-
stein gehauen und 1968
in Walheim am Neckar geborgen.

lagern unter den Rebstöcken oder beteiligen sich an der Jagd. Mit einer großen Traube in der Hand lehnt Venus am Stamm eines Weinstocks. Dionysischer Kult und Mithrasmysterium durchwachsen sich im Bild einer Weinlese der Seligen im Jenseits. Welchen Sinn sollte diese mythologische Weinlese haben, wenn nicht den einer steinernen Bitte um das Gedeihen der Rebe am Neckar?

Die Archäologen vermuten, daß die Siedlungskontinuität Walheims, als Heim der Walen, der Welschen, von der Römerzeit über den Alamannensturm bis in die fränkische Zeit mit einer ungebrochenen Kontinuität der Rebkultur zusammenhängt, daß die romanisierten welschen Weingärtner von den germanischen Eroberern „gebraucht wurden und daher unbehelligt blieben". Die Traubensäule, zu der Sockel und Aufbau bisher fehlen, wurde auch nicht, wie anderwärts, von den Alamannen zerschlagen, sondern wahrscheinlich vor dem Barbarensturm von den Einheimischen sorgsam vergraben.

Eine Art Indizienprozeß

Ein weiteres Indiz für das örtliche Überleben römischer Weinbautradition fand man im Bereich der 1977 entdeckten Villa rustica bei Lauffen. Römisch bearbeitete Quader, die in den Weinbergmauern staken, führten im Rebflurbereinigungsgebiet Brunnenäcker zur Ausgrabung eines Gutshofes, der nun als Freilichtmuseum zugänglich ist. In einem benachbarten alamannischen Frauengrab des frühen vierten Jahrhunderts barg man Traubenkerne der Kulturrebe.

Bronzesiebe als Weinfilter, Amphoren, Henkelkrüge und feines Trinkgeschirr – zu sehen im Römischen Weinkeller Oberriexingen an der Enz – bezeugen, daß die Weinkultur des Limeslandes noch im entlegensten Kastell und Lagerdorf zu Hause war. Die bei Öhringen gefundene Bronzestatuette eines Silen, eines bacchischen Trabanten mit Traube, gehörte wohl als Dekor zu einem Tafelgeschirr. Ein bei Rottenburg entdeckter Viergötterstein zeigt Silvanus, den Schutzgott der Wälder, Weiden und Weinberge mit Faßschlägel und Rebmesser, ebenso das Silvanus-Relief von Owen am Albtrauf. Auch die Mithrasverehrung mit dem Kultmahl, bei dem sich Fleisch und Blut eines geopferten Stiers in Brot und Wein verwandelt haben sollen, hatte Anteil an der Weinkultur des Limeslandes, der Agri decumati, wie der Südwesten in römischer Zeit hieß.

Die antiken Autoren berichten, nicht ohne leisen Schauder, daß die Barbaren die schweren südlichen Importweine am liebsten ungemischt, ohne Wasser, tranken. Und der Geschichtsschreiber des deutschen Weinbaus,

Ein römisches Relief, 1601 in Augsburg gefunden, stellt Weinfässer und deren Einkellerung dar.

Friedrich von Bassermann-Jordan kommentierte: „Man denkt unwillkürlich an den Import des ‚Feuerwassers' zu wilden, außereuropäischen Völkern in späteren Jahrhunderten."

Neben dem einheimischen Gewächs der Villae rusticae des Dekumatlandes gab es nach wie vor Weineinfuhr aus Italien und Gallien – per Schiff und auf Achse. Die 1990 neben der Augsburger Heilig-Kreuz-Kirche freigelegte Grabstätte eines römischen Weinhändlers barg neben einer Bacchus-Plastik auch das Reliefbild eines mit Weinfässern beladenen Ochsenkarrens. Vor allem Heeresveteranen legten ihre Abfindung in Landwirtschaftsbetrieben an. Darunter gab es, wie die Namensinschriften beweisen, zahlreiche keltische und germanische Ex-Söldner. Sie hatten sich längst in römische Trinksitte und Weinkultur eingelebt.

Bekannt ist das lateinische Erbe vieler Fachwörter für Weinbau und Kellerwirtschaft: amphora – Eimer; braccium – Bracke, Holzklotz der Baumkelter; buticula – Buddel; buttis – Bütte; calcatorium – Kelter; vinea camerata – Kammert oder Kammerz, Spaliererziehung der Rebe; caupo – Kaufmann, ursprünglich Weinhändler; cellarium – Keller; cupa – Kufe; galeta – Gölte; hama – Ohm; iugum – Joch oder Jauchert, etwa ein Morgen oder eine „Mannshauet"; lugena – Lägel, tragbares Fäßchen; lurea – Lauer, Trester, Tresterwein; mosa – Maß; mustum – Most; palus – Pfahl, Rebstickel; pictura – Pichter, Rebparzelle; ramex – Rahmen; saccus – Secker, gepreßter Tresterkuchen; sarmentum – Särmde, abgeschnittenes Rebreisig; scamillus – Schemel, Rebstück zwischen zwei Graspfaden; torculum – Torkel, Trotte; vas – Faß; vinitor – Winzer; vinum – Wein . . .

Der Flußname Zaber leitet sich wahrscheinlich von der Ortsbezeichnung „ad tabernam" ab, dem Standort eines römischen Wirtshauses am Straßenknoten unweit der Meimsheimer Kirche im Grünen; ein uralter Fernweg überquerte hier den Wasserlauf, und die Alamannen haben – vermutlich irrtümlich – den Tabernennamen des Ortes auf das Flüßchen übertragen.

Auch wenn keltischer Weinbau am Neckar nur antiquarische Bedeutung hatte, auch wenn der linksrheinische römische Weinbau längst nicht so landschaftsprägend war wie der heutige, auch wenn die Rebkultur des Dekumatlandes den Alamannensturm um 260 nur an ein paar Orten überlebt hat, so ist es trotz der Skepsis ganzer Generationen von Altertumsforschern nach den Funden der letzten Jahrzehnte doch wahrscheinlich, daß ein Traditionsstrang römischer Rebkultur die Völkerwanderungszeit bis hinein ins frühe Mittelalter überdauert hat.

Klöster und Königshöfe als Schrittmacher

Die Landnahme der Alamannen folgte dem alten römischen Kulturboden. Nach ihrer zunächst sehr lockeren Einbindung ins Merowingerreich verlief die Grenze zwischen alamannischem und fränkischem Stammesgebiet südlich von Calw und Weil der Stadt entlang der Glems zum Hohenasperg und über den Lemberg bei Affaltrach weiter südlich an Marbach, Murrhardt, Gaildorf und Crailsheim entlang zum Hesselberg überm Ries.

Im Gegensatz zu den Gesetzessammlungen der Burgunder, Franken, Westgoten und Bajuwaren enthalten die Lex Alamannorum sowie die Bruchstücke einer älteren Sammlung nichts über Weinbergfrevel oder Wergeld für den Totschlag an einem Winzer, das in der fränkischen Lex salica doppelt so hoch war wie die Buße für einen Mord an einem gewöhnlichen Knecht. Schon Bassermann-Jordan hat eingewendet, daß dies noch kein Beweis für die Nichtexistenz von Wingerten sei, da die alamannischen Gesetze „fast ausschließlich kriminalrechtlichen Inhalts sind und zudem großenteils nur fragmentarisch überliefert".

Die erste urkundliche Erwähnung des Weinbaus im heutigen Württemberg datiert aus dem Jahr 766. Sie findet sich in einer Schenkungsurkunde an das Kloster Lorsch an der Bergstraße. Genannt werden Weingärten in Böckingen, Frankenbach, Schluchtern und Biberach bei Heilbronn, also in einem geschlossenen Gebiet um den römischen Kastellort Böckingen. 769 folgt Mühlacker an der Enz, 775 Eisesheim, 777 Esslingen, 788 Gartach; 793 werden zwei Weinberge bei Bönnigheim im Zusammenhang mit der Stiftung einer Kirche auf dem Michaelsberg überm Zabergäu genannt.

Wenig bekannt ist die überraschend frühe Schenkung von Weingärten zwischen 803 und 817 an das Kloster Fulda in „lara et steinbah", Lohrhof und Niedersteinach im oberen Tauberland.

Unabhängig von der nach Osten gerichteten Wanderung der Rebkultur, wurzelte rätomanischer Weinbau am Bodensee und im südlichen Oberschwaben. Urkundlich greifbar wird er 812 in Manzell und 873 in Hagendorn am Bodensee. 875, als Ludwig der Deutsche dem Diakon Luitprant das Kloster Faurndau an der Fils samt Weingärten überläßt, tauchen Weingärten in Danketsweiler, Happenweiler und Trutzenweiler bei Schmalegg sowie in Ailingen am Bodensee auf. Alfons Dreher sieht im Fortleben des Weinbaus ein Indiz für das friedliche Zusammenleben der Rätoromanen mit den alamannischen Eroberern.

Der für Asperg und Pfaffenhofen am Stromberg tradierte Weinbau ist im neunten oder zehnten Jahrhundert anzusetzen. 950 folgen Bottwar und Stockheim, 965 Illingen, 976 Horkheim, Jagstfeld, Möckmühl, Oberkessach und Schwaigern am Heuchelberg, 978 Affalterbach, Aspach, Beihingen am Neckar, Benningen, Erdmannhausen, Heutingsheim, Marbach am Neckar, Murr, Pleidelsheim, Rielingshausen und Steinheim an der Murr.

Auf römische Ursprünge wird auch der Weinbau an der Donau zurückgeführt, den es um Regensburg ja immer noch gibt. Arbeo, seit 764 Bischof von Freising, erzählt, der eine Generation zuvor verstorbene St. Korbinian habe „eine Menge Weingärten gepflanzt". Von Neuburg an der Donau hieß es im Mittelalter, sein Gewächs schmecke wie Neckarwein.

Die heidnischen Alamannen haben freilich lange am Bier, zumindest als Kultgetränk, festgehalten. Von Kolumban, der um 600 am Bodensee missionierte, berichtet die Vita des Heiligen: „Es ist aber schwäbisches Volk, das dort wohnt; einmal fand er . . . wie die Einwohner ein heidnisches Opfer begehen wollten; sie hatten ein großes Gefäß, das bei ihnen cupa, Kufe, heißt und das ungefähr 20 Eimer hielt, mit Bier angefüllt und in ihre Mitte gesetzt . . . weil er von diesem scheußlichen Werk hörte, blies er das Faß an und es löste sich mit Gekrach und sprang in Stücke . . . Wie das die Heiden sahen, staunten sie und sprachen, Kolumban habe einen starken Atem, daß er ein fest gebundenes Faß so zersprengen könne."

Vielzitiert wird die Notiz des Abtes und Geschichtsschreibers Regino von Prüm, daß Ludwig der Deutsche 843 bei der Teilung des Karolingerreiches auf dem linksrheinischen Ufer auch die Bistümer Mainz, Worms und Speyer erhalten habe, „propter vini copiam", wegen der Menge des Weines. Ob dies allein der Grund für die Einvernahme war oder ob die über den Strom reichenden Diözesen unter eine ungeteilte Herrschaft kommen sollten, wissen wir nicht.

Titelblatt der deutschen Übersetzung des Wein-Traktats von Arnaldus de Villanova, in dem es heißt: „Wein ist die edelste Arznei, wenn man ihn genießt, wie man soll."

Sicher war damals der rechtsrheinische Weinbau quantitativ noch sehr bescheiden und an die engere Umgebung der Klöster und Königshöfe gebunden. Die Wingerte lagen im ebenen, leicht gehügelten Feld, waren eben noch Weingärten, keine Weinberge, standen aber im Ertrag späteren Jahrhunderten kaum nach. Für die Karolingerzeit ist ein Ertrag von vier Karren Wein je Morgen bezeugt, das entsprach etwa 36 Liter je Ar, nicht wenig, wenn zwischen 1827 und 1927 im Keuper an Rems und Zaber 20,3 und 21,7 Liter, im ertragsärmeren Muschelkalk an der Enz 16,1 Liter und im Taubergrund 12,3 Liter je Ar im Durchschnitt geherbstet wurden.

Schrittmacher frühmittelalterlicher Rebkultur waren die Klöster mit ihren europäisch weitgespannten geistigen und wirtschaftlichen Beziehungen, andere geistliche Grundherrschaften sowie die dicht gestreuten fränkischen Königshöfe, die auf das Reservoir der Fachkräfte im Weinbau Galliens zurückgreifen konnten. Ihnen gesellten sich bald gleichgewichtig adelige Großgrundbesitzer zu, die im Westen wie im Osten des Frankenreiches untereinander versippt waren. Aus ihren Reihen kamen die ersten Schenkungen von Rebbesitz an Klöster und Kirchen, zum ewigen Seelenheil oder auch nur zur Abkühlung im Fegefeuer, wie es in manchen Urkunden heißt.

Schon gegen Ende der Karolingerzeit befand sich mehr als die Hälfte des Kulturlandes in geistlicher Hand. Neben auswärtigen Klöstern wie Lorsch, Fulda oder dem elsässischen Weißenburg, das damals noch zum Speyergau gehörte, neben St. Gallen und der Reichenau gelten Hirsau, Murrhardt und Weingarten als Pioniere der Rebkultur, auch wenn im waldvermummten Murrtalkessel selbst der Weinstock wohl nie gedieh und am Weingartener Martinsberg Rebstücke erst ab 1044 belegt sind. Entweder hat Ende des 11. Jahrhunderts St. Gallen oder Anfang des 12. Jahrhunderts Lorch im Stuttgarter Talkessel die ersten Reben gepflanzt.

Terrassenbau erschließt die Steilhänge

Einen Umbruch, in seinen Ausmaßen nur noch der Rebflurbereinigung unserer Generation vergleichbar, erlebte die Weinlandschaft ab 950 mit der Einführung des Terrassenbaus. Diese bedeutende Neuerung wanderte wahrscheinlich von Mosel und Mittelrhein über den Kraichgau ins Nekkarland und ist eine mittelalterliche Erfindung ohne römisches Vorbild. Die Terrassierung erschloß jetzt auch die klimatisch begünstigten Engtäler und Steilhänge der Rebkultur und verkürzte den Böschungswinkel, der im Keuper 30 Grad, im Muschelkalk 40 Grad und mehr erreichte.

Hinzu kam seit der Stauferzeit die intensive Binnenrodung, die dem Weinstock vor allem im Keuperbergland Böden erschloß und landschaftsprägendes Maß gewann. Der Steillagenbau drang aber auch im Muschelkalk vor. Am mittleren Neckar und an der Enz entstand jene, zum Teil bis heute intakte, architektonisch geformte Kulturlandschaft mit hohen Mauerwänden, der Stufenfolge schmaler Zwergterrassen, Schrannen genannt, und den halsbrecherisch steilen, dem Hang-Getrepp eingepaßten Stäffelesstiegen. Die Terrassierung erleichterte die Handarbeit am Hang, sie beugte der Bodenerosion vor und schuf dank der Wärmerückstrahlung der Mauermassen ein ideales Kleinklima für die Rebstöcke.

Das Terrassierungswerk begann zwar schon Mitte des 10. Jahrhunderts, zog sich aber, der immensen Arbeitsleistung wegen, über ein paar hundert Jahre hin. Unsere besten Lagen sind also oft in Wirklichkeit noch gar nicht so alt wie in unserer Vorstellung. Vor dem Terrassenmauerbau mußten die bewaldeten Steilhänge erst einmal gerodet werden: 1491 noch wurden in der Stuttgarter Mönchhalde 62 Morgen Wald verkauft, und

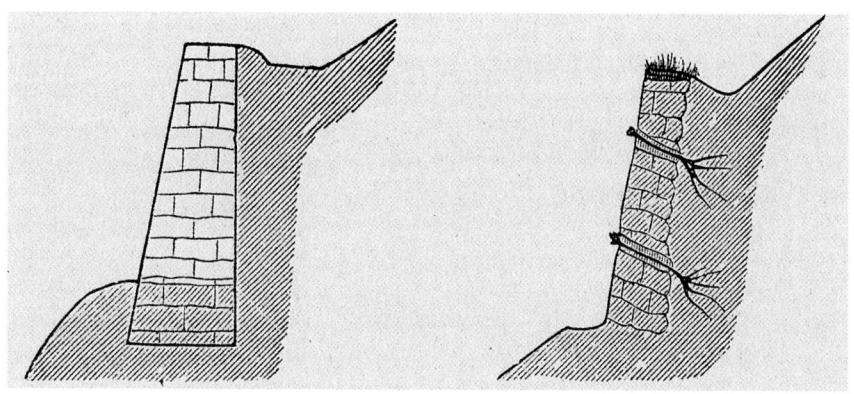

Terrassenmauer im Weinberg, rechts mit Pflanzenlöchern für Rebstöcke. Nach Babo und Mauch, 1893.

den Birkenwald über den Kriegsbergen hat man 1606 erst vollends ausgestockt. Von der besten Lage bei Dürrmenz, 40 Morgen in der alten und neuen Stöckach zwischen Mühlacker und Enzberg, berichtet Dornfeld, sie sei wegen des teuren Mauerwerks erst 1602 angelegt worden. Die meisten der Terrassenweinberge im Land gehen aber auf das hohe und späte Mittelalter zurück. Ihre Trockenmauern wurden, wo sie kalbten, also Bergdruck und Sickerwasser nachgaben, immer wieder ausgebessert.

Welche immense Arbeitsleistung in der steingewordenen Landschaftsarchitektur der Mauerweinberge steckt, läßt eine Rechnung, ein winziger Ausschnitt des Ganzen, ahnen. Ein 90 m hoher Hang im Neckarbogen oberhalb von Besigheim mit 35 Terrassen weist auf einem Kilometer Länge 52 000 qm Mauerfläche auf. Der Geologe Fritz Weidenbach hat das mal trocken kommentiert: Um heute das Mauerwerk der mittelalterlichen Terrassierung im Weinland Württemberg nachzuvollziehen, müßte dafür ein eigenes Ministerium geschaffen werden . . .

Spitzenpioniere dieses Kulturwerkes waren vor allem die Zisterzienser. Ihr junger Reformorden machte damals Ernst mit der Ansiedlung in pastoraler Einsamkeit. Er trieb die Binnenkolonisation im Waldland voran, wirkte mit seinen Mustergütern beispielgebend auf Rebkultur, Obstbau, Schafzucht, Fischhege ein und griff im Zuge der deutschen Ostsiedlung bereits im 12. Jahrhundert nach Preußen aus. Bei uns wirkten vor allem die Klöster Bebenhausen, Herrenalb, Maulbronn und Schöntal an der Jagst in diesem Sinne. Am Eilfinger Berg bei Maulbronn sind die quaderexakt aufgerichteten Terrassenmauern des Zisterzienserordens der Flurbereinigung zum Opfer gefallen, aber auch der unmittelbar überm Ort gelegene Klosterberg erstaunte die Fachleute unseres Jahrhunderts noch „durch die kunstvoll angelegten Sandsteinterrassen und die geniale Wasserabführung".

Viele Klöster im Weinland Württemberg legten in ihrer Umgebung Rebberge an: Adelberg, Baindt, Comburg, Denkendorf, Frauenzimmern, Kirchberg am Neckar, Lichtenstern, Lorch, Marchtal, St. Peter in Wimpfen, Wiblingen, Weingarten, Weißenau und Zwiefalten; für Neresheim und Habsthal in Oberschwaben wird dies vermutet.

Als vornehmste weltliche Förderer des Terrassenweinbaus gelten die Staufer mit ihrer Besitzballung in Schwaben und Franken. Mit ihnen zog der Hochadel gleich, voran die Grafen von Wirtemberg, die wohl – wie die Staufer – mit dem salischen Kaiserhaus verwandt waren und deren Konrad von Beutelsbach 1083 die namengebende Burg auf dem Rotenberg gegründet hatte. Der Wein galt damals schon als wichtigstes Ausfuhrgut des Landes, das nun in die vielfältig verflochtenen Wirtschaftsbeziehungen des mittelalterlichen Europas hineinwuchs. Die Serie von Städtegründungen und das rasche Anwachsen der Bevölkerung während der Stauferzeit sicherten den Absatz und füllten die Kassen der aufstrebenden kleinen und größeren Territorialherrschaften. Nebeneffekt der Terrassierung war nicht nur die intensive Nutzung bisher wertlosen Ödlandes und Buschwaldes, sondern auch die Umwidmung der freigewordenen fruchtbaren Flur im Altsiedelland auf vermehrten Ackerbau.

Bebenhausen und Maulbronn

Die Haltung der Kirche zum Wein schwankte lange zwischen asketischem Rigorismus und realistischer Milde. Das verrät schon die Mönchsregel St. Benedikts: „Ein jeglicher hat von Gott seine besondere Gabe, der eine so, der andere anders . . . Indessen glauben wir mit Rücksicht auf die Bedürfnisse des Schwachen, daß eine Hemina Wein" - das entspricht 0,273 Liter - „für einen jeden täglich genüge. Welchen dann Gott die Kraft verleiht, sich des Weins zu enthalten, die dürfen eines besonderen Lohnes versichert sein. Wenn Ortsverhältnisse, Arbeit oder Sommerhitze mehr erfordern, so soll es der Obere nach Gutdünken gewähren können . . ."

Ein gewisser Eigenverbrauch der Konvente bestand also von Anfang an. Der Verbrauch an Meßwein war allgemein größer, da bis hinein ins 13. Jahrhundert noch der Laienkelch gereicht wurde. Hinzu kam der Weinbedarf der Spitalinsassen und der Gäste. Das galt für fürstliche Gesellschaften wie für Pilger, Wanderer und Reisegruppen. In einer Zeit unsicherer Wege und Stege, zeitraubender beschwerlicher Reisen und angesichts des Mangels an öffentlichen Rasthäusern war die Gastfreundschaft der Klöster und Spitäler lange unverzichtbar. Gleichzeitig begann aber auch der höchst einträgliche Handel der Klöster mit Wein, der das Wohlleben der Konvente bedenklich förderte. Es war ein weiter Weg vom Ehrentitel eines „pater vinearum" für Klosterobere hin zur Selbstgefälligkeit eines Maulbronner Abtes: „Unsere Weinfässer sind größer als die Wohnungen der ägyptischen Mönche und unsere Fruchtspeicher geräumiger als ihre Klöster."

Die Zisterzen Bebenhausen und Maulbronn stehen exemplarisch für die Bedeutung klösterlichen Weinbaus und Weinhandels. 1190 hatte Pfalzgraf Rudolf von Tübingen Bebenhausen dem Zisterzienserorden übertragen. Das Ordensstatut forderte wirtschaftliche Autarkie sowie die Handarbeit der Konversen, der Laienbrüder. Diese arbeiteten auf den Grangien, den Gutsbetrieben, wo anfänglich Immunität und Klausur wie im Kloster selbst galten. Oft gingen ganze Dörfer wie Eilfingen oder Geisnang bei Ludwigsburg in den Grangien auf – und unter.

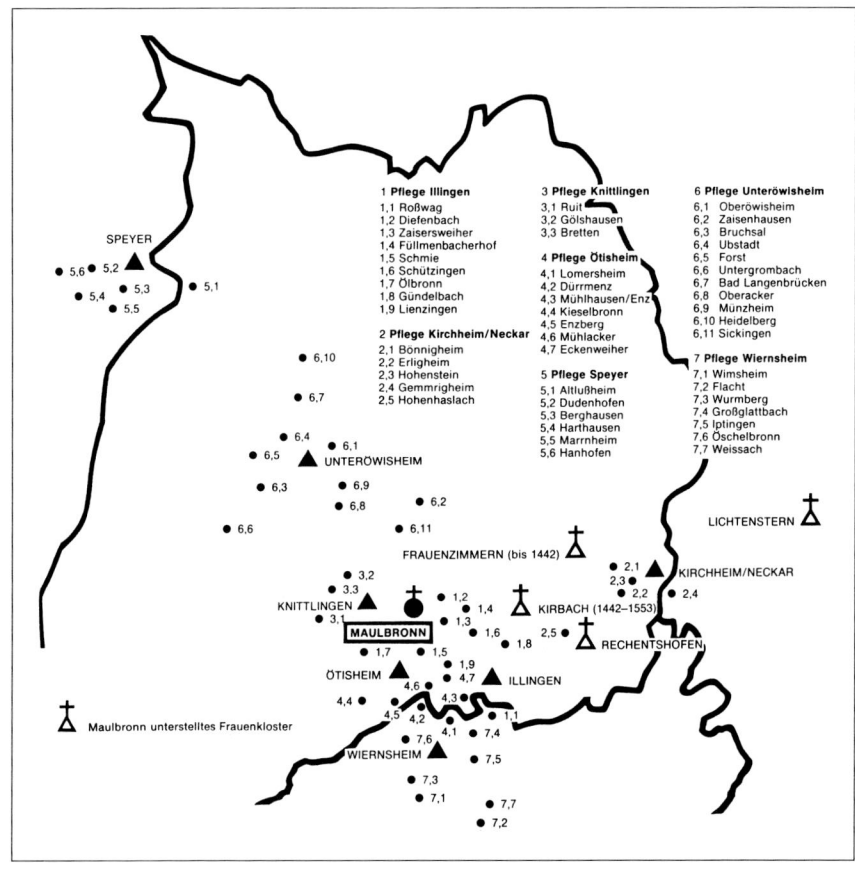

SPEYER

1 **Pflege Illingen**
1,1 Roßwag
1,2 Diefenbach
1,3 Zaisersweiher
1,4 Füllmenbacherhof
1,5 Schmie
1,6 Schützingen
1,7 Ölbronn
1,8 Gündelbach
1,9 Lienzingen

2 **Pflege Kirchheim/Neckar**
2,1 Bönnigheim
2,2 Erligheim
2,3 Hohenstein
2,4 Gemmrigheim
2,5 Hohenhaslach

3 **Pflege Knittlingen**
3,1 Ruit
3,2 Gölshausen
3,3 Bretten

4 **Pflege Ötisheim**
4,1 Lomersheim
4,2 Dürrmenz
4,3 Mühlhausen/Enz
4,4 Kieselbronn
4,5 Enzberg
4,6 Mühlacker
4,7 Eckenweiher

5 **Pflege Speyer**
5,1 Altlußheim
5,2 Dudenhofen
5,3 Berghausen
5,4 Harthausen
5,5 Marrnheim
5,6 Hanhofen

6 **Pflege Unteröwisheim**
6,1 Oberöwisheim
6,2 Zaisenhausen
6,3 Bruchsal
6,4 Ubstadt
6,5 Forst
6,6 Untergrombach
6,7 Bad Langenbrücken
6,8 Oberacker
6,9 Münzheim
6,10 Heidelberg
6,11 Sickingen

7 **Pflege Wiernsheim**
7,1 Wimsheim
7,2 Flacht
7,3 Wurmberg
7,4 Großglattbach
7,5 Iptingen
7,6 Öschelbronn
7,7 Weissach

UNTERÖWISHEIM

FRAUENZIMMERN (bis 1442)

LICHTENSTERN

KIRCHHEIM/NECKAR

KNITTLINGEN

MAULBRONN

KIRBACH (1442–1553)

RECHENTSHOFEN

ÖTISHEIM

ILLINGEN

✝ Maulbronn unterstelltes Frauenkloster

WIERNSHEIM

Übersichtskarte: Besitz des Klosters Maulbronn um 1500.

Der klösterliche Eigenbau konnte sich nur so lange halten, wie genügend Laienbrüder zur Verfügung standen. Die Streulage des Außenbesitzes, anfangs durch Schenkungen, später durch Kauf und Tausch erworben, sowie der Rückgang an Konversen führten seit dem 14. Jahrhundert zu einem Arrangement zwischen Kloster und genossenschaftlich eigenständigem Klosterdorf. Das Kloster begnügte sich mit den wirtschaftlichen und finanziellen Vorteilen der Grundherrschaft und regierte über die von ihm abhängigen Schultheißen und Gemeinderichter. Außerdem behielt es sich die Polizeigewalt vor, die zuweilen sogar von einem Laienbruder ausgeübt wurde. Nur in Fällen der Blutgerichtsbarkeit mußte der Vogt, der weltliche Schutzherr des Klosters, als Landrichter seines Amtes walten.

Bebenhausen hatte vier Jahrzehnte nach seiner Gründung Besitz in 47 Städten und Dörfern. Gänzlich unter dem Abtsstab standen Lustnau, Pfrondorf, Hagelloch, Unterjesingen, Weil im Schönbuch, Breitenstein, Neuweiler und Altdorf. In Rottenburg, Reutlingen, Esslingen, Stuttgart, Markgröningen, Leonberg, Tübingen und Weil der Stadt gehörten dem Kloster Pfleghöfe und Fruchtkästen. Der Ulmer Klosterhof mußte aufgegeben werden, als dort mit dem Bau des Münsters begonnen wurde. Im 13. Jahrhundert zählte Bebenhausen bis zu 80 Mönche und 130 Laienbrüder. Im späten Mittelalter geriet das nominell reichsunmittelbare Kloster immer mehr unter württembergische Hoheit. Der Abt gehörte seit 1489 dem Landtag an. Nach Einführung der Reformation blieb der Bebenhäuser Besitz erst als Klosteramt, dann als eigenes Oberamt lang noch beisammen.

Am Stromberg stoßen wir immer wieder auf Grenzsteine, die neben einem eingravierten M einen Abtsstab tragen. Die unscheinbar grauen Flurdenkmäler erinnern daran, daß es sich um ehemaligen Maulbronner Klosterbesitz handelt. 1147 im engen Tal der Salzach gegründet, wich mit der Zeit auch in dieser Zisterze radikale Reformgesinnung spätmittelalterlicher Saturiertheit. Unsere Karte vermittelt einen Überblick über den Streubesitz Maulbronns kurz vor dem Wechsel von kurpfälzischer zu württembergischer Oberhoheit. Von seinen städtischen Pfleghöfen war neben dem Heilbronner nur der in Speyer von größerer Bedeutung. Seit 1299 ging von hier aus jährlich ein Schiff mit Maulbronner Wein zollfrei den Rhein hinauf oder hinab. Über die Höfe in Pforzheim und Bruchsal wissen wir kaum etwas, in Stuttgart besaß das Kloster nur kurz vor der Reformation zwei Häuser.

Den berühmten Eilfinger Berg, dessen Wein angeblich sogar am päpstlichen Hof getrunken wurde und den Ludwig von Württemberg 1153 den grauen Mönchen geschenkt hatte, holte sich die herzogliche Hofkammer im 16. Jahrhundert zurück. Nach dem Abdanken der Monarchie hat die republikanische Landesregierung die Nobellage in einer generösen Geste dem Familiengut des Hauses Württemberg zugeschlagen.

Rebordnungen und Rebschutz

Lange blieb der Weinbau eine Domäne weltlicher und geistlicher Grundherrschaften. Der Mangel an Fachkenntnissen und Kapital, der schwach entwickelte Handel, die wachsende Abhängigkeit einst freier Bauern von einem schutzmächtigen Herrn ließen eigenständigen bäuerlichen und kleinbäuerlichen Weinbau nicht aufkommen. Dagegen konnten die adeligen Fronhöfe mit ihrem Stab von Beamten, Handwerkern, Facharbeitern ebenso wie die Klöster vom Setzen der Rebe bis zum Verkauf in selbstgefertigten Fässern für den Wein sorgen.

Das begann sich im hohen Mittelalter zu ändern. Mit dem Ausweiten der Rebfläche durch den Terrassenbau, mit dem Wachstum der Bevölkerung, mit dem immer dichter geknüpften Netz von Märkten und Städten, mit steigendem Wohlstand und breiteren Absatzmöglichkeiten forderte die Marktlage mehr Quantität, als Laienbrüder, Tagelöhner oder befristete Fronarbeit im Weinberg bringen konnten. Also gingen Klöster und weltliche Grundherren dazu über, ihren Rebbesitz von lehenspflichtigen Bauern im Erbpacht bebauen zu lassen. Das Risiko lag damit beim Pächter. Er hatte seinen Herbst an die herrschaftliche Kelter zu liefern und unterstand dem Kelterbann; der Grundherr konnte so den Ertrag kontrollieren und seinen Anteil als Naturalsteuer abzweigen. Rodung, Wegebau, Terrassierung wurden meist noch in herrschaftlicher Regie betrieben. Je nach Anteil der abzuliefernden Weinerträge beteiligte sich der Grundherr auch an den Kosten für die teuren Rebpfähle, für Arbeitsgeräte und Düngerzufuhr.

Sogenannte Rebordnungen regelten die Arbeit der pflichtigen Weinbauern. Die älteste erhaltene Ordnung erließ die schweizerische Benediktinerabtei Muri Anfang des 12. Jahrhunderts für Bellingen im Markgräflerland. Ziel war der pflegliche Umgang mit Boden, Rebe und Wein. Neben diesen quasi privatrechtlichen Übereinkünften zwischen Grundherr und Lehenspflichtigen sorgte sich die Obrigkeit um verbindliche Tarifsätze für die Arbeit der Tagelöhner im Weinbau. 1356 ist eine solche Lohnordnung aus Ravensburg überliefert, wo gelernte Rebleute die Weinberge wohlhabender Bürger bebauten. Die Löhne zwischen herbstlichem Torkeldienst und Lichtmeß am 2. Februar betrafen das Ausheben und Zuwerfen der Pflanzlöcher für Rebschößlinge, das Spitzen der Rebstickel, das Schneiden der Reben und das Düngen. Für all diese Arbeiten galt ein Taglohn von fünf Pfennigen, nur die Dünger erhielten sechs. Zwischen Lichtmeß und dem Wimmeln, also der Lese, bekamen die Schnitter acht, die Spitzer sechs, die Dünger acht, die Gräber neun, die Stoßer, die Rebstickel einschlugen, 14, die Aufbinder sieben, die Umleger der Reben nach der Lese zehn, die Brecher von Weidenruten sieben und die Umgräber im Herbst neun Pfennige. Wurden die Tagelöhner vom Weinbergbesitzer verköstigt, so gingen drei Pfennige vom Lohn ab.

Die Weingartordnung, die der Rat der Reichsstadt Heilbronn 1490 erließ, schrieb vor: Das erste Felgen und Biegen der Ruten soll vor St. Urban, 25. Mai, geschehen. Die auf den Bergen liegenden Wingerte sollen vor St. Veit, 15. Juni, die übrigen vor St. Johannes, 24. Juni, gebunden und gepfählt sein. Das nächste Felgen und übrige Ausrüsten der Weinberge soll bis St. Jakob, 25. Juli, beendet sein.

Kein Lehenweinberg soll ohne Bewilligung des Lehensherrn „ungetrochen bleiben", gemeint ist wohl: ohne Ertrag bleiben. Das um diese Zeit angelegte Hausbuch des Klosters Blaubeuren empfahl für die Lese: „Darum soll man den Wein wimmeln bei rechter Zeitigkeit. Solche Zeitigkeit erkennt man, wenn die Trauben süß sind und durchscheinend und kleben an den Fingern, so man sie sammelt . . . und die Beeren anfangen klein und runzlich zu werden. Es ist auch gut, so man die unzeitigen Trauben davon tut."

In den mittelalterlichen Rebordnungen, aber auch noch in dem eingangs zitierten Bronnerschen Mühsalkatalog eines schwäbischen

Aufseher und Häcker mit zweizinkigem Karst. Holzschnitt aus Petrus de Crescentiis „Opus ruralium commodorum", 1493.

Wengerters im vorigen Jahrhundert, fällt auf, daß von Rebschutzmaßnahmen gegen Schädlinge und Seuchen kaum die Rede ist, sieht man vom Einzäunen der Wingerte gegen Vieh und Wild einmal ab. Dabei erwähnt Hildegard von Bingen um 1150 bereits den Rebstichler, und schon im Alten Testament wird die in zwei Generationen auftretende Larve des Traubenwicklers, Heuwurm und Sauerwurm, als Kalamität genannt. Neben dem Springwurm bleiben das aber für lange Zeit auch die einzigen spezifischen Rebschädlinge. Balthasar Sprenger listete im 18. Jahrhundert nur noch Wild, Vögel, Schnecken, Engerlinge und Ameisen auf! Als altvertraute Rebkrankheiten nannte er Sauerfäule im Herbst, Mehltau und den Brenner, der das Laub verdorren ließ.

In einem historischen Rückblick auf den Rebschutz kam Paul Claus zu dem Schluß: „Im deutschen Weinbau müssen . . . sowohl im Mittelalter wie auch weit in die Neuzeit hinein Krankheiten beim Rebstock keine große Bedeutung gehabt haben. Dazu paßt auch, daß in den genauen Arbeitsanweisungen der Klöster für den Rebbau in den Außenbetrieben keine Hinweise zur Bekämpfung ... gegeben werden."

Der herkömmliche Weinbau mit wurzelechten Reben, die mindestens 60 bis 80 Jahre im Ertrag standen, war biologisch also wesentlich stabiler als der heutige Weinbau mit Pfropfreben.

Von der Erbpacht zum Eigentum

Im Laufe des Mittelalters vergaben die Grundherren immer mehr Land als Zinsgut auf bestimmte Frist, als Schupflehen auf Lebenszeit oder als Erblehen an eigene Dienstleute oder andere Bürger und Bauern. Dabei erwiesen sich Erblehen für den Wengerter am vorteilhaftesten, weil hier die Höhe der Gebühren und Abgaben langfristig festgelegt war. Für die Nutzung erhielt der Lehensherr entweder eine fixe Menge Wein oder einen prozentualen Anteil am jeweiligen Herbstertrag, den Teilwein. Der pflichtige Anteil schwankte zwischen einem Sechstel und der Hälfte des Ertrags. Am häufigsten einigte man sich anscheinend auf den Drittelwein, also auf ein Drittel des Herbstes.

Der Eigentümer konnte aber auch den vollen Ertrag einer abgegrenzten Rebfläche ganz für sich fordern und den Ertrag der restlichen Weinberge dem Wengerter als Ausgleich für die Bearbeitung des Gesamtlehens überlassen. Dann sprach man von Teil-, Halb- oder Drittelbau. Beim Halbbau, der fast nur am Bodensee vorkam, trug der Lehensherr zumindest die Hälfte der Bau- und Herbstkosten. Der Nachteil dieses Systems war natürlich, daß sich der Weingärtner zunächst seinem eigenen Rebstück widmete und den Herrenanteil vernachlässigte.

Nicht nur im Abgabenwesen, auch in der Entlöhnung verharrte man im Weinbau Württembergs lange bei der Naturalwirtschaft. 1420 hatte ein Wengerter, der 40 Morgen Rebland der Herren von Benningen am Neckar bearbeitete, jährlich Anspruch auf zwei Wagen Wein.

Vor allem im Umkreis der Städte verdichtete sich das Besitzrecht der

Maischen der Trauben im Bottich vor einer Spindelkelter. Holzschnitt, „Opus ruralium commodorum", 1493.

Lehensleute immer mehr zum Eigentumsrecht, wobei dem Grundherrn nur noch gewisse Abgaben zustanden. So hieß der Gültherr ohne obrigkeitliche Befugnisse, wo es um Kornabgaben ging, treffend auch Sackaufheber. In Esslingen beispielsweise konnten die Lehensleute ihre Güter, einschließlich der darauf ruhenden grundherrlichen Belastungen natürlich, mit der Zeit sogar verpfänden und verkaufen, sich dem lästigen Bann in die oft weit entfernte herrschaftliche Kelter entziehen und das Vorkaufsrecht für ihr Lehen beanspruchen. In seiner Arbeit über den reichsstädtischen Weinbau und Weinhandel kam Erwin Salzmann zu dem Schluß, daß in Esslingen „ungemein viele Lehensverpflichtungen . . . entweder abgelöst oder in Bodenwein und Geldzinse umgewandelt, oder daß viele Lehensgüter in eigene Bewirtschaftung des Eigentümers genommen" wurden.

Die Grundstückspreise für Weinberge richteten sich im Mittelalter stark nach der jeweiligen Marktlage, aber erkennbar auch nach Bonität der Lage. So kostete ein Morgen am Untertürkheimer Goldberg im Jahr 1291 13 Gulden, in Stuttgart wurden für die gleiche Fläche drei Jahre später acht Gulden erlöst. 1314 wurde im Esslinger Burgweingarten der Morgen mit 60 Pfund Heller, am Ochsenberg und im Heimbach nur mit 30 Pfund gehandelt.

Bei dem verwirrend bunten Abgabenwesen gilt es zwischen allgemeinen Steuern an die Obrigkeit und privatrechtlichen Belastungen zu unterscheiden. Der Zehnte stand ursprünglich der Kirche zu, bis zum Ende der Karolingerzeit sogar von Staatsgütern. Auf den späteren Grundsatz, daß der Fiskus zehntfrei sei, beriefen sich dann auch die mit königlichen Lehen bedachten Rechtsnachfolger. Viele Zehntrechte gelangten durch Belehnung, Tausch oder Kauf in Laienhand und blieben dort trotz aller kirchlichen Proteste. Im Herzogtum Württemberg stand der Weinzehnte größtenteils der Landesherrschaft zu, das System der Bannkeltern war nahezu flächendeckend ausgebildet. Trotz aller Bemühungen der Zehntherrschaft um ordentlichen Anbau, gute Bestockung und getrenntes Keltern der verschiedenen angelieferten Qualitäten, zwang das Zehntwesen den Wengerter dazu, die Trauben seines Weinbergs ohne Rücksicht auf deren unterschiedlichen Reifegrad zu lesen. Das sollte sich als schwere Hypothek für die Zukunft erweisen.

Die Gülten, oft als Teilwein abgegolten, „entsprachen vielfach den modernen Hypothekenzinsen, dem Rentenkauf". Die Beden, ursprünglich außerordentliche landesherrliche Abgaben waren seit dem 13. Jahrhundert als Jahressteuern fixiert. Dazu kamen von Fall zu Fall Schätzungen des Reiches, Reichssteuern also wie etwa die Türkenschatzung. Das Ungelt, vielleicht mit dem Hintersinn ungerechtes Geld, war eine Abgabe vom Schankwein, also eine Verbrauchssteuer, und wurde später meist von der Gemeinde erhoben. Mit Zinswein konnte ein Rebstück aus verschiedenen Gründen, meist wegen Darlehen an den Weingärtner, belastet werden. Der Kelterwein galt als flüssige Gebühr für die Benutzung der herrschaftlichen Kelter und betrug meist ein Zwanzigstel der angelieferten Menge. Der Bannwein dagegen betraf das Privileg der Herrschaft, ihren Wein zu bestimmten Zeiten allein zu verkaufen oder ausschenken zu lassen. Hinzu kamen noch die bemessenen oder unbemessenen Fronarbeiten, die der Wengerter für den Grund- oder Gerichtsherrn zu verrichten hatte. Den Handel erschwerten die zahlreichen Binnenzölle, zu Land und auf dem Fluß, für Schiff und Wagen, an Hafen, Tor und Brücke sowie auf dem Markt.

Die Fülle dieser Belastungen konnte sich bei ungünstigen Pachtverträgen oder in Mißjahren derart summieren, daß der Weingärtner im Herbst gerade noch seine aufgelaufenen Schuldzinsen begleichen konnte, also weiter von Darlehen leben mußte. Ihm blieb oft genug nur der Tresterwein als Haustrunk, oder er konnte sich mit dem väterlichen Rat Meier Helmbrechts bescheiden: „Trink Wasser, mein lieber Sohn, eh' du mit Raub Wein erkaufst!"

Unter die Räuber gingen die braven Schwaben zwar nicht, aber sie flohen gewissermaßen – schon damals – in die Welt hinaus. Der 1441 geborene Ulmer Dominikaner, Palästinapilger und Chronist Felix Fabri berichtete, daß man überall, wo außerhalb Deutschlands Wein wachse, schwäbische Weingärtner antreffe. Und württembergische Fachleute waren es, die im 16. und 17. Jahrhundert die Weinberge über der Elbe zwischen Dresden und Meißen mit neuen Reben bestockten und die heimischen Winzer den Zeilenbau lehrten.

Das mittelalterliche Rebsortiment

Für uns ist es heute selbstverständlich, sortenreine Gewächse im Angebot zu finden. Aber das hat, im großen, noch keine lange Tradition. Getrennt nach Rebsorten bestockt, gelesen und ausgebaut wird hierzulande eigentlich erst seit der Rebflurbereinigung der 50er und 60er Jahre unseres Jahrhunderts. Eine Ausnahme bildeten allerdings schon im Mittelalter Gewächsweine von Traminer oder Muskateller, die freilich nur ein Promille der damaligen Produktion ausmachten. Mehr als ein Jahrtausend lang regierte im historischen Weinberg der gemischte Satz. Früh und spät reifende, robuste und sensible Reben, geistlose Massenträger und betonte Bukettsorten, Rotgewächs und Weißgewächs wurden einträchtig angebaut, gelesen und gekeltert. Das minderte das Ertragsrisiko für den Winzer, drückte naturgemäß aber auch auf die Qualität des Weines.

Mit satt koloriertem Pinsel malte der Schulmeister und Poet Christoph Luz den 1630er Herbstsegen im Mischsatz der Heilbronner Lagen:

"Siehe, wie auf der sonnigen Halde die Stöcke beschwert sind
Mit den gekochten Trauben zur Augenweide des Winzers,
Der auf dem fetten Gelände die üppigen Früchte bewundert,
Die dem gekrümmten Messer der Reih nach fallen zum Opfer.
Hier prangt eine in dunklem Rot, der purpurnen Fahne
Ähnlich, und dort hängt eine so dunkel wie Rabengefieder,
Während dagegen wie gelbliches Gold eine andre erglühet.
Eine duftet wie Veilchen, noch köstlicher aber ist jene,
Die von dem würzigen Dufte des Muskatellers den Namen
Trägt und entschieden des Preises würdig die anderen aussticht!"

Was unsere Kenntnis des mittelalterlichen Rebsortiments beeinträchtigt, sind einmal die späten und spärlichen Hinweise auf bestimmte Sorten, zweitens die dann folgende, kaum überschaubare Fülle lokaler und regionaler Sortenbezeichnungen und schließlich die ausgeprägte Neigung der Rebe zu Mutationen, zu sprunghaften Änderungen im Erbgefüge, die immer neue Spielarten einer Sorte hervorbrachten. Entsprechend verwirrend liest sich das Aufgebot der Rebsorten in der älteren Weinliteratur.

Als frühester Hinweis erscheint der Unterschied zwischen Vinum hunicum und Vinum francicum, zwischen hunt-schem und frentschem Wein, wobei auch die Varianten Vinum franconicum und francum sowie Vinum hunonicum oder hunaticum auftauchen.

Traubenleserin und Traubentreter. Holzschnitt, 15. Jahrhundert.

Dazu Hildegard von Bingen um 1150: „Der fränkische und starke Wein läßt das Blut gleichsam aufwallen, deshalb muß man ihn beim Trinken mit Wasser mischen; daß aber auch der hunnische Wein mit Wasser vermischt werde, ist nicht nötig, da er von Natur wässerig ist."

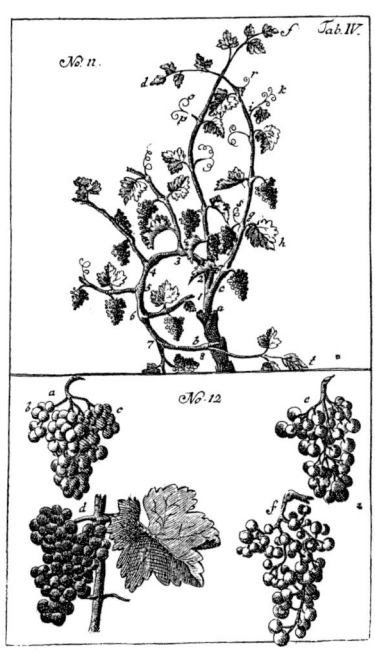

Rebe und Trauben.
Kupferstich aus Sprengers „Praxis
des Weinbaues ...", 1778.

Frentscher Wein lag entsprechend höher im Preis. Wahrscheinlich galt die Unterscheidung dem jeweiligen Produkt aus einem Mischsatz besserer, fränkischer, westlicher Sorten und aus einem Sortiment geringerer, hünischer, wohl großbeeriger, saftreicher Reben, die den Wein entsprechend verhunzten. In einer Urkunde des Klosters Bebenhausen wird um 1450 beispielsweise zwischen Frenschwein, Elbling und Traminer unterschieden. 1553 kauft der Salzburger Erzbischof auf dem Esslinger Markt neben anderen auch Frentschsetzlinge, und noch im Jahre 1694 taucht in Geradstetten im Remstal ein Frentschwingart auf.

Hauptträger im huntschen Sortiment war vielleicht der Heunisch, von dem der Kräutervater Hieronymus Bock 1577 meinte, seine Trauben seien „die allergemeinsten in beinahe allen Weinländern". Der Heilbronner Rat hatte denn auch 1399 bereits dekretiert, „keinen hünischen Stock zu machen, noch legen, noch kein Sohn", also keine Ableger, davon zu ziehen. Eine Mahnung, die anderwärts in den herrschaftlichen Rebordnungen bis ins 18. Jahrhundert hinein immer wieder erneuert wird – offenbar mit wenig Erfolg. Noch um 1850 nämlich unterschied der württembergische Weinhistoriker Volz zwischen weißem, gelbem, rotem, blauem und schwarzem Heunisch, der aber allmählich verdrängt werde. 1857 gab Lambert von Babo als Synonyme des blauen Heunisch an: Sauerschwarz, Rosenkranz, Peterleinstraube, Staatmacher.

Eine gute Handvoll weiterer Sorten ist vor 1500 fürs Weinland Württemberg gesichert: Elbling, Römer, Fütterer, Affenthaler, Traminer, Muskateller, dazu vielleicht noch der Clevner. 1778 berichtete Sprenger: „Die uralten Sorten bei uns sind die Elben und Römer. Man hat Weinberge, die über 200 Jahre alt sind und bloß aus diesen Sorten bestehen."

Plinius der Ältere erwähnt eine Vitis albuelis. Sie gilt vielen als Stammvater des Elbling, dessen Nachkommen schon die Römer rechts und links des Rheins verbreitet haben. Die älteste Erwähnung der Sorte im Schwäbischen datiert aus der Mitte des 15. Jahrhunderts. Im Alemannischen hieß man sie „der Albene", im Fränkischen „das Grobe", an der oberen Tauber „Kristaller". Der starkwüchsige Massenträger strotzt von Trauben, die früh zur Fäulnis neigen und oft schon vor der vollen Reife gelesen wurden. In Sommern ohne anhaltende Hitze blieben die Beeren wässerig und gaben einen dünnen, wenig lagerhaften Wein. Gewitzte Wengerter setzten den Elbling in hitzig-trockene Lagen. Der Cannstatter Zuckerle etwa, zu Babos Zeiten halb mit Elbling, halb mit Trollinger bestockt, sei trotzdem „durch seinen vorzüglichen Wein berühmt". An der oberen Mosel wird für den Elbling heutzutage wieder geworben: Durstlöscher sei er, Vesperwein und – Rarität aus Römerzeiten. Eine nach Novitäten lüsterne Wohlstandsgesellschaft hat also den Grobian Elbling zwar nicht salonfähig gemacht, aber wieder ins Spiel gebracht.

Spurlos verschwunden scheint der Römer, ein Rotgewächs, von dem Sprenger sagt, er reife im September und bleibe ziemlich sauer. Eine uralte Sorte scheint auch der Fütterer gewesen zu sein, laut Volz „der visitator der Römer, woraus bei Neckarsulm gar Missetäter entstand"; um Öhringen und Mergentheim hat man ihn zu Wiesetheider verballhornt. Babo vermutet, daß der Fütterer „in der Neckargegend aus Samen entstanden ist; wenigstens ist keine weitere Verbreitung desselben bekannt, und deshalb hat ihm auch wohl Schübler den Namen Nicarina beigelegt". Den Affenthaler haben wir bereits als mutmaßlichen Nachkommen einer Neckarwildrebe erwähnt. Der Gelbhölzer, ein winterhartes Rotgewächs mit überraschend zarten Weinen war vor den Umlegungen da und ist noch an Enz und Bodensee anzutreffen.

„Neckerwein, Schleckerwein"

Zahlreiche alte Lagenamen im Württembergischen belegen die Traminertradition des Landes. Der Name „Im Traminer" ist für Besigheim, Esslingen, Frauenzimmern, Güglingen, Hohenhaslach belegt. In Großbottwar tauchte ein halber, im benachbarten Lembach gleich ein ganzer Morgen Traminerweingart auf. Die um 1450 in der Bebenhäuser Urkunde genannten Traminerstöcke sollten am Stuttgarter Kriegsberg gepflanzt werden. Synonyme im Württembergischen waren Brauns, Rotwiner und Fleischweiner – so genannt nach der rötlichen Beerenhaut. Dem hohen Anteil an Traminer auch im Mischsatz verdankte das Land den eingängigen spätmittelalterlichen Werbespruch: „Neckerwein, Schleckerwein". Daß Rhodt in der südlichen Pfalz noch heute als Traminerort einen glänzenden Namen hat, geht wahrscheinlich darauf zurück, daß es fast zwei Jahrhunderte – bis 1603 – unter württembergischer Herrschaft stand.

Der Muskateller gehört zu den ältesten Schößlingen des Dionysos und stammt aus Kleinasien. Plinius hat ihn als Uva apiana, als Bienentraube, beschrieben, weil die würzigen Beeren im Herbst bevorzugt von Bienen und Wespen genascht werden. Nicht nur wegen seines ehrwürdigen Alters, auch durch sein Erscheinungsbild ist der Muskateller auffallend: Mit seinen goldgrünen, auf der Sonnenseite bronzierten Trauben und dem stattlichen Wuchs gibt er sich als klassischer Beau; sein heraldisch gezacktes Geblatt nahmen die Steinmetze des Mittelalters als Vorbild für die Rebornamentik ihrer Bauplastiken.

Dieser Wein, des deutschen Volksliedes liebstes Kind, hat wie der Traminer seine große Rolle am Neckar ausgespielt und ist nur noch in Spurenelementen gegenwärtig. In unserem Weinbauklima reift die Rebe meist zu spät aus, allenfalls in den besten Lagen entwickelt sich der harmonisch reife Muskatgeschmack. Im übrigen gilt der Muskateller auch als launisch: Manchmal trägt er drei Jahre hintereinander gar nicht. Um Brackenheim und in den Lauerweinbergen über Lauffen pflanzte man ihn zumindest seit dem späten Mittelalter im reinen Satz an, namentlich genannt wurde er im Schwäbischen wohl erstmals in dem um 1500 angelegten Hausbuch des Klosters Blaubeuren.

Clevner, Schiller, Kräuterwein

Verwirrung gestiftet hat der Clevner. Die ampelographischen Handbücher führen die einst im Unterland weit verbreitete Rebe einmal als Spätburgunder, dann wieder als Frühburgunder oder auch als eigenständigen Burgundersproß. Wahrscheinlich stellt der Clevner eine regionale Mutation des Blauen Frühburgunders dar.

Als Ursprung aller Burgundersorten gilt die um die Zeitenwende von dem römischen Enzyklopädisten Celsus genannte Vitis allobrogica, eine aus Wildreben der Dauphine entwickelte Züchtung der gallischen Allobroger. Als Stammform der heutigen Burgunder wird der Blaue Spätburgunder angesehen, neuerdings, wegen ihrer größeren Robustheit, auch die Müllerrebe, die bei uns als Schwarzriesling bekannt ist. Der Mutationsfreudigkeit der Burgunderreben entspricht eine frühzeitige Degeneration. Sie bedürfen ständiger Selektionsarbeit.

Angeblich ließ Kaiser Karl der Dicke den Spätburgunder 884 im Königsweingarten der Pfalz Bodman am Bodensee pflanzen. Die Nachricht geht auf Gustav Schwab zurück, der 1826 in seinem Bodenseebuch knapp angemerkt hatte: „Carl der Dicke soll ihn gepflanzt haben." Sicher dagegen ist, daß die Zisterzienser die Burgunderreben aus ihrer Heimat ostwärts gebracht haben. Die früheste Erwähnung für Württemberg verzeichnet wohl das Uracher Lagerbuch, das 1554 am Metzinger Weinberg eine Halde namens Klevner in bester Lage ausweist. Bekannte Clevner-Orte waren Beinstein und Endersbach an der Rems, Wangen bei Stuttgart, Mühlhausen am Neckar und Roßwag an der Enz. 1687 verlangte der Beinsteiner Kirchenrat, daß beim Herbst die schwarzen Trauben extra, die halb gesprengten, also schwächer gefärbten, zu-

Der Weinwürzer. Holzschnitt nach Arnaldus de Villanova: "Von der Bereytung des wyn", 1529.

sammen mit dem Weißgewächs gelesen werden sollten. Der Extra-Rote wurde als Abendmahlwein für die Stuttgarter Stiftskirche gebraucht.

Die im herkömmlichen Mischsatz gebauten und gekelterten Sorten ergaben – bei einem gewissen Anteil an Rotgewächs – einen schillernden Farbton. Bis in die späten 1940er Jahre bestand der Löwenanteil des Württembergers aus solchem Schillerwein. Eingedenk dieser Tradition hat das neue deutsche Weingesetz den Namen Schiller ausschließlich für das Anbaugebiet Württemberg reserviert, während der legale Verschnitt weißer und roter Trauben in anderen Weinbaugebieten den tintenklecksenden Namen Rotling führen darf. Benannt ist der rosig schillernde Wein also nicht nach dem großen Friedrich aus Marbach, auch wenn hierzulande bei Schillerweinproben ebenso beständig wie behaglich aus dem „Lied von der Glocke" zitiert wird: „Denn wo das Strenge mit dem Zarten,/Wo Starkes sich und Mildes paarten,/Da gibt es einen guten Klang."

Ein Kapitel für sich – wenn auch nurmehr ein kurzes – sind die Kräuterweine, die Würzweine und die gearzteten Weine. Für sie wurden Kräuter, Wurzeln, Früchte, Gewürze – frisch oder getrocknet, pulverisiert oder gekocht – dem Most oder älterem Wein beigegeben und oft auch noch mit Honig nachgesüßt. Claret, Lautertrunk, hieß das Gebräu, wenn die Zusätze zum Schluß gefiltert wurden; Moras, ursprünglich auf der Basis vergorener Maulbeeren, hieß das Gebräu, wenn das Gewürz als Ganzes im

Wein blieb. Beliebte Weinkräuter waren Alant, Fenchel, Salbei, Borretsch, Rosmarin, Wermut, Ysop, Johanniskraut und Holunder. Als heilkräftig in Verbindung mit Wein galten auch Pfeffer, Zimt, Ingwer, Muskatnuß, Kümmel, Nelken und die tropische Galgantwurzel – also fast alles, was damals sündteuer und exotisch war. Bis auf den Wermutwein und ein paar Medizinalweine sind diese Mixturen seit dem Weingesetz von 1909 verboten. Die oft abenteuerlich anmutenden Rezepte wurden bis ins 18. Jahrhundert nachgedruckt.

Auf der Weinstraße

Auch im mittelalterlichen Weinhandel waren die Klöster lange führend. Dank ihres weitgespannten Rebbesitzes und mit den Weinabgaben pflichtiger Bauern produzierten sie als erste die für den Markt erforderlichen Überschüsse; sie besaßen das Kapital und Fachwissen, den Wein auszubauen, zu lagern und zu transportieren; sie profitierten von Steuererlassen und Zollprivilegien. Hatte Kaiser Otto I. dem Kloster Kempten 972 noch das Vorrecht verliehen, seinen Bedarf an Wein aus der Neckargegend zollfrei einzuführen, so erließ beispielsweise der Graf von Helfenstein 1298 Bebenhausen den Weinzoll auf die klösterlichen Handelstransporte an der Geislinger Steige. Entscheidend war jedoch die privilegierte Position vieler Klöster in den aufstrebenden Städten. Sie hatten sich dort, meist von der königlichen Gewalt, Freiheit von allen Steuern und Abgaben zusichern lassen und konnten lange nahezu konkurrenzfrei mit Wein handeln und Wein ausschenken.

Bebenhausen, das seit 1292 in Ulm eine Niederlassung mit weitläufigen Kellern besaß, hatte dort – steuerfrei – eine Art Monopol für den lokalen Weinverkauf. Hinzu kamen Bebenhäuser Pfleghöfe für eigenen Rebbesitz auf städtischer Gemarkung in

Weintransport auf zweirädrigem Karren mit bedrohlich überproportionierter Bremse. Holzschnitt um 1475.

Esslingen, Reutlingen und Tübingen. Erst mit dem wirtschaftlichen und politischen Erstarken der Städte gelang es Rat und Gemeinde, meist durch Aufkauf der Privilegien, diese Vormachtstellung der Klöster zu brechen oder zu schwächen und dem bürgerlichen Weinhandel den Weg zu ebnen.

Die Karolingerpfalz und spätere Reichsstadt Ulm lag im Schnittpunkt wichtiger Fernstraßen. Von Osten führte die sogenannte Salzstraße über Reichenhall–Salzburg–München–Augsburg heran. Südwärts kam man über den Brenner nach Venedig, und Genua erreichte man auf der Straße über Lindau und Mailand. Westlich führte

Weinprobe im Frachtschiff.
Holzschnitt 1528.

der Weg über Basel und Genf nach Frankreich und Spanien. Die Weinstraße über den Kniebis verband Ulm über Tübingen mit Straßburg. Über Nördlingen lief die Verbindung nordostwärts nach Nürnberg.

Der wichtigste Fernweg für den Wein blieb jedoch die Straße, die von Speyer über Vaihingen an der Enz, Cannstatt, Esslingen und Geislingen an der Steige nach Ulm und Augsburg zog und so die Stromsysteme von Rhein und Donau verklammerte. Die sogenannte Nibelungenstraße, die von Worms über Wimpfen, Öhringen und Pförring an der Donau nach Passau zielte, verlor an Gewicht, als Regensburg mit dem Bau seiner steinernen Donaubrücke den Verkehr von Würzburg und Nürnberg her an sich zog. Württemberg baute ab 1316 die Alte Stuttgarter Steige als Weinsteige für die Ausfuhr ins Oberland aus. Die Rheinstraße, die von Speyer über Pforzheim, Reutlingen und das Echaztal die Donau erreichte und weiter zum Bodensee hin abzweigte, blieb im Gäu wie im Schönbuch als Feldweg, als „Rheinsträßle", streckenweise erhalten.

Was Ulm als Umschlagplatz für die Donau, war Speyer für den Oberrhein. Der 1084 genannte Rheinhafen mit seinem Stapelrecht bündelte bis zur Zerstörung der Stadt durch die Franzosen 1689 vor allem die Weinfuhren. 1416 beispielsweise wurden 8 000 Fuder Wein versteuert, ungerechnet die taxfreien Frachten der geistlichen Institutionen. Kurpfalz und

Württemberg besaßen eigene Kellereien in der Stadt. 1531 dichtete der gelehrte Poet Reysman:

„Von der Wagen Gewühl, den schweren Vierspännerfuhren,
Will ich nicht reden, die jetzt aus Schwaben kommen und Baiern
Weiter zu fördern das süße Geschenk des Weingotts, der Speyer
Und das gesegnete Land in Speyer Umgebung läßt reifen.
Und so blüht denn auch hier ein Handel, der selbst Venedig
Waren tauschend berührt."

Von der Ausweitung des bürgerlichen Weinbaus im Weichbild der Städte profitierte auch der Handel. Neben dem Häckerstand der Tagelöhner im Rebbau und den vertraglich gebundenen Bauweingärtnern gab es bald auch die freien Rebleute. Wer um diese Zeit Geld verlieh, konnte nicht auf Sicherheiten heutiger Art zählen, also nahmen wohlhabende Weinbergbesitzer den kleinen Rebleuten statt dessen Erträge aus deren Weinernte ab. Diese im Herbst fällige Weinschuld war gang und gäbe. Verrechnet wurde nach der jeweils gültigen Stadtrechnung, einem jährlich um Martini vom Rat festgesetzten Mittelpreis.

In Esslingen führte man die Stadtrechnung 1463 ein. Eine Kommission hatte zu bedenken, „wie der liebe Wein gerate, ob er gut oder sauer, ob viel Wein gewachsen, wie und mit was für Unkosten er gebaut worden ist, ob das liebe Brot und andere Viktualien wohl zu bekommen gewesen wären, ob der liebe Friede durch Gottes Hilfe und Beistand erhalten werde, ob sich die Kontributionen verloren oder in vollem Schwang gewesen, ob es wieder bei einer Jahressteuer verbliebe – wie der Wein im Herbst hereingebracht wurde, ob der der Fuhrlohn sich erhöht oder verringert hat und wieviel alter Wein noch gelagert hatte, was dieser galt, und ob es wert oder unwert sei, auf dem Wagen zu verkaufen, wie das Maß in den Gassen ausgeschenkt wurde und was der heutige mittlere Kaufpreis in Untertürkheim und Wangen gewesen ist und was die Rechnung zu Heilbronn sei".

An der Stadtrechnung orientierten sich auch die Fuhrleute, die zugleich als selbständige Händler auftraten. Sechs bis sieben Eimer galten als normale Ladung. 1653 verbot Württemberg, mehr als sechseinhalb Eimer zu laden, da von den überlasteten Wagen Brücken und Straßen „grausam zerrissen würden". Dagegen beschwerten sich die Fuhrleute über den miserablen Zustand der Wege, in deren Löchern die Pferde manchmal bis zum Bauch einsanken. Das in Clemens Brentanos und Achim von Arnims Sammlung „Des Knaben Wunderhorn" überlieferte Fuhrmannslied spricht für sich:

„Zieh Schimmel, zieh!
Im Dreck bis an die Knie;
Schieb dich fein in diesen Karren,
Wir wollen an den Neckar fahren.
Zieh, Schimmel, zieh! –
Mein lieber Schimmel mein,
Dort lad ich lauter Wein,
Mein Schimmel geht die Weinstraß gern,
Hat's gwiß von seinem Herrn gelernt.
Zieh, Schimmel, zieh!"

Pro Pferd galten in der Regel drei Saum Fracht, etwa 360 Liter; ein Saum entsprach einer Eselslast. Witterungseinflüsse und das lange Rütteln auf Achse bekamen dem jungen Wein natürlich nicht gut. Also durfte vor einer Fahrt pro Fuder mit einem Lot lauteren Schwefels nachgeholfen werden, auch hingen die Fuhrleute Süßholz ins Faß, sobald der Wein aufzustoßen oder zu brausen begann. Es gab aber bei weitem noch üblere Praktiken, die flüssige Fracht zu stabilisieren.

Sicherer, schneller und preisgünstiger war allemal der Weintransport auf dem Wasser, also auf Rhein, Neckar, Donau und Bodensee. Für den Neckar galt das freilich nur bedingt. Heilbronn hatte 1333 von Kaiser Ludwig dem Bayern das Privileg erlangt, den Fluß nach Belieben zu wenden und zu kehren und mit Wasserbauten einzudämmen. Bald stauten hier Mühlwehre den Neckar, die nur einen Durchlaß für Flöße flußabwärts offenhielten. Für den durchgehenden Schiffsverkehr war der Nekkar in Heilbronn gesperrt. Die Stadt sicherte sich so den Umschlagstapel von Schiff auf die Achse und umgekehrt. Alle Versuche Württembergs, die Sperre aufzubrechen, scheiterten an diesem kaiserlichen Privileg, so daß Herzog Christoph grollte, Heilbronn gebärde sich wie „ein Klein-Venedig, das alle Handelssachen an sich ziehen" wolle.

Auf der Donau ging der Transport für Waren und Wein lange nur auf Flößen stromabwärts. Vom 16. Februar bis 25. April 1576 verzeichnete das Ingolstädter Zollbuch 261 Faß Wein, die von Ulm her passierten. Für den Ulmer Weinhändler Erasmus Rauchschnabel brachte ein Floßmann Weinsendungen bis an den Wiener Hof. Auch die Weinverehrungen Herzog Christophs an Kaiser Maximilian II. gingen über diesen Floßspediteur. Seit Ende des 16. Jahrhunderts verlagerte sich der Weintransport allmählich aufs Donauschiff, die Zille. Gemeinsam war Fuhrleuten wie Schiffern der Durst. Gegen das heimliche Anzapfen der Weinfässer und das Nachfüllen mit Wasser während des Transports wandte sich die 1498 erlassene kaiserliche Weinordnung.

170 Keltern in Heilbronn

Wenn es um finanzielle Verpflichtungen für Reich, Kreis oder Bund ging, beteuerte der Heilbronner Rat stets, man sei nur „eine arme Baustadt" und habe kein anderes Einkommen, „als was die Seinen in schwerer Arbeit mit dem Wein erbauen". Das traf zumindest auf einen Großteil der Bevölkerung zu, denn 1544 meinte der Rat ohne mitleidheischende Geste nach außen: „Die sich der Weingarten nähren müssen, die müssen das ganze Jahr darin arbeiten, auf ihre künftige Nahrung entlehnen und wenn das Jahr herum kommt, daß der Wein gewachsen, so ist es vorgenossen Brot, haben sie gar nichts."

Die Heilbronner Wengerter waren „der Stand" des reichsstädtischen Gemeinwesens. Das verrät auch ein Blick in die spätmittelalterliche Aufgebotsliste. Danach hatten die Gewerbe an Wehrmännern zu stellen: Bader drei, Fischer acht, Weber neun, Kürschner, Schneider und Tuchscherer je zehn, Gerber und Bäcker je elf, Metzger 13, zunftfreie Bürger 14, Schuster 15, Zimmerleute und Maurer 16, Schmiede und verwandte Berufe 22, Büttner 27, Krämer, Seiler, Maler, Hutmacher, Nestler, Glaser, Barbiere, Wirte und Seckler zusammen 36, die Weingärtner aber 87. Jeder einigermaßen begüterte Heilbronner Bürger besaß, ein Unikum, seine eige-

Das Territorium der Reichsstadt Heilbronn um 1578. Rechts oben im Eck der Wartberg mit Wartturm.

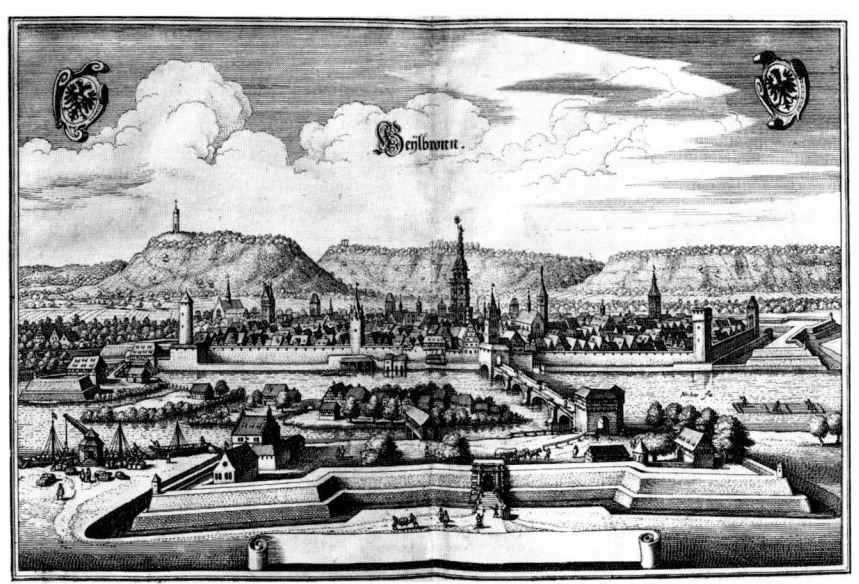

*Heilbronn. Kupferstich von Matthäus Merian, 1643. Links unten der alte Kranen
am Umschlagplatz des Neckars mit Weinfässern.*

ne Kelter; Mitte des 16. Jahrhunderts waren es 170 in der Stadt. Zu Beginn
des 18. Jahrhunderts bewirtschafteten 304 selbständige Weingärtner 549
Morgen. Hinzu kamen noch die mindestens ebenso umfangreichen Weinberge geistlicher und weltlicher Grundherrschaften sowie der von Bauweingärtnern und Tagelöhnern bearbeitete bürgerliche Rebbesitz.

Zu den größten Grundbesitzern zählten auch hier die Klöster. Die Güter der Zisterzienserabtei Schöntal an der Jagst wurden 1399 gegen eine
Gebühr von 600 Gulden von Bed und Steuer befreit; kurz vor der Reformation erwarb die Stadt das Privileg um die gleiche Summe zurück.
Maulbronn besaß seit 1279 einen von Hirsau gekauften Hof mit Gütern,
dem Kaiser Karl IV. 1349 Steuerfreiheit verlieh. 1324 kaufte die Reichsab-
tei Kaisheim bei Donauwörth, hier stets Kaisersheim genannt, Weinberge.
Die Reben des Kaisheimer Pfleghofes wurden von Heilbronner Wengertern im Drittelbau bearbeitet; Dünger und Pfähle stellte das Kloster. Über
Steuerfreiheiten, Handel und Ausschank des Klosterweins wurde durch
die Jahrhunderte mit der Stadt prozessiert. Ruhe herrschte eigentlich nur,
wenn der Rat von Kaisheim wieder einmal Darlehen aufgenommen hatte.
Neben der Deutschordenskommende, seit 1293 Herrin des Dorfes Sontheim, erscheinen die Klöster Adelberg, Amorbach, Billigheim, Herb-
rechtingen und Lorch mit Rebbesitz in und um Heilbronn. Kaum eine

Rolle spielten dagegen die drei örtlichen Klostergemeinschaften. Um den Heilbronner Weinzehnten, den König Rudolf von Habsburg seinem natürlichen Sohn, dem Grafen von Löwenstein, überlassen hatte, stritten sich seit dem 14. Jahrhundert verschiedene Herrschaften, zuletzt Kurpfalz und Württemberg, das ihn nach dem Bayrischen Erbfolgekrieg auf Dauer behauptete.

So sicher die Stadt Heilbronn im Schutz von Neckar und Mauer lag, so gefährdet blieb ihr Weingelände in den Kriegen und Fehden des Mittelalters. Als beispielsweise 1388 der Heidelberger Pfalzgraf und der Markgraf von Baden gegen die feste Stadt nichts ausrichten konnten, ließen sie die Weinberge ringsum aushacken; ausgenommen die in geistlichem Besitz befindlichen Rebstücke, die dann von den aufgebrachten Bürgern verwüstet wurden.

Jeder Reichsstadtbürger konnte seinen Wein frei ausführen und auf fremden Märkten verkaufen, innerhalb der Stadt war der Verkauf beschränkt. Den eigentlichen Weinhandel nach auswärts besorgten auch hier die fremden Fuhrleute. Zwischen ihnen und den Erzeugern vermittelten – wie in allen größeren Städten – die Weinunterkäufer, vom Rat angestellte und vereidigte Makler. Im übrigen versuchte der Heilbronner Rat, jede Wareneinfuhr mit heimischem Wein zu begleichen, eine Art Tauschwirtschaft, die bis zum Ende der Reichsstadtzeit praktiziert wurde.

Rege Handelsbeziehungen pflegte Heilbronn schon früh mit Nürnberg; die beiden Städte hatten seit dem 14. Jahrhundert gegenseitige Zollfreiheit vereinbart. Über Nürnberg, das einen lebhaften Weinmarkt unterhielt, wanderte der Neckartäler vor allem in die Hansestädte. Auf dem Wasserweg gelangte Heilbronner Wein nach Frankfurt am Main. Auch mit Augsburg bestanden direkte Handelsbeziehungen. Erst nach dem Verlust der norddeutschen Absatzgebiete gegen Ende des 16. Jahrhunderts gewannen Ulm und Regensburg an Bedeutung für das Unterland. Dies gilt auch für Bayern, wo der württembergische Wein zeitweise an Kredit eingebüßt hatte und man den Heilbronner vorzog. Im Gegenzug verschloß sich Württemberg der Einfuhr reichsstädtischer Weine und belastete deren Durchfuhr mit schweren Zöllen.

Pfleghöfe prägten das Stadtbild

In der Heilbronner Keupermulde und am Esslinger Neckar glänzten die Initialen frühmittelalterlichen Weinbaus auf. Im engen, steilen Esslinger Tal gewann die Rebkultur aber erst mit dem Terrassenbau ihren Rang, dann freilich so nachhaltig, daß sich dort lange nur Adel, Patriziat, wohlhabende Kaufleute und Klöster Weinbergbesitz leisten konnten. Dank seiner Einnahmen aus dem Weingeschäft und dank der Kredite zahlreicher auswärtiger geistlicher Niederlassungen konnte das bis dahin stagnierende Gemeinwesen nach dem Untergang der Staufer seine Reichsfreiheit wahren, sich mit einem mehrmals erweiterten uneinnehmbaren Festungswerk umgeben und den Grafen von Württemberg ein paar Generationen lang die Vorherrschaft am mittleren Neckar streitig machen.

Zwei Dutzend auswärtiger Klöster und Stifte waren in Esslingen begütert, dazu kamen sechs Ordensniederlassungen in der Stadt selbst, von denen die Augustiner 1418 eine Bruderschaft mit den Weingärtnern eingingen. Von den auswärtigen Klöstern haben nur Kaisheim und Fürstenfeld auf Dauer eigenen Rebbesitz bewahrt.

Die von König und Papst verliehenen Steuerprivilegien der Ordenshäuser verstießen gegen die bürgerliche Gleichheit vor dem Gesetz, wa-

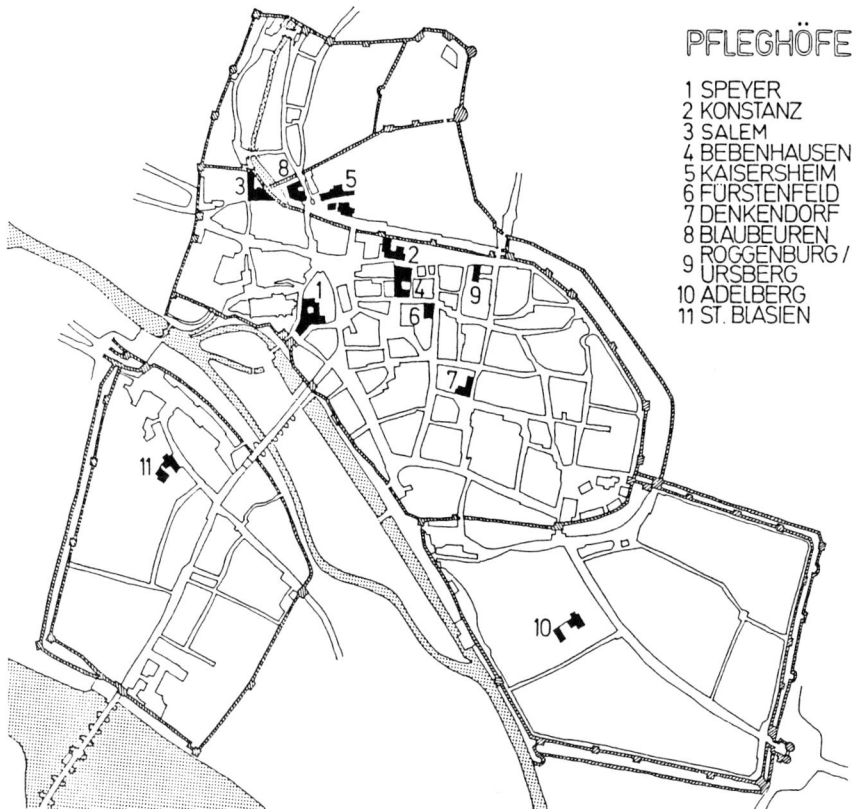

PFLEGHÖFE

1 SPEYER
2 KONSTANZ
3 SALEM
4 BEBENHAUSEN
5 KAISERSHEIM
6 FÜRSTENFELD
7 DENKENDORF
8 BLAUBEUREN
9 ROGGENBURG /
   URSBERG
10 ADELBERG
11 ST. BLASIEN

Geistliche Pfleghöfe in Esslingen.

ren aber so wenig umzustürzen wie das Bedürfnis und das Recht der Gläubigen, der Kirche irdischen Besitz fürs ewige Seelenheil zu stiften. Dem Rat gelang es dann aber, solche Zuwendungen der eigenen Frauenkirche zuzuleiten. Und wie Heilbronn das Neckarprivileg, so erlangte Esslingen 1330 von Ludwig dem Bayern ein generelles Verbot von Grundstückskäufen durch die Geistlichkeit; gestifteter Grundbesitz mußte von nun an binnen Jahresfrist wieder an Bürger verkauft werden. Damit war zumindest eine Ausweitung geistlichen Rebbesitzes blockiert. Klöster, die aus Schutzgründen ums Bürgerrecht nachsuchten, mußten dafür eine jährliche Abgabe leisten. Und wenn ihnen später doch noch Grunderwerb glückte, so war dieser nun steuerpflichtig.

Bis heute prägen die einstmals ummauerten Pfleghöfe, der Salemer, Kaisheimer, Bebenhäuser, Fürstenfelder, Konstanzer, Denkendorfer und Speyrer, das Bild der im Bombenkrieg weitgehend unzerstörten Esslinger Altstadt. Der Pfleghof des Klosters Blaubeuren wurde später mit dem Denkendorfer vereint. Der Hof St. Blasiens diente nach der Reformation als Zunfthaus der Kärcher, der Karrenfuhrleute. Der Adelberger Freihof wurde im späten 18. Jahrhundert als baufällig abgebrochen. Weiter waren die Klöster Anhausen an der Brenz, Edelstetten, Söflingen, Steinheim, Urspring, Wengen und Zwiefalten in und um Esslingen begütert.

Die Klosterhöfe bildeten rechtliche Enklaven innerhalb der bürgerlichen Gemeinschaft; naturgemäß rissen die Händel mit Rat und Gemeinde nicht ab und verschärften sich noch in der Reformationszeit. Doch gab es auch wieder versöhnliche Züge. So galt im Herbst der Brauch, daß an den Stadttoren sogenannte Schützenkrüge aufgestellt wurden, aus denen jeder Bürger nach Belieben trinken konnte; aufgefüllt wurde aus den einrollenden geistlichen Weinfuhren. „Du bist voll wie ein Zehendkrug" war bei den Esslingern sprichwörtlich. Als das Speyrer Domkapitel den Brauch abschaffen wollte, prozessierte die Stadt und pachtete 1547 schließlich den Kapitel-Zehnten. In der Nachfolge des Stifts teilte der Rat an Martini an arme Bürger und Bürgerskinder ein halbes Maß Martiniwein aus.

Die Geistlichkeit revanchierte sich bei der argwöhnischen städtischen Steuerbehörde mit allerlei Tricks. So instruierte der Fürstenfelder Prior den künftigen Klosterpfleger, wie er mit gefälschten Bezugsquittungen und Faßaufschriften sowie einer doppelten Buchführung heimlich weit mehr als die erlaubten 30 Eimer neuen Weins in und außerhalb der Stadt „gekauft und in unseren Keller geschlaucht" habe.

Weinbau und Weinhandel stellten – wie in Heilbronn – das Rückgrat der Stadtwirtschaft dar. Esslingen litt aber ungleich stärker unter dem Machtkampf mit Württemberg. Ein Indiz dafür ist das Auf und Ab des bürgerlichen Steuervermögens, etwa nach der Niederlage, die die Reichsstädte 1388 bei Döffingen hinnehmen mußten, und 1449 nach den Verheerungen des großen Städtekrieges, als die Württemberger die Weinberge um Esslingen verwüsteten und der Rat den Verlust auf mehr als 200 000 Gulden schätzte.

Nur Esslinger Bürger durften in der Stadt an Wirte, Verbraucher, Händler verkaufen. Weineinfuhr war nur erlaubt, wenn sich die Keller in der Stadt leerten. Als Ende des 15. Jahrhunderts der Maulbronner Abt darum bat, in Esslingen 20 bis 30 Fuder durchsichtigen roten Weines verkaufen zu dürfen, schlug dies der Rat mit der Begründung ab, der Stadt Gewerb' stünde ganz auf Wein. Wenn Auswärtige in unruhigen Zeiten ihre Weinvorräte innerhalb der Mauern bergen wollten, hatten sie ein saftiges Lagergeld zu zahlen; aber auch für solche Weine blieb das Verkaufsverbot in Kraft.

Hauptabnehmer des Esslinger Weins waren – wie in Heilbronn – die Fuhrleute, die ihren Absatz im Filstal, in Ulm oder im Bayerischen fanden. Ihre Marktnähe und die damit verbundenen niedrigeren Frachtkosten nutzten die Esslinger zu kalkulierten Preisaufschlägen. Die Esslinger Stadtrechnung galt als die höchste im Neckarland.

Auch hier vermittelten vereidigte Unterkäufer, die selbst keinen Rebbesitz haben durften, zwischen Händler und Erzeuger. Aber während der in Heilbronn seit dem Dreißigjährigen Krieg aktive Großhandel bald wieder verboten wurde, tauchten in Esslingen freiberufliche ortsansässige Weinhändler erstmals im 18. Jahrhundert auf. Daneben betrieb die Stadt spätestens seit 1491 den Salz-Wein-Handel mit Bayern in eigener Regie. Die Salzfuhrleute wurden dabei nicht bar bezahlt, sondern erhielten Gutscheine, sogenannte Salzzettel, die sie bei den Esslinger Bürgern für Weinrückfracht einlösen mußten. Das lief so bis ins 18. Jahrhundert, als die Münchner Hofkammer Salz-Wein-Verträge mit Stuttgart zu so günstigen Zollsätzen für das württembergische Gewächs abschloß, daß Esslingen nicht mehr mithalten konnte.

Schuld daran waren auch die nicht unbegründeten Gerüchte über die laxen reichsstädtischen Reinheitsgebote. Vorbei waren die Zeiten, als der Rat selbst den Abt von Kaisheim vor verfrühter Lese gewarnt hatte, damit keine Verleumdung entstehe, „saurer Wein könne von unserer Stadt und. Gegend kommen".

Der Ulmer Weinmarkt

In Städten wie Stuttgart, Heilbronn und Esslingen vollzog sich der Weineinkauf großen Stils, in Ulm der eigentliche Weinverkauf. Dabei

Weinfuhrmann. Nach Sebastian Münster:"Cosmographia universalis", 1554.

wurde spätestens seit der Stauferzeit auch im Weichbild der Stadt Rebbau betrieben, am Michaelsberg, am Eselsberg, im Ruhetal und an der Böfinger Halde. „Der beste Ulmer Wein", so Eugen Nübling, „ein gar nicht so übler Rotwein, wuchs in den Söflinger Weinbergen südlich vom Oberberghof am Eselsberg." 1603 ist noch einmal ein guter und reicher Ulmer Herbst bezeugt, aber vier Jahre drauf verkaufte das Kloster Wengen, einst Besitzer des Michaelsberges, sein Kelterhaus an die Stadt, und 1627 notierte der Astronom Johannes Kepler in seiner Abhandlung über das Ulmer Maßwesen, die Stadt habe keinen Weinbau mehr. Auch das Kloster Söflingen gab nach dem Dreißigjährigen Krieg die Rebkultur auf. Die mittelalterliche Bruderschaft der Ulmer Weingärtner bestand noch bis ins 19. Jahrhundert, auch wenn sie sich nur noch aus Gartenbesitzern im ehemaligen Rebgelände rekrutierte. Zehntpflichtig waren die Wengerter seit Mitte des 15. Jahrhunderts dem Heiliggeistspital gewesen.

Die Wengener Chorherren wie die Nonnen „Vom Heiligen Garten Mariens in Söflingen" waren frühe Lehrmeister des Weinbaus. Die Höfe auswärtiger Klöster wie Salmannsweiler oder Salem, Kaisheim und Bebenhausen genossen die schon vertrauten Freiheiten von Steuer und Zoll. Der Chronist Felix Fabri berichtet, daß „kein Ulmer Bürger und kein Gast anderswo seinen Einkauf an Wein besorgte als bei den Bebenhäusern".

Bis zum Jahr 1446 aber hatte die Stadt mit der geistlichen Privilegienwirtschaft, wenn auch unter finanziellen Opfern, aufgeräumt. Fabri: „Als aber die öffentlichen Lasten immer mehr wuchsen, fing den Ulmern dieser Zustand an, lästig zu werden, und sie verstanden es als kluge Leute, die Rechte der beiden Klöster Reichenau und Bebenhausen durch Kauf allmählich in ihre Hände zu bringen ... so kauften weiter die Ulmer auch von anderen Geistlichen oder Weltlichen ... deren Rechte und verschafften so ihrem Gemeinwesen die vollständige Freiheit, so daß es heute wohl kaum eine Stadt geben dürfte, die freier dasteht als Ulm, wo kein Fürst, kein Bischof, kein Abt etwas besitzt, das nicht in der Steuerpflicht der Gemeinde stünde."

Ulms frühe Attraktivität für Ordensniederlassungen lag in seiner Bedeutung als Handelsplatz; sein Weinmarkt galt seit dem späten Mittelalter als der bestgeordnete im Südwesten. Nicht nur von Neckar und Rems, auch von der Tauber, aus dem Rheingau, dem Breisgau und dem Elsaß, aus Tirol und dem Welschland rollten die Weine hier an. Zugute kam der Reichsstadt seit Ende des 14. Jahrhunderts auch der Zoll an der Geislinger Steige, dem Albgelenkstück zwischen Rhein und Donau, Nordsee und Mittelmeer, den sie samt einem Großteil der Grafschaft den verschuldeten Helfensteinern abgekauft hatte. Noch im Herbst des alten Reiches hatten

Faßbinder. Holzschnitt aus Crescentiis „Opus ruralium commodorum", 1493.

die vier Geislinger Gasthöfe Löwe, Sonne, Schwanen und Krone das ausschließliche Recht, Wein – und Salzwagen einzustellen.

Weinmarkt war der alte Hof der Königspfalz beim heutigen Schwörhaus, wo samstags oft bis zu 300 Weinwagen und zweirädrige Karren standen. Zunächst maßen zwei Visierer den ungefähren Inhalt der Fässer aus; die Gebühr kassierte der Siegler. Zu Beginn des Marktes öffneten dann die Weinstichler die Fässer. Die Vermittlung beim Verkauf besorgten die Weineinschreiber. Weinkaufschreiber und Weinkaufgegenschreiber protokollierten. Die verkauften Fässer wurden versiegelt; das Auf- und Abladen und das Ablassen der Fässer in die Keller war den Schrötern oder Weinziehern vorbehalten. Fuhren innerhalb der Stadt und zum Donauhafen besorgten die Karrer. Wer in Ulm eingeführten Wein en gros vertreiben und vom Umgelt befreit sein wollte, mußte seine Ware im Weinstadel einlagern. Das Fassungsvermögen der geleerten Fässer wurde im Eichhaus an der Blau genau ermittelt und mit dem Visierer-Ergebnis verglichen. Je nach Differenz hatten Käufer oder Verkäufer den Mehrbetrag bei den Eichern zu begleichen, die wiederum den Käufer oder den Fuhrmann beim Abholen der leeren Fässer auszahlten.

Die Einnahmen der Stadt aus dem Weingeschäft waren beträchtlich. 1487 erbrachte das Umgelt auf Wein 722, das Weinvisieramt 28, der Weinstichel 13, der Weinstadel 39, der Gästeweinzoll 57 und der Weinzieheranteil 59 Pfund Heller. Hinzu kamen die Gebühren der auswärtigen ulmischen Zollstationen. Längst schon war der Wein zum Volksgetränk geworden: Das Umgelt auf Bier bescherte dem Ulmer Fiskus damals gerade noch 5 Pfund Heller im Jahr. Von 795 Fässern Wein aus dem Württembergischen, die an einem Maisamstag 1606 in Ulm verkauft wurden, gingen 608 auf Achse in die Umgebung oder auf Schiff und Floß donauabwärts. 102 Fässer nahmen die Ulmer Wirtsleute ab, 85 Fässer wanderten in die Keller von Privathaushalten.

Ein Großteil der stromabwärts beförderten Weine hatte Regensburg zum Ziel. Von dort wurden auch Weine aus Ungarn und Österreich auf der Donau aufwärts geführt oder nach Böhmen und ins Bayerische verfrachtet. Für das Ansehen der württembergischen Gewächse spricht die Notiz eines Regensburger Händlers anno 1392: „Mir ist nichts gesünder zu trinken als Neckarwein und was vom Elsaß."

Bleiweiß und Schwefelringlein

Mit dem Weinhandel lief die Verfälschung des Rebsafts einher. Schon im 15. Jahrhundert riet ein Weinkompendium zu kritischem Probieren

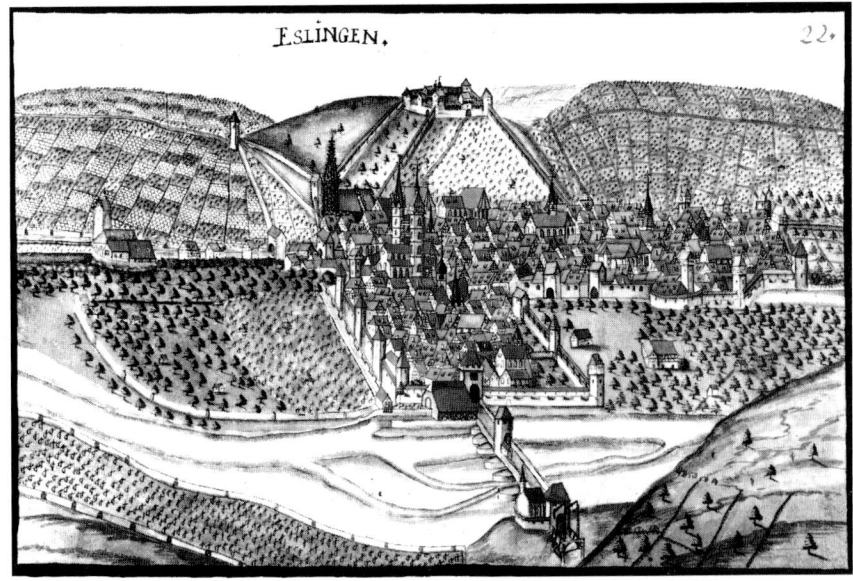

Esslingen. Die Reichsstadt mit der sogenannten Burg inmitten der Weinberge.
Ansicht aus Kiesers Forstlagerbuch, nach 1680.

vor dem Kauf: „Man soll den Wein des Morgens trinken, so man den Mund gewaschen hat und drei oder vier Brocken Brot in Wasser getunkt gegessen hat. Wer ganz nüchtern oder ganz voll ist, dem sein Mund wird leicht betrogen." „Beim Probieren solle einer den Wein fadenartig einziehn und ihn oftmals in Mund nehmen und darin halten, damit du des Weines Tugend und Untugend, Eigenschaft, Kraft und Geschmack erkennen mögest", riet ein anderer Autor.

Harmlos war noch, wenn dem Faßinhalt mit Branntwein nachgeholfen wurde. Schlimmer war schon der Verschnitt mit überschwefeltem eingedicktem Traubensaft, einer frühen Spielart der Süßreserve. Über die Stabilisierung

Der Kellermeister prüft Farbton und Klarheit des Weines. Holzschnitt aus Crescentiis „Opus ruralium commodorum", 1493.

des Weines mit Schwefel waren die Meinungen geteilt. Ein Ringlein Schwefel zur Präparierung der Fässer oder ein Lot lauteren Schwefels pro Fuder waren erlaubt. Das bekräftigte auch die 1498 auf dem Freiburger Reichstag erlassene Weinordnung, die beklagte, daß „die Wein wider ihre Natur mit unziemlichen Gemächten" verfälscht würden. Der legal geschwefelte Wein sollte als geschwefelt beim Verkauf deklariert werden.

Die gefährlichste Mitgift war freilich die schon im 14. Jahrhundert bezeugte Anwendung von Quecksilber und Bleiweiß, also Bleikarbonat, die den Wein durch Gärstopp süß halten sollten. Über diese gefährlichen Praktiken wird noch ausführlicher zu reden sein.

Der kaiserliche Kommissar Hans Schühlin, gebürtiger Esslinger, kontrollierte die Weinbaugebiete und Weinmärkte an Rhein, Main und Nekkar und kam 1489 in seiner Vaterstadt zu dem Ergebnis, daß hier freventlich gegen das Reinheitsgebot gehandelt werde. Der Rat der Stadt ging deswegen bis vors Reichskammergericht, konnte aber nicht verhindern, daß der Esslinger Wein mehr und mehr ins Gerede kam. Die Folge war, daß in Ulm alljährlich um Martini jeder Wirt beschwören mußte, daß er „weder ein Gemäch aus Weidenasche oder weidäschriger Lauge, Kalk, Senf, Senfkorn, Speck, Scharlachkraut noch von Birnen und Apfelmost, Bleiweiß, Quecksilber oder Vitriol gemacht, auch kein Wasser noch einen geringeren Wein unter einen besseren getan habe, auch nicht wisse, daß jemand, ehe er den Wein zu Eßlingen oder anderswo gekauft habe, darein getan habe, und daß er seinen Wein ausschenken wolle, so wie er ihn in den Keller gebracht habe".

Bis hinein ins frühe 16. Jahrhundert rissen die Klagen über Weinverfälschungen nicht ab. 1529 noch protestierte Ulm bei den Esslingern, weil „mit diesen widernatürlich süß gemachten oder gestrichenen Weinen männiglich betrogen" werde und der Rat darauf achten solle, daß der Wein „in dem Wesen wie ihn Gott uns aus Gnaden gegeben", belassen werde.

Von der Taberne zur Schildwirtschaft

Der Name Taverne, der da und dort im Schwäbischen und Fränkischen auftaucht, erinnert an die römischen Tabernen im Limesland, von denen einige bestimmt auch die Zeit der Völkerwanderung überstanden haben. Es waren einfache Schenken, oft mit einem Kramladen verbunden, nicht zu verwechseln mit den „mansiones", den Herbergen und Raststationen an der römischen Heerstraße.

Das frühe Mittelalter kannte kein entwickeltes Gastgewerbe, war also auf öffentliche Gastfreundschaft angewiesen. Noch in karolingischer Zeit galt das Gebot, es dürfe bei Strafe keinem Fremden Haus, Herd und Wasser verweigert werden. Solche unfreiwillige Gastfreundschaft überforderte mit der Zeit die Anwohner der Fernwege, auch wenn sie auf drei Tage befristet blieb. Mit dem Anschwellen des Verkehrs nahmen sich deshalb Klöster und Spitäler der Reisenden an.

Im Laufe der Zeit bildete sich ein eigenständiges Gastgewerbe aus, ständisch gegliedert, wie fast alles im Mittelalter. So unterschied man den Herrenwirt, bei dem Reisende von Stand abstiegen und die vornehmen Geschlechter der Stadt tafelten, den Karrenwirt, bei dem die Fuhrleute und gewöhnlichen Reisenden ein-

Schänke. Holzschnitt 1505.

kehrten, dazu Kochwirte, die ursprünglich nur Speisen abgeben, aber keinen Wein ausschenken durften, was wiederum den geschworenen Weinschenken zustand.

Eine spezifisch mittelalterliche Institution waren die Herbergen und Trinkstuben der Zünfte und Korporationen, denen der sogenannte Zunftknecht als Wirt und Herbergsvater vorstand. Diese Zunfthäuser hatten ihre Zeichen und Hausnamen, aus denen später die Embleme der Gasthofschilder erwuchsen. Für Ravensburg etwa sind im 16. Jahrhundert belegt: eine Rose am Zunfthaus der Schneider, ein Löwe bei den Webern, eine Kanne bei den Rebleuten, eine Lilie bei den Bäckern, ein Pfau bei den Metzgern, ein Strauß bei den Schmieden, ein Hahn bei den Zimmerleuten und ein Storch bei den Schuhmachern. Spärlich blieben dagegen Gasthäuser, die nicht auf zünftige Trinkstuben zurückgingen.

Einen Sonderstatus nahmen die Trinkstuben der Geschlechter, also des Stadtadels, mit ausgesprochenem Clubcharakter ein. In der Reichsstadt Hall am Kocher kam es 1512 zu einer folgenschweren Zwietracht zwischen Patriziat und bürgerlicher Gemeinde, als ein um die Stadt verdienter Bürgerlicher um Aufnahme in die exklusiv adelige Trinkstube nachsuchte und abblitzte. Das wuchs sich im Zeichen des Ständekampfes zu einer Kriegserklärung an die politische Vorherrschaft eines gesellschaftlichen Clubs aus und besiegelte die Niederlage der adeligen Geschlechter, die sich nicht rechtzeitig zu einer Politik der offenen Tür hatten entschließen können.

Die öffentlichen Gasthöfe besaßen seit dem späten Mittelalter die Schildgerechtigkeit und mußten ein Mindestmaß an Betten und Stallplätzen aufweisen. Das Wirtshausschild war zugleich Rechtsausleger, der Wirt hatte für Ruhe und Ordnung zu sorgen. Stuttgart verzeichnete im 16. Jahrhundert erst ein halbes Dutzend solcher Schildwirtschaften, nicht eingerechnet die Gassenschenken, Garküchen und Weinstuben der Metzger und Bäcker. Ein aufschlußreicher Passus für Herrenwirte ist aus Ulm überliefert. Danach durfte keiner von ihnen in den Rat gewählt werden, weil er gegenüber seinen hohen Gästen Interna der reichsstädtischen Politik ausplaudern könne!

Die Schildwirte hatten einen schweren Stand gegenüber den kleinen Gassenwirten, zu denen in Weingegenden noch die Konkurrenz der Besenwirte kam. In vielen Orten gehörte der Ausschank selbstgebauten Weins zum Bürgerrecht. Strauß, Kranz, Buschen, Strohwisch, Rad, Besen und Faßreif winkten da zu billiger Einkehr. Die Gassenwirte durften anfänglich weder Logiergäste aufnehmen noch warme Speisen abgeben, die Besenwirte in Heilbronn, laut Ratsdekret von 1613, „nichts anderes kochen, dann Hering braten". Aber die wenigsten hielten sich an derlei

Vorschriften. 1786 noch klagten die Esslinger Schildwirte über die Konkurrenz der Gassenwirte, bei denen Strauß und Besen nun ganzjährig aushingen: „Wann wir in Betracht stellen, wie wenig wir vor den Gassenwirten zum Voraus haben, da solche gegen das Verbot handeln und in ihren Häusern tanzen und warme Speisen reichen lassen, somit den Schildwirten in ihrem Gewerb ganz behinderlich stehen müssen, da in jeder Ecke ein solch einladender Arm hervorwinkt, und weil das Auge solchen verlieren könnte, so muß die Musik dem Ohr zur Einkehr rufen; und hat der Wanderer Aug' und Ohr auf sonst etwas gerichtet, dann ruft der Straußwirt noch selbst aus voller Kehle, solchen unter dieser und jener Vorstellung zur Einkehr herbei, und solchergestalten müssen sich die Gäste so zerteilen, daß die wenigste Anzahl in die Wirtshäuser gehen ..."

„Den Sommer bringt uns St. Urban"

Nach dem schönen Wort des Prälaten, Volkskundlers und Weingelehrten Georg Schreiber gebietet St. Urban „gleichsam als ein geistlicher Territorialherr" noch immer „über einen riesigen Bereich". Neben einem guten Dutzend lokaler oder regionaler Weinheiliger gilt er als der eigentliche Winzerschutzherr, und das sogar im tief protestantischen Altwürttemberg.

Eine späte Legende spricht von einem Urban, der als Schüler des heiligen Gallus die Kirche Altenburg bei Cannstatt gegründet und die Wallfahrer Rebbau und Weinbereitung gelehrt habe. Im Urbanskult verschmolzen jedoch zwei Heilige dieses Namens: der Bischof Urban von Langres, der im 5. Jahrhundert als Märtyrer gestorben sein soll, und Papst Urban I., von dem es heißt, er habe den ausschließlichen Gebrauch silberner und goldener Gefäße in der Liturgie eingeführt. Auf ihn, der angeblich um 230 den Martertod erlitt, geht die gebräuchliche Darstellung mit der Tiara, der dreifachen Papstkrone, zurück; als weitere Attribute gehören zu ihm Kelch oder Becher, Buch und Traube, Kreuzstab und Schwert. Wie sein Namensvetter, der fränkische Bischof von Langres, hat sich Urban I. vor seinen Verfolgern in einem Weinberg versteckt, und der Legende nach hat es bei seiner Hinrichtung Wein vom Himmel geregnet.

Der Wein-Pontifex steht unterm 25. Mai im Heiligenkalender. Sein Fest fällt also mitten in die Vegetationszeit, in der die austreibenden Reben gerade noch von den Spätfrösten bedroht sind. Trotzdem galt sein Feiertag, unabhängig von allen astronomischen Konstellationen, im Brauchleben als Sommeranfang: „Den Sommer bringt uns St. Urban." Und im altdeutschen Recht war der 25. Mai auch Lostag. Wer bis dahin einen Acker eingesät, die Obstbäume beschnitten, den Wingert bestellt hatte, dem stand die künftige Frucht des Jahres zu. Der Sachsenspiegel sagte: „Am St. Urbanstag sind Weingarten – und Baumgarten – Zehnt verdient."

Seinen Anfang nahm der Urbanskult wahrscheinlich im elsässischen Frauenkloster Erstein. Für diese von ihr gestiftete Abtei hatte nämlich Irmgard, die Frau Kaiser Lothars I., anno 849 Reliquien des Papstes von Rom nach Erstein überführt. 1251 ist im Elsaß die Verehrung St. Urbans als Winzerpatron erstmals gesichert. Die Tradition der Ersteiner Urbanwallfahrt endete erst in der Zeit der Französischen Revolution.

Spätgotischer St. Urban in der Weinbauabteilung der Städtischen Museen Heilbronn.

Bittgänge, Flurprozessionen, Urbansritte am 25. Mai sind auch für Württemberg überliefert. In Künzelsau am Kocher zogen die Kinder mit einer reblaubgeschmückten Puppe, dem Urbe, gabenheischend durch den Ort. Bekannt ist, daß die Figur des Heiligen bei schlechtem Wetter am Urbanstag mit Wasser übergossen oder in den Brunnen getaucht wurde – halb Schimpf, halb Wetterzauber. Im Papistenbuch einer schwäbischen Handschrift des 16. Jahrhunderts heißt es: „. . . ist es aber schön, so tragen sie ihn gen Wein in das Wirtshaus, setzen ihn hinter den Tisch, behängen ihn mit Weinreben und bringen ihm oft einen Trunk."

Gelegentlich wurden die Wengerter auch handgreiflich, wenn es am Urbanstag schüttete oder gar fror. 1692 steckte die Deutschordensregierung in Mergentheim den Häcker Barthel Illig für zwei Tage bei Wasser und Brot in den Turm, weil er „gegen den hl. Urbanum einige lästerliche und schandhafte Worte öffentlich und mit nicht geringem Ärgernis neulich auszustoßen sich freventlich unterstanden hat"; außerdem mußte Illig vier Reichstaler zahlen „zu etwelcher Reparatur des hl. Urbani zu Ungebühr verletzter Ehre".

In der älteren Literatur ist öfter verschämt von der St.-Urbans-Plag' die Rede. Gemeint ist das Podagra, die Gicht. Die Strapazen der Liebe, der Suff und der Zorn galten als Ursachen des Leidens: „Bacchus der Vater, Venus die Mutter, Ira die Hebamm'/die zeugen das Podagram."

Rebleutezünfte und Weingärtnerbruderschaften scharten sich öfter in Namen St. Urbans zusammen. Bruderschaften wie Zünfte waren gleichermaßen soziale Solidargemeinschaft und religiöse Korporation, offizielle Standesvertretung und gelegentlich auch eine Art untere Aufsichtsbehörde für den Rebbau. Urbanbruderschaften sind angeblich seit 1338 in Reutlingen, sicher seit 1401 in Rottenburg, seit 1411 in Horb, seit 1484 in Tübingen, seit 1490 in Hirschau am Neckar, 1518 in Stuttgart und 1520 in Esslingen bezeugt. Vom Ursprung der Mergentheimer Urbanspflege vermerkte der Chronist großzügig: „Er verliert sich in dem Altertum."

Wie in den übrigen Handwerkerzünften galten auch in den Bruderschaften strenge Reglements. So war eheliche Geburt unbedingt Voraussetzung für die Aufnahme. 1515 stieß z.B. die Ulmer Weingärtnerbruderschaft drei unehelich geborene Mitglieder aus. Sie mußten ihre Weingärten binnen zweier Jahre verkaufen und durften sie bis dahin nicht mehr selbst bebauen. Zahlreiche Weingärtnerbruderschaften endeten mit dem Beginn der Reformation, den Rest traf 1783 das aufklärerische Auflösungsedikt Kaiser Josephs II. Rottenburg und Reutlingen haben sich ihre Urbansbruderschaft bis heute bewahrt. Urbania oder Urbanus nannten sich Weingärtnergesangvereine in Stuttgart, Winnenden und Heilbronn.

Nicht nur Urbanspatrozinien, Urbanskapellen, Urbansaltäre und Urbansbilder sind von Oberschwaben bis zum Taubergrund dicht gestreut. Der Winzerpatron gab auch einer Rebsorte seinen Namen. Der Schwarz-Urban reifte – nach Dornfeld – früher als der Trollinger aus und brachte einen geistreichen, gewürzhaften Wein. Die Rebe, auch süßer Zottelwelscher genannt, kam wohl im 16. Jahrhundert mit dem Trollinger aus Tirol nach Württemberg, wo sie bis zur Rebumlegung ihr letztes Refugium besaß. Heute wird Trollinger mit Schwarz-Urban nur noch als Spezialität eines Weinguts im Bottwartal angeboten, der winterharte, auch sonst anspruchslose Urban aber als robuste Rarität inzwischen selektioniert. Vielleicht bürgert er sich am Neckar wieder ein.

Vignetten der Kunst

Weinmirakel, Marterattribute in der bildenden Kunst, markante Kalendertage haben noch andere Heilige im Südwesten zu Traubenpatronen erhoben. Am oberen Neckar, am Bodensee und in Oberschwaben begegnen wir Othmar und Theodul mit dem Fäßchen der Legende, dazu dem Füssener Abt Magnus als Helfer gegen das Ungeziefer im Weinberg. Nicht nur St. Urban, auch St. Laurentius, der auf glühendem Rost gemartert wurde und den Trauben im August Sommerglut bescheren sollte, hat einem Rotgewächs den Namen gegeben. In Württemberg ist die Saint-Laurent-Rebe erst im 19. Jahrhundert aus dem Elsaß eingeführt worden. Zwei Dutzend Hektar der widerstandsfähigen Laurenzitraube stehen hier noch im Ertrag. Für sich gekeltert, aber auch mit Limberger zur Neuzüchtung Zweigelt gekreuzt, bringt sie tieffarbene, fruchtig-herbe Rotweine.

Heiligen zu Ehren wurde Wein geweiht und mit ihm die Minne der Nothelfer getrunken: St. Ulrichswein sollte vorm Schwerttod bewahren, Galluswein vor Fieber; die Michaelsminne trank man zum Gedächtnis der Verstorbenen, den Martinswein auf das Einbringen der Ernte, die Gertrudenminne als Abschiedstrunk.

Bis heute ist der Brauch lebendig, an St. Stephan, dem 26. Dezember, den roten, am Tag des Evangelisten Johannes, dem 27. Dezember, den weißen Wein in der Kirche weihen zu lassen. Die Johannisminne gewann „im Volksglauben fast die Hochachtung eines Sakraments". Sie geht auf die in Plastik und Malerei überlieferte Legende zurück, daß der Evangelist und Lieblingsjünger des Herrn über einem heimtückisch gerichteten Gifttrunk wie gewohnt das Kreuz geschlagen habe, worauf das Gift dem Kelch in Gestalt einer Schlange entwich. Dürers Mutter hat man vor ihrem Tod Johanniswein als Trunk des Heils gereicht. Der spätmittelalterliche Dichter und Abenteurer Oswald von Wolkenstein verglich die Johannisminne mit dem Abschiedskuß der Liebenden. In einem Streitgespräch zwischen Wasser und Wein verteidigt sich letzterer: „Man trinkt zuletzt aus purem Wein/Den Sanct Johannis-Segen,/Damit der Reisende kein Bein/Zerbrech' auf Weg und Stegen."

Der Wein als biblisches Gleichnis, die Traube als Gleichnisfrucht der Passion durchwirken die Kunst des Mittelalters. Stichworte wie die Kalebstraube der Kundschafter aus dem Gelobten Land, die Hochzeit von Kana, das Abendmahl, die Worte Christi: „Ich bin der Weinstock, ihr seid die Reben . . .", müssen hier genügen. Die älteste Darstellung des Abendmahls im Weinland Württemberg ist wohl ein Fresko aus der Zeit um 1230 in der Kapelle der Burg Lichtenberg überm Bottwartal. Unter den frühgotischen Glasmalereien der Esslinger Stadtkirche St. Dionys wird die Wurzel Jesse und die Verkündigung Mariä von Traube und Reblaub symbolisch umfangen. Um 1300 entstand das Fresko in der Kirche von Hohenhaslach, das den Nährvater Josef mit einem Lägel, einem Weinfäßchen, am geschulterten Stock darstellt. Ein um 1410 datiertes Wandbild in der Cornel-Kirche zu Wimpfen im Tal zeigt Christus als Schmerzensmann der Eucharistie; aus seinen Fußwunden sprießen Ähre und Weinstock. Selten ist hierzulande das Motiv Christi in der Kelter, der vom Balken niedergepreßte Erlöser, dessen Blut aus dem Ablauf in den Meßkelch rinnt. In der Kirche von Klein-Komburg überm Kocher ist eine romanische Wandmalerei erhalten; leider hat man die verblaßten Umrisse vor hundert Jahren spielkartenbunt ausgemalt. Das herbstfarben gedämpfte Kelterfresko der alten Kilianskirche von Bissingen und das Wandbild in der Kirche von Gärtringen stammen aus dem 17. Jahrhundert.

Weinstock, Reblaub und Traubendekor sind recht häufig in der mittelalterlichen Bauplastik vertreten, von den romanischen Kapitellen der Stiftskirche in Oberstenfeld und der Weinsberger Stadtkirche bis hin zu den Portalen von St. Michael in Schwäbisch Hall und dem Schwäbisch Gmünder Münster. In der Kirche von Winterbach an der Rems schaut St. Urban vom Schlußstein des gotischen Gewölbes herab. Im Maulbronner Chorgestühl und auf dem Betstuhl des Grafen Eberhard in Urach, beides Schnitzwerke des 15. Jahrhunderts, mahnt der trunkene Noah im Rebengerank vor dem Laster der Trunkenheit und Völlerei. Kunsthistoriker haben das possierliche Hündchen im Vordergrund der Maulbronner Szene schon als Kater mißdeutet. Aber der mußte zur Zeit des biblisch beglaubigten ersten Wengerters noch nicht als Wappentier eines üblen Nachrausches herhalten.

Das große Saufjahrhundert

Während in Niederdeutschland der insulare Weinbau seit dem 15. Jahrhundert zusammenschmolz, weniger durch Klimaverschlechterung als durch steigende Weinimporte bedingt, erreichte die Rebfläche an Neckar und Rhein bis zu Beginn des Dreißigjährigen Krieges ihre größte Ausdehnung. Schon die Wüstungen im Gefolge des Schwarzen Todes, der Beulenpest, hatten dem Weinland Württemberg nur wenig angehabt, und mit der wachsenden Bevölkerungsdichte begann im Spätmittelalter die letzte Phase eines intensiven Landesausbaus, so daß nach der Zimmerischen Chronik „die Landsart mehr denn in Menschen Gedächtnis aufgetan und schier kein Winkel, auch in den rauhesten Wäldern und höchsten Gebirgen, unausgereutet und unbewohnt blieb".

In Württemberg war die Zeit der großen Rodungen längst abgeschlossen. Dafür trieb man jetzt die Umwandlung der Ackerfluren, der nördlich exponierten Hänge und des noch brachliegenden Ödlandes in ertragsintensive Rebkulturen voran. Immer wieder heißt es bei der Erwähnung eines Ackers in den Lagerbüchern des 16. Jahrhunderts: „Ist jetzt Wein-

gart." Die Gäulandschaften vor dem Schwarzwald, das Innere der Keuperberge, selbst die Hochfläche der Alb wurden dem Weinbau erschlossen. Der Rebstock überwand die bis dahin maßgebende Höhenmarke von
500 m und erreichte in Obernheim auf der Balinger Alb gar 900 m. Zwischen 1514 und 1566 wurden allein im Herzogtum Württemberg 40 000
Morgen Weinberge neu angelegt, mehr als 12 600 ha. Insgesamt standen
zu Beginn des 17. Jahrhunderts auf dem Gebiet des heutigen Württemberg schätzungsweise 45 000 ha Rebland im Ertrag.

Dies war nur möglich durch die Erbsitte der Realteilung. Längst schon
hatte sie auch die grundherrschaftlich gebundenen Güter erfaßt, da der
ertragsintensive Weinbau auch kleineren Betrieben ein Auskommen ermöglichte. Während im Waldland der schroffe Gegensatz von bäuerli-
chem Grundbesitz und land-
losem oder landarmem Ta-
gelöhner erhalten blieb, ebne-
te die Realteilung im Weinland solche Klassengegensät-
ze eher ein. Wie Wolfgang
von Hippel betont, förderte
sie durch gesteigerte Boden-
mobilität „breitgestreuten
Landbesitz und erleichterte in
engem Wechselspiel mit dem
Übergreifen einer am Stadtrecht orientierten Gemeinde-
verfassung auf das flache
Land und mit fast unbe-
schränkter Entwicklung des
Landhandwerks die bürgerliche Niederlassung. Die Folge
waren im Vergleich mit den
Anerbengebieten niedrigeres
Heiratsalter und schnelleres

Karikatur kneipender Studenten.
Holzschnitt um 1516.

natürliches Bevölkerungswachstum . . . Das personale Gemeindebürger-
recht, das sich im Herzogtum Württemberg nach städtischem Vorbild
schon früh durchgesetzt hat, stützte diese Entwicklung . . ."

Weder die sozialrevolutionäre Bewegung des Armen Konrad, die 1514
im Remstal zündete und rasch auf die benachbarten Gebiete übergriff,
noch der Bauernkrieg des Sommers 1525, der merkwürdigerweise auf die
Weinbaulandschaften beschränkt blieb, konnten diesen Prozeß aufhalten.
Die politisch-rechtlichen und volkskirchlichen Forderungen der aufstän-

dischen Bürger und Bauern wurden vom Schwäbischen Bund in Blut, Rauch und Tränen erstickt. Aber im Herzogtum Württemberg, das nach der Vertreibung des Herzogs Ulrich von 1519 bis 1534 unter österreichischer Verwaltung stand, brachte der Bauernkrieg wirtschaftlich und sozial „keine nachweisbaren dauerhaften Nachteile"; dafür versteinerten Besitzrechte und Herrschaftsformen bis hinein ins vorige Jahrhundert.

In Oberdeutschland blieb die Hochkonjunktur ungebrochen. Sie gründete auf Fernhandel und florierenden Bergbau. Und der üppige Lebensstandard machte das 16. Jahrhundert, wie Bassermann-Jordan formuliert hat, zur „Haupt-Zechperiode des deutschen Volkes". Der jährliche Weinverbrauch pro Kopf lag bei etwa 150 Liter, in den Anbaugebieten sicher noch darüber. „Im Württembergischen", so berichtete 1548 der venezianische Gesandte Mocenigo staunend, „geben die Hügel so reichlich Wein, daß jeder, auch der ärmste Bauer, dort sein Faß voll hat." Reichsstädtische und herzogliche Erlasse wehrten sich immer wieder – bis zum Jahr 1627 – gegen die Ausweitung des Rebbaus auf Kosten von Äckern, Wiesen und Gärten.

Gleichzeitig bekamen Weinbau und -handel gehörige Flankendeckung durch die immer engmaschigere territoriale Gesetzgebung und fast schon merkantilistisch fixierte Wirtschaftspolitik der Reichsstädte wie der herzoglichen Regierung.

Jedem Weinstock einen Strohhut!

Nach dem gewalttätig unruhigen und unglücklichen Herzog Ulrich fand Württemberg in dessen Sohn und Nachfolger einen stetigen, friedliebenden, ums Gemeinwohl besorgten Regenten, der bis heute als der maßgebende Staatsschöpfer und Gesetzgeber Altwürttembergs gilt. Herzog Christoph nannte den Weinbau „das höchst nötig edle Kleinod" des Landes. 1551 summierten sich beispielsweise die Gefälle der herzoglichen Kellereien auf 8 707 Eimer, das sind 26 400 hl.

Als im August 1562 ein Hagelwetter die Stuttgarter Weinberge zerschlug, kam es zu der einzig größeren Hexenverfolgung hierzulande, der immerhin neun Frauen zum Opfer fielen. Christoph soll damals an die Wand seiner Stube die Verse geschrieben haben:

> „Balingen hat dies Jahr mehr Zehendwein geben
> Als Stuttgart mit seinen vielen Reben;
> Nit eine Kelter ist uffgangen,
> Ob Evas bösen Weiberschlangen."

Die erste Herbst-ordnung von 1567, die den Beginn der Wein-lese vom Entscheid vereidigter Sachver-ständiger abhängig machte, war noch recht allgemein gehal-ten. Das änderte sich bald. Verboten wurde das Grasen zwischen den Rebzeilen, das Brechen von Reblaub für die Viehhaltung, das Zwischenpflanzen von Obst, Kraut und

Teufelsspuk im Weinkeller: Eine Hexe öffnet mit einem Hufnagel und der Hilfe des Bösen ein Faß. Holzschnitt von 1486.

Rüben oder – später – auch von Welschkorn, also Mais. Für den Diebstahl von Weinbergstickeln oder Trauben kamen Erwachsene vor Gericht; Ju-gendliche sollten ins Narrenhäusle gesteckt oder, wie Herzog Christoph zu sagen pflegte, nach Birkenfeld geschickt und mit Ruten gezüchtigt werden. Neben den Feldsteußlern, den Wingertschützen, in Ravensburg auch Traubenhirten genannt, wurden in den Städten Stockkieser bestellt, die auf den Märkten angebotene Setzreben zu kontrollieren und als Pfahl-beschauer über Qualität und Preis der teuren Weinbergstickel zu wachen hatten.

Es scheint, als habe man es von Ort zu Ort mit dem Decken oder Bezie-hen der Reben vor Einbruch des Winters recht unterschiedlich gehalten. Vor allem in den geschützten oberen Lagen ersparte man sich diese Ar-beit. Das Lagerbuch des Klosters Kaisheim wies für die von ihm erwor-benen Esslinger Burgweingärten 1534 an: „Weil die Burg hoch und warm liegt, soll man nicht beziehen oder decken, damit man es auf starke Schen-kel richte und bringe, weil es dann viel Trauben gibt. Denn mit dem Decken und Bodenziehen verderbt man die Stöcke und die Augen."

Das Niederziehen und Anhäufeln der Rebe mit Erde gegen Winterfrost kannten schon die Römer, ebenso das Räuchern der Weinberge gegen Spätfröste. 1607 gab ein Pfarrer mit den Initialen J. W. S. ein Büchlein für den württembergischen Wengerter heraus, in dem er gegen „den fallen-den Reif zur Frühlingszeit" empfahl, jedem Weinstock einen Strohhut auf-zusetzen. Später wurde gelegentlich das Räuchern mit Reisig, feuchtem Rebholz, Moos, Sägmehl und Gerberlohe empfohlen.

Die zwischen 1614 und 1617 erlassenen Weinbauordnungen der Grafen von Hohenlohe setzten den Akzent auf die Erziehung starker Köpfe beim Rebstock durch regelmäßiges Zurückschneiden, auf Kosten frühen Ertrags. Sie sind auch aufschlußreich für das biorhythmische Denken, das die Weinbergarbeit unter die Konstellation der Gestirne stellte. Schneiden sollte man die Reben bei zunehmendem Mond und nicht im Krebs oder Skorpion; Dünger sollte bei abnehmendem Mond untergebracht werden. Der Zwischenbau wurde teilweise erlaubt, „weil viele arme Bürger, welche keine Äcker besitzen, ihrer Nahrung halber der Rüben nicht entraten können".

Maßordnung und Neckarausbau

Der Arme Konrad erhob sich, als Herzog und Landstände eine Umsatzsteuer auf Wein und Lebensmittel mit einer Herabsetzung von Maß und Gewicht bei gleichbleibenden Preisen beschlossen, als der bankrotte Staat zum Betrüger am kleinen Mann wurde. Das Heilbronner Bauernparlament hatte 1525 einheitliche Maße und Gewichte im Reich auf die Tagesordnung gesetzt. Herzog Christophs Maßordnung von 1557 schuf wenigstens für Württemberg Ordnung, und dies bis zur Bismarckschen Reichsgründung. Das Vorwort der nach 1806 erweiterten Maßordnung rühmte Christoph, daß er „zuerst von allen deutschen Fürsten in die Fußstapfen Karls des Großen getreten sei, der einst im ganzen Reich einerlei Münze, Eich, Maß und Gewicht gegeben habe . . ."

Für die neue Landeich, das ganz auf den Wein zugeschnittene Flüssigkeitsmaß, war nun der Stuttgarter Eimer maßgebend: ein Fuder = sechs Eimer, ein Eimer = 16 Imi, ein Imi = zehn Maß, ein Maß = vier Viertelmaß. Ein Eimer Trübeich war um sieben Maß größer als ein Eimer Lautereich; die Trübeich galt für den noch unvergorenen Most, die Lautereich für den hellen, vergorenen Wein, die sieben Maß Differenz entsprachen dem Schwund bei der Vergärung und dem Abgang der Hefe. Hinzu kam als drittes Maßsystem das Schenkmaß, nach dem sich das Umgelt, die Verbrauchssteuer, richtete. Sie betrug ein Zehntel oder Elftel des zum Ausschank vorgesehenen Quantums, so daß elf Schenkmaß auf zehn Maß Lautereich kamen.

Ein Eimer Trübeich entsprach 306,78 l, ein Eimer Lautereich 293,92 l, ein Eimer Schenkeich 267,30 l; entsprechend faßte die trübe Maß 1,917 l, die lautere Maß 1,83 l und die Schenkmaß 1,67 l.

Die Maßordnung Herzog Christophs erleichterte den Handel mit Wein. Trotz der ungeheuren Ausdehnung der Rebfläche hielten sich Massenabsatz und Qualitätsstreben anscheinend noch die Waage. Der Neckarwein

Der Weinvisierer prüft den Inhalt eines Fasses.
Titelholzschnitt aus dem Kernschen Visierbuch, 1531.

war beliebt und preiswert. Dafür spricht der Brief eines aus Kärnten nach Sachsen geflüchteten protestantischen Adeligen, der den Herzog 1557 um einen Trunk Neckarwein bat, weil „das Bier in diesen Landen Meister", der angebotene Rheinwein dagegen zu stark und zu teuer sei. Die Fugger, die zwar nicht auf den Pfennig zu schauen brauchten, als Kaufherren aber auf Ausgewogenheit von Preis und Leistung achteten, bestellten 1590 anläßlich einer Hochzeit fünf Fuder Heppacher für 254 Gulden.

Um so drückender empfand man im Württembergischen die Flußsperre Heilbronns. Herzog Christoph erlangte 1553 zwar einen kaiserlichen Freibrief für seine Schiffahrt neckarabwärts, und er begründete das einleuchtend damit, daß man dann den Neckarwein, „welcher vor anderen Weinen besonders in heißen Zeiten anmutig und berühmt sei", billig nach Niederdeutschland verfrachten könne. Aber Heilbronn pochte auf sein älteres Privileg. Ein Vergleich sah schließlich vor, daß die Heilbronner ihre Mühlenwehre beseitigen, Württemberg dafür 100 000 Gulden Entschädigung zahlen und der Reichsstadt im Gegenzug die freie Schiffahrt flußaufwärts gewähren solle. Aber das Projekt versandete im wahrsten Sinne des Wortes.

Um den mittleren Neckar von Cannstatt bis Heilbronn für die Schiffe offenzuhalten, waren kostspielige Wasserbauten notwendig. Und als Herzog Friedrich 1598 seinen technisch-künstlerischen Tausendsassa Heinrich Schickhardt erneut zur Kartierung der Flußstrecke losschickte, meldete dieser, ausländische Flußbauexperten hätten zwar behauptet, „es werde sich der Neckar zwingen lassen wie die Wasser in ihren ebenen Landen. Mit dem Neckar ist es aber weit anders beschaffen, da er mit so großer Gewalt anläuft, daß er vieles, so wider ihn gebaut würde, hinwegreißt; was man gräbt, das Wasser und den Schiffweg tiefer zu machen, das füllt er mit Stein, Sand und Kies wieder aus."

Dabei blieb es bis zu erneuten Anläufen im 18. Jahrhundert. Württemberg und Heilbronn schotteten nun ihren Weinhandel gegeneinander ab. Herzog Friedrich protegierte die Weinausfuhr auf der Remstalstraße und erwarb den Ulmer Zoll in Heidenheim und Blaubeuren. Ausländern wurde 1601 der Handel mit Landesprodukten verboten. Vier Jahre darauf ergänzte ein Schutzzolltarif die zielbewußte frühmerkantilistische Handelspolitik Württembergs. Ein zeitgenössisches Sprichwort zog die Summe: „Drei Dinge loben Württemberg:/Ungefälschter Wein,/gut Korn,/sichere Strassen."

Spitzendiplomat im Faß

Der Neckarwein hat damals die Rolle eines Sonderbotschafters übernommen, er hat als Spitzendiplomat im Faß für Württemberg in der fürstlichen Kabinettpolitik geworben. Als Herzog Ulrich nach der Schlacht bei Lauffen 1534 mit Wien über die Anerkennung seiner Landesherrschaft verhandelte, gab ihm sein Gesandter den Tip, er solle dem federführenden kaiserlichen Rat Hans Hofmann eine Partie Neckartäler zukommen lassen; er wisse, daß der Rat und vor allem dessen Frau diesen Wein bei Tisch allen andern vorzögen. Während der 15 Jahre österreichischer Verwaltung Württembergs hatte man sich anscheinend in Kreisen der Hofburg an den räßen Neckartäler gewöhnt. 1527 schrieb Erzherzog Ferdinands Frau Anna, übrigens eine ungarische Königstochter, dem österreichischen Statthalter in Stuttgart: „Nun sein wir den Neckarwein ... dermaßen gewöhnt, daß uns ganz zuwider und schwer wär, andern Wein zu trinken", er solle ihr daher „guten vierdigen", wohl firnen, abgelagerten, „Neckarwein bei Zeiten

Weinabstich mit Hilfe eines Blasebalgs. Holzschnitt nach Crescentiis „Opus ruralium commodorum", 1493.

senden . . . damit wir auf den künftigen Sommer und sonderlich so uns Gott der Allmächtige wiederum mit einem jungen Erben begaben würd, mit andern guten Neckerweinen versehen sein in die Kindbett."

Unter Herzog Christoph schwammen regelmäßig Weinsendungen donauabwärts, darunter Wangener und Metzinger Rotgewächs, die Kaiser Maximilian II. als „ausbündig gut" bezeichnete. Erwähnt werden auch Muskateller und „alt Brackenheimer Wein", die Ihrer Majestät „gar anmutig" gewesen seien. Christophs Nachfolger hielten an dieser Präsente-Praxis fest. Habsburg bedankte sich allemal artig und versprach wohlwollende Prüfung der württembergischen Angelegenheiten, wobei Herzog Friedrich 1598 einmal seufzend am Rande notierte: „Der effectus wäre einmal Zeit."

Die Wiener Hofburg war nur die prominenteste Adresse herzoglicher Weinverehrungen. Braunschweig, München, sogar London, das mit Gewächs vom Weinsberger Schemelberg bedacht wurde, sind verzeichnet, dazu die hessischen Höfe in Kassel und Darmstadt. 1592 quittierte Landgraf Ludwig eine Fuhre Neckartäler mit der Versicherung, man werde ihn in entsprechender Gesellschaft „vor einen Ehrentrunk zu gebrauchen haben". Herzog Christophs Tochter Eleonore, verwitwete Landgräfin von Hessen-Darmstadt, bat ihren Vetter Herzog Friedrich 1597 um die Kleinigkeit von zwei bis drei Fuder Neckartäler, 3 548 bis 5 322 Liter Wein: „Dieweil ich nun allein das alte Mütterlein bin, denn das alt Herz wird bisweilen matt, daß ihm ein gutes Tränklein wohl bekommt." Der württembergische Weinhistoriker Volz kommentierte: „Bei der Labung dieses Weins lebte das alte Mütterlein noch volle 21 Jahre."

Der Trollinger taucht auf

Zu Herzog Ludwigs Hochzeit anno 1575 schrieb der am Stuttgarter Hof damals noch wohlgelittene ungebärdige Poet Nikodemus Frischlin ein Festgedicht, auf lateinisch natürlich, in dem auch eine Kantate heimischer Festweine aufklingt. Die zeitgenössisch-holprige Übersetzung:

> „Auch fehlt kein Beutelspacher Wein:
> Und den Heppacher schenkt man ein,
> Den rothen Felbacher geschlacht,
> Der Mönchberger bald trunken macht,
> Der fröhlich machend Beinsteimer,
> Der weiss und rothe Wangheimer,
> Die oft gut Vers helfen erdenken,

So mans Poeten thut einschenken,
Dergleichen noch viel ander Wein,
So zu Stuttgart gewachsen sein.
Und sunst auch Neckarwein gar kreftig,
Auch gut Trinkwein von Tübingen
sah man gen Stuttgarten bringen."

Weder hier noch in den herrschaftlichen Weinordnungen der Zeit werden Rebsorten genannt. Das änderte sich erst mit der „Neuen Reformierten Wirtembergischen Herbstordnung" des Jahres 1651, in der als bisher unbekannte Rebsorten Veltliner und Gutedel empfohlen werden. Sicher ist der Anbau beider Sorten im Württembergischen älter als die erste amtliche Erwähnung. Nach Volz kam der Veltliner Ende des 16. Jahrhunderts vom Rhein an den Neckar; die Spielart des Kleinen Roten Veltliners, hier Hansen genannt, gab dem Plochinger Hansenwein den Namen.

Der Gutedel erscheint bereits 1553 in einer Einkaufsliste des Salzburger

Württembergische Zollordnung um 1560 mit der ersten Erwähnung des Trollingers, schon in der heute gebräuchlichen Schreibweise, rechts unter dem Stichwort Rainfall.

Erzbischofs, der Setzlinge vom Esslinger Markt bezog. Den Hauptposten bildeten 800 Stock Walheimer, deren Bestimmung offenbleibt, gefolgt von je 100 Stock Muskateller, Traminer und Freinsch, Frentschem oder Fränkischen, sowie 25 Stock Gutedel. 1578 wird der Gutedel in den Markgröninger Ratsprotokollen als Gewächswein genannt. 1614 empfahl die Weingartordnung des Grafen von Hohenlohe-Langenburg den Gutedel zum Anbau.

Vor 5 000 Jahren schon wuchs Gutedel in den Großoasen Ägyptens. Seine Verbreitung rund ums Mittelmeer verdankt er wahrscheinlich den Phöniziern. Columella führt eine Traubengattung Eugenia auf, die nach Name und Beschreibung mit dem Gutedel übereinstimmt. 1523 brachte der französische Botschafter am Sultanshof Chasselas-Stöcke vom Bosporus nach Burgund; Chasselas heißt der Gutedel heute noch in Frankreich und in der Westschweiz. Über die württembergischen Außenposten Mömpelgard und Reichenweier im Elsaß kam die Rebe an den Neckar, wo sie Junker hieß. Am Stock wie im Glas erscheint der Gutedel freilich weniger als robuster Junker, eher schon als sanfte Rebblondine.

Obwohl sein Lob in kaum einem der älteren Weinkompendien fehlt, ist der Gutedel zugunsten bukettüppigerer Sorten mit der Rebflurbereinigung aus dem württembergischen Sortiment verschwunden. Mancher Wengerter trauert noch der Spielart des Krachmostgutedels nach, dessen hartfleischige Beeren beim Zerbeißen krachten, ohne daß der Saft herausspritzte. Nur die Winzer im Markgräflerland halten dem Gutedel mit merkwürdiger Beharrlichkeit die Treue.

Spärlich und spät ist hierzulande vom Riesling die Rede. Johann Kaspar Schiller erwähnt ihn nicht einmal in seiner 1766 erschienenen Rebsortenempfehlung fürs Herzogtum. Die angestammte Schreibweise lautet eigentlich Rißling, von der ersten Nennung 1435 in Rüsselsheim am Untermain bis hinein ins vorige Jahrhundert. Erst unsere Großväter haben ihn zu einem säuselnden Herrn Riesling verharmlost, eine der vielen Ungereimtheiten unserer Sortenbezeichnungen. Mit dem Verrieseln, dem Abfallen der Rebenblüte bei naßkalt windiger Witterung, hat der Rißling, pardon Riesling, nichts gemein.

Der Riesling gilt als Abkömmling einer rheinischen Wildrebe. Unter 4 000 Jungreben, die der Mergentheimer Spitalmeister 1571 bezog, befanden sich auch „Reyßlingstöck". Die hohenlohische Weingartordnung von 1614 führt ihn unter dem „guten Zeug" auf. Volz nannte als frühe Riesling-Orte darüber hinaus Weiler im Weinsberger Tal und Freudental am Stromberg. Dornfeld unterschied zwischen einem heimischen kleinen und dem klassisch-rheinischen Weißen Riesling, der erst im späten 18. Jahrhundert an den Neckar gekommen sei.

Der Trollinger wird gern zum Nationalgetränk des Schwaben hochstilisiert. Um so erstaunlicher ist, daß wir über die Einbürgerung der Sorte kaum etwas wissen. Otto Linsenmaier, Motor der württembergischen Weinbaupolitik und im Ruhestand kontemplativ sichtend, hat in diesem Zusammenhang auf die engen wirtschaftlichen Beziehungen zwischen schwäbischen Klöstern im Voralpenland und Südtirol hingewiesen. So besaß das Kloster Weingarten schon Ende des 13. Jahrhunderts knapp 100 zinspflichtige Bauernhöfe in Südtirol. Eine Kette von Klosterhöfen steckte die Weinstraße zwischen Tirol und Schwaben ab. Bequemer als der beschwerliche Faßtransport mit Vernatschwein war trotzdem die Einfuhr von Vernatschreben.

In einer um 1560 zu datierenden württembergischen Weinzollordnung, die Taxen für Ein- und Ausfuhr festlegte, werden neben anderen Sorten „Rainfall, Wippacher, Trollinger" aufgelistet. Da von Lägeln, kleinen Fässern, die Rede ist, der Rainfall ein Süßwein aus Istrien war und der Wippacher von einem Marktflecken und Flüßchen in Krain, dem heutigen Slowenien, seinen Namen hatte, wird mit dem Trollinger gewiß noch Importwein gemeint gewesen sein. Das erste sichere Synonym für den Trollinger bei uns lautete Schwarzer oder Roter Welscher. Die Rechnung des Mergentheimer Spitalpflegers von 1571 verzeichnete neben Rieslingstöcken auch rote Welsche. Und in dem lange schwelenden, 1593 entschiedenen Streit, ob Stetten im Remstal der herzoglichen Vogtei den Zehnten auch vom Rotgewächs zu geben habe, erfahren wir vom Beutelsbacher Stiftspfleger, daß Ende des 16. Jahrhunderts in Stetten neben Muskateller, Gutedel und Clevner auch Welsche angebaut wurden.

Wenn nun der Wiener Kalendermacher Johann Rasch in seinem 1580 erschienenen „Weinbuch" unmittelbar nach der Strophe: „Vernetscher läßt sich trinken wohl/Ist süß und macht ein selten voll" das Trollinger-Lob folgen läßt: „Die Drollinger seind dick und rot/Man trinkts zur Lust und nit zur Not", so wurde also damals bereits zwischen den beiden Rebsorten unterschieden. Bei Rasch fällt die spezifisch schwäbische Schreibweise Drollinger auf, während die Zollordnung um 1560 die heute gebräuchliche Fassung Trollinger vermerkt.

Blühfest und damit ertragssicher, ja anhaltend ertragreich, gewann der Trollinger erst seit dem späten 17. und frühen 18. Jahrhundert am Neckar wirtschaftliche Bedeutung. 1660 wird er als Welscher von der Esslinger Herbstkommission erwähnt, spätestens seit 1711 ist er in Heilbronn bezeugt. Weitere Synonyme: Bockshoden, Bommerer, Fleischtraube, Blaue Geisdutte, Hammelshoden, Hammelsschelle, Mohrendutte . . .

Johann Kaspar Schiller meinte, die Welschen wüchsen am besten „im Gebürg, in starken rotbraunen oder steinigten Böden . . . geben lagerhaf-

ten und stark roten Wein, welcher an einigen Orten des Landes allein gesammelt", also sortenrein ausgebaut werde. Trollinger vom Muschelkalk
spendet mildere, Trollinger vom Keuper aromatisch kernigere Weine.
Selbst in geringeren Lagen brachte er Massenerträge. Das führte zu unbe-
denklicher Ausweitung und außerhalb Württembergs zu seiner Ächtung.
Bronner lobte 1837 den Trollinger aus den guten Lagen an Enz und Nekkar: er habe den Clevner schon fast verdrängt, „da er Farbe gibt und die
Bütten füllt".

„Mit gesündigt, mit gebüßt"

Als Martin Luther 1534 die Psalmen auslegte, merkte er beim 101. an:
„Es muß ein jeglich Land seinen eigenen Teufel haben. Unser deutscher
Teufel wird ein guter Weinschlauch sein und muß Sauf heißen . . . Und
wird solcher ewige Durst Deutschlands Plage bleiben, hab ich Sorge, bis
an den jüngsten Tag." Das 16. Jahrhundert war das Saufjahrhundert der
Deutschen. Weltliche und geistliche Obrigkeiten eiferten vor allem gegen
die zum förmlichen Trinkzwang ausgeartete Sitte des Zutrinkens „mit
Nötigen, Worten, Winken, Treten, Gebärden". Landesherrliche Erlasse
und Reichstage predigten litaneiartig wider das allgemeine Saufen, allerdings schon deshalb ohne Erfolg, weil die großen Hansen mit schlechtem
Beispiel vorangingen.

Auf einer Fürstenhochzeit im damals markgräflich-ansbachschen
Schloß Crailsheim an der Jagst blieben 1537 „neben dem Hofmeister Beck,
dem Präzeptor des Markgrafen, noch ein Amtmann Knorring sowie ein
Kammerschreiber und ein Hoftrompeter vom übermäßigen Trinken tot
auf dem Platz. Der Prinz Albrecht kam ein paar Tage nicht zur Besinnung,
so daß man an seinem Leben zweifelte, das bloß durch die Kunst des Arztes Leonhart Fuchs" – gemeint ist der lange in Tübingen wirkende Kräutervater, nach dem die Fuchsie benannt ist – „gerettet wurde. Selbst alle
Kammerjungfern waren toll und voll . . ."

Herzog Ludwig von Württemberg, friedliebend und fromm, war dem
Trunk dermaßen ergeben, daß sein Geheimrat Jäger ihn 1591 mahnte,
„wie durch das Zutrinken die Natur und Complexion verwirrt, das Kin-
derzeugen verhindert werde, überhaupt viel Böses erfolge, werde doch in
der Weinlaune manches bewilligt, ‚was sonst auf gehabten Bedacht, auf
der treuen Räte gehabtes Gutachten' gewiß nicht verwilligt worden wäre,
und leide das Kammergut durch die Schwelgereien zu viele Einbuße".

1551 klagten Vogt und Magistrat von Stuttgart über „das gemein täglich Zechen, Halten von Gastereien, Verschwenden und Vertun . . . vorab

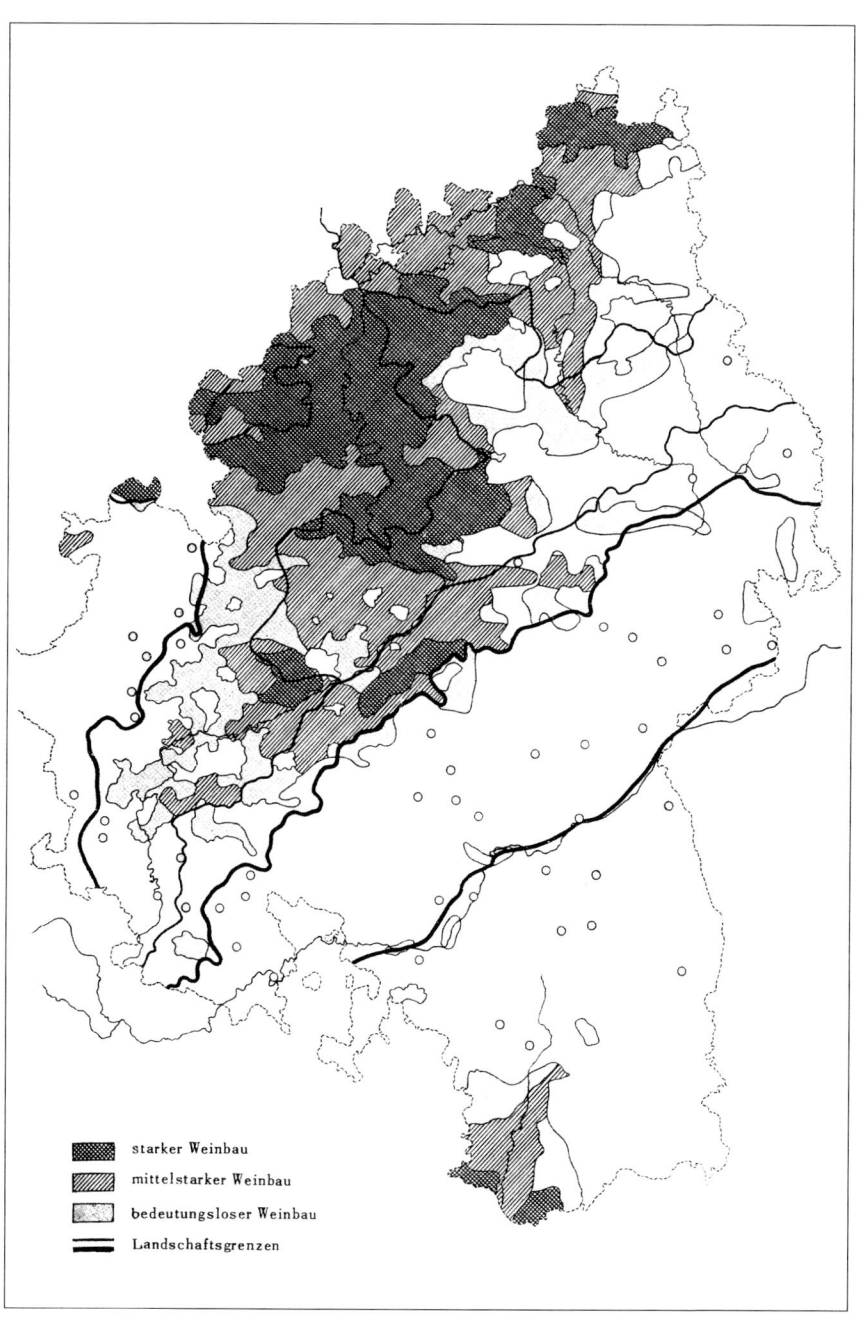

Intensitätszonen des württembergischen Weinbaus zu Beginn des 17. Jahrhunderts.

104

bei Handwerksgesellen, nicht nur an Feiertagen, sondern auch an Werkta-
gen, besonders am guten Montag . . ."

Im April 1602 erfroren vor St. Georg am Neckar die frisch austreibenden Reben. Ein Prediger klagte: „Wir haben heut St. Georgentag, da leider, Gott erbarms, der Ritter St. Georg uff einem weißen Roß mit solchem
Ungestüm und Grausamkeit bei uns eingeritten, daß der Türk, wenn er
mit etlich tausend Pferden in die Christenheit wär eingefallen, in so kur-
zer Zeit so großen Schaden nicht hätte tun können."

Die Geistlichkeit predigte vom Zorn Gottes, als der Jahrgang entsprechend gering, und sauer dazu, ausfiel. Da ihre Weineinkünfte so mager
blieben, wandten sie sich an Herzog Friedrich und baten um Aufbesse-
rung. Der ließ ihre Bittschrift angeblich mit der Randbemerkung abblit-
zen: „Mit gesündigt, mit gebüßt!"

Waldglas und Willkomm

Im Stuttgarter Landesmuseum liegen die goldbeschlagenen nachgebau-
ten Trinkhörner keltischer Fürsten, aus denen Met und, wie importierte
griechische Trinkschalen vermuten lassen, auch Südwein getrunken wurde. Mit den Römern kam die Kunst des Glasblasens zu uns, die im Fran-
kenreich noch einmal auflebte. Die damaligen Kelche ohne Fuß, die man
in der Hand hielt, bis sie leergetrunken waren, hießen Stauf. Der Umriß
solch eines umgedrehten Glases glich einer Bergkuppe, natürlich auch der
des Hohenstaufen. Im Mittelalter scheint man dann Becher und Pokale
aus Edelmetall für den gehobenen Konsum bevorzugt zu haben, doch riß
die Tradition des Glasmachens nie ganz ab.

Vor allem die Stadtkerngrabungen der letzten Jahre haben der mittelalterlichen Archäologie erhebliche Fundmengen und Fundqualitäten an
Trinkgläsern beschert. Dabei stellte sich heraus, daß die Glasbläser des 13.
und 14. Jahrhunderts, denen man bis dahin nur grobes, durch beigemeng-
tes Eisenoxyd grünlich eingefärbtes Waldglas zugetraut hatte, längst die
Glasmacherseifen, die Tricks zum Entfärben, kannten. Sie stellten nicht
nur farbloses Glas, sondern auch schon emaillebemalte heraldisch verzierte syro-fränkische Gläser her, wie sie in Marbach, Steinheim an der Murr
und Ulm gefunden wurden. Weiß, wenn auch dickwandiger, waren die
sogenannten Hedwigsbecher mit holzschnittartig eingeschliffenem Dekor,
die vollständig bisher nur als Reliquienbehälter überdauert haben und
von denen sich Scherben auf der Burg Weibertreu fanden. Vielleicht hat
König Konrad III. dort nach der denkwürdigen Belagerung von 1140 und
dem Abzug der treuen Weiber aus solch einem Glas getrunken.

Huldigung für Bacchus.
Holzschnitt aus Jost Ammans Spiel-
kartenbuch von 1588 mit den typi-
schen Nuppengläsern jener Zeit.

Kurioserweise wurde das teure Weißglas im späten Mittelalter noch einmal vom rustikalen Waldglas verdrängt. Die stürmische Nachfrage nach Trinkgefäßen ließ sich rascher und wohlfeiler mit der Produktion von Waldglas decken. Am gebräuchlichsten war der apfelförmige Nuppenbecher mit aufgeschmolzenen Glastropfen, die dem dünnwandigen Gefäß Zier und Griffigkeit gaben. Dickwandiger, tonnenförmig gestreckt, mit weniger und größeren Nuppen, wandelte er sich zum Krautstrunk. Napfartig war der Maigelebecher. Bis zu fünf spiralförmig gedrehte Hälse, die sich dann zur Trinkmündung vereinten, machten den Angster oder Guttrolf zum Luxusglas. Durch den engen Hals, lateinisch ano, rollte der Wein nur tropfenweise – gutta pro gutta, Tropfen für Tropfen. Trinkgläser auf schlankem Stiel kamen erst im 17. Jahrhundert auf.

Der Römer, apfelförmiger Becher mit Knauf und rippenartig eingekerbtem, sich nach unten verjüngendem Fuß, wird 1589 namentlich greifbar. Er hat sich aus dem Krautstrunk entwickelt und die Tradition des grünen Waldglases in unsere Zeit weitergetragen. Auch in den Glashütten des Mainhardter und Welzheimer Waldes gab es „Römermacher". Und die Vermutung, daß Waldgrün im 15. und 16. Jahrhundert eine Art Modefarbe war, scheint zuzutreffen, denn diesen Glasmachern wird nachgerühmt: „Man hat gemeiniglich zum Wein grüne Gläser gemacht, darin ein rebechter Wein sehr schön und lieblich stehet und dem Wein eine lustige Farbe gibt." Ihren Namen haben die Römer wahrscheinlich von dem alten Rathaus zu Frankfurt am Main, vor dem Händler der Spessarter Glashütten ihre Verkaufsstände aufschlugen.

Gegen die phantasievoll wuchernde Fülle gläserner, metallener, keramischer Trinkgefäße hat 1589 der Tübinger Pfarrer Pflacher gedonnert: „Uns Teutschen kann man die Trinkgeschirr nicht allein nicht groß genug, sondern auch nicht schön und seltsam genug machen. Man trinkt aus

Affen und Pfaffen, Mönch und Nonnen, Löwen und Beeren, Straußen und Kautzen und aus dem Teufel selbst: Ich will und mag nichts sagen von den unflätigen Weinzapfen, die aus Kanten, Schüsseln, Häfen, Hüten, Schuhen, Stiefeln, Handbecken und gar auf ein Sybaritische Weis aus den Matulis und Harnkachel einander zutrinken."

Die Prunkgefäße der deutschen Renaissance spiegeln die verschwenderische Weinkultur des späten 16. und frühen 17. Jahrhunderts am anschaulichsten wider. Die Höfe gingen voran, das wohlhabende Bürgertum, die Zünfte und Gesellschaften zogen nach. Neben naturalistisch durchgebildeten Pokalen in Form von Blüten, Früchten, Tieren finden sich in der Schatzkammer des Württembergischen Landesmuseums etliche Kuriositäten, darunter ein Pokal in Form eines Kachelofens, in dessen Ofenkasten der Würzwein mit Holzkohle erwärmt werden konnte . . .

Als Wahrzeichen der fränkischen Waldberge glänzt im Schloßmuseum von Neuenstein der Hermersberger Hirsch, ein aus Silber getriebenes, vergoldetes Trinkgefäß in Form eines springenden Hirsches mit abnehmbarem Kopf. Der Sockel deutet einen Waldboden mit Schlangen, Fröschen, Eidechsen und Vögeln an. Diese Augsburger Goldschmiedearbeit mußten die Niedernhaller Bürger 1580 als Sühne für Wildfrevel in den Bannwäldern der Grafen von Hohenlohe bezahlen. Auf dem Jagdschlößchen Hermersberg begrüßten die Grafen ihre Gäste fortan mit einem Willkommenstrunk aus dem Hirschen.

Eine Besonderheit im Südwesten waren die Buttenmännle. Das Landesmuseum bewahrt ein originelles Pärchen auf: Pilger und Pilgerin zum wahren Jakob mit einer Kokosnuß als Butte und Trinkgefäß. Geschaffen hat diese Figurengruppe der Schorndorfer Meister Leodegar Grimaldo anno 1615. Die Bezeichnung Buttenmännle kommt übrigens aus dem Elsaß. Neben dem kunstreichen Typ des silbernen Männchens taucht seit dem 16. Jahrhundert auch eine bürgerliche Variante auf: das Buttenmännle ist aus Buchs, Birnbaum oder Rebholz geschnitzt, die silberne – später auch nurmehr blecherne – Butte aufmontiert.

Das Heimatmuseum der Stadt Schorndorf, damals einer der nach Osten orientierten Umschlagplätze des württembergischen Weinhandels, präsentiert ein reich dekoriertes barockes Trinkschiff der örtlichen Handelsgesellschaft, das ganz aus Silber und Gold gearbeitet ist.

Ein eigenes Schicksal hat der Löwenpokal, der prominenten Besuchern in Vaihingen an der Enz kredenzt wird. Zwei Willkomm-Gäste haben den drei Viertele fassenden Löwen bisher in zwei Schlucken geleert: der Ministerpräsident Reinhold Maier aus dem Remstal und sein als Feierabendwengerter geeichter Innenminister Fritz Ulrich. „Anno 1610" steht auf dem goldbäuchigen Pokal mit aufklappbarem gekrönten Kopf, obwohl er nur eine Kopie ist. 1881 hatten sich die Vaihinger nämlich für 10 000 Goldmark vom Original getrennt, mit dem Trinkgeld den Bau der Löwenbrücke finanziert und sich getröstet, es sei besser, es kämen alle übers Wasser als ein paar Großkopfete über den Wein. 1928 sammelten sie reuig für eine Nachbildung. Dem originalen Weinlöwen hat man auf seinen Irrfahrten durch halb Europa das Krönlein samt Edelsteinen abgebrochen und den Kopf zugelötet. Zoologisch exakt, aber zweckentfremdet, steht er so heute im Landesmuseum Stuttgart.

Bacchus und Mars

Der Dreißigjährige Krieg und die nachfolgenden Raubkriege Ludwigs XIV. brachten Württemberg nicht nur verheerende Verluste an Mensch und Gut, sie hinterließen auch verwüstete und verwilderte Weinberge. Folgenschwerer als der äußere Verfall wirkte sich auf Dauer der innere Zerfall der Weinkultur aus: Verzicht auf Edelreben, Wechsel hin zu Massenträgern, bedenkenlose Weinverfälschungen. Der anhaltend hohe Weinbedarf der Soldateska begünstigte diesen Niedergang, die Feldzüge der französischen Revolutionsarmeen besiegelten ihn. Das Intermezzo weinbaulicher Reformbestrebungen im Sinne der praktischen Aufklärung konnte sich bei einer so langlebigen Sonderkultur wie dem Rebbau kaum auswirken.

Aemter und Klöster.	Oedliegende Weinberge. 1652. Morgen.	Aemter und Klöster.	Oedliegende Weinberge. 1652. Morgen.
Amt Markgröningen an 1142½ Mg.	907½	Göppingen	13
Nürtingen an 520 M.	400	Neuffen	454¼
Pfullingen	24	Botwar	628
Asberg an 237½ M.	126¾	Tübingen	807
Winnenden	265	Bietigheim an 1113 M.	975
Marbach	1841	Cannstadt	1900
Sindelfingen (Stadt)	50¼	Denkendorf	65¾
Möckmühl an 551 M.	323	Schorndorf	5068
Derdingen an 1877 M.	1689	Beilstein	796
Herrenalp	16	Lichtenstern	192
Neuenstadt an 848¾ Morgen	374	Adelberg, zu Steinenberg, Zell u. Altbach	434¾
Backnang	600	Lauffen	944
Neuenbürg an 561¼ Morgen	276¾	Merklingen	16½
Herrenberg	307	Maulbronn	2548
Mundelsheim	271	Güglingen	1737
Rosenfeld	30	Kirchheim	1043
Bebenhausen	172½	Weinsberg	1059½
Alpirsbach, zu Nordweiler im Breisgau	320	Leonberg	1035
Sachsenheim	714½	Brackenheim a. 3754 M.	3028
Vaihingen	2879	Besigheim	690
Urach an 911½ Mg.	505½	Böblingen	166½
		Waiblingen a. 3557 M.	3107
		Stuttgart, Stadt u. Amt	1006½
		Hoheneck mit Neckarweihingen	408
	12,072¾		28,122¾
	40,195½ Mg.		

Übersicht über die nach dem Dreißigjährigen Krieg 1652 ödliegenden Weinberge im Herzogtum Württemberg.

Bis 1629 blieb das Herzogtum von den Kriegswirren einigermaßen verschont. Aber dann kostete allein die Schlacht von Nördlingen, in der die Schweden samt der württembergischen Landmiliz geschlagen wurden, 2 000 Bauern und Wengertern das Leben; reihenweise la-

Arbeiten im Weinberg nach dem Jahreslauf. War die Lese vorüber, wurden die Rebpfähle entfernt und eingelagert, 1778.

gen sie hingestreckt „in ihren weißen Zwilchkitteln und mit ihren Ränzlein". Kaiserliche, Schweden und Franzosen überschwemmten nun im Wechsel das hilflose Land. Bis 1635 verzeichneten allein die Tübinger Weingärtner bereits 200 Tote. Von den schätzungsweise 450 000 Einwohnern des Herzogtums hatten am Ende des Krieges nur 166 000 Mord, Brand, Hunger und Seuchen überlebt. In den besonders schwer heimgesuchten Weingegenden lagen die Bevölkerungsverluste noch höher, so waren von den 30 000 Einwohnern des Klosteramts Maulbronn ganze 1 500 übriggeblieben.

Die im Faksimile abgebildete Statistik beruht auf den 1652 von den Ämtern angeforderten Berichten. Die schwersten Einbußen an Rebland, manchmal bis zu drei Vierteln, wiesen danach die Ämter Markgröningen, Nürtingen, Möckmühl, Derdingen, Bietigheim, Brackenheim und Waiblingen auf.

Bei den Friedensverhandlungen bot der württembergische Minister Johann Conrad Varnbüler ungeniert und mit Erfolg Weinverehrungen an, um den von katholischer Seite beanspruchten ehemaligen Klosterbesitz für das Herzogtum zu erhalten; 1652 noch schwammen 83 Vierling Faß Neckartäler nach Stockholm. Aber ein halbes Jahrhundert nach Friedensschluß klagte das Amt Marbach, daß „seit dem vorigen dreißigjährigen Krieg in der Stadt und in den meisten Amtsflecken" Wüstungen lägen, die zuvor doch „die besten Weingärten gewesen und daher am höchsten in der Steuer gelegen."

Kaum schien der Wiederaufbau einigermaßen unter Dach und Fach, gerade hatte man die von Buschwerk und Wald schon halb eroberten, verödeten Weinberge gerodet und neu bepflanzt, brach die verheerende Serie der französischen Raubkriege über das Land herein. Das begann 1688, als die schwäbischen Kreistruppen noch gegen die Türken fochten, und schleppte sich über zwei Jahrzehnte hin. 1693 brannten die Franzosen unter anderem die Weinbauorte Marbach, Großbottwar, Beilstein, Winnenden und Vaihingen an der Enz nieder. „Den Wein, den man aus den am Boden liegenden unzeitigen Trauben bereitete, nannte man spottweise den Franzosenwein." 1698 lagen im Amt Brackenheim schon wieder 540 Hofstätten und 1 571 Morgen Weingärten wüst, im Amt Güglingen waren es 219 Hofstätten und 791 Morgen. Welche Verluste allein Truppendurchzüge verursachten, illustriert ein Bericht von 1707 aus Erdmannhausen im Amt Marbach: „Weilen die Zelte in den Weinbergen gewesen, sind wenigstens 30000 Pfähle ausgezogen und meistens verbrannt worden."

Kontributionen und Einquartierungen drückten. Als Johann Wolfgang Goethe im Sommer 1797, während des Ersten Koalitionskrieges gegen

Frankreich, durch Schwaben fuhr und allein zwischen Neckarrems und Cannstatt 25 000 Kaiserlichen im Feldlager begegnete, schrieb er an Schiller: „Übrigens hat man hier vom Kriege viel gelitten und leidet immer fort. Wenn die Franzosen dem Lande fünf Millionen Gulden abnehmen, so sollen die Kaiserlichen nun schon an die sechzehn Millionen verzehrt haben. Dagegen erstaunt man dann freilich, als Fremder, über die ungeheure Fruchtbarkeit dieses Landes und begreift die Möglichkeit, solche Lasten zu tragen."

Obwohl die Regierung zur Förderung des Rebbaus Steuernachlaß für die Rekultivierung der Weinberge gewährte und die Einfuhr fremder Weine verbot, erholte sich das Land zwischen den martialischen Aderlässen immer nur mühsam. Die unruhigen Kriegsläufte, der Übergang zu Massenträgern im Rebsatz, die Weinfälscherskandale erschwerten die Ausfuhr; die Verarmung der Leute drückte den Weinkonsum im eigenen Land. Bier und Most, später Kaffee und Tee machten dem heimischen Gewächs Konkurrenz. Wie es um die Lebenshaltung der Wengerter in einem Weinstädtchen wie Asperg stand, geht aus einer Haushaltserhebung von 1736 hervor. Handwerker mit Feld und Weinberg nährten sich danach mittelmäßig bis „ziemlich wohl". Aber dann heißt es:

"Jacob Kohler, Weingärtner, 1 Weib und 1 Mädlen, nährt sich ob seinen Weingärten mit Feldgüthlen säuerlich.

Alt David Kaul, Weingärtner, 1 Weib und 1 Töchterlein, nährt sich ob seinem Feldgüthlen so mittelmäßig und muß es wegen blöden Gesichts mehreren Thails in Taglohn schaffen laßen.

Melchior Pfizer, Weingärtner, 1 Weib, 5 Buben und 1 Mädlen, nährt sich ob seinem geringen Feldgüthlen und sehr schlechtem Scheurenkrämlen recht genau.

Jacob Deiblen, 1 Weib, 3 kleine Buben, nährt sich mit Taglohnschaffen und ob seinen wenigen Weingärten höchst kümmerlich.

David Burckhard, Weingärtner, 1 Weib, 2 Mädlen, nährt sich ob seinem geringen Feldgüthlen höchst kümmerlich.

Hanß Jacob Spieß, Wittwer, 2 Büblen und 1 Mädlen, nährt sich ob seinen wenigen Weingärten sehr kümmerlich.

Michel Keller, Weingärtner, 1 Weib, 1 kleines Mädlen und 1 Büblen, nährt sich recht kümmerlich und ist Nachtwächter, auch Küehirth."

Zu den Naturaleinkünften der Geistlichen und Beamten gehörte damals noch der Wein. So bezog der Stadtpfarrer in Forchtenberg im Jahr 50 Eimer Kochertäler. Wie karg es dennoch in den meisten ländlichen Pfarrhäusern zuging, schildern die Lebenserinnerungen Johann Ludwig

Hubers; 1723 als Pfarrerssohn in Großheppach geboren, war er als Tübinger Oberamtmann während des Konflikts zwischen den Ständen und Herzog Carl Eugen übrigens einer der prominenten Häftlinge auf dem Hohenasperg: „Am Morgen eine Suppe, meistens von Milch, am Mittag Gartengemüse, selten Fleisch, zwischen der Zeit Brot und Obst, entweder roh oder gedörrt; kein Backwerk. Der Trank war frisches Brunnenwasser; äußerst selten einige Schlücke Wein. Mein Vater trank keinen, ob er schon immer über hundert Eimer in seinem Keller hatte. Von Tee und Caffee wußten weder Eltern noch Kinder das geringste."

Der Krebsgang des Weinbaus in diesen beiden kriegerischen Jahrhunderten wirkte sich örtlich höchst unterschiedlich aus. Die Reichsstadt Esslingen etwa, in der Zwinge von Fluß und Fels gelegen, konnte kaum auf Ackerbau ausweichen. Vor Beginn des Dreißigjährigen Krieges waren hier von 5 090 Morgen der Gesamtmarkung 1 697 mit Reben bestockt, 1725 nur noch 1 515 Morgen. Unter den 1 032 Steuerpflichtigen gab es damals 459 Weingärtner und 32 Küfer. Als 1754 nach einem Wolkenbruch 300 Weinbergmauern einstürzten und pro Morgen 500 Butten kostbare Humuskrume abgeschwemmt wurden, bezifferte der Rat den Schaden auf 45 000 Gulden. Bis zur Mitte des vorigen Jahrhunderts standen aber noch 1 000 Morgen im Ertrag.

Anders sah es im übrigen Weinland Württemberg aus. Als 1827 erstmals genaue statistische Daten vorlagen, zeigte sich, daß die für das Stichjahr 1600 geschätzte Rebfläche von 45 000 ha auf 19 411 ha zusammengeschmolzen und die Zahl der Gemarkungen mit Weinbau von gut 900 auf 556 zurückgegangen war.

Das Mostfaß als schwäbischer Hausgötze

Bekannt ist die schwäbische Variante des biblischen Sündenfalls. Wäre Adam ein Schwabe gewesen, säßen wir heute noch im Paradiesgarten, denn anstatt in den von Eva gereichten Apfel der Erkenntnis zu beißen, hätte er ihn gemostet. Die Gleichsetzung von Most und vergorenem Obstsaft kam erst im vorigen Jahrhundert auf. Bis dahin galt die Bezeichnung Most nur für den jungen Wein. Obstmost kannte man natürlich schon immer; nur hat er, das Bodenseegebiet ausgenommen, im Weinland nie eine größere Rolle gespielt. Obstbäume in der Flur waren selten. Sie standen meist auf der Allmende, dem Gemeindeland, und durften von der Dorfgemeinschaft auch gemeinsam geerntet werden. Der Ertrag wurde frisch verzehrt oder zu Hutzeln gedörrt. Eigentliche Obstkulturen befanden sich fast ausschließlich in der Obhut der Klöster.

Schon während des Dreißigjährigen Krieges wurde nicht nur das Strecken des Weines mit Obstmost, sondern auch dessen purer Genuß verboten, „als ein Mißbrauch, den man mit dem von dem lieben Gott zu gedeihlicher Speise, nicht aber zu mutwilligem Vertrinken geordneten Obst treibe". Unmittelbar nach Kriegsende begann dann ein mehr als hundert Jahre andauerndes, hoffnungsloses Gerangel der Obrigkeit mit den Mostkelterern. Argumentiert wurde von oben nun weniger fromm als fiskalisch: Mit der Gefahr der Verfälschung des Weines werde der Handel und der gute Ruf des Landes ruiniert. Erlaubt war zeitweilig das Pressen von zwei bis vier Imi, zwischen 36 und 72 Liter, für den Hausgebrauch und zu „Geseltz", womit wohl ein durch Kochen eingedickter Obstmost gemeint war, der als Sirup und Brotaufstrich diente.

1776 kapitulierte die Obrigkeit. Jeder durfte nun für den Eigenbedarf beliebig Most keltern und einlagern. Verboten blieb natürlich weiterhin der Handel und Ausschank eines mit Obstmost verschnittenen Weines. Von diesem Verbot blieben die Städte und Ämter Urach, Pfullingen, Tübingen, Bebenhausen, Neidlingen, Kirchheim/Teck, Köngen, Denkendorf, Nürtingen, Neuffen und Herrenberg ausgenommen. Sie durften den Mischling entweder „auszäpfen oder innerhalb ihrer Amtsbezirke auf die Achs verkaufen . . ." Auch die Reichsstadt Esslingen erlaubte 1788 den Verschnitt von Obstmost mit Wein bei sauren Jahrgängen.

Zwei Drittel Äpfel und ein Drittel Birnen gelten bis heute als probates Mostrezept. Hochkronige Mostbirnenbäume säumen die Landstraßen im Hohenlohischen. 1773 schrieb dort der Reformator der Landwirtschaft, der Pfarrer Johann Friedrich Mayer, auf den französischen Cidre anspielend: „Ein Fuder solchen Cydermostes wird gemeiniglich so hoch als der Wein aus Weintrauben, die nicht ganz von den besten Lagen sein mögen, verkauft." Seine altwürttembergischen Amtskollegen aber donnerten bald schon von der Kanzel wider das Mostfaß als schwäbischen Hausgötzen!

Bei der staubigen Feldarbeit war der mit einem Kork verschlossene kühlende Steingutkrug, der Sutterkrug, allemal mit von der Partie. Das bekannte Gemälde „Mittagsgebet bei der Ernte" von Theodor Schüz in der Stuttgarter Staatsgalerie, 1861 gemalt, spricht für sich. Unter einem fruchtschweren, von Stangen gestützten Apfelbaum hält da die Bauernfamilie auf freiem Feld Mittag. Im Hintergrund erkennt man das Ammertal und Herrenberg, am Horizont blaut die Mauer der Alb. Die Kornsicheln sind beiseite gesteckt. Großvater, Eltern und Kinder sprechen das Essensgebet. Auf einem weißen Tuch stehen Schüsseln und Teller bereit, und zwischen ihnen ragt der blaubemalte dickbäuchige Mostkrug.

Bis in die Zeit der Währungsreform war der Most in Württemberg Alltagsgetränk des kleinen Mannes, nicht nur auf dem Land, vielfach auch bei den Arbeitern. Dieser Armeleutegeruch wurde dem Most in den Jahren wachsenden Wohlstands zunächst zum Verhängnis. Mit der bemühten Wiederentdeckung des Bodenständigen und der Mundart wie mit dem Heimweh nach der Vergangenheit kam der Most als Schwabentrost seit den siebziger Jahren aber wieder zu Ehren.

„Unser Herrgott wolle selbsten wieder bräuen"

So schwer wie mit dem Most taten sich die Regierungen mit dem Bier. Um Weinbau und Weinhandel wieder zu beleben, wurde das Bierbrauen 1651 in Württemberg verboten, ausgenommen in den Städten Blaubeuren, Calw, Heidenheim und Urach, wo die Herrschaft im alten Marstall selbst braute. Nicht nur die Wengerter am Albtrauf hatten etwas dagegen, auch die Landstände wandten sich 1657 gegen weitere Braukonzessionen – mit der Begründung, vor 30, 40 Jahren habe man im Herzogtum vom Bier noch gar nichts gewußt! 1644, mitten im Krieg, begann das Spital in der Reichsstadt Esslingen mit dem Bierbrauen, um sein Gesinde bei dem anhaltenden Weinmangel mit Getränk zu versorgen. Wie für den Wein betrug das Umgelt zwei Maß vom Imi. Als dieser Bierposten erstmals in der Stadtrechnung auftauchte, notierte der Schreiber: „Dies ist so lang die Stadt Esslingen stehet nie gehöret worden." Das 1697 vom Rat erlassene allgemeine Brauverbot wurde erst 1745 nach ein paar Fehlherbsten aufgehoben. Und selbst in Reutlingen, der Reichsstadt mit alter Brautradition, beschloß der Rat 1697, daß „diese Sudelei" abgestellt, Bier weder gebraut noch eingeführt werden dürfe.

1675 entrüstete sich der Stuttgarter Rat, die Bürger seien von jeher den Wein gewohnt und ekelten sich vor „dem warmen, mit Hefe gemischten, dicken und trüben Bier". Ihm zögen sie das Wasser bei weitem vor. Mit der Zeit verfeinerte sich allerdings die Brautechnik. Ende des 18. Jahrhunderts wurde 1798 das Bierbrauen in Stuttgart als freies bürgerliches Gewerbe anerkannt und das herzogliche Monopol aufgehoben.

In Schwaben wie in Franken galt das Bier bis hinein ins vorige Jahrhundert nur als ungeliebter Ersatz für den Wein. Nach anhaltenden Fehlherbsten sprangen die Brauer als Lückenbüßer ein. Die Hoffnungen der meisten sprach der Künzelsauer Chronist Augustin Faust aus, als er in seinen Aufzeichnungen bemerkte: „1696 und 1697 ging das Bierbrauen hier sehr stark. Der Wein war teuer und sauer . . . Unser Herrgott wolle es doch ändern und selbsten wieder bräuen."

Neue Namen beim Weißgewächs

In den herzoglichen Reskripten gegen neu eingeführte Massenträger wird seit Beginn des 18. Jahrhunderts neben einem schreckenerregenden Sauerhängling immer wieder die Putzschere, ungarisch Butschera, angeprangert, auch Tokayer, Elender, Unger und Bettscheißer genannt. 1834 noch drohte das Innenministerium, man werde zur Warnung der Weineinkäufer im Herbst öffentlich bekanntgeben, wer Putzscheren anbaue. Zu einer zwangsweisen Entfernung der Stöcke konnte man sich nicht durchringen, „weil nicht in allen Weinbergen edle Sorten mit Vorteil angepflanzt werden können und weil man nicht bloß alle, sondern auch geringere und billige Weine zum gewöhnlichen Gebrauch nötig habe".

Unter den übelbeleumdeten neuen Massenträgern wurde zunächst auch der Silvaner, mundartlich Salvener, aufgeführt. Wie sein Synonym Österreicher weist er auf die mutmaßliche Herkunft von den Wildreben Transsylvaniens in den Donauauen hin. 1665 erscheint er erstmals in Würzburg. Die dort begüterte Zisterzienserabtei Ebrach hatte die Reben von ihrem Tochterkloster Rein in der Steiermark bezogen. Von hier aus wandert der Silvaner westwärts, als Frankenriesling an den Neckar, als grüner Schwäbler ins Elsaß. Anno 1700 ist er in Heilbronn nachgewiesen.

Die fruchtbare und sehr regenerierfreudige Rebe hat die Weinberge vor allem nach den verheerenden Winterfrösten der 1780er Jahre erobert. Sie brachte aber bei der damaligen Kelterpraxis und Kellertechnik oft nur „einen geistlosen . . . und zum Verführen gar nicht brauchbaren Wein". Zusammen mit dem ertragsüppigen Trollinger, der sich nun erst durchzustoßen begann, lieferte der Silvaner jedoch das Hauptkontingent des Schillerweines. Der Wengerter taufte ihn den „Schuldenzahler".

Wahre Wunder versprach man sich anfangs vom Ruländer, dem Grauen Burgunder, kenntlich an seinen im Herbst graubraunen, kupferfarbenen Trauben. Seinen deutschen Namen hat er von dem Kaufmann Johann Seger Ruland. Der hatte 1709 oder 1710 in Speyer einen Garten gekauft, der seit der Zerstörung der Stadt durch die Franzosen 1689 brachgelegen war. Dort entdeckte er verwilderte, ihm unbekannte Reben, kelterte sie extra und erregte mit dem Wein Aufsehen. Geschäftstüchtig, wie er war, verdiente er ein kleines Vermögen, indem er Stecklinge dieser Sorte zog und in Zehnerpackungen zu je einem Gulden an die Winzer losschlug.

Später stellte sich heraus, daß die sensationelle Rebe des Herrn Ruland, eine Mutation des Blauen Spätburgunders, in Frankreich längst bekannt und von Kaiser Karl IV. schon um 1375 nach Ungarn verpflanzt worden war, wo sie heute noch als Skürkebarat, als Grauer Mönch, bekannt ist. Wie auch immer: Der Ruländer verbreitete sich rasch im Neckarland, wo er laut Kaspar Schiller 1766 „in fast allen Orten mit dem besten Fortgang und Nutzen gepflanzt worden ist". Die Frühreife der Trauben, ihr starker gewürzhafter Wein ließen das Ruländer-Fieber grassieren. Aber die Stöcke degenerierten rasch, und die frühe Reife wurde dem Ruländer unterm zehntherrschaftlichen System der Zwangslese zum Verhängnis; er verfaulte oft, ehe die andern Sorten zur Lese geeignet waren.

Der Riesling, seit dem 16. Jahrhundert sehr sporadisch gesichert, blieb noch lange eine unbekannte Größe. In Stuttgart pflanzte ein Hofrat Abel Rheingauer Rieslingreben, auf die man aufmerksam wurde, als sie den klirrenden Frostwinter 1783/84 heil überstanden. Die Protektion der Württembergischen Gesellschaft für Verbesserung des Weines hat dem Riesling dann im vorigen Jahrhundert seine Ausbreitung ermöglicht.

Woher kommen Limberger und Tauberschwarz?

Was den wenigsten Weinfreunden klar ist – unsere tieffarbenen Rotweine gibt es noch gar nicht so lange. Selbst da, wo das Rotgewächs für sich ausgebaut wurde, kelterte man es möglichst rasch wie Weißgewächs und erhielt in der Regel allenfalls rötliche, blasse Weine, Rosé also. Das sogenannte Rotkeltern kam erst gegen Ende des 18. Jahrhunderts von Frankreich zu uns herüber. Dabei ließ man die Maische mindestens sieben Tage samt den Rappen, dem Stielgerüst der Traube, stehen, ehe man den Most abpreßte. Dadurch drangen die in den Beerenhäuten, den sogenannten Hülsen, gespeicherten Farbstoffe in den künftigen Wein, gleichzeitig aber auch die Gerbsäure der Rappen. Ihr Tanningehalt erhöhte zwar die Lagerfähigkeit des Weines, gab ihm aber auch den strengen, scharfen, ja bitteren Gerbsäuregeschmack. Das Raspeln oder Entrappen, also das Abbeeren des Traubenguts von den Stielen, wurde bei uns im kleinen Stil zwar schon früh angewandt, setzte sich aber erst in den 1930er Jahren maschinell durch.

Unter den roten Massenträgern verdrängte der Trollinger seit dem 17. Jahrhundert zunehmend den Clevner. In Grantschen im Weinsberger Tal beispielsweise war das Rotgewächs wegen seiner Güte vom Zehnten befreit. Trotzdem begannen auch hier die Wengerter verstärkt mit dem Anbau von Trollinger. Bronner berichtet: „. . . so verlor sich der gute Ruf des Weins allmählich, und die Regierung machte dem Unfug dadurch ein Ende, daß sie die Zehntfreiheit aufhob."

Irgendwann im 17. Jahrhundert muß der Limberger, bevorzugt am Heuchelberg zu Hause, bei uns eingebürgert worden sein. Dem Namen nach ist es wohl ein verballhornter Lindenberger; die amtliche Schreibweise Lemberger ist jedenfalls grauslich, führt in das ukrainische Lemberg, wo man die Sorte nicht kennt, und damit in die Irre. In Österreich und Ungarn, der Donauheimat des Limbergers, heißt die Sorte kurioserweise Blaufränkischer. Die früheste Erwähnung von „limborger Gewächs" fand Heuss um 1700 in einem Bericht des Heilbronner Ratsküfers.

In seinen barocken „Georgica curiosa" tröstete Wolff Helmhard von Hohberg seine Leser: „Auf die Namen der Trauben hat sich der Hausvater nicht sonderlich zu gründen, weil sie an einem Ort nicht wie an dem andern genannt werden." Auf kaum eine andere alte Sorte trifft dies so zu wie auf den Tauberschwarz. Die Tatsache, daß die Rebe in mindestens zwei Spielarten auftritt, nämlich als Grobschwarz und Süßrot, hat dem babylonischen Synonymengewirre lustvoll Auftrieb gegeben. Daraus eine kleine Auswahl: Frührot, Grobrot, Süßschwarz, Sauerschwarz, Fränkisch Rot, Glasschwarz, Großblau, Dickrot, Blaue Frankentraube, Schwarzer Häusler, Eichschwarz, Franke . . .

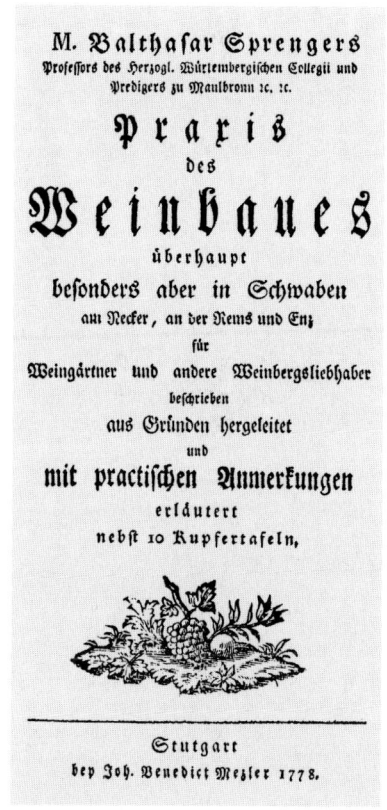

Die bislang früheste Erwähnung finden wir in einem Dekret des Hochstifts Würzburg aus dem Jahr 1726. Hier heißt es, als Fechser, also Wurzelreben, sollten gezogen werden: „Brauns, anderwärtig Traminer genannt, Rießling, Muskateller, Junker" sowie „gut fränkisch und süße Schwarze". Und 1757 bemerkten die „Fränkischen Sammlungen aus der Naturlehre": „Tauber-Schwarze. Sind eigentlich im Taubergrund zu Hause . . ."

Johann Philipp Bronner hat 1839 Grobschwarz und Süßrot als Spielarten des Tauberschwarz unterschieden und vermutet, daß die Sorte wegen ihrer Frosthärte von einer heimischen Wildrebe abstamme. Ein paar Jahre zuvor, so Dornfeld, sei der Süßrot auch in der Heilbronner Gegend eingeführt worden. Lambert von Babo weist in seinem systematischen Sortenkatalog von 1857 den Tauber-

Titelblatt von Balthasar Spengers „Praxis des Weinbaues überhaupt, besonders aber in Schwaben ...", 1778.

schwarz sowohl der Blauen Hartwegstraube wie dem Blauen Hängling zu. Ob die Herren von Hatzfeldt, die seit dem Dreißigjährigen Krieg an der Vorbach, einem Seitengrund der oberen Tauber, regierten, den in Böhmen und Kroatien beheimateten Hängling hier eingeführt haben?

In den letzten Jahren vor seinem Tod 1750 legte ein Geheimrat Bilfinger am Dorschenberg auf der Prag bei Cannstatt ein Sortiment von Reben aus Frankreich, Ungarn, den Mittelmeerländern und dem Orient an, um sie für den vaterländischen Weinbau zu testen. Herzog Carl Eugen kaufte später den Bilfingerschen Weinberg, der Ende des 18. Jahrhunderts noch 144 Sorten trug. Ein zweiter Versuchsweinberg mit Bilfinger-Reben lag bei Mühlhausen am Neckar; hier wuchsen auch schon die Müllerrebe, der sogenannte Schwarzriesling, weiter die Chardonnay-Rebe, deren Freigabe für den Anbau in Baden und Württemberg jetzt wieder erreicht ist, sowie ein Weißer und ein Roter Portugieser, wobei letzterer keinerlei Verwandtschaft mit dem heute als Portugieser angebauten Rotgewächs aufwies.

Das Gros der Stöcke aber bildeten mediterrane und orientalische Reben. Dornfeld beurteilte das Projekt wohl zutreffend, als er schrieb, daß durch diese Kollektion in Württemberg eine Menge Sorten verbreitet worden seien, „wodurch . . . viele Weinberge ein buntes Gemisch von verschiedenartigen früh- und spätreifenden Traubengattungen darboten, die in den wenigsten Jahren ein gutes, nie aber ein charakterfestes, zum Handel taugliches Erzeugnis liefern konnten, so daß diejenigen, welche eine bessere Qualität erkaufen wollten, sich in manchen Orten genau erkundigten, wer noch Weinberge mit den alten Sorten bestockt besitze . . ."

Einer der bekanntesten Oenologen oder Weingelehrten der Zeit war der Maulbronner Prälat Balthasar Sprenger, dessen „Praxis des Weinbaues überhaupt, besonders aber in Schwaben . . ." 1788 letztmals erschienen ist. Sprenger erwähnt statt der uralten Heppe bereits eine Schere „zum Abschneiden der Traube", die sich von Württemberg aus verbreitet habe, und er beschreibt die Edelfäule sowie die Praxis der Trockenbeerenauslese.

Prinz Eugen und die Schelme aus dem Reich

Während des Spanischen Erbfolgekrieges trafen sich am 14. Juni 1704 der Prinz Eugen, der Herzog von Marlborough und der „Türkenlouis", Markgraf Ludwig Wilhelm von Baden, zu Großheppach im Gasthof zum Lamm, um ihren Feldzugsplan gegen Franzosen und Bayern zu beraten. Im Nebenzimmer des historischen Gasthauses ist eine kleine Gedenkstätte eingerichtet und das Holterdipolter eines Reimwerks zu lesen: „Solch

Heldenkleeblatt saß zu Heppach hier im Saal/und schmiedete an einem Donnerstrahl,/und füllte sich ein Faß vom stärksten Remstalwein/und den schütteten sie hernach den Franzosen ein."

Marlborough, nach einer vom Heilbronner Rat dargebrachten Weinverehrung auf den Geschmack gekommen, bekam auf seine Bitte vom Herzog Ludwig Eberhard zehn Eimer Weinsberger, den Eimer, 294 Liter, zu 60 Gulden.

Andere Erfahrungen werden Prinz Eugen zugeschrieben. Nach einem Willkomm-Schluck Reutlinger soll er gesagt haben, lieber wolle er nochmals Belgrad erobern als so einen Sauerampfer trinken. Der Reutlinger Stadtarchivar hat kürzlich festgestellt, daß Prinz Eugen tatsächlich in der damaligen Reichsstadt war, und zwar in der Nacht vom 27. auf den 28. Juli 1704. Die Stadtrechnung verzeichnet für die Armeeführung ein „Tractement an Brot, Fleisch, Wein, Geflügel und Confect" von 184 Gulden und 35 Kreuzern. Einer der Offiziere aus Eugens Umgebung, der spätere Obristwachtmeister Jakob Dann, war mit dabei. Der Untertürkheimer Wengertersohn hatte in das Gasthaus zur Krone am Reutlinger Markt eingeheiratet. Vielleicht ist dort in jener Nacht der Spruch vom Reutlinger Wein gefallen.

Mit dem Weinhandel stand es nach dem Dreißigjährigen Krieg schlecht. Das Kapital war aufgezehrt oder geplündert, der Pferdebestand dezimiert; Fuhrwerke und Fässer waren zerstört, die alten Geschäftsbeziehungen abgerissen. Statt dessen begann der Kleinhandel zu wuchern. Apotheker, Küfer, Weingärtner, Wirte warfen sich aufs Weingeschäft. In Goethes „Urfaust" steht die später gestrichene Frage der Zecherrunde in Auerbachs Keller: „Handelt Ihr mit Weinen? Seid Ihr vielleicht von denen Schelmen aus'm Reich?"; wobei man in Sachsen, überhaupt nördlich der Mainlinie, unter Reich den Südwesten Deutschlands verstand. Und ein 1783 im „Privaten Öhringer Wochenblatt" veröffentlichtes Weinlesegedicht prophezeit: „Der Händler rechnet auf Gewinn,/zahlt wuchernd alte Taler hin;/füllt froh die leeren Fässer aus/und lächelt einst bei Frost und Graus."

1768 klagte Kaspar Schiller, nicht nur als Pomologe um die wirtschaftliche Wohlfahrt besorgt: „Man sieht gegenwärtig in einem Quartal nicht so viele Fuhrwagen mit Wein beladen, auf den Straßen, als man ehemals in einer Woche sehen konnte, und auch diese haben nicht allezeit ihre Ladung im Lande genommen, sondern fahren öfters nur durch." Als Beispiel führte Schiller einen Posthalter, Kannenwirt und Weinhändler in der Reichsstadt Schwäbisch Gmünd an, der jährlich allein 700 bis 800 Gulden Zoll und Weggeld im Herzogtum bezahlen mußte, weil er wegen der Panschereien und hohen Preise den meisten Wein aus der Heilbronner oder

der ritterschaftlichen Gegend im Fränkischen bezog, dessen Durchfuhr dann doppelten Zoll kostete.

Langfristig wirkte sich das Einfuhrverbot für außerwürttembergische Weine oder deren übermäßige Besteuerung nachteilig auf den württembergischen Weinbau aus, weil dessen Erzeugnisse, unabhängig von seiner Qualität, in den anhaltenden Kriegszeiten gefragt und gut bezahlt wurden. Nach den Napoleonischen Kriegen sah das auf einmal anders aus.

Wein gegen Salz

Eine gewisse Stetigkeit im Weinkommerz verbürgte dessen Koppelung mit dem bayerischen Salzhandel. Das galt anfangs auch für die Reichsstädte Esslingen und Heilbronn. Aber 1760 gelang Stuttgart der Abschluß eines Salz-Wein-Vertrages zwischen der Münchner Hofkammer und der württembergischen Handelsfirma Seligmann. Gegen den Bezug von 40 000, dann 50 000 Scheiben Salz setzte Bayern den Importzoll für 1 500 Eimer württembergischen Landwein um zwei Gulden je Eimer herab. 1770 kam es zu einem neuen Vertrag, diesmal mit der Calwer Firma Notter und Stuber, die vor Seligmann schon in diesem Geschäft tätig gewesen war. Die Salzabnahme wurde halbiert, die zollbegünstigte Weineinfuhr auf 1 125 bis 1 250 Eimer eingeschränkt, der bayerische Zollnachlaß jedoch auf vier Gulden je Eimer erhöht. Dagegen betrug der bayerische Weinimportzoll für Esslingen 12 Gulden, und das bei einem Eimerpreis von 16 Gulden und 30 Kreuzern. Esslingen mußte sich an der Abnahme des Notterschen Salzes beteiligen und durfte dafür ganze 70 Eimer zu ermäßigtem Tarif ausführen.

1778 verdoppelte München plötzlich die Einfuhrabgabe auf Neckarwein, die nun 24 Gulden betrug. Drei Jahre darauf schloß die herzogliche Regierung einen neuen Vertrag. Württemberg bekam wieder einen privilegierten Zollsatz von zwölf Gulden zugestanden; darüber hinaus, so Erwin Salzmann, „verpflichtete sich der Kurfürst von Baiern, der württembergischen Landschaft zur Hebung der Weinausfuhr nach Baiern alljährlich 8 000 Gulden zu entrichten, eine Summe, die in Prämien von je 5 Gulden per Eimer zugunsten derjenigen bairischen Weinkäufer verwendet wurde, welche Wein von württembergischen Privatleuten bezogen. Württemberg verpflichtete sich dagegen zur Abnahme von jährlich 25 000 Scheiben Salz durch die Firma Notter & Co. . . . es war vereinbart, daß die innerhalb Württembergs oder an seiner Grenze liegenden Reichsstädte durch Notter beliefert wurden . . .“

Das traf vor allem den Wein-Salz-Handel Esslingens und Heilbronns.

Salzmann: „Auf dem württembergischen Neckarwein lastete also nunmehr eine Einfuhrabgabe von 12 fl. per Eimer, auf dem Eßlinger und Heilbronner eine solche von 24 fl., daneben kam dem württembergischen Wein noch die Prämie von 5 fl. per Eimer zugute, so daß die Gesamtdifferenz zu Ungunsten des Eßlinger Weins 17 fl. betrug. Die Prämie wurde zwar, da nur 8 000 fl. jährlich zur Verfügung standen, nur auf insgesamt 1 600 Eimer gewährt, der Einfuhrzollnachlaß aber im Gegensatz zu dem früheren Abkommen auf den ganzen Import. Das Ausmaß der Vormachtstellung Württembergs zeigt sich in vollem Umfang, wenn man sich vergegenwärtigt, daß die Eßlinger Weinrechnung im Jahre des Vertragsabschlusses nur 13 fl. per Eimer betrug, allein die Zolldifferenz also ungefähr soviel wie der Einkaufspreis in Eßlingen ausmachte. Dazu verlor Eßlingen, da die Lieferung durch Notter erfolgte, die bairischen Salzfuhrleute."

1666 hatte Württemberg den bis dahin laut Schirmrecht freien Weinhandel mit Esslingen unterbunden, später mit Auflagen derart belastet, daß es einem Verbot gleichkam. Vom württembergischen wie vom bayerischen Markt ausgeschlossen, geriet Esslingen in eine nahezu aussichtslose Lage. Salzmann: „Es war höchste Zeit, als diese Benachteiligung Eßlingens mit dem Übergang der Stadt an Württemberg im Jahre 1802 aufhörte."

Weniger gravierend als das von Württemberg eingeschlossene Esslingen traf es Heilbronn. Auch hier wirkten sich aber der Salzvertrag mit München von 1781 und die württembergische Weineinfuhrsperre übel aus. Die alten Handelsbeziehungen mit den Reichsstädten Frankfurt, Nürnberg, Augsburg, Ulm und, im 17. Jahrhundert vor allem, Regensburg boten nur dürftigen Ausgleich.

Schon um 1700 waren von Württemberg aus jährlich mehr als 1 600 Weinfuhren nach Bayern gelangt, gut 10 000 Eimer im Wert von mehr als 530 000 Gulden. Als Rückfracht kamen 75 000 Zentner Salz für 200 000 Gulden ins Land. Das Salz kam aus Reichenhall und dem Salzkammergut auf dem Wasserweg bis Donauwörth, das eine eigene Weinhandelskompanie besaß. Das später vertraglich fixierte bayerische Salzmonopol für Württemberg beschäftigte auch den Landtag. Dabei kam zur Sprache, daß Salz aus Lothringen und Hall wesentlich billiger war. Trotzdem galt das Privileg für Notter & Co. bis 1808. Erst die Errichtung der Salinen Friedrichshall, Wilhelmsglück, Rottenmünster und Schwenningen im neuen Königreich Württemberg machte diesem Handel ein Ende.

Eine Sonderstellung nahmen nach dem Dreißigjährigen Krieg Hohenlohe und vor allem der Taubergrund ein. Das Elsaß und die Rheinpfalz als Weinkammern des Reiches waren durch Okkupation und Feldzüge abgeschnitten, der Frankenwein erlebte eine Hochkonjunktur, wurde eine Art Modewein. Davon profitierte auch das Taubergewächs. Ehrgeizige Weinhändler drangen von hier aus bis nach Augsburg und auf den oberschwäbischen Markt vor. Ihr Hauptgeschäft aber machten sie in Frankfurt am Main, wo sie mit ihren Schiffen unmittelbar am Weinmarkt ankerten. Die meisten Weinhändlerfamilien wanderten im 18. Jahrhundert dann auch nach Frankfurt ab. Die barocke Prägung des Tauberlandes, sein Reichtum an Träubelesbildern, also Bildstöcken, deren Schaft reliefartig von Weinlaub und Trauben umschlungen wird, erinnert an die hohe Zeit des fränkischen Weinbarock.

Zu wohlverdienter Straf der Kopf abgeschlagen

So harmlos betrügerisch die Färbetechniken auf pflanzlicher Basis in jener Zeit anmuten, etwa Holderbeeren, Maulbeeren und Kirschentinktur, so gemeingefährlich waren die Fälscherpraktiken, rauhes und saures Gewächs mit Hilfe von Silberglätte, Bleiacetat oder, wie es damals hieß, Lithargyrium angenehm süßlich und glatt zu machen.

Schon die Antike kannte das Verfahren, Traubensaft in Bleigefäßen einzukochen und dem Wein mit dieser sirupartigen Süßreserve aufzuhelfen. Kulturhistoriker haben sogar die These vertreten, der Niedergang des römischen Imperiums gehe auf die systematische Bleivergiftung der führenden Schichten durch gesüßten Wein, bleierne Wasserrohre und bleihaltiges Zinngeschirr zurück.

1697 beschrieb der Ulmer Stadtarzt Eberhard Gockel den Zusammenhang zwischen Symptomen chronischer Bleivergiftung und der Verfälschung des Weins mit Bleiacetat oder Bleizucker. Als in den Franzosenkriegen „die guten alten gerechten Neckarweine" geplündert worden, etliche Mißherbste gefolgt seien, habe er dieses Übel an Patienten beobachtet. Der Verdacht richtet sich vor allem gegen den Esslinger Weinmarkt, während Württemberg sofort verfügte, daß jede Partie Ausfuhrwein geprüft und mit einem amtlichen Attest zu versehen sei; etwaige Verfälschungen gingen dann zu Lasten der Fuhrleute.

Den Hauptskandal verursachte schließlich der Küfer Erni, der zwar in Esslingen wohnte, dort aber kein Bürgerrecht mehr besaß und vor allem im Württembergischen praktizierte. Die herzogliche Regierung stellte ihn vor Gericht, und am 10. August 1706 erschien das vielzitierte Edikt:

„Obwohlen über die in den Reichskonstitutionen enthaltenen heilsamen Verordnungen in Anno 1696 das Weinfälschen mit dem Lithargyrio als anderen schädlichen Tinkturen, von neuem bei namhafter Geldstrafe, als auch nach Befinden der Dinge mit Ehren-, Leibes- und Lebens-straf in diesem Herzogtum verboten worden, so hat sich jedoch vor einiger Zeit erfunden, daß ein Küfer, Hans Jakob Erni genannt, die hochverpönte Verfälschung mit denen ziemlich schlechten und sauren 1701er und 1703er Weinen abermalen zu practicieren unterstanden. Wie nun in gepflogener Inquisition sich ergeben, daß darauf hin und wieder etliche Personen an ihrer Person merklichen Schaden erlitten, einige auch daran gestorben sind, also ist ihm zu wohlverdienter Straf in allhiesiger Residenzstadt der Kopf abgeschlagen, auch die von dergleichen verbotenen Weinkünsten zusammengeschriebene Büchlein aboliert und durch den Henker öffentlich verbrannt; sonsten auch durch Vernichtung und Auslaufung des Weins fernerem Unheil vorgebeugt worden."

Titelblatt zu dem Buch von Eberhard Gockel über die „Wein-Kranckheit" durch Fälschung mit Silberglätte, 1697.

Ernis Frau wurde zu lebenslänglichem Kerker verurteilt. Sieben beteiligte Esslinger Bürger mußten auf Drängen Württembergs ihren Wein konfiszieren lassen und saftige Geldbußen zahlen, obwohl sie an den Verfälschungen aktiv gar nicht beteiligt gewesen waren, sondern Erni – zum Teil arglos – ein glänzendes Zeugnis seiner Kunst ausgestellt hatten.

Die herzogliche Regierung, die erst einmal ein abschreckendes Exempel statuiert hatte, lud nun zu einer Konferenz nach Stuttgart. Die Esslinger Gesandten mußten sich anhören, daß man darauf bestehe, die Weine „pur, wie solche Gott und die Natur wachsen lassen" zu vertreiben; wenn Esslingen nicht mitziehe, werde dessen Weinhandel unnachsichtig „suspekt gemachet, folglich in die höch-

ste Gefahr gesetzt". Das war deutlich. Trotzdem wehrten sich die Reichs-
städter gegen den Grundsatz strikter Naturreinheit; es gebe auch erlaubte
Weinkünste und unschädliche Naturalzusätze, man wolle sich nur dem
Verbot der Metallica anschließen.

1745 noch wurde einem Esslinger Küfer, der dem Wein „geläuterten
Zucker und frisches Brunnenwasser" zugesetzt hatte, vom Rat mit einem
milden Verweis bedeutet, „mit seiner Kunst stille zu sein, um das Wein-
commercium nicht zu schädigen."

Im Zeichen des Umbruchs

Die Napoleonischen Kriege hatten das Königreich Württemberg groß-
gemacht und zugleich verarmt. Mehr als doppelt so groß wie das frühere
Herzogtum, hatte es sich 78 kleinere Herrschaften einverleibt und zählte
zu Beginn des 19. Jahrhunderts 1,34 Millionen Einwohner. Das Kirchengut war mit dem herrschaftlichen Kammergut verschmolzen worden,
dafür hatte der Staat die darauf lastenden sozialen und kulturellen Verpflichtungen übernommen. 1815 war die Ernte schlecht, 1816, nach Dauer-
regen, miserabel gewesen, ein Anstoß mehr für den jungen König Wilhelm, sich der Förderung der Landwirtschaft zuzuwenden.

Zwischen 1827 und 1840 nahm die in Ertrag stehende Rebfläche in
Württemberg von 19 411 ha noch einmal leicht auf 20 119 ha zu. Dann
freilich begann sie auch hier unaufhaltsam zu schrumpfen. 1844 waren es
noch 18 934 ha, um die Jahrhundertwende noch 16 743 ha. Die Erträge
schwankten gewaltig, etwa zwischen 50,7 Liter je Ar im Herbst 1835 und
3,21 Liter im Jahr 1891. Nicht nur die Witterung, auch alte Rebschädlinge
und bisher unbekannte Rebseuchen waren schuld daran. 1875 fand man
erstmals die Reblaus auf Stuttgarter Gemarkung. Zudem wirkte sich die
dichte Industrialisierung und die Überbauung stadtnaher Weinberge auf
den Rückgang der Rebkultur aus.

Aufs Ganze gesehen zog sich der Weinstock aus den Höhen über
400 m, von den Nordhängen und aus der Ebene, also aus thermisch ungünstigen allmählich auf die besten Lagen zurück. Karl Heinz Schröder
faßte zusammen: „Die klimatischen Leitlinien des einstigen Vordringens
waren auch die des Rückzugs, und so ist es kein Zufall, daß im Unterland
die Umrisse der Rebzonen um 1830 etwa dieselben sind wie um 1400 und
um 1939 wie um das Jahr 1300."

Ein Blick auf die Vergleichsjahre 1837 und 1908 veranschaulicht die
höchst unterschiedliche Entwicklung in den einzelnen Rebregionen. Innerhalb zweier Generationen nahm das Weinland danach am oberen Nek-

kar von 1 719 ha auf 941 ha ab, im Remstal von 2 555 ha auf 1 512 ha, an der Enz von 2 261 ha auf 1 459 ha, an Kocher und Jagst von 2 074 ha auf 1 234 ha, im Taubertal von 2 373 ha auf 1 387 ha und am Bodensee von 386 ha auf 104 ha. Dagegen wuchs die Rebfläche am Unteren Neckar in der gleichen Zeitspanne von 7 738 ha auf 8 087 ha und im Zabergäu von 1 041 ha auf 1 514 ha nochmals an.

Der Jahreskreis der Wengerterarbeit, wie ihn Bronner beschrieben hat, blieb bis Ende des 19. Jahrhunderts nahezu unverändert. Das wandelte sich erst mit dem Auftreten der aus Übersee eingeschleppten Rebkrankheiten. 1862 wurde erstmals über die ernstliche Bedrohung durch den echten Mehltau, Oidium, geklagt, gegen den man mit Schwefelpuder anging. 1881 wurde ein besonderer Pilzbefall, die Peronospora oder Blattfallkrankheit, beobachtet, die kurz nach der Jahrhundertwende als Lederbeerenkrankheit auch auf die Trauben übergriff. Binnen fünf Jahrzehnten hatte überdies die Reblaus in zwei Dutzend Gemeinden mehr als 700 000 Weinstöcke vernichtet.

Gegen den altvertrauten Heu- und Sauerwurm spritzte man zunächst mit Tabakextrakt, der nebenbei auch gegen den Mehltau half, ehe man zu Arsen überging. Gegen die Peronospora wurde Kupferkalkbrühe gespritzt. Gegen die unterirdisch an den Wurzeln saugende Reblaus half einstweilen nur das Aushacken der Stöcke und die Entseuchung der Böden mit Schwefelkohlenstoff. Das in Frankreich früh

Wirtshaustafel Zum Goldenen Roß in Schwarzenbronn bei Creglingen: „kerth ein/ Trünckt wein, an diesen Orth, der hilfft euch wieder weiter forth. Dieses Hauß hat erBaut Joh. Leonh. Gerlinger/ Ano 1763."

schon angewandte Pfropfen europäischer Edelreben auf reblausresistente amerikanische Wurzelreben machte in Deutschland erst zwischen den beiden Weltkriegen Schule.

Mit der Umstellung auf Pfropfreben war das Schreckgespenst Reblaus gebannt. Die Spritzaktionen gegen die neuen Pilzseuchen Oidium und Peronospora bescherten dem Weingärtner vor allem in den Steillagen zeit-, kraft-, kosten- und gesundheitfressende Mehrarbeit. Wenn er das für die Spritzbrühe nötige Wasser nicht auch noch mit heraufschleppen wollte, mußte er Regenwasser vor Ort sammeln. Also entstanden jetzt die vielen Weinberghüttchen mit Regentonnen oder Betonzisterne unterm Dachtrauf.

Selektion statt neuer Sorten

Neue wirtschaftlich ergiebige Rebsorten kamen im 19. Jahrhundert erstaunlicherweise kaum dazu. Das gilt vor allem fürs Weißgewächs. Die 1825 gegründete Weinverbesserungsgesellschaft und der drei Jahre jüngere Weinbauverein verteilten allerdings Millionen neuer Schnittlinge, hauptsächlich Riesling und Krachmostgutedel, unentgeltlich oder zum Selbstkostenpreis an die Weingärtner im Lande.

Etwas anders sah es beim Rotgewächs aus. Die aus der Steiermark eingeführte Laska-Rebe blieb unbedeutend. Dafür bürgerte Bronner um 1840 den Portugieser aus Österreich bei uns ein. Einen erstaunlichen Zuwachs verzeichnete der Schwarzriesling, nach der französischen Bezeichnung Pinot meunier auch Müllerrebe genannt. In Württemberg tauchte er vereinzelt schon im 18. Jahrhundert auf und wurde bevorzugt zwischen Lauffen und Heilbronn angebaut, wo er auf Lößanflug besonders gut gedieh. Der eigentliche Siegeszug des Schwarzrieslings begann, als es der Keltertechnik gelang, die zarte, stabilisierende Säure zu erhalten. Heute werden in Württemberg 1 683 ha Schwarzriesling angebaut. Seinen irreführenden Namen hat er von der Ähnlichkeit, die Traube und Reifeverlauf mit dem ganz anders gearteten Weißgewächs aufweisen.

Bedeutsamer als die Einführung neuer Rebsorten wurde seit Ende des vorigen Jahrhunderts die Selektion, die aus Beobachtung und Praxis geborene vegetative Vermehrung besonders vielversprechender Einzelreben. Begonnen hat damit Wilhelm Schneider um 1890 in Heilbronn, dem es anfangs nur um einen besonders reichtragenden Trollingerstock in der Lage Stahlbühl ging. Ausgeweitet, verfeinert und zur Perfektion entwickelt hat das Verfahren dann sein 1879 geborener Bruder Hermann.

Otto Haag erinnerte sich: „Er stellte mit anderen Trollingern Vergleiche an und fand, daß diese bei gleichem oder ähnlichem Mengenertrag früher reiften und ein höheres Mostgewicht aufwiesen als der Mutterstock vom Stahlbühl. Und ein anderes Merkmal hatte er gefunden, es waren durchweg Stöcke mit gelbem Holz, indes der Mutterstock robustes, rotes Holz hatte, das zwar viele und schöne, aber eben deutlich später reifende Trauben brachte. Dies war in weniger guten Jahren gerade beim Trollinger von entscheidender Bedeutung . . . Von staatlicher Förderung konnte kaum gesprochen werden. Hermann Schneider war auf sich selbst gestellt. Und auf seine Familie, die ihm tüchtig zur Seite stand. Von den Berufskollegen wurde er teils schwer verkannt und, weil er mitunter mit den üblichen Arbeiten nachhinkte, sogar schräg angesehen, ja hämisch belächelt. Aber unbeirrt, mit Pünktlichkeit, Gewissenhaftigkeit und großer Geduld setzte er die einmal begonnene Arbeit fort. Und die Erfolge – nach Jahren und Jahrzehnten – blieben nicht aus . . ."

1902 nahm sich Schneider, buchstäblich im letzten Augenblick, des bis dahin heruntergewirtschafteten und degenerierten Clevners an. In den zwanziger Jahren setzte dann im Unterland eine stürmische Nachfrage nach dem von Schneider selektionier-

Hermann Schneider (1879-1955), Pionier der Rebenselektion und Standespolitiker aus Heilbronn.

ten Schwarzriesling ein, bei dem sich die grünlaubigen Stöcke in der Auslese als gesünder und fruchtbarer gegenüber den rotlaubigen erwiesen hatten.

Unter königlicher Protektion

Daß Württemberg bis heute eine besondere Vielfalt an Rebsorten aufweist, und zwar weniger bukettbetonte Neuzüchtungen als vielmehr Traditionsgewächs, hat es auch den vorhin erwähnten Förderinstitutionen zu verdanken. Anfang des Jahres 1825 gründeten 22 Männer, kein einziger übrigens Weingärtner, in Stuttgart die Gesellschaft für Weinverbesserung; Verbesserung meinte damals natürlich noch nicht die heute unter diesem wohlmeinenden Titel gebräuchliche Trockenzuckerung des Weinmostes. Seele der Vereinigung war der Hofdomänenrat Carl F. von Gok, dem wir auch eine Klassifikation der Rebsorten und eine gute Darstellung „Über den Weinbau am Bodensee, ab dem oberen Neckar und der schwäbischen Alp" verdanken.

1828 folgte die Gründung des Weinbauvereins, der „durch Ankauf und die Bewirtschaftung von Weinbergen in verschiedenen Gegenden des Vaterlandes das anschauliche Beispiel eines verbesserten Weinbaus und einer zweckmäßigeren Weinbereitung" geben sollte. Der Verein gab Aktien zu je 50 Gulden heraus und bewirtschaftete 1830 schon 620 Morgen Weinberge, darunter zahlreiche Neuanlagen.

Die Gründung des Württembergischen Weinbauvereins trug, so Otto Haag, „die Handschrift König Wilhelm I., des Landwirts unter den Königen . . . Er stellte nicht nur selbst zehn Prozent der Aktien des Vereins, sondern veranlaßte . . . die ganze hohe Gesellschaft der damaligen Zeit ebenfalls mitzumachen. Adel und Geistlichkeit, Professoren und Offiziere, Räte und Kaufmannschaft, Gemeinden und Gemeindeverbände gehörten dazu, nur Weingärtner von Beruf fehlten, wenigstens am Anfang."

Gepflanzt wurden Riesling, Traminer, Ruländer, Krachmostgutedel, Schwarzer Urban, Limberger, Schwarzriesling und St. Laurent in sortenreinem Satz, weiträumiger Bestockung und in regelmäßigen Zeilen. Empfohlen wurde den Wengertern Kleebrache, die rheinische Erziehung der Stöcke im Halbbogenschnitt, späte Lese und das Abfüllen von Spätlesen und Auslesen auf Flaschen. Begabte junge Weingärtner wurden zur Ausbildung in andere Reblandschaften geschickt, die Musterweinberge im Lauf der Zeit verkauft. Ursprünglich hatte sich der Weinbauverein auf 15 Jahre konstituiert, verlängerte sein Bestehen dann aber wiederholt bis 1864. Sein Ziel war es, einen Teil der Musterweinberge am Ort einer künftigen Weinbauschule zu konzentrieren.

Weinbauverein und Weinverbesserungsgesellschaft tagten von Anfang an gemeinsam am St. Urbanstag. Daß der Verein 1864 dann in der Weinverbesserungsgesellschaft aufging, war auch ein Zeichen der Resignation. Die 18 Millionen Schnittlinge und Wurzelreben, die man bis 1867 vor allem aus dem Rheinland und Österreich geholt und an die Weingärtner abgegeben hatte, erfüllten die hohen Erwartungen nicht, degenerierten rasch und wurden nicht nachgezogen. Die frühe Anregung des Stuttgarter Weinsachverständigen Christian Single, „daß man die guten und fruchtbaren Stöcke auszeichnet und nur von diesen Schnittlingen zur Nachzucht sammelt", also selektioniert, blieb damals noch ohne Widerhall.

Trotz ausgezeichneter Qualitäten und entsprechender Verkaufserlöse blieben die Mengenerträge der Vereinsweinberge weit unter den damaligen Herbstquantitäten. 1892, mitten in einer Serie von Gerichtsprozessen wegen fragwürdiger Weinverbesserungen, nahm die Gesellschaft den Namen Württembergischer Weinbauverein an. Ihm traten nun mehr und mehr auch hauptberufliche Wengerter bei. 1837 noch hatte Johann Philipp Bronner gegrollt, daß die Winzerkaste „die geborene Opposition der Weinbauverbesserung" darstelle.

Traubenpflückerin. Scherenschnitt von Luise Duttenhofer.

In seinem zweibändigen Werk über den Weinbau im Königreich Württemberg ging Bronner kritisch und ausführlich auch auf die Kopferziehung der Rebe im Unterland und auf die Schenkelerziehung im Oberland, vor allem längs der Alb, ein. Der Stock wachse sich dabei zu solch einem Busch aus, daß weder Luft noch Sonne durchdringen könnten und der Vorteil der Bodenwärme verlorengehe. „In manchen Gegenden, besonders in den sehr fruchtbaren des Unterlandes, gleichwie in Stuttgart, bekommt fast jeder Stock vier Pfähle, in anderen Gegenden, namentlich im Remstale, nur drei Pfähle, in Tübingen, Rottenburg und Reutlingen zwei Pfähle und in Metzingen nur einen Pfahl. Deshalb ist aber doch keine besondere Ersparnis an dem einen oder andern Orte, denn wo weniger Pfähle sind, sitzen die Stöcke auch näher, so daß auf eine gleiche Fläche fast eben so viele Pfähle gesteckt werden . . . Demnach stellt . . . sich im Lande ein ungeheurer Holzverbrauch heraus . . . Nach statistischen Angaben bestehen im Lande 63 000 Morgen in Ertrag stehende Weinberge, welche jährlich über eine halbe Million Gulden zur Nachbesserung für Pfähle bedürfen . . ."

Keltertechnik und Kellerwirtschaft

Zum vertrauten Bild der Weinlandschaft gehören die mächtigen Keltern mit ihren tief in die Stirn gedrückten Walmdächern. Bestimmte Weinberge waren zur Kontrolle der grundherrlichen Abgaben jeweils einer Kelter zugeordnet. Meist standen diese am Fuß der Rebhalden, wie etwa die Glockenkelter bei Stetten im Remstal oder die Wiesenkelter im hohenlohischen Verrenberg. Später, als mit der Ablösung der grundherrschaftlichen Naturalabgaben auch der Kelterbann fiel, behielt man die Einrichtung der Gemeinschaftskelter, meist im Gemeindebesitz, verlegte sie aber in den Ort. Es sind Meisterwerke der Zimmermannskunst, von den frühen Pfostenbauten wie in Neuhausen an der Erms bis hin zur späteren Hängewerkkonstruktion, die frei die Kelterhalle überspannte, wie in Niedernhall am Kocher. Das eindrucksvollste Kelterensemble des Landes hat sich in Metzingen erhalten.

Bis in die dreißiger Jahre unseres Jahrhunderts hat man die Trauben mancherorts noch wie in der Antike auf der Baumkelter gepreßt; 1908 bestand die Hälfte aller württembergischen Keltern noch aus diesen Ungetümen. In Kleinaspach, am Fuß der Löwensteiner Berge, steht die wohl letzte funktionstüchtige Baumkelter. Sie stammt aus dem Jahr 1522; man kann sie beim Kelterfest Mitte Oktober bewundern. Der 7,5 Tonnen schwere Kelterbaum ist aus Eiche, die empfindliche Spindel aus zähem Hainbuchenholz gefertigt.

Das meist noch mit Füßen zur Maische getretene Traubengut wurde als Secker pyramidenförmig auf das Biet, den Preßkasten der Baumkelter, geschüttet und mit Legdielen abgedeckt. Darauf kamen starke Kanthölzer, die sogenannten Bracken, hierauf die „Pfanne", ein Holzklotz, der den Druck der Spindel weitergab. Bewegt wurde die Spindel erst mit Stangen, dann mit Seilzug und Räderwerk; ein Steingewicht, in Kleinaspach ein Dreitonner, verstärkte die Hebelwirkung des Baumes. Nach zwei Stunden wurde der Stein abgesetzt, der Baum gehoben und die seitlich abgesackte Maische wieder aufgesetzt. Dann wiederholte sich der Preßgang – einmal, wenn man saftreichen Trester für den Haustrunk oder zum Schnapsbrennen wollte, zweimal, wenn alles zu Most gekeltert und nur trockener Trester übrigbleiben sollte.

Die Kleinaspacher Kelter faßte 2 000 kg Preßgut, wobei man von der Maische schon den Vorlaß als erste Mostbrühe gewonnen hatte. Bei dreimaligem Pressen dauerte es gut sechs Stunden, bis das Biet geleert wurde. Und da die Kelter im Herbst Tag und Nacht ging, konnte man in 24 Stunden viermal pressen. Trotzdem dauerte das Keltern bei einem normalen Herbst drei bis vier Wochen. 1936 hob sich in Kleinaspach der Kelterbaum zum letztenmal, ehe das Stück Weinaltertum in den 60er Jahren museal wiederbelebt wurde.

Theodor Schüz hat im vorigen Jahrhundert die Kelter in Güglingen, Albert Kappis das Keltertreiben in Rohracker gemalt; in der Staatsgalerie Stuttgart hängt sein Bild von der Weinlese in Gundelsheim am Neckar, auf dem die Wengerter in der späten Oktobersonne behaglich vom Neuen probieren.

Die Kehrseite der geschäftigen Idylle hat eindringlich wieder Bronner geschildert: „Diese Baumpressen sind riesige Maschinen, die einen ungeheuren Druck auf die zarten Trauben ausüben . . . Ich bin überzeugt, daß man damit jedem grünen Holze den Saft herauspressen kann. Diesen

Eine alte Weinkelter im Neckartal. Nach einem Gemälde von Albert Kappis.

schrecklichen Druckmaschinen . . . ist der Württemberger so zugetan, daß er alle anderen für unzureichend hält . . . ob der letzte Druck Wein oder der Saft aus den Stielen oder Kämmen ist, darum bekümmert er sich nichts . . ."

Baumkelter, Kelterbann und Verkauf unter der Kelter sah Bronner als „die Wurzel alles Übels" im Weinland Württemberg an. Gesetzt den Fall, ein strebsamer Weingärtner habe vom Weinbauverein Schnittlinge von Riesling, Clevner und Traminer erhalten und erhoffe sich nach ein paar Jahren von seiner Pflanzung mit dem Jungfernertrag alles Gute: „Hat er nicht glücklicherweise früher schon einen Liebhaber für das neue Gewächs gefunden, so muß er seine Trauben zu der Kelter bringen, worin sein Bezirk gebannt ist . . . Hier muß er nun unter freiem Himmel seine Ware zum Verkauf hinstellen . . . in der Regel kommen die Weinkäufer vor den ersten 8 Tagen nicht. Kommen sie früher, so vermutet der Weingärtner schon, daß der Wein im Aufschlag sei, und er hält mit seine Ware an, so daß die Käufer öfter wieder leer abgehen müssen; andererseits ist es wieder Handelspolitik der Käufer, die Weingärtner etwas mürbe werden zu lassen, damit sie in den Preisen herabgehen. Zwischen diesen Operationen hin und her, vergehen manchmal 10 bis 14 Tage, bis endlich der

Kauf gemacht ist, und die Pressen in volle Bewegung kommen. Ich frage nun jeden Sachverständigen . . . was aus einem Rießling– oder Traminermost werden kann oder soll, der 14 Tage unter freiem Himmel, der Luft und Sonne preisgegeben stehet, während er schon längst in den dunklen Räumen der Erde bewahrt sein sollte? Was nützen da alle Verbesserungsvorschläge, was nützen alle Prämien, wenn das, was der Schöpfer so huldreich spendet, was der Mann mit saurem Schweiße nach Jahren errungen hat, wenn das im entscheidendsten Moment durch Convenientien, die man nicht abändern zu können glaubt, dem Verderben preisgegeben wird. Dies sind die Folgen des Keltersystems, wie es jetzt noch teilweise besteht . . ."

Woanders waren neben der Baumkelter schon die verschiedensten Spindelkeltertypen in Betrieb, die mit dem mechanischen und später mit dem hydraulischen Vertikaldrucksystem arbeiteten. Der Durchbruch für die schon um 1830 entwickelten ersten Horizontalpressen, Kistenkeltern genannt, kam aber erst nach dem letzten Weltkrieg. Heute sind durchweg kontinuierlich arbeitende Schrauben – oder Schneckenpressen aufgestellt.

Statt der Bezeichnung Weinbereitung tauchte um 1800 erstmals der Begriff Kellerwirtschaft auf. Endlich kam man zu neuen Erkenntnissen, nachdem Antoine Lavoisier im Revolutionsjahr 1789, kurz bevor er auf dem Schafott endete, erstmals das Wesen der alkoholischen Gärung dargestellt hatte. Frankreich blieb hier lange in Führung – bis hin zu der Erkenntnis Louis Pasteurs vom biologischen Prozeß der Gärung durch Hefepilze.

1801 propagierte Jean Antoine Chaptal das Aufzuckern des Mostes und die Entsäuerung der Maische mit kohlensaurem Kalk. Ihm folgte der deutsche Chemiker Ludwig Gall, der die Naßzuckerung entwickelte; dabei wurde dem Most nach der Gärung in Wasser gelöster Zucker zugesetzt, um ein Übermaß an natürlicher Säure auszugleichen. Als Gall 1851 seine „Praktische Anleitung, sehr gute Mittelweine selbst aus unreifen Trauben zu gewinnen" veröffentlichte, hatte er vor allem die Mosel im Blick. Die heute legal praktizierte Trockenzuckerung geschieht vor dem Vergären des Mostes, wobei der zugesetzte Rübenzucker zunächst in Trauben- und Fruchtzucker zerfällt, wie sie von der Rebe mit Hilfe der Sonnenenergie gebildet und in den Beeren gespeichert werden. Anschließend wandeln die Hefepilze den Gesamtzucker bis zu einer gewissen Sättigungsgrenze in Alkohol und Kohlensäure um. Eine Restsüße bleibt nur nach gewollt überhöhter Dosierung mit Zucker.

Daß sich die unterschiedliche Qualität der Traubenmoste in deren spezifischem Gewicht niederschlägt, war schon lange bekannt. 1773 veröffentlichte der Stuttgarter Johann Joseph Reuß in seiner Dissertation über

Neckarweine die erste systematische Untersuchung unterschiedlich gereifter Trauben verschiedener Rebsorten, deren Saft er mit einem eigens entwickelten Aräometer, einer Schwimmwaage, geprüft hatte. Gleichzeitig konstruierte der ingeniöse schwäbische Pfarrer Philipp Matthäus Hahn Aräometer für Most und Wein. Ab 1830 baute der Pforzheimer Christian Ferdinand Oechsle Mostwaagen. Die nach ihm benannten Öchslegrade bestimmten die „Dichte", den im Traubensaft gelösten Zuckergehalt samt Extraktstoffen. Seit den fünfziger Jahren wird die Güte des künftigen Jahrgangs optisch mit Refraktometern ermittelt.

Ein Jünger der Witwe Clicquot

Eines der schönsten und ehrwürdigsten Bauwerke des Landes, der ehemalige Speyrer Zehnthof in Esslingen, Fachwerk auf staufischem Gemäuer, beherbergt die älteste Sektkellerei Deutschlands, die seit 1835 als Familienbetrieb geführt wird. Der gebürtige Heilbronner Georg Christian Kessler hat das Unternehmen gegründet. Er hat die Kunst der Sektbereitung an der Quelle gelernt: in der Champagne, in Reims bei der jungen Witwe Clicquot-Ponsardin, wo er zunächst zum Prokuristen und später zum Teilhaber avanciert war. Als dann ein jüngerer deutscher Konkurrent im Hause Karriere machte, als er sich unvorsichtig in riskante Nebengeschäfte einließ und ihm überdies eine Seuche Frau und Kind dahinraffte, entschloß Kessler sich zur Selbständigkeit in Württemberg. Er erwarb das Gut Neuhof bei Oedheim, nördlich von Heilbronn, begann mit der Herstellung „moussierender Weine" zu experimentieren und eröffnete 1826 seine Sektkellerei. Clevner, Schwarzriesling und Ruländer begründeten den guten Ruf des Neckarsekts. 1835 trat Carl Weiß in die Firma ein, die seit 1914 im Alleinbesitz dieser Familie ist. Als Kessler 1842 starb, wurden im mittelalterlichen Zehntkeller bereits 140 000 Flaschen jährlich produziert.

1764 hatte der Weingelehrte und Prälat Balthasar Sprenger zusammen mit dem Maulbronner Weinbergverwalter Johann Conrad Nast aus einem Teil Clevner und zwei Teilen Ruländer vom Eilfingerberg schon moussierenden Wein erzeugt: „Die Farbe war gleich dem ächten Champagner wie Wasser und die Güte außerordentlich . . ." Sprengers Rezept lautete: „Einen moussierenden Champagner Wein erhält man, wenn man einen Teil durch Frost concentrirten Mostes mit drei Teilen eines durch Frost concentrirten Weins vermischt, so bald er im Fasse sich abgehellt, ihn auf Bouteillen zieht und etwa vier Monate aufbehält." Bouteillen, das waren die damals üblichen dickbauchigen Flaschen, die sich später zur schlanken, besser stapelbaren Schlegelflasche streckten, während der fränkische Bocksbeutel nichts weiter als die abgeplattete Form der Bouteille ist.

Die ab 1834 bekannten Stuttgarter Sektfirmen Meurer, Engelmann, Laiblin und Reihlen waren Kleinbetriebe, deren Erzeugnisse „kaum außerhalb der Stadtgrenze gelangt sein dürften". Etwas langlebiger und bedeutender waren zwei Unternehmen in Heilbronn und Weinsberg. Ein Jahr nach der Esslinger Kellereigründung begann der Heilbronner Rechtsanwalt und Weingutbesitzer Christian Zeller mit der Sekterzeugung. Er mußte nach anderthalb Jahrzehnten aufgeben. 1837 nahm dann der Traubenwirt Jakob Mall in Weinsberg die „Fabrikation mit schäumenden Weinen" auf. Als er 1850 starb, waren die Erben an dem Betrieb vor dem Oberen Tor nicht interessiert. Das Gebäude diente zunächst als Oberamtsgericht und wurde später der Weinbauschule zugeschlagen.

Als spezifisch schwäbisches Unikum hat wohl zu gelten, daß die Fußböden des doppelstöckigen Mallschen Kellers aus Sandsteinplatten bestanden, die mit einem Gefälle ausgelegt waren; Rinnen führten zu einem Auffangschacht. Ähnlich war der Kesslersche Keller in Esslingen gebaut. Bronner berichtet: „Da viele Bouteillen zerspringen, bis der Wein seine eigentliche Reife hat, so ist in dem Keller die Vorrichtung getroffen, daß dieser edle Saft nicht verloren gehe, sondern doch noch zur Essigfabrikation benutzt werden kann. Zu dem Behufe ist derselbe gut geplattet, und in verschiedenen Richtungen, wie die Bouteillen liegen, mit Rinnen versehen, die in mehrere steinerne Tröge sich ergiessen, wo der Wein aufgefaßt wird."

Von der exklusiven Sortenwahl und kontrollierten pfleglichen Behandlung des Traubengutes für die Sektherstellung erhoffte sich Bronner eine Wende zum Besseren in der württembergischen Weinwirtschaft: „ . . . allein die hohen Preise, die für das ausgewählte Produkt bezahlt werden, und die oft das Doppelte und Dreifache des gewöhnlichen Marktpreises übersteigen, ermutigen doch einigermaßen das Publikum; sie sind der Köder, der manche der Produzenten zur Anlage eines besseren Rebsatzes, vornehmlich des Klävners, verleitet, was sich doch allmählich für das Allgemeine fortpflanzt und gemeinnützig wird . . ."

Und wenn heute, unter dem Eindruck der Weinschwemme und des stagnierenden Weinkonsums, so viele Genossenschaften und Güter eigene Sektmarken auf den Markt bringen, so hat Bronner auch das in seiner Schrift von 1842, „Die teutschen Schaumweine", prophezeit: „Der frühere Sinn, nur reine Naturprodukte zu geniessen, scheint sich geändert zu haben . . . Steigende Cultur und steigender Luxus haben auch den Gaumen verwöhnt, und ein allgemeines Trachten nach zärteren milderen Getränken gibt sich allenthalben kund . . . Ich will hier nicht als Prophet auftreten, aber wenn wir die Richtung unserer Zeit und ihre Bedürfnisse mit scharfem Auge verfolgen, so wird und muß eine Zeit kommen, wo es zum Bedürfnisse wird, einen großen Teil unserer Weine in Schaumweinen abzusetzen; der Bedarf der anderen Weine wird allmählich so abnehmen, daß die Weinbergseigentümer genötigt sind, auf andere als die bisherigen Absatzwege zu sinnen, und der erwachende Spekulationsgeist wird die Sache ergreifen und für sich benutzen."

Weinzehnter und Grundlasten fallen

Die Verwaltung hatte Altwürttemberg und Neuwürttemberg zusammengeschmolzen, aber geblieben war „das bunte Chaos bäuerlicher Lasten", allen voran der Zehnte als Naturalsteuer. Er wurde, so der Sozialhistoriker Wolfgang von Hippel, ohne Rücksicht auf Ertragsfähigkeit des Bodens und Arbeitsaufwand vom Bruttoertrag der Ernte erhoben und belastete die Pflichtigen höchst unterschiedlich. Das hemmte Eigeninitiative und Investitionen und mutete angesichts der Revolutionierung des Verkehrs durch Dampfschiff und Eisenbahn sowie der Forderungen nach Freihandel und Liberalisierung der Gesellschaft als ein Relikt des Mittelalters an.

Zunächst suchte der Gesetzgeber die Agrarverhältnisse Altwürttembergs auf die neugewonnenen Landesteile zu übertragen: Das bedeutete Abschaffung der Lehensbindungen an die mediatisierten früheren kleinen Landesherren. Diese, Standesherren genannt, riefen jedoch den Deutschen Bund als Verfassungsorgan an und blockierten so die 1817 eingeleiteten Reformen wie Ablösung der Frondienste und die Umwandlung der Erblehen in freie Pachtgüter. Als der Stuttgarter Landtag 1836 die Ablösung der grundherrlichen Lasten beschloß, verweigerten die Standesherren in der Zweiten Kammer des Parlaments erneut ihre Zustimmung, weil ihnen die Ablösesummen zu gering erschienen.

Selbst die Reformer und Vorkämpfer einer Bauernbefreiung sahen sich angesichts der württembergischen Verhältnisse in einer Zwickmühle. Die Ablösung betraf ja auch das Kammergut, eine Art von staatlichem Fideikommiß. Das herzogliche Kammergut war 1806 bei der Gründung des Königreiches durch Einvernahme des evangelischen Kirchenbesitzes noch einmal gewaltig vermehrt worden, und schließlich entfielen knapp 30 Prozent der Staatseinnahmen auf Einkünfte des Kammergutes. Für ein rasches Ende zumindest der Naturalsteuern sprachen dagegen wieder die aufwendige Verwaltung und die jährlich schwankenden Einnahmen nach Ernteerträgen.

Allein zwei Drittel der württembergischen Rebfläche, vor allem im früheren Herzogtum, waren der Finanzverwaltung im Vormärz noch zehnt- oder teilweinpflichtig. 18 000 Familien ernährten sich vom Weinbau. Am Zehnten hing der Kelterbann. Der Fiskus versuchte zwar auf Drängen des Königs und des Kabinetts, den Weinzehnten zu verpachten, setzte aber die Preise zu hoch an. Zudem erschwerten die unvermeidlichen Preisschwankungen der Herbste langfristige durchschnittliche Berechnungen. Erst nach wiederholtem Drängen des Monarchen zeigte die Oberfinanzkammer schließlich Entgegenkommen, so daß am Vorabend der 48er Revolution 96 Prozent der zehntpflichtigen Weinberge fixierte Geldabgaben zu leisten hatten.

Unter dem Druck der Märzereignisse 1848, bei denen es vor allem in Hohenlohe zu Tätlichkeiten gegen Beamte der Standesherrschaften

Der „Kunrad", ein Heilbronner Weingärtneroriginal um die Jahrhundertwende. Er trug ständig die Attribute seines Standes mit sich: Felghaue, Sutterkrug und Wieden zum Binden der Reben. Scherenschnitt von W. Rieth.

kam, besiegelte der Landtag endlich die Bauernbefreiung. Die neuwürttembergischen Standesherren mußten sich dabei mit geringeren Ablösesummen für die Grundlasten als 1836 begnügen. Die betrugen aber noch immer das Zwölf- bis Sechzehnfache eines Jahresertrags und waren bis 1874 treu und brav abbezahlt. 1849 folgte das Gesetz zur Ablösung des Zehnten, dem ebenfalls der sechzehnfache Ertrag zugrunde gelegt wurde. In der Präambel des Gesetzes heißt es: „Den Zehnten hat die Wirtschaftspolitik längst für eine lästige und schädliche Abgabe erklärt. So sehr man dies auch in Württemberg erkannt haben mochte, so gab es doch bei der Beseitigung Widerstände und bedurfte es des politischen Umschwungs im März 1848, um hier Bahn zu brechen. Wenn wir auch nicht die kühne Hoffnung hegen, der Bauer werde künftig auf seinem durch Dampf getriebenen Pfluge Schillers Werke lesen, haben wir doch mehr Vertrauen auf die Kraft und Religiosität des Volkes, als daß wir die Befürchtung teilen müßten, bisher selbständige Bauern werden nun als Taglöhner reicher

Gutsbesitzer in Räumen verfallender Kirchen der Zeit gedenken, wo sie in anständigen Kirchen ihren Gottesdienst feierten."

Jetzt erst gab es freie Bauern und Weingärtner auf freiem Grund und Boden. Auch die letzten Fesseln und Spinnweben feudal privilegierter Zwischengewalten, etwa die fürstlichen Patrimonialgerichte, waren abgestreift. Halb war es eine Befreiung, halb ein Sichloskaufen gewesen.

Vorausgegangen war der Märzrevolution ein miserabler Jahrgang. „Die essigsaure Gäre des Siebenundvierzigers", so der sozialpolitisch engagierte Volkskundler Wilhelm Heinrich Riehl, „begünstigte die politische Gärung außerordentlich." Das focht jedoch den Schwaben in seinem Bedürfnis nach Vesper und Vesperwein nicht an. Der liberale Gelehrte Friedrich Theodor Vischer, Mitglied der Frankfurter Nationalversammlung, war nach deren Auflösung mit anderen aufrechten Parlamentariern nach Stuttgart gegangen. Militär sollte hier das sogenannte deutsche Rumpfparlament auflösen. Krawall lag in der Luft. Soldaten mit aufgepflanztem Bajonett riegelten die Straßen zum Schloß und zum Rathaus ab. Vischer wurde auf seinem gewohnten Gang in die Weinstube „Zur Schule" aufgehalten und raunzte unwillig: „Machet Platz, Leut! I han de ganze Tag geschafft, jetzt hab' i Hunger ond Durscht ond will in mei Wirtschäftle!" Worauf der Soldat vor ihm antwortete: „Des isch ebbes anders" und den Herrn Professor passieren ließ.

Hungerjahre und gescheiterte Revolution trieben damals viele Schwaben über das Meer nach Nordamerika. 1853 überbrachte ein württembergischer Großkaufmann König Wilhelm vier Flaschen schwäbisch-amerikanischen Weines mit dem Hinweis, „daß württembergische Weingärtner es hauptsächlich waren, die den ersten guten Wein bei Cincinnati lieferten . . . Vom Neckar zum Ohio trugen die Schwaben den Sinn für Weinberge und mit diesem Sinn als immer begleitendes Gefühl das Streben nach gemütlich gesellig frohem Leben."

Händler kaufen den Herbst auf

Nimmt man Hermann Adalbert Daniels geographisches Handbuch von Deutschland beim Wort, so muß es um Industrie und Weinbau am Neckar kurz vor Gründung des Bismarckreiches kläglich gestanden haben. Über das Exportland Württemberg heißt es da nämlich: „Am meisten zur Ausfuhr kommen Holz und Uhren vom Schwarzwald und Schnecken von der Alb." Tatsächlich wurden damals allein von Ulm aus jährlich vier Millionen in Schneckengärten gezogene und verdeckelte Weinbergschnecken ausgeführt.

Seßhaft etablierte Weinhandlungen im heutigen Sinne sind erst spät zu belegen: 1800 in Tübingen, 1828 in Markelsheim an der Tauber und 1834 in Stuttgart. 1870 gab es in Württemberg 640 Weinhandlungen, von denen gut die Hälfte ausschließlich mit Wein handelten, darunter solche, die neben dem Büropersonal drei bis vier Reisende und bis zu zehn Küfer beschäftigten. Sie konzentrierten sich in Stuttgart, Heilbronn und Ulm.

Eingekauft wurde in den Weinorten landauf, landab frisch von der Kelter weg, und zwar bis zu drei Viertel des Herbstes. Im Remstal gingen bis zum Ersten Weltkrieg sogar neun Zehntel an den Handel. Selbst die schon bestehenden Weingärtnergenossenschaften waren mangels Kapital, Kellern und Faßraum auf unmittelbaren Verkauf an Händler und Wirte angewiesen. Außergewöhnlich stark war der Anteil jüdischer Namen im Weinhandel. Von den 17 größten und angesehensten Firmen in Württemberg waren um die Jahrhundertwende elf in jüdischem Besitz.

Einen wichtigen Part spielten die städtischen Konsumvereine. Der 1864 gegründete Stuttgarter Konsumverein unterhielt eine eigene Kelterei und beschäftigte ein gutes Dutzend Küfer. In seiner Dissertation über den württembergischen Weinhandel hat Wilhelm Engelmann 1911 festgehalten: „Meiner Ansicht nach hat der Konsumverein bei vielen das Bedürfnis nach Wein erst geweckt. Mancher kleine Mann, der sich früher keinen Wein gönnte oder vielleicht nur ab und zu im Wirtshaus einen Schoppen trank, kauft nun seine Flasche beim Konsumverein . . . da er ja so billig und gut ist . . . es ist erstaunlich, wie wenig von seiten der großen Weinhandlungen in der Stadt über den Weinhandel des Konsumvereins geklagt wird, ein Zeichen, daß alte Abnehmer den Weinhandlungen durch diesen nicht entzogen wurden."

Beim Verkauf unter der Kelter hatte der Wengerter herzlich wenig Einfluß auf den Preis. Da er den Weinberg vorwiegend allein mit seiner Familie bearbeitete und wenig bare Auslagen hatte, fiel es ihm schwer, zu einer vernünftigen Kalkulation zu kommen. Ausschlaggebend beim Preis waren Angebot und Nachfrage. Engelmann: „Jeder einzelne hat nur das Bestreben, seinen Wein möglichst schnell an den Mann zu bringen, immer in der Angst, seinen Wein überhaupt nicht absetzen zu können. Bis zu einem gewissen Grade ist diese Angst auch berechtigt, denn was soll der Weingärtner tun, wenn er seinen Wein im Herbst nicht verkauft? Keller, Fässer, Kelter hat er nicht und zum Beschaffen der dringendsten Hilfsmittel fehlt ihm das Geld. Der Weinberg ist kapitalarm; er kann seinen Wein nicht halten, wenn ihm der Preis nicht genügt, er kann seinen Wein auch nicht selbst verzehren, um davon zu leben."

Als Ausweg blieb der Ausschank in der eigenen Besenwirtschaft. Unabhängig von der betriebswirtschaftlichen Kalkulation konnten sich die

Erzeuger lange nur am Weinpreiszettel der nationalliberalen Tageszeitung „Schwäbischer Merkur" orientieren. Seit 1826 erschienen hier mit Beginn der Weinlese die ersten Notizen über Menge, Güte, Mostverkauf und Preisbildung in den einzelnen Orten. Die Berichte wurden von den Schultheißen oft per Expreß an die Redaktion des Blattes geschickt. Hier hatte man also einen aktuellen Überblick über die Durchschnittspreise im Land.

Der Kauf im Herbst wurde meist mündlich abgesprochen und mit Handschlag besiegelt. Mit der Zeit nahmen die Käufe privater Kunden und Gastwirte ab. Oft kaufte ein Händler den Ertrag eines ganzen Dorfes auf. Das änderte sich erst zwischen den Kriegen mit dem Erstarken der Weingärtnergenossenschaften.

Die ersten Genossenschaften hatten es schwer

Die Weingärtnergenossenschaften sind Kinder der Not. Anfangs hatten sie eher den Charakter von Weinbauvereinen, nachdem die württembergische Gewerbeordnung von 1828 die Zünftigkeit der Wengerter aufgeho-

Jubiläumsetikett zum 100jährigen Bestehen der Weingärtnergenossenschaft Neckarsulm.

Statut

der

Weingärtner=Genossenschaft

Markelsheim

eingetr. Genossenschaft mit unbeschränkter
Haftpflicht.

Beschlossen am 30. Januar 1898.

Buchdruckerei von C. Schönhuth.
Mergentheim.

Statut der 1898 gegründeten Weingärtnergenossenschaft Markelsheim.

ben hatte. Ein Reichsgesetz von 1889 ermöglichte dann die Umwandlung in Erwerbs- und Wirtschaftsgenossenschaften. Unbegrenzte Mitgliederzahl, begrenzter Geschäftsbezirk, solidarische Haftung, ehrenamtliche Verwaltung und Unteilbarkeit des Vermögens hatten sich zuvor jedoch schon gewohnheitsrechtlich bei manchem Weinbauverein eingebürgert.

In Asperg gründete Schultheiß Weiß 1854 den ersten württembergischen Weingärtnerverein mit dem Charakter einer ländlichen Warengenossenschaft, dem freilich kein langes Leben vergönnt war. Aus einem seit 1834 tätigen Weinbauverein ging dann im Herbst 1855 in Neckarsulm eine „Association für Bereitung und Verwertung des Weinmostes" hervor, die sich vor allem um gemeinsamen Verkauf bemühte. Ab 1923 firmierte sie als Weingärtner-Gesellschaft GmbH, seit 1939 als Weingärtnergenossenschaft. Die Neckarsulmer Association gilt als die älteste heute noch bestehende Weingärtnergenossenschaft der Welt.

1857 tat sich in Fellbach eine Anzahl Wengerter mit dem Ziel der Qualitätsverbesserung und Verkaufsförderung zusammen. Ihr Traubengut wurde vor dem gemeinsamen Keltern klassifiziert: erste Berglage, zweite Berglage, Mittelfeld, Niederfeld. Ähnliche Zusammenschlüsse gab es 1859 in Esslingen, 1868 in Weinsberg, 1879 in Tübingen und Beilstein, 1880 in Oberstenfeld, 1887 in Untertürkheim und 1888 in Heilbronn.

Die ersten nach dem Genossenschaftsgesetz eingetragenen württembergischen Weingärtnergenossenschaften wurden 1892 in Ingelfingen und 1898 in Markelsheim gegründet. In Ingelfingen gab der energische Stadtschultheiß Rilling den Anstoß dazu. Er setzte Lesezeiten und Klassifizierung des Traubengutes fest, wachte über sauberes Herbstgeschirr und wich während der Lese nicht von der Kelter. Mitglieder, die sich nicht an die Bestimmungen hielten, mußten mit Geldstrafen bis zu 20 Mark – damals viel Geld – büßen. Schließlich waren die Ingelfinger des rigorosen Regiments überdrüssig, es kam zum Krach. Rilling trat ab und gründete 1911 im benachbarten Criesbach am Kocher eine neue Genossenschaft.

Um die Jahrhundertwende gehörten dem Württembergischen Genossenschaftsverband erst vier Weingärtnergenossenschaften an, 1914 waren es 15 mit insgesamt 1 070 Mitgliedern. Einige unterhielten eigene Musterweinberge und Rebschulen, sie stellten Düngerversuche an und bezogen Weinbergpfähle sowie die ersten Spritzmittel, Schwefel und Kupfervitriol, im Großeinkauf. Verkauft wurde nach wie vor im Herbst auf öffentlicher Versteigerung, nur fünf Genossenschaften besaßen eigenen Lagerraum.

Ganze zwei Prozent der Weingärtner im Land hatten sich bis dahin für den Genossenschaftsgedanken entschieden. Die Gründe für diese Zurückhaltung hat Wilhelm Engelmann 1911 einfühlsam dargelegt: „Die Trau-

ben werden je nach Weinberglage sowie nach ihrer Güte in Klassen einge-
teilt. Dies paßt schon vielen nicht. Denn nur zu gerne hält jeder Weingärtner eben seinen Wein für den besten und unterwirft sich hierin nur
schwer einer Kontrolle. Viele Weingärtner haben seit Jahren ständige
Käufer . . . und wieder andere schenken ihre Weine als Besenwirte nach
dem Herbst selbst aus. Viele haben auch nicht solche Weinberglagen, wie
sie die Genossenschaften verlangen und im Interesse eines guten Weines
verlangen müssen. Hauptsächlich hält aber das mangelnde Verständnis
für die Notwendigkeit des Zusammenschlusses die Weingärtner der Genossenschaft fern, und der Glaube, in der Genossenschaft auf selbst geringe Teile persönlicher Selbständigkeit verzichten zu müssen. Die Weingärtner, besonders die alten, sind Eigenbrötler, die sich in keine Ordnung fügen wollen. Der Weingärtner begibt sich lieber in fremde Abhängigkeit,
das heißt in die Abhängigkeit von seinen Abnehmern, als in die seiner
Standesgenossen."

Des Weinbaus Hohe Schule

Mit Neckarsulm weist Württemberg die älteste Weingärtnergenossenschaft, mit Weinsberg die erste Weinbauschule Deutschlands auf. Kameralverwalter Immanuel Dornfeld, Verfasser der ersten umfassenden Geschichte des Weinbaus in Schwaben, hat die Gründung einer solchen
Lehranstalt mit Musterbetrieb bereits 1849 vorgeschlagen. Ein paar Jahre
später entwickelte Karl Göritz, Professor an der 1818 gegründeten Land-
wirtschaftsakademie Hohenheim, ausführliche Vorschläge für eine Weinbauschule, wie sie nicht einmal Frankreich besaß. Auch für ihn war die
Koppelung theoretischer und praktischer Ausbildung selbstverständlich,
nötig sei auch ein physikalisch-chemisches Laboratorium.

Göritz schloß sein Gutachten mit den Worten: „Das Resultat wird sein,
daß wir mit der Zeit den Stand wohlhabender Weinbergsbesitzer haben,
der uns so sehr mangelt, daß auch der Weinhandel schwunghafter und
besser betrieben wird, so daß der spekulative Privatmann wieder, wie in
früheren Zeiten, Weinvorräte einlegt, weil er einsichtsvolle Küfer hat,
welche ihn vor Schaden bewahren, daß unsere Weine wieder einen guten
Ruf auch im Auslande bekommen, daß dabei auch der Weingärtner sich
besserstellt, sein Geschäft geschickter führt, daß der Mostverkauf unter
der Kelter sich vermindert und bald in Traubenverkauf, bald in Verkauf
des fertigen, abgelagerten Weines sich umwandelt, wodurch dann der
Weinbau in schlechten Lagen und mit schlechten Sorten ein Ende nimmt,
kurz wir werden durch den an die Jugend verwendeten Unterricht das

1

№ 1.
Regierungs-Blatt
für das
Königreich Württemberg.

Ausgegeben Stuttgart Donnerstag den 9. Januar 1868.

C) Des Departements des Kirchen- und Schulwesens.

Des Ministeriums des Kirchen- und Schulwesens.

Bekanntmachung, betreffend die Errichtung einer Weinbauschule in Weinsberg.

Auf Grund der schon im Etat pro 18⁶⁴/₆₇ getroffenen Verabschiedung ist mit höchster Genehmigung Seiner Majestät des Königs eine Weinbauschule in Weinsberg errichtet worden, zu deren Vorstehern, zunächst in provisorischer Weise, Gemeinderath Single in Stuttgart und Inspektor Mühlhäuser, der letztere mit dem ständigen Sitze in Weinsberg, ernannt sind.

Diese neugegründete Anstalt, deren Gutswirthschaft in Selbstverwaltung genommen ist, ist für 12 Zöglinge, hauptsächlich aus dem Weingärtnerstande, bestimmt, welche während des festgesetzten zweijährigen Curses im Wesentlichen ebenso, wie die Zöglinge der Ackerbauschulen behandelt werden und von den Schulvorstehern unter Mitwirkung des Weingartmeisters und anderer Lehrer (vom Volks- und Realschulfache) einen auf gründliche berufliche Ausbildung berechneten Unterricht erhalten sollen.

Mit der nächsten Aufsicht über diese Anstalt ist die Centralstelle für die Landwirthschaft betraut, von welcher sofort auch die weiteren Einleitungen zu der im Februar k. J. bevorstehenden Eröffnung der Schule werden getroffen werden.

Stuttgart den 28. Dezember 1867.

Golther.

Regierungsblatt für das Königreich Württemberg vom 9. Januar 1868
mit der Bekanntgabe, daß in Weinsberg eine Weinbauschule gegründet werde.

Ziel erreichen, das durch alles Einwirken, auch der älteren Weingärtner, niemals erreicht werden kann."

Gut Ding brauchte Weile. Die Regierung wollte, daß an der künftigen Schule auch der Anbau von Obst, Gemüse und Handelsgewächsen gelehrt und erprobt werde. Die Staatsdomäne Weißenhof bei Weinsberg mit Rebbesitz, Obstgärten und Gemüsefeldern sei dafür geeignet. Im Landtag erklärte sich der Öhringer Abgeordnete Rödlinger für Weinsberg und sah „einen weiteren großen Vorteil im Vergleich zu der Liebfraumilch, wenn Flaschenwein mit einer Etikette mit dem Aufdruck ‚Weibertreue' in den Handel käme".

Neubau der Staatlichen Lehr- und Versuchsanstalt für Wein- und Obstbau in Weinsberg, die 1993 ihr 125jähriges Bestehen feierte.

Die Schule kam dann doch nicht auf den Weißenhof, sondern bezog ein zunächst noch sehr beengtes, düsteres Anwesen in Weinsberg selbst. Der Sachverständige in Weinbausachen bei der Zentralstelle für Landwirtschaft, der Stuttgarter Christian Single, wurde zum Vorstand, Inspektor Johann Mühlhäuser zu seinem Stellvertreter berufen. Zwei Jahre darauf, 1868, öffnete die Weinbauschule Weinsberg ihre Tore. Kurse für Kellerwirtschaft, Obstbau, Gemüsebau und Bienenzucht kamen hinzu.

Single starb schon nach dem ersten Jahr, aber Mühlhäuser konnte die Aufbauarbeit kontinuierlich bis 1895 fortsetzen. Unter Heinrich Schoffer wurde die Anstalt ausgebaut, 1907 die Rebveredelungsanstalt Offenau, 1926 die Außenstelle Lauffen gegründet. Friedrich Gräter, zuvor lange im Ausland tätig, übernahm 1929 die Leitung und widmete sich vor allem dem Rotweinausbau, nachdem um die Jahrhundertwende endlich eine Weinchemische Abteilung eingerichtet worden war. Unter seiner Ägide begann August Herold in Lauffen mit der Rebzüchtung. Dank Ernst Klenk, er war seit 1946 Leiter der Lehr- und Versuchsanstalt, gewann Weinsberg dann weltweit einen guten Ruf auf dem Gebiet der Kellerwirtschaft und wurde Bundesfachschule für das Küferhandwerk.

Seit 1970 wirkt Gerhard Götz als Direktor; er hat das Institut zwischen Bundesstraße 39, Traubengässle, Urbanstraße und Lenaustraße großzügig ausgebaut. Mit sechs Schülern hatte der Lehrbetrieb begonnen; heute werden mehr als 100 Studierende unterrichtet. Sie können sich zum Techniker für Weinbau und Kellerwirtschaft sowie für Obstbau ausbilden lassen oder den Meisterbrief für Weinbau, Küferhandwerk und Obstbau erwerben.

Das Staatsweingut umfaßt mehr als 50 ha Weinberge in Weinsberg, Burg Wildeck, Gundelsheim, Talheim sowie in der seit 1980 angeschlossenen Außenstelle des Staatlichen Weinbauversuchsgutes Lauda an der Tauber. 60 ha Versuchsfläche sind dem Obstbau vorbehalten. Neben dem Kerner, der erfolgreichsten Neuzüchtung nach dem Krieg, gingen aus der Weinsberger Rebenzüchtung Helfensteiner, Heroldrebe, Sulmer, Hölder, Ruling und Silcher hervor; der Dornfelder bewahrt die Erinnerung an den geistigen Vater der Hohen Schule württembergischen Weinbaus.

Parlament und Besenwirtschaft

Die Bauernbefreiung hatte den kleinen Wengerter zum eigenen Herrn gemacht, ihn aber auch dem freien Spiel des Marktes ausgesetzt. Gegenüber dem Konkurrenzdruck auswärtiger und ausländischer Weinimporte konnte er sich mit ein paar Ar, zum Teil noch in Steillagen, kaum behaupten. Die seit Herzog Christoph legitimierte Realteilung hatte das Weinland in Zwergbesitz zersplittert. Oft lagen die einzelnen Parzellen über die ganze Gemarkung verstreut; Arrondierung war schwierig, weil die Bodenpreise stiegen.

1892 stellte der Beilsteiner Stadtschultheiß Singer fest: „Die zunehmende Verarmung des Weingärtnerstandes ist unleugbar . . . Ich behaupte, wenn nicht dem Güterwucher das Handwerk gelegt wird, so geht unser Weingärtner- und Bauernstand zugrunde . . . Der hiesige Weingärtner ist genötigt, sein Erzeugnis sofort im Herbst abzusetzen. Er kann das Jahr über kein Geld machen. Der Schmied und Wagner, Schuhmacher und Schneider, der Kaufmann und Bäcker, Zins und Steuern, alles wird auf den Herbst vertröstet, glücklich sind die, bei denen es herumreicht, die meisten sind am Tag nach Martini wieder so arm wie vorher und trösten sich mit dem nächsten, wie sie hoffen, besseren Herbst."

Daß das Gesinde auf oberschwäbischen Höfen besser lebte als ein Weingärtner an Neckar oder Enz, war die Regel und wurde 1880 von der Mergentheimer Oberamtsbeschreibung auch für das fränkische Gäu und den Taubergrund bestätigt: „Der Taglöhner des Großbauern auf der Höhe hat oft einen besseren Tisch als der Häcker im Tal; fällt diesem ein Schwein, so hat er ein Jahr lang eben gar kein Fleisch; Milch, Kartoffeln, Brot und Suppen bilden die Hauptnahrung, der nur zum Teil die Eier des Hühnerstalls zugesetzt werden."

Einen Ausweg bot allein der Ausschank des nicht verkauften Weins in der eigenen Besenwirtschaft, und das, obwohl Württemberg um die Jahrhundertwende unter allen deutschen Staaten mit einer Gaststätte auf 128 Einwohner schon die höchste Wirtshausdichte aufwies. Für den Besenwirt lagen die Betriebskosten bei ausgeräumter guter Stube, manchmal mußte auch das Schlafzimmer herhalten, bei Null; die Abgaben waren gering, der liegengebliebene Wein brachte, frisch durchgegoren, vom Faß bei raschem Umsatz mehr ein als beim Verkauf an den Händler. Bis zu 5 000 Besenwirtschaften gab es zeitweise im Land; in Heilbronn wurden manchmal 40 Prozent eines Jahrgangs dort ausgeschenkt.

Die Weingärtnergenossenschaften erlaubten anfangs, daß ihre Mitglieder einen Teil der Ernte im Privatausschank absetzten. Der Reichsnährstand sah die demokratische Gemütlichkeit auf harten Bänken weniger gern. 1938 verteidigte der zum Landesführer des Weinbaus bestellte Standespolitiker Gurrath in einem Brief an das Wirtschaftsministerium die ehrwürdige Institution: „Durch die Besenwirtschaft ist der Wein in Württemberg zu einem Volksgetränk geworden. In den Besenwirtschaften steckt ein gutes Stück Volkstum. Hier sitzen Volksgenossen jeden Standes untereinander und kommen sich dadurch näher, wodurch die Volksgemeinschaft gefördert wird."

Die rechtlichen Grundlagen für den Betrieb einer Besenwirtschaft sind über die Zeiten hinweg ziemlich gleich geblieben. Es darf nur selbstgezogener Wein in eigenen Räumen mit nicht viel mehr als 40 Sitzplätzen für insgesamt vier Monate ausgeschenkt werden, darüber hinaus ist das Angebot kalter oder einfach zubereiteter warmer Speisen erlaubt. Gewandelt hat sich dagegen die soziale Bedeutung der Besenwirtschaft. Seitdem die Genossenschaften auf Vollablieferung bestehen, ist sie eine Domäne der kleinen Selbstmarkter geworden, die Professionalisierung unübersehbar. Ausgeschenkt wird heute meist im Keller oder in eigenen Räumen mit betont rustikaler Ausstattung. Aus der familiären Kneipe für die Nachbarschaft ist ein Lokal für Touristen geworden. Stuttgart führt in seinem offiziellen Veranstaltungskalender die Besenwirtschaften eigens auf. Früher signalisierte der ausgehängte Besen die blanke Not, heute ist er ein Stück folkloristisch verbrämter Traditionspflege.

Ihre Legitimation als Quell eines zwar herben, aber bodenständig ehrlichen Tropfens verdankte die Besenwirtschaft der schamlosen Kunstweinproduktion des späten 19. Jahrhunderts, genauer: der laschen Reichsgesetzgebung, die an das Produkt Wein ausschließlich chemische Mindestanforderungen stellte und analysenfeste Kunstweine duldete. 1901 und 1909 erst hat der Gesetzgeber den Wein als ausschließlich aus dem Saft frischer Trauben gewonnenes Erzeugnis definiert, die Kontrollen verschärft und die Herstellung von Kunstwein verboten.

Ohne die standespolitische Mitsprache der Erzeuger wäre damals der Ruin des deutschen Weinbaus besiegelt gewesen. 1894 schon hatte der württembergische Ministerpräsident Hermann von Mittnacht eine geplante Reichsweinsteuer zu Fall gebracht. Die liberale Handelspolitik des Reichskanzlers Caprivi, der die agrarischen Importzölle, und damit auch Weineinfuhrzölle, zugunsten der Brotpreise und der industriellen Ausfuhr senken wollte, führte schließlich zum politischen Engagement der Weingärtner selbst. Beispielhaft bleibt Heilbronn, wo sich die Wengerter bis heute selbstbewußt als „der Stand" begreifen. Das liberale Bürgertum spaltete sich schließlich. Die kleinen Bauweingärtner und Tagelöhner, seit 1920 in der Winzergenossenschaft unter sich, stimmten demokratisch; die

Martin Haag saß von 1893 bis 1898 für die Deutsche Volkspartei im Reichstag. Er gehört zur ersten der vier Generationen Haag aus Heilbronn, die auch politisch für den Württemberger Wein gewirkt haben.

vermögenderen Erzeuger, die 1888 die Weingärtnergesellschaft gegründet hatten, unterstützten den seit der Jahrhundertwende im Landtag vertretenen Württembergischen Bauern- und Weingärtnerbund sowie die spätere Deutschnationale Volkspartei.

Von 1893 bis 1898 saß Martin Haag aus Heilbronn, städtischer Güterinspektor, für die Deutsche Volkspartei im Reichstag. Der steinerne Wengerter am südlichen Kragstein des Kirchturms von St. Kilian trägt seine Züge. Sein Sohn Wilhelm gehörte von 1912 bis 1920 dem Landtag und anschließend vier Jahre dem Reichstag an. Nach den Sitzungen in Berlin nahm er jeweils den Nachtzug nach Heilbronn, um am nächsten Morgen wieder im Weinberg schaffen zu können. Ihm folgte sein Sohn Heinrich, der für zehn Jahre, bis 1934, in den Reichstag gewählt wurde und zugleich Vizepräsident des Württembergischen wie des Deutschen Weinbauverbandes war.

In der vierten Generation hat Otto Haag, der Alterspräsident des Württembergischen Weinbauverbandes, seinem Stand und seiner Heimat politisch gedient, obwohl ihn, den aktiven Weingärtner, Musik und Geschichte mehr anzogen. Von 1956 bis 1960 und noch einmal 1964 saß er für die FDP/DVP im Landtag. Vorbild war ihm der Vetter seines Vaters Heinrich, der 1955 verstorbene Hermann Schneider, Rebenzüchter, Musterwengerter, Mitglied der Verfassunggebenden Landesversammlung, Landtagsabgeordneter und nach dem Krieg bis zu seinem Tod Präsident des Weinbauverbandes. Otto Haag und Hermann Schneider haben sich als Geschichtsschreiber der Standestradition verdient gemacht. Und vier Generationen ununterbrochener parlamentarischer Tätigkeit in einer Weingärtnerfamilie, das dürfte in Deutschland einzigartig sein und bleibt ein Ruhmesblatt auch der ehemaligen Reichsstadt Heilbronn.

Abschied vom historischen Weinberg

Die Entwicklung von Naturwissenschaft und Technik hat in unserem Jahrhundert Weinbau und Kellerwirtschaft revolutioniert. Das gilt vor allem für die Zeit nach 1945. Nur die einschneidendsten Veränderungen können hier skizziert werden. Statt des Mischsatzes wurzelechter Reben steht heute ein sortenreiner Satz selektionierter, reblausresistenter Pfropfreben im Weinberg. Der Kopfschnitt mit Dreischenkelerziehung an ebensoviel Pfählen wich der Stammerziehung am Drahtrahmen. Der Schlepper hat das Kuhgespann, der direkte Zug den Seilzug schon weitgehend abgelöst. Hackpflug und Fräse haben Haue und Karst ersetzt.

Die Chemie reguliert mit Schädlingsbekämpfung, Unkrautvernichtung und Mineraldünger den Kreislauf der Arbeit; statt des Handbesens und der schweren Rückenspritze sind heute selbstfahrende Sprühgeräte im Einsatz. Die Ertragsfläche ging zwischen 1900 und 1989 von 16 830 ha auf 10 214 ha zurück. Gleichzeitig hat sich der durchschnittliche Weinertrag von 26,03 hl auf 118,5 hl/ha im Jahr 1988 mehr als vervierfacht; der Jahrgang 1989 brachte vor der verordneten Mengenbegrenzung sogar den Rekordherbst von 158,6 hl/ha ein.

Die Zahl der Arbeitsstunden pro Jahr und Hektar sank in den bereinigten Weinbergen von 2500 und mehr auf 900 und weniger. Dafür hat sich der Kapitaleinsatz erhöht. Allgemein ging die Ent-

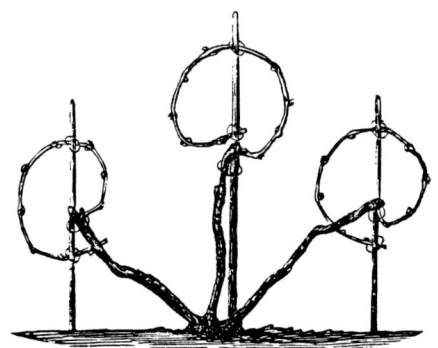

Die im Unterland gebräuchliche dreischenklige Erziehung der Rebe.

wicklung vom gemischten landwirtschaftlichen Betrieb mit Weinbau hin zum vereinfachten Landwirtschaftsbetrieb mit Schwerpunkt Weinbau, zum reinen Weinbaubetrieb oder zum weinbaulichen Neben- und Zuerwerbsbetrieb. Bedingt wird dies von den nach wie vor kleinstrukturierten Betriebsverhältnissen im Württembergischen. Von insgesamt 18 628 Weinbaubetrieben bewirtschafteten 1988 3 875 eine Rebfläche unter 10 Ar. 9 484 Betriebe besaßen bis zu einem halben Hektar, 2 394 Betriebe bis zu einem Hektar. Nur 2 874 Betriebe bewirtschafteten einen und mehr Hektar Rebland.

Seit Ende der 80er Jahre dröhnt der Traubenvollernter durch die Weinberge im Neckarland. Der vier Meter hohe, fünfeinhalb Tonnen schwere Saurier schafft in einer Stunde das Tagwerk eines Dutzends Leser. Schlagwerke rütteln und schütteln die Trauben in einen Bottich; dabei, so heißt es, sei die Qualität der Trauben nicht besser und nicht schlechter als beim herkömmlichen Handleseverfahren. Das Maschinenungetüm kann in fast zwei Dritteln der Weinberge Württembergs eingesetzt werden und verkraftet eine Hangneigung bis zu 30 Prozent.

Dafür, daß die Reben trotz Hochstammerziehung nicht in den Himmel wachsen, sorgt die Natur. Trotz des Spritzens und Sprühens von Akariziden, Insektiziden und Fungiziden gegen Milben, Kerfe und Schadpilze sind dem Weinstock mit der einst so harmlosen Roten Spinne oder der Schwarzfleckenkrankheit neue Feinde erstanden. Der schon immer vorhandene Grauschimmel hat sich erst mit dem Anbau reichtragender Pfropfreben zu einer ernsthaften Gefahr entwickelt.

Akariziden und Insektiziden sind inzwischen in Württemberg nur noch in Ausnahmefällen zulässig; Fungizide dürfen nur noch vor unmittelbar drohendem Pilzbefall angewandt werden. Alle Produkte dürfen spezifisch nur auf den Schädling zielen und sollen die Lebensgemeinschaft im Weinberg weitgehend schonen.

Wie der Mensch dem Schädling zuarbeitet, verrät eine vorerst nur in Frankreich beobachtete neue Seuche, die Eutypiose. Der Pilz, der sie verursacht, gehört zur natürlichen Mikroflora des Weinberges. Bedrohlich wird er erst unter ganz bestimmten Bedingungen. Bei zu hohem Anschnitt, intensiver Düngung und unsachgemäßer Anwendung von Herbiziden, also Unkrautvertilgern, kann er über frische Schnittflächen und Wunden in die gestreßte Rebe eindringen und in jahrelanger Arbeit das Holz so weit zerstören, daß der Stock abstirbt.

Der Wende im Weinbau entspricht der Umbruch in der Kellerwirtschaft. Noch in den ersten Jahrzehnten unseres Jahrhunderts wurde der Löwenanteil der Württemberger Weine im ersten Jahr jung aus dem Faß getrunken. Bei den besseren, schon auf Flasche abgefüllten Gewächsen waren Reife, ja Firne, also der Alterston, geschätzt. Die Maischegärung samt den Rappen, also dem Stielgerüst der Trauben, sorgte beim Rotwein für Herbe, gelegentlich auch Härte, und Haltbarkeit. 1937 entwickelte Friedrich Gräter die erste Traubenabbeermaschine für das Rotgewächs.

Gärführung, Fernhalten der Luft, Drucktank, biologischer Säureabbau und frühere Abfüllung ergaben duftigere, fruchtigere, jugendlichere Weißweine sowie warme, aromatische, mildere Rotweine. Ende der 40er Jahre stellte Hermann Lidy bei der Landeszentralgenossenschaft Württembergischer Weingärtnergenossenschaften die ersten Weine mit Süßreserve her. Für den Rotweinausbau wurde das kurzzeitige Erhitzen der Maische auf 80 °C entwickelt, um die Farbstoffe rascher aus der Beerenhaut zu lösen. Das Holzfaß wich dem glasemaillierten oder mit Kunststoff ausgekleideten liegenden Tank, der inzwischen vom schlanken, aufrecht stehenden Stahltank abgelöst worden ist.

1932 kam ein grundsätzliches Verbot, deutsche und ausländische Weine miteinander zu verschneiden; erlaubt war nur noch die Zugabe von ausländischem farbstarkem Deckwein für das heimische Rotgewächs. 1971 trat das neue deutsche Weingesetz in Kraft, nachdem sich zuvor schon eine gemeinsame Marktorganisation für Wein innerhalb der Europäischen Wirtschaftsgemeinschaft abgezeichnet hatte. Die für den Weinfreund wichtigste Regelung, die Güteklassifizierung, setzt seither mit dem anspruchslosen Tafelwein oder dem Schwäbischen Landwein ein. Es folgt die breite Masse der Qualitätsweine bestimmter Anbaugebiete, für die Trockenzuckerung zugelassen ist, sowie die Klasse der Prädikatsweine, von Kabinett über Spätlese, Auslese, Beerenauslese bis hin zur Trockenbeerenauslese und zum Eiswein. Prädikatsweine dürfen nur mit Süßreserve angereichert werden, was sich ab der Auslese von Natur aus erübrigt.

Das bestimmte Anbaugebiet Württemberg wurde in die Bereiche Remstal–Stuttgart, Unterland und Kocher–Jagst–Tauber aufgeteilt; 1982 kam der Bereich Württembergischer Bodensee, 1985 der obere Neckar hinzu. Laut Beschluß der EG gilt seit 1990 eine Mengenbegrenzung bei der Weinerzeugung. Danach dürfen etwa in Württemberg nicht mehr als 140 kg Trauben je Ar, das entspricht 110 Liter Wein, vermarktet werden; für terrassierte Steillagen sind ausnahmsweise bis zu 140 Liter erlaubt.

Weinbauverband, Genossenschaften und Güter

Der Erste Weltkrieg brachte staatlich reglementierte Höchst- und Richtpreise für Wein, die im preußischen Rheinland sowie in Hessen lange nicht so streng eingehalten wurden wie im Südwesten und hauptsächlich auf Kosten der Qualitätserzeuger gingen. Dafür traf die 1929 einsetzende Weltwirtschaftskrise mit ihrem Preisverfall den Weinbau hierzulande nicht so hart; Württemberg kam ohne den Notbehelf von Patenweinen für rebferne Provinzen zurecht.

Während des Dritten Reiches wurde 1935 der Württembergische Weinbauverein zwangsweise aufgelöst und das Vermögen kassiert. Ein Weinwirtschaftsverband mit einem Landesleiter für Weinbau trat an die Stelle der gewählten Institution. Die Zwangsbewirtschaftung für Wein überdauerte zunächst das Kriegsende. Zusammen mit Landwirtschaftsrat Oskar Raab, der in den 1930er Jahren an die 100 Weingärtnergenossenschaften ins Leben gerufen hatte, gründete Hermann Schneider 1947 im Schema der damaligen Besatzungszonen den Weinbauverband Württemberg-Baden; 1964 trat Nordbaden wieder dem Badischen Weinbauverband bei. Seitdem gibt es den Württembergischen Weinbauverband. 1957 setzte Präsident Otto Haag den Verzicht Württembergs auf die Naßzuckerung durch, die damals noch eine wunderbare Weinvermehrung um ein Viertel Zuckerwasser erlaubte! In seine Amtszeit fielen auch der Aufschwung der Weingärtnergenossenschaften, der Aufbau genossenschaftlicher Bezirkskellereien und die landesweiten Rebumlegungen. Wie der Aufbau der genossenschaftlichen Kellereien wurden auch diese von Land, Bund und EG großzügig gefördert. Bis Ende der 1980er Jahre galt Württemberg als eine Insel der Stabilität im überschwappenden Weinsee Europas.

Von den 19 Weingärtnergenossenschaften, die es am Ende des Ersten Weltkriegs gab, nahmen 1919 im Zeichen der allgemeinen Misere fünf den Betrieb erst gar nicht wieder auf. Als die Inflation zu Ende ging, waren in Württemberg aber schon 27 Genossenschaften mit 1 800 Mitgliedern aktiv, 1932 bereits 41 mit einem Anteil von 22 Prozent der gesamten Rebfläche des Landes. Damit stand Württemberg in Deutschland an der Spitze. Neben den älteren Keltergenossenschaften lagerten und verkauften viele schon selbst ihren Wein. 1933 wurden die ländlichen Genossenschaften dem Reichsnährstand eingegliedert. Als dieser vier Jahre später Weinmostversteigerungen strikt verbot, verdoppelte sich die Zahl der Genossenschaften auf 86.

Nach der Währungsreform 1948 ging es aufwärts. 1954 gab es 94, 1960 sogar 141 Weingärtnergenossenschaften, eine Zahl, die durch die Konzentration in Bezirkskellereien bald wieder zurückging. Vorausgegangen war 1946 die Gründung der Zentralgenossenschaft Württembergischer Weingärtnergenossenschaften. Damals gelang es, die Luftschutzbunker in Untertürkheim vor der Sprengung zu retten und in Weinkeller umzubauen; hinzu kam noch ein aufgelassener Eisenbahntunnel in Maulbronn. 1960 sicherten sich die Genossenschaften Markenschutz für „Kenner trinken Württemberger". Die in Württembergische Weingärtner-Zentralgenossenschaft umbenannte WZG bezog 1968 im verkehrsgünstig gelegenen Möglingen bei Ludwigsburg ihren Hauptsitz. Karl Dippon, Gründer der Remstalkellerei, und Kellereidirektor Alfred Hofmann haben da Pionierarbeit geleistet. Ein halbes Hundert örtlicher Genossenschaften liefern ihren vollen Herbst bei der WZG zu Ausbau und Vermarktung an; gut 30 Genossenschaften mit eigener Kellerwirtschaft sowie zwei Gebietskellereien geben einen Teil ihrer Ernte, in der Regel ein Fünftel, nach Möglingen ab. 1989 wurden zum Beispiel von 165 Millionen Litern Wein 137 Millionen Liter, das sind 83 Prozent der Gesamtmenge, genossenschaftlich erfaßt, davon wiederum 41 Millionen Liter von der WZG. Gewaltige Investitionen waren erforderlich, um die stetig wachsenden Erträge aus den flurbereinigten Weinbergen aufzufangen.

83 Prozent des Herbstes, so hieß es eben, werden in Württemberg genossenschaftlich vermarktet. Da bleibt für die kleineren selbständigen Weinbaubetriebe, Weingüter und privaten Weinkellereien statistisch nicht viel übrig. Kurioserweise zwang erst das Verbot von Weinmostversteigerungen auch die Weingüter zur Flaschenabfüllung, nachdem ihr „Herrschaftswein" bei den Versteigerungen zwei- bis dreifach so hohe Erlöse gegenüber den anderen Anbietern erbracht hatte. Die zum Teil adeligen Weingüter im Lande setzen nicht nur auf noble Ausstattung, sondern vor allem auf Sortenspezialitäten, ja Sortenraritäten, auf ein eher konservatives Geschmacksbild und, unter bewußtem Mengenverzicht, auf überdurchschnittliche Qualität.

Mehr als 120 Betriebe haben sich zu der seit 1976 bestehenden Vereinigung Selbstmarktender Weinbaubetriebe Württembergs vereint, durchweg Vollerwerbsbetriebe, die insgesamt fünf Prozent eines Jahrgangs einbringen. Ein Zehntel des Herbstes nehmen die Weinkellereien im Land auf, deren Verband knapp zwei Dutzend Betriebe umfaßt. Teilweise gehören diese auch noch dem Verband der Agrargewerblichen Wirtschaft an; er umfaßt Weinkellereien, die ihr Traubengut von Erzeugergemeinschaften, gut 2 000 Mitglieder samt 700 ha Rebland, beziehen. Exklusiv gibt sich der Verband Deutscher Prädikatsweingüter, dessen württembergische Filiale ganze neun noble Weingüter mit überdurchschnittlich hohem Anteil an Prädikatsweinen vereint. Die gegenseitige Kontrolle ist streng. Die VDP-Güter herbsten zwei Prozent eines Jahrgangs; zu ihnen zählt übrigens auch die Weinbauschule Weinsberg.

Konservativ beim Weißgewächs

Erst seit 1954 liegen genauere statistische Angaben über das württembergische Rebsortiment vor. Hektarzahlen und Sortenanteile bleiben trotzdem manchmal widersprüchlich – je nachdem ob die gesamte Rebfläche, einschließlich der Rebschulen, oder die ausschließlich mit Keltertrauben bestockten Weinberge oder nur die Betriebe mit mehr als zehn Ar statistisch berücksichtigt worden sind. Hinzu kommt der dauernde Wechsel, bedingt durch Frostausfälle und Nachpflanzungen. Nehmen wir die mit Keltertrauben bestockte Rebfläche einschließlich der Betriebe mit weniger als zehn Ar, so waren in Württemberg 1991 4 928 ha mit Weißgewächs und 5 903 ha mit Rotgewächs bepflanzt, zusammen also 10 831 ha. Dieses Verhältnis hat sich inzwischen leicht zugunsten der weißen Rebsorten verschoben.

Was Riesling und Kerner in den letzten Jahren an Boden gewannen, verlor hauptsächlich der Silvaner, der noch knapp vier Prozent im Sortiment hält. Der Müller-Thurgau steht meist in den geringeren unteren und oberen Lagen. Alle anderen weißen Sorten haben einen Anteil von zusammen nur zwei Prozent. Spitzenreiter blieb der Riesling mit einem Viertel des gesamten Rebareals, gefolgt von Kerner und Müller-Thurgau mit je knapp neun Prozent.

Traditionelle Vielfalt beim Rotgewächs

Nur 15 Prozent der deutschen Rebfläche sind mit roten Reben bestockt. Mit einem Anteil von knapp 51 Prozent steht Württemberg hier vor Baden und dem Ahrtal an der Spitze aller Weinbaugebiete. Zuvor hatte das Ländle den Rekord an Schillerweinen behauptet. 1931 stellten sie noch knapp die Hälfte der württembergischen Weinerzeugung, gefolgt von einem guten Drittel Rotwein und ganzen 18 Prozent Weißwein. Im nachbarlichen Baden dominiert unterm Rotgewächs monopolartig der Blaue Spätburgunder; in Württemberg zeichnet sich das rote Sortiment durch eine Vielfalt traditioneller Reben aus, die wie der Samtrot, der Limberger, der Schwarzriesling, die Frühburgundervarietät Clevner, der Muskat-Trollinger oder der Trollinger in Deutschland fast ausschließlich hier angebaut werden. Mit 22,3 Prozent führt der Trollinger die Statistik an, gefolgt vom Schwarzriesling mit 15 Prozent, dem Limberger mit 6,3 Prozent, dem Spätburgunder mit knapp drei und dem Portugieser mit zwei Prozent.

Die Rebflurbereinigung war unumgänglich

Die veränderten Lebensgesetze und Lebensgewohnheiten unserer Industriegesellschaft, der Konkurrenzdruck nicht nur des Europäischen Marktes, die Technisierung der Landwirtschaft und damit auch der Sonderkultur Weinbau – all dies machte eine Rebflurbereinigung unumgänglich. Zu zersplittert lagen die Zwergparzellen, zu steil, zu eng und beschwerlich war das Netz der Zugangswege geknüpft. Wenn der heimische Weinbau überleben wollte, mußte er langfristig kalkulierbar und rentabel werden. Im Zeitalter der Handarbeit hatte das Gefüge der Terrassen, Trockenmauern, Stäffele seinen Sinn gehabt und seinen Zweck erfüllt; neue Techniken forderten jetzt eine neue Werkstatt für den Wengerter.

Im stärker reblausverseuchten Baden waren bis 1939 schon 400 ha auf Pfropfreben umgestellt und bereinigt worden. In Württemberg ging man sehr viel zögerlicher ans Werk. Die im und unmittelbar nach dem Krieg angeordneten Verfahren beschränkten sich – wie in Heilbronn – weitgehend auf Wegebau und Auffüllen der Hohlen mit Trümmerschutt; nur teilweise wurden Planierungen, Wasserführung und Neuanpflanzung mit Pfropfreben in das Programm mit einbezogen.

Gemauerter Unterschlupf für den Weingärtner bei Elpersheim an der Tauber.
Im Innern ist eine Nische für den Mostkrug ausgespart.

154

Erst seit den 1950er Jahren begann man mit größeren Erdbewegungen, um ein gleichmäßiges Hanggefälle für den Maschineneinsatz am Seilzug zu erreichen. Dem standen die Trockenmäuerchen, Terrassen, Hecken und Raine sperrig entgegen. So begann in den 60er Jahren die Umlegung großflächiger Hanglagen. Maßgebend waren nun schon der Schmalspurschlepper und die Bewirtschaftung im Direktzug. Das setzte damals noch eine Reduzierung der Hangneigung auf 25 bis 30 Grad voraus. Inzwischen ermöglicht die Technik Direktzuglagen mit knapp 50 Prozent Neigung.

Diesen Einsichten konnten sich Landschaftsschützer und Naturfreunde nicht verschließen. Auch ihnen ging es ja um den Erhalt des kleinbäuerlichen Weinbaus im Neckarland, und der setzte Maschineneinsatz und Verringerung der körperlichen Schwerstarbeit voraus. Als Otto Linck 1965 in der „Schwäbischen Heimat" die Folgen der Rebflurbereinigung aus der Sicht des Naturschutzes darstellte, stimmte er nicht nur eine Elegie auf den historischen Weinberg an, sondern forderte, ebenso realistisch wie skeptisch, einen Kompromiß zwischen dem vertraut-harmonischen Gefüge des in Jahrhunderten gewachsenen Landschaftsbildes und dem technisch Machbaren.

Leider hat Linck mit seiner Skepsis recht behalten. Von den Denkmälern blieben allenfalls da und dort ein paar Versatzstücke in der Flur: ein Hohlweg am Rande, ein paar Trockenmäuerchen am neuen Wirtschaftsweg, ein aufwendig versetztes Hüterhäusle, eine Bildstockkopie am Rastplatz des Weinwanderweges. Verheerender noch als auf das historisch geprägte Kulturdenkmal Weinberg wirkte sich die Rebflurbereinigung auf den Naturhaushalt, auf das Mosaik der Biotope, aus: auf Steppenheide, Heidebuschwald, Mauerflora, Felsvegetation und die mit ihr in Einklang lebende Fauna. Der schlimmste Sündenfall war, daß man den jahrhundertelang ungenutzten Gürtel zwischen Weinberg und Waldkappe ohne betriebswirtschaftliche Zwänge in die Umlegung mit einbezog und rücksichtslos opferte. Selbst die damals verantwortlichen Planer und viele Weingärtner geben heute zu, daß schwere, oft nicht wiedergutzumachende Fehler gemacht worden sind.

Um so pfleglicher sollten wir deshalb mit den Restbeständen der historischen Weinberglandschaft und deren biologischer Artenvielfalt umgehen. Die Kernforderungen lauten hier: Bei den Planierungsarbeiten muß das Relief der Hänge mit ihrem geologischen Schichtenprofil möglichst gewahrt bleiben. Steinriegel im Muschelkalk sollen wegen ihrer landschaftlichen, kleinklimatischen und biologischen Wirkung nicht mehr angetastet werden, Standorte geschützter Pflanzen und bedrohter Lebensgemeinschaften im Gürtel zwischen Wald und Weinberg ausgespart bleiben.

Alte Keltern, Weinberghäuschen, Bildstöcke, Mauerinschriften, steinerne Ruhebänke sollen nur im Notfall versetzt und nach der Umlegung wieder eingefügt werden. Neue Böschungen und nicht bearbeitete Restflächen werden landschaftsgerecht bepflanzt, Stützmauern möglichst aus vorhandenem Naturwerkstein wieder aufgerichtet.

6 450 ha hat man in Württemberg inzwischen rebflurbereinigt. Der Arbeitsaufwand sank in diesen Weinbergen von 2 500 auf weniger als 900 Stunden pro Jahr und Hektar. Unter dem ausgesparten Gelände fallen vor allem die terrassierten Steillagen im Muschelkalk an Enz und mittlerem Neckar ins Auge. Sie lassen sich langfristig nur im Nebenerwerb oder von kleineren Vollerwerbsbetrieben bewirtschaften. Der Staat förderte den Erhalt dieser landschaftsprägenden Steillagen durch Zuschüsse zur Erneuerung des Mauerwerks und der Wasserstaffeln, zum Ausbau der Wege und zum Einbau von Zahnradbahnen und Beregnungsanlagen.

Hoffen auf den Öko-Weinberg

Friedrich Villforth, verdienstvoller Leiter der Weinchemischen Abteilung in Weinsberg, zuckte merklich zusammen, als Bundespräsident Theodor Heuss 1954 bei der Eröffnung des Weinbaukongresses in Heilbronn losdonnerte, man brauche statt Chemieräten künftig mehr Biologieräte im Dienst an Rebe und Wein. Dabei hatte Heuss bei seiner Philippika weniger so subtile Laboranalytiker wie Villforth im Visier als vielmehr den sich abzeichnenden Chemiekrieg gegen Schädlinge und Seuchen im Weinberg und die fragwürdigen Kellerpraktiken, die bald darauf in Weinfälschungsprozessen und Spätleseskandalen an die Öffentlichkeit drangen.

Inzwischen bedrohen Nitratauswaschungen und Herbizide die Trinkwasserversorgung der Rebregionen. Allzu lange hat man nach dem Grundsatz gewirtschaftet, daß die Erträge vom jeweiligen Aufwand an leicht löslichen Mineraldüngern, an Schädlingsbekämpfungsmitteln und vom Maschineneinsatz abhingen. Über der betriebswirtschaftlichen Rechnung vergaß man die Folgen für den Naturhaushalt, die Umweltschäden und damit die Folgekosten für die Volkswirtschaft. Das Schlagwort vom Öko-Weinbau kam auf.

Ökologie ist die Lehre von den Wechselbeziehungen zwischen den Organismen und ihrer Umwelt. Ökologischer Weinbau erstrebt den Aufbau und Erhalt natürlicher Fruchtbarkeit durch ein reiches Bodenleben; die Erziehung gesunder, widerstandsfähiger Reben ohne Einsatz von Insektiziden; die Wiederherstellung eines weitgehend geschlossenen Produktionskreislaufs durch Wiedereinbringen schadstoffarmer Rohstoffe und Abfälle; Förderung der Artenvielfalt von Tier und Pflanze bis hin zum Regenwurm und den Mikroorganismen.

Diesem Ziel dienen organische Düngung, bodenschonende Mechanisierung, vielfältige Begrünung der Rebgassen. Die Hackfruchtgesellschaft der Unkräuter – besser Wildkräuter – im traditionell bewirtschafteten Weinberg hatte der Bodenmüdigkeit vorgebeugt und die Erosion der Humuskrume vermindert. An ihre Stelle tritt die Dauerbegrünung mit Klee, Wicken, Ölrettich und verschiedenen Gräsern, die, maschinell abgemäht, als Mulchdecke liegenbleiben. In so einem durchlockerten Weinberg mit aktivem Bodenleben kann die Rebe das langsam, aber stetig fließende Nährstoffangebot organischer Substanzen und den Bodenstickstoff nutzen.

Beim Pflanzenschutz sind mangels alternativer Mittel Netzschwefel gegen Mehltau und Kupferpräparate gegen Peronospora noch erlaubt, organische Fungizide jedoch verboten. Aufbereitetes Gesteinsmehl und Pflanzenjauchen sollen die Abwehrkräfte der Rebe stärken. Die große Wende im Kampf gegen Pilzseuchen erhofft man sich jedoch von der in Freiburg, Geilweilerhof und Geisenheim betriebenen Züchtung pilzresistenter interspezifischer Kreuzungen, die das Erbgut nordamerikanischer, europäischer und zentralasiatischer Reben vereinen.

Schon im vorigen Jahrhundert hatte man in Frankreich amerikanische Wildreben und europäische Kulturreben zu sogenannten Hybriden gekreuzt. Diese brachten jedoch nur geringwertige Weine mit einem fuchsigen Geschmackston. Trotzdem wanderten Hybriden, vor allem die robuste Taylorrebe, während des Ersten Weltkrieges aus Baden nach Württemberg ein, das den Anbau freilich nur kurz, nämlich 1925/26, legalisierte. Als mit den Hybriden auch die Blattreblaus um sich griff, folgte reichsweit das Anbauverbot.

Unabhängig davon liefen die Zuchtversuche weiter. Man wollte die Pilzresistenz der Wildreben durch immer neue Rückkreuzungen mit dem Geschmacksbild der Kulturreben vereinen. Ein Durchbruch gelang jedoch erst in den 70er Jahren, als man die Vitis amurensis mit einkreuzte. Diese Wildrebe, zu Hause zwischen den Strömen Amur und Ussuri, also im Grenzgebiet zwischen Sibirien und China, verkraftet bis zu 40 Grad minus und läßt auch den aufdringlichen Fuchston vermissen. Inzwischen hat man winterfrostharte, pilzresistente Reben gezüchtet, die im Ertrag, bei den Mostgewichten und geschmacklich mit den vertrauten Sorten konkurrieren könnten. Sie werden beispielsweise am Wohlfahrtsberg bei Löwenstein im Feldanbau erprobt, dürfen jedoch bisher nur als Tafelwein abgefüllt werden.

Die sich potenzierenden Umweltschäden im Gefolge konventioneller Landwirtschaft, einschließlich Weinbau, zwingen zu einer Kurskorrektur. Wenn heute begradigte Flüsse, verdolte Bachläufe und ganze Landstraßen renaturiert werden, wie das so schön heißt, könnte auch der biologisch artenreiche, in sich gesunde Weinberg zwischen Albtrauf und Tauberland wiedererstehen. Das Ganze der historischen Weinberglandschaft mit dem Spiel ihrer Mauerzüge und Terrassen, dieses Stück lebendiger Geschichte ist bis auf die Relikte halsbrecherisch steiler Rebterrassen im Muschelkalk unwiederbringlich dahin.

Weintopographie
zwischen Bodensee und Taubergrund

Die Weintopographie Württembergs beginnt am nördlichen Ufer des Bodensees. 1982 hat man hier den Bereich Württembergischer Bodensee geschaffen, für knapp neun Hektar der Kressbronner Lage Berghalde und 25 Ar Ravensburger Rauenegg. Viel mehr ist vom uralten Weinbau am See und im Schussental nicht geblieben. Gegen Osten grenzt der Bereich Bayerischer Bodensee mit 15 Winzerbetrieben um Nonnenhorn, Wasserburg und Lindau an. Ein Weinanbaugebiet Bodensee über die weißblaue Landesgrenze und die badische Verbandsgrenze hinweg, das mit zusammen 400 ha gute Figur gemacht hätte, scheiterte am Widerstand der badischen Seewinzer.

Der württembergische Seewein wuchs früher im Oberamt Tettnang, das dann mit dem badischen Überlingen zum Bodenseekreis vereint wurde. Dank der gewaltigen Wärmflasche Bodensee sind hier Maifröste eher selten; dafür sorgt die hohe Luftfeuchtigkeit im Herbst für ein Treibhausklima, in dem Botrytis und andere Pilzkrankheiten ungehemmt wuchern können. Zwischen Obstplantagen und Hopfenstangen wächst um Kressbronn die Rebe auf nährstoffreichen eiszeitlichen Schuttböden mit Lößanflug – meist Müller-Thurgau, dazu Kerner, Blauer Spätburgunder und Schwarzriesling. Ein kleines Weingut und eine Weinkellerei nehmen den Herbst auf.

Nur noch Erinnerung ist der Weinbau des Reichsstädtchens Buchhorn und des Weingartener Klosterdorfs Hofen, die 1811 in der Stadt Friedrichshafen aufgingen. Um Tettnang, schon im Hinterland gelegen, hat der Hopfen den Rebstock seit der Mitte des 19. Jahrhunderts verdrängt. Im Bacchussaal des Neuen Schlosses, heute Museum der ehemaligen Herrschaft Montfort, reitet der Weingott als barocke Plastik trotzdem vergnügt auf dem Faß.

Als die Stadt Singen 1969 endlich die württembergische Exklave Hohentwiel eingliedern konnte und der mit 560 m höchstgelegene Weinberg Deutschlands zum Meersburger Staatsweingut geschlagen wurde, ging ein ebenso heroisches wie kurioses Kapitel württembergischer Geschichte zu Ende. Der in Joseph Victor von Scheffels historischem Roman „Ekkehard" verklärte Vulkanklotz im Hegau war 1521 an Herzog Ulrich gefallen. Württemberg baute fortan die mittelalterliche Burg auf dem Hohentwiel zu einer imposanten Geschützfestung aus. Im Dreißigjährigen Krieg

Prospekt von Liebenau, dem Reichs-Gottes-Haus Weingarten gehörig.
Kupferstich, 18. Jahrhundert.

trotzte sie als Bollwerk des Protestantismus fünfmaliger Belagerung und
Beschießung. 1800 wurde der Hohentwiel nach kampfloser Übergabe von
den Franzosen geschleift.

Damals war der ganze Südhang des Berges – etwa 14 ha – mit Wein bestockt. Der Pfarrer und Landeskundler Ottmar Schönhuth rühmte Mitte
des vorigen Jahrhunderts den auf Tuff gewachsenen Hohentwieler als
„ächtes Berggewächs, gelb wie Gold und geistig wie Nektar". Den Junker-
leinswein des Berges hat Balthasar Sprenger 1778 beschrieben: Er wurde
aus dem Vorlaß, der ersten sanften Kelterpressung von ausgewählten reifen Trauben, darunter Traminer und Clevner, rot und weiß, als eine Art
Auslese gewonnen. Zwischen den Weltkriegen hat dann der Pächter der
Burggaststätte mit dem Wiederaufbau der Rebkultur begonnen. Heute
stehen acht Hektar, davon zwei mit Rotgewächs, im Ertrag. Herzog Eberhard stiftete 1652 dem Hohentwiel einen vergoldeten Willkommbecher.
In dem dazugehörigen Gästebuch wird auch auf den Brauch angespielt,
wonach jeder Besucher zur Instandhaltung der Feste einen mindestens
40 Pfund schweren Quader vom unterhalb gelegenen Steinbruch herauf-
tragen mußte:

> „I Druckeberger und Lumpehund
> hab' knapp getrage die 40 Pfund,
> g'soffe aber – bis uff de Grund."

Zum See, nach Süden hin, öffnet sich das Schussenbecken. Ob das von den Welfen gestiftete Kloster Weingarten wegen der auf dem Martinsberg gepflanzten Reben oder – im übertragenen Sinne – als Vinea Domini, als Weinberg des Herrn, seinen Namen erhielt, bleibt umstritten. Das Kloster jedenfalls nutzte seinen reichen Rebbesitz am See zu einträglichem Weinhandel. Ende des 18. Jahrhunderts lagerten hier mehr als eine halbe Million Liter Wein in den Gewölbekellern. Das Kloster allein konsumierte jährlich 46 000 Liter, fast noch einmal soviel wurde im Klosterwirtshaus ausgeschenkt.

In Ravensburg wahrt die Stadt mit ihrem 25 Ar großen Weingut die frühmittelalterliche Tradition des Rebbaus. Im Gewann Rauenegg und im Stadtteil Taldorf hegt das Städtische Gartenamt Müller-Thurgau und Spätburgunder, eine private Weinkellerei baut den Herbst aus. Den stattlichsten Rebbesitz hatte im Mittelalter das Kloster Weißenau, das aber seine Stücke schon früh an Ravensburger Rebleute in Erbpacht gab.

1838 grünten in der Stadt noch 95 ha. Den Rebleuten hier hing der Spitzname Hanoggen an, und da die meisten in den bescheidenen Häuschen der Unterstadt rund um die Jodokuskirche wohnten, hieß diese in

Etikett des Städtischen Weinguts Ravensburg – eine Rarität für Sammler.

mildem Spott Hanoggendom. In der längst ausgestockten großen Rebhalde im Süden der Stadt standen Mitte des 18. Jahrhunderts noch 21 Keltern oder Torkeln. Die Burghaldentorkel zeigt noch immer ihre Baumpresse. Im Ravensburger Museum finden wir die bemalte Zunfttafel der Rebleute; daneben schreckt der Schandmantel, eine Art Pranger für Traubendiebe und Saufköpfe.

Zwischen Neckar und Albtrauf

Am oberen Neckar, zwischen Schönbuch und Alb, beginnt der 1985 neu geschaffene zwergengroße Weinbaubereich Oberer Neckar. Er reicht nur von Rottenburg bis Reutlingen und schließt die ertragreicheren Rebgemarkungen von Metzingen und Neuffen aus – die gehören weiterhin zum Bereich Remstal-Stuttgart. Eines der vielen Beispiele dafür, wie Vernunft der Geographie, Verwaltungsschema und Prestigedenken auseinanderklaffen.

Weinlese bei Rottenburg, dargestellt auf einem Meisterbrief von 1840.

162

Ihr Initial malt also die Rebe am Neckar heute in Rottenburg und seinen Stadtteilen Wendelsheim und Wurmlingen. Während die Wendelsheimer ihre Rauschäcker am Südhang des Pfaffenberges meist für den Hausgebrauch umtreiben, vereint der nur noch sparsam bestockte, poetisch verklärte Wurmlinger Kapellenberg als Lagename inzwischen auch die Rottenburger Rebgewanne, ganze drei Hektar, zwei davon mit Rotem bepflanzt. 1959 standen allein in der Bischofsstadt an Ehehalde, Neckarhalde und Martinsberg noch gut fünf, am Kapellenberg gut zwei Hektar im Ertrag.

Neben dem Weinbauverein wahrt das doppelte Dutzend der „Urbesbrüder" über ein halbes Jahrtausend hinweg die Tradition der Rottenburger Weinkultur, die spätestens seit der Mitte des 15. Jahrhunderts bezeugt ist. Die religiös, sozial und standespolitisch formierte Urbansbruderschaft betete, feierte und arbeitete einträchtig miteinander. Am Urbanstag, dem 25. Mai, traf man sich vor dem Altar des Heiligen zur Seelenmesse für die verstorbenen Brüder und hinterher zum verdienten Festessen. Das ist bis heute so geblieben, und im Frühsommer machen dann auch die Rottenburger Besenwirtschäftle auf.

Im dümmsten aller Neckarbücher, 1921 von Max Nentwich verfaßt, lesen wir: „. . . bei Rottenburg grüßen die ersten Weinberge hernieder. Hier wird die Rebe an hohen, kreuzweise angeordneten Stangen, just wie die Bohnen gezogen." Der ahnungslose Norddeutsche hatte natürlich Hopfen gesehen, der seit Mitte des 19. Jahrhunderts dem Weinbau am oberen Neckar Konkurrenz machte und heute selbst schon wieder grüne Kulturgeschichte ist. Außerhalb Tübingens wächst nur noch wenig Wein, ganze drei Hektar in den Ammerbuchener Ortsteilen Breitenholz und Entringen am Trauf des Schönbuchs.

Daß Tübingen wieder als Weinstadt mit zwölf Hektar glänzen kann, verdankt es hauptsächlich seinen Stadtteilen Hirschau und Unterjesingen, die in den letzten Jahren kräftig aufgestockt haben. Das gilt vor allem für Unterjesingen im Ammertal, das sich mit Hirschau und der Kernstadt in die Lage Sonnenhalden teilt. Unterhalb der Rebzeilen am Spitzberg steht die Hirschauer Wallfahrtskapelle zu Unseren Lieben Frau beim Holderbusch mit einer spätgotischen St.-Urbans-Statue.

Tübingen, „schwäbisches Thule des Weinbaus", Ort mit der kürzesten Vegetationsspanne zwischen den letzten Frühjahrsfrösten und dem ersten Herbstfrost – unvorstellbar, daß hier oft nur auf kargen Stubensandsteinböden, vom Österberg über die Pfalzhalde und Sonnhalde bis hin zum Spitzberg und vom Ursrain bis zum Kreuzberg überm Ammertal, Wein wuchs. Unglaublich schier, daß im 16. Jahrhundert von 4 000 Einwohnern mehr als die Hälfte dem Weingärtnerstand angehörte. Verständlich wird das erst, wenn man weiß, daß es sich um überwiegend geistlichen Besitz handelte. Von den elf Tübinger Keltern waren acht klostereigen, sechs davon gehörten allein den Bebenhäuser Zisterziensern. Mitte des 19. Jahrhunderts gab es noch 495 ha Rebfläche auf städtischer Gemarkung, davon lagen zwei Drittel im Ammertal. 1904 waren es 139 ha, am Ende des Ersten Weltkriegs noch ganze 80 Ar. Das hat sich bis heute auf 1,5 ha verdoppelt.

Gôgen – fleißig, zäh und schwer genießbar

Das alte Tübingen lebte in der polaren Spannung zwischen Oberstadt und Unterstadt. Oben saßen erst die pfalzgräflichen, dann die württembergischen Dienstmannen der Burg, zu denen nach und nach Handwerker, Kaufleute, Beamte, Professoren und Studenten kamen. Die früh schon ummauerte und entsprechend beengte Unterstadt an der Ammer behielt dagegen lange ihren dörflichen Charakter. Hier hausten Weinbauern, Tagelöhner, Fuhrleute und kleine Handwerker. Die einzigen öffentlichen Bauten der Unterstadt waren das Kornhaus, das Spital – größter Grundbesitzer nach dem Kloster Bebenhausen – und der herrschaftliche Fruchtkasten.

Die Tübinger Weingärtner hießen Raupen oder Gôgen, mit einem Schwebelaut zwischen o und a. Es gibt ganze Bücher nur mit Witzen über sie – nicht immer astrein und auch nicht wert, hier breitgetreten zu werden. Denn die Tübinger Wengerter hatten es schwer genug. Da Ansiedlung von Industrie lange blockiert wurde, blieben sie auf ihr mittelalterlich strukturiertes Rebhandwerk mit Gartenbau und kümmerlicher Landwirtschaft angewiesen. Ihren Wein mußten sie allemal zu geringeren Preisen als sonstwo im Land verkaufen: Der hohe Grundwasserstand in der Ammerniederung erlaubte kaum Kellerbau und Lagermöglichkeiten. Viele, die schon am Rand des Existenzminimums balancierten, verschuldeten sich mit den Ablösesummen für den Zehnten hoffnungslos. „Raupentod" hieß es hier bei einem Selbstmord; die Auswanderungsquote war zeitweilig viermal so hoch wie im übrigen Württemberg.

So kam es zu der berühmt-berüchtigten Charakteristik des Gôgen in der Tübinger Oberamtsbeschreibung: „Von ausnehmend hartem, zähen Stoffe leistet er in der Arbeit Außergewöhnliches und repräsentiert nahezu eine mittlere Pferdekraft, ermangelt aber dafür aller jener Gefühle, welche man unter dem Begriff Pietät zusammenfaßt."

Selbsthilfe hieß die Devise des 1872 gegründeten Kelternvereins, dem neben 433 Gôgen auch 60 Handwerker und Honoratioren angehörten,

Gôgendenkmal von Ugge Bärtle in Tübingen.

165

darunter der Jurageologe Friedrich August Quenstedt. 1890 folgte die Umwandlung in eine Weingärtnergenossenschaft. Ludwig Uhland, selbst Weinbergbesitzer, stiftete dem Weingärtner-Liederkranz die Fahne. Der Weingärtner-Leichenkasse-Verein half seinen Mitgliedern auch mit Betriebskrediten weiter. Hinter dem Salzstadel in der gleichnamigen Gasse (Ecke Mordiogasse) hat der Bildhauer Ugge Bärtle dem letzten Gôgen ein Denkmal aufgerichtet.

Bis zur Ablösung der Naturalsteuern bezog die mit Kirchengut dotierte Universität ihren Weinzehnten vom oberen Neckar. Die Universitätsbürger, Cives academici, waren erst ganz, später teilweise von Torzoll und indirekten Steuern befreit und schenkten deshalb öfter Besoldungswein aus, was unter Wirten und Weingärtnern natürlich böses Blut machte. Auch sonst war das Verhältnis zwischen Universität und Unterstadt gespannt. 1583 wurde dem Senat der Hochschule angezeigt, „zwei Studenten, welche neuen Wein in der Kelter getrunken und deshalb von den Weingärtnern mit Streich tüchtig abgetöffelt worden", hätten mit dem Anzünden der Stadt gedroht. Die Studenten entschuldigten sich damit, „daß sie beweint", also voll gewesen waren. Der Senat ließ sie straflos, „da sie bereits übel tractiert worden".

Reben an Achalm und Georgenberg

Tübinger und Reutlinger Gewächs stritten sich um die zweifelhafte Ehre, den stärksten Sauerampfer im Lande zu stellen. In Reutlingen der ehemaligen Reichsstadt an der Echaz, haben gerade mal zwei, überdies höchst unterschiedliche Weinbaubetriebe überlebt. Am Georgenberg pflegt – eingegrenzt von Bauland mit abenteuerlich hohen Quadratmeterpreisen – Georg Biedermann, schon hoch in den Achtzigern, 4 000 Stöcke in der herkömmlichen Pfahlerziehung. Viele seiner Reben sind mehr als hundert Jahre alt, noch vom Großvater gepflanzt, anderswo längst ausgestorbenes Gewächs. Einen süffigen Schiller geben sie aber allemal her. Die Stadt – sie hat diesem letzten trotzigen Wengerter für die Erschließung seiner grünen Arche mit Straße, Gehsteig und Kanalisation eine Rechnung über 60 000 Mark präsentiert – unterhält seit 1957 an der Achalm ein kleines Rebgut mit Müller-Thurgau und Portugieser auf 70 Ar, dessen Herbst als Reutlinger Sommerhalde ausgebaut wird.

Frühe Förderer des Reutlinger Weinbaus waren die Bebenhäuser Zisterzienser und die Tübinger Pfalzgrafen, an die noch die mittelalterlichen Flurnamen Pfalzgrafenhalde und Pfalzgrafenweg der Achalm erinnern. 1364 wurde der erste Zunftmeister der Weingärtner erwähnt, die im damaligen Ständeregister noch an achter Stelle rangierten. Ende des 16. Jahrhunderts standen die Wengerter dann mit 170 Haushalten an der Spitze, gefolgt von 118 Küfern, 101 Krämern, 93 Gerbern und 90 Karchern, also kleinen Fuhrleuten. Die reichsstädtische Rebfläche wurde damals auf 315 ha geschätzt. Seit 1308 besaß das Kloster Königsbronn den Reutlinger Kirchenzehnten. In der Reformationszeit verzichtete der Abt großmütig darauf, unter anderem getröstet durch jährlich zehn Fuder Wein, etwa 18 000 Liter. Ein zeitgenössischer Chronist kommentierte: „Ein guter Schlaftrunk."

Die Ende des vorigen Jahrhunderts registrierten 236 ha Reben gingen im Sog der Industrialisierung unter, obwohl die Neue Oberamtsbeschreibung von 1893, den Weingärtnern vorwarf, sie hielten „mit einer bewunderungswerten, einer besseren Sache würdigen Ausdauer" am Karst fest und seien nicht zu bewegen, „den Boden nutzbringender anzulegen". 1930 bauten 150 Unentwegte noch 48 ha an, durchweg Schillerwein.

Der museale Pfleghof des Klosters Königsbronn birgt die aus der Kelter ausgebaute Zunftstube der Reutlinger Weingärtner. An den Wänden hängen die Porträts der Zunftoberen. Ihre fesche Husarenuniform brachte den Wengertern hier den Spitznamen Husar ein. Auf dem Tisch steht das „Rebenmännle", ein aus einer Rebwurzel geschnitzter Buttenträger, mit silbernen Ehrenschildern prominenter Gönner behangen. Sauer mag der Echaztäler oft genug geraten sein, aber er war preiswert und, so die erste Oberamtsbeschreibung von 1824, „in Verbindung mit dem vielen Obstmost, der zu Reutlingen und Pfullingen erzeugt wird, eine sehr schätzbare Gabe der Natur, besonders für die arbeitende Klasse".

Keltern, Täleswein und Hansen

„Sie sind merkwürdiger als Ägyptens sieben Wunderwerke", urteilte Gustav Schwab 1823 in seinem Albbuch über die sieben Metzinger Keltern. Mit ihren sepiabraunen Dachgebirgen, dicht beieinander gelagert, bilden sie ein einzigartiges Ensemble und sind sowohl Wahrzeichen der Stadt als auch Denkmale der Arbeitswelt und einer zählebigen Weinkultur. Unvorstellbar, daß man sie wiederholt, zuletzt noch in den 60er Jahren unseres Jahrhunderts, dem Abbruch preisgeben wollte. Mit Hilfe eines Förderkreises hat man die urigen Bacchuswiegen inzwischen saniert und vielfältiger Nutzung zugeführt. Die Kalebskelter wurde Stadtbücherei, Bibliothekskelter, die Äußere Stadtkelter dient als Festhalle, Festkelter, die Innere als Verkaufslager der Weingärtnergenossenschaften; am reinsten hat die Äußere Heiligenkelter ihr Bild bewahrt: als offene Markthalle.

Die Herrschaftskelter schließlich wurde zu einem Weinbaumuseum ausgebaut. Kernstück ist die barocke Presse mit dem zwölf Meter langen, aus vier Eichenstämmen zusammengesetzten Kelterbaum; er trägt das Baudatum 1655, das Zwiefaltener Abtswappen, Zimmermannsbeil und Meisterzeichen.

Weinbau und Kelternerbe verdankt Metzingen vor allem den Klöstern Zwiefalten und Schussenried. Daneben besaßen noch die Klöster Hirsau, Denkendorf, Bebenhausen und Güterstein Weinbesitz. 1135 notierte ein Zwiefaltener Mönch zur Stiftung des Weinbergs Hofbühl beim ermsaufwärts gelegenen Neuhausen: „In diesem Jahr, wo wir dies niederschreiben, haben wir 64 Fässer Wein aus jenem Weinberg füllen können; so vom Honig überfließend ist zur Zeit dieser Himmelsstrich . . ."

Metzingen und sein Stadtteil Neuhausen teilen sich heute hälftig in die 36 ha der Lagen Hofsteige und Schloßsteige. Die Rebe wurzelt in feinkörnigem grauem Basalttuff, Relikt des vor 15 Millionen Jahren aufflackernden Albvulkanismus. Der von einem Waldschopf bekrönte Weinbergkopf, der Hausberg der Stadt, reckt seit ein paar Jahren wieder sein Spitzturmhütchen, einen früheren Hochwächter der Feldsteußler und Wingertschützen. Die Große Kreisstadt Metzingen ist Sitz einer 1888 gegründeten Firma, die ihre Sprühgeräte und Spezialschlepper für Wein- und Obstbau in alle Welt liefert. Als die Metzinger 1935 zusammen mit Neuhausen die Weingenossenschaft gründeten, gingen zwei ehrwürdige Institutionen in

Ein Blick in die museale Metzinger Herrschaftskelter.

ihr auf: der 1844 aus der Taufe gehobene Urbania-Verein zur Förderung des Weinbaus sowie der Weingärtnerverein von 1874. Seit 1876 besteht der Weingärtner-Liederkranz. Wein und Gesang gehören im Lande des Liederdichters Friedrich Silcher eben zusammen.

Zu den wunderlichsten Attraktionen der Schwäbischen Alb gehört neben Bärenhöhle, Hungerbrunnen, Felsherrlichkeiten und Wacholderheiden der Täleswein. Schließlich reift er um Neuffen knapp unter der Höhenmarke von 500 m. Der Stadtteil Kappishäusern gilt als der höchstgelegene Weinort Württembergs. Möglich macht dies der Talkessel, in dem Neuffen liegt, auf drei Seiten umfangen vom Jusi, vom Dettinger Hörnle und vom Hohenneuffen. Der Festungsberg, dessen bleiche Mauerkrone weit ins Neckarland schimmert, hat der Großlage den Namen gegeben. An seinem Sockel wachsen 27 ha Wein. Erfaßt wird der Herbst in der Einzellage Schloßsteige von der 1948 gegründeten Weingärtnergenossenschaft Hohenneuffen-Teck; ausgebaut wird der Täleswein wie der Metzinger von der Erms in Möglingen; auf- oder untergegangen im neuen Lagenamen Schloßsteige sind Beurener Fels, Linsenhofener Sand und Weilheimer Limburg. Der Weinstock zieht dort seine Kraft aus verwitterndem Eisensandstein und den Kalken des Braunen Jura.

Die Klöster Zwiefalten und Söflingen haben die Rebkultur hier bis ins 18. Jahrhundert gepflegt. Kappishäusern, das auch noch am Metzinger Florian ein paar Rebstöcke bewirtschaftet, Kohlberg, Beuren und Frickenhausen mit seinem Ortsteil Linsenhofen liefern in Neuffen an. In Linsenhofen stehen neben der mittelalterlichen Kelter ein paar schöne, in Fachwerk erbaute Wengerthäuser. Selbstbewußt heißt es da: „Z' Linsehofe uf em Sand/wachst d'r Bescht em Oberland." Dagegen hat der Kulturphilosoph und Mythenbeschwörer Friedrich Alfred Schmid Noerr, als Lyriker viel zuwenig bekannt, geraunzt:

„Herber Wein gedeiht. Doch die trefflich gelaugte
Bretzel auch, und selbstgefälliger Schmack.
Und es qualmt mit dem Tübinger Stiftstabak
Schwabenschläue, die meist wohl zu besserem taugte."

Weilheim an der Teck baut am Basalttuffkegel der Limburg noch zwei Hektar Reben und liefert in Neuffen an; vor dem Dreißigjährigen Krieg waren es noch immerhin 94 ha gewesen. Die Kelter gehörte bis zur Reformation den Klöstern St. Peter und Adelberg.

Die Nürtinger haben schon Anfang des vorigen Jahrhunderts fast alle Rebstöcke ausgehackt, vielleicht im Andenken an Martin Zeiller, Textautor der Merian-Topographien, der 1643 bemerkt hatte, die Stadt habe

An den jüngst wieder aufgelebten historischen Weinbau in Plochingen erinnert diese Herbstanzeige aus dem Jahr 1888.

zwar einen großen Weinwachs, der „aber nicht zum lieblichsten ist". Längst erloschen ist auch die Rebkultur im Filstal. Ein merkwürdiges Monument bleibt aber die manieristisch in Stein gehauene Rebenstiege im Westturm des Göppinger Renaissanceschlosses.

Bei Plochingen, an der Mündung der Fils, endet der obere Neckar. Auf Initiative eines Fördervereins lebte hier 1985 der historische Weinbau am Südhang des Schurwaldes wieder auf, nachdem er erst in den 20er Jahren unseres Jahrhunderts eingegangen war. Im Gewann Nothalde hat man 2 700 Stöcke gesetzt, darunter auch etwas Grünen Veltliner, der den pfeffrig guten Ruf des Plochinger Hansenweins begründet haben soll. Nach Sprenger war dieser Plochinger aber wohl eine Spielart des Kleinen Roten Veltliners: „Hansen sind eine Art wie Vältliner, haben ein wenig länglichte Blätter mit vielen Spitzen und Einschnitten, immer etwas rötlich, unten mit vieler Wolle überzogen. „Der Traub," so heißt es gut schwäbisch, „ist ziemlich groß und engbeerig, die Beeren länglicht, mittelmässig, weißrot, reifen im September. Er trägt viele ziemlich rote Trauben, erträgt auch im Blühen die nasse Witterung . . ."

Keuperkegel und Felsengärten

Unabhängig von Verwaltungsbezirken und Verbandsgrenzen sprechen die Landeskundler vom Mittellauf des Neckars. Gemeint ist das Stück zwischen der Filsmündung bei Plochingen und der Zabermündung bei Lauffen, die Industriegasse des schiffbaren Flusses. Wo sich vor zwei, drei Jahrzehnten noch eine grün durchbuschte Aue ausbreitete, herrscht jetzt eine graue Werkstättenlandschaft mit Kaimauern, Straßenbändern, Brückenspangen, Lagerhäusern, Fabrikhallen und den silbrigen Bovisten der Mineralöltanks. Um so erstaunlicher, daß gleich hinter Esslingen Fels, Zickzackmäuerchen und Terrassen keuperrot aufleuchten, daß hier statt Bungalows und Reihenhäusern unbekümmert Rebzeilen die Hänge bändern. Der steile Prallhang einer früheren Neckarschlinge ließ als Kultur nur den Weinbau zu und hat so die Überbauung abgeblockt.

Zwischen Mettingen und Obertürkheim drängt sogar ein von der Rebflurbereinigung noch nicht gezeichneter kegelförmiger Bergsporn zu Tal, der Ailenberg; er ist in den letzten Jahren zum exemplarischen Zankapfel zwischen Weingärtnern, Planungsbehörden und Naturschutzverbänden geworden. Hier hat eine Insel der historischen Weinberglandschaft überdauert. Trockenmauern aus Keupersandstein, oft einige Meter hoch, schmiegen sich netzartig dem Bergrelief an. Wasserstäffele verknüpfen die Terrassen, gepflasterte Wege ziehen schräg vom Tal auf die Höhe. Neben Weinberghäuschen finden wir in den Fels gegrabene Keller. Auf dem Gipfel setzt ein 1574 als „Lustheußlin" errichtetes Türmchen den Akzent.

Eine seit Jahrhunderten kaum veränderte Wirtschaftsweise und hohe Sonneneinstrahlung lassen Weinberglauch, Traubenhyazinthe, Mauerpfeffer, Pfeilkresse, Mauerraute und Zymbelkraut blühen. Auf sieben Hektar Rebland am Ailenberg hat man 289 verschiedene Pflanzenarten

Kaum verändert hat sich diese Ansicht Esslingens von Emminger um 1823 gegenüber der Darstellung im Kieserschen Forstlagerbuch vom Ende des 17. Jahrhunderts.

gezählt, darunter viele seltene Heilkräuter und Gewürzpflanzen. Auf einem bereinigten Berg in der Nachbarschaft waren es auf 30 ha noch 130 Allerweltsarten. Brachflächen, Wegsäume, Gebüsch und angrenzende Streuobstwiesen fügen sich mit den terrassierten Rebgewannen und deren Mauerwerk zu einem farbigen Mosaik der Biotope. Als 1297 die Lage erstmals als Ölberg erwähnt wurde, war sie längst schon dem Weinbau erschlossen. Im Großen Städtekrieg, 1377–89, haben die Württemberger am reichsstädtisch-esslingischen Ailenberg die Trockenmauern eingerissen und die Rebstöcke verbrannt.

Ende der 1980er Jahre hat man die Kosten für einen planierten Hektar am Ailenberg schon auf 77 000 Mark beziffert; das wären bei einer Teilumlegung von nur neun der 14 ha knapp sieben Millionen Mark, eine Summe, die zu neun Zehnteln aus öffentlichen Mitteln erbracht werden muß. Die Naturschützer hatten deshalb schon vorgeschlagen, das Geld auf dem Kapitalmarkt anzulegen; mit den Zinserträgen könnten die hart arbeitenden Wengerter am Ailenberg zusätzlich ebensoviel an Prämie einstreichen, wie sie für ihren Wein erlöst hätten. Inzwischen wurde entschieden, daß ein Viertel der Weinberge an der steilen Neckarhalde unbereinigt bleibt.

Die Esslinger Weingärtnergenossenschaft, darunter etwa 50 hauptberufliche Mitglieder, bewirtschaftet mit den Kollegen aus Mettingen, Rüdern und Sulzgries 85 ha. Neben dem Riesling vom Lerchenberg und den Lagen Schenkenberg und Burg gibt es noch lokalbezogene Kreszenzen wie Faifegrädler Spätburgunder, Staffelsteiger Trollinger und das Glockenspiel, in dem sich Müller-Thurgau und Silvaner mischen. Gekeltert wird in Mettingen, ausgebaut in Möglingen bei der WZG. Innerhalb der Schenkelmauern der Burg – sie ist eigentlich nur ein Vorwerk der Stadtbefestigung – hegt die Stadt ihren eigenen Weinberg.

Seinen frühmittelalterlichen Weinbau verdankt Esslingen einer 777 erwähnten reichsfränkisch-geistlichen Niederlassung, die wiederum an eine Neckarfurt aus Kieselsandsteinbänken anknüpfte. Das Steuerbuch der Reichsstadt von 1384 führte neben 13 Fischern unter anderem auf: 178 Weingärtner, 56 Binder, also Küfer, 50 Karcher, 16 Weinzieher oder Schröter, dazu zwei Weinschreier, die, als tönende Litfaßsäulen, gewissermaßen für die Wirte den frischangezapften Wein ausriefen und mit der Zeit meist ins Weinmaklergeschäft einstiegen.

Um die Kulturgeschichte des Weinbaus im Neckarland hat sich der Esslinger Karl Pfaff mit seiner 1865 erschienenen „Württembergischen Weinchronik" verdient gemacht. Das Stadtmuseum Hafenmarkt widmet dem vornehmsten Wirtschaftszweig der Reichsstadt eine eigene Abteilung. Die in der nördlichen Vorstadt Beutau angesiedelten eingeschossi-

gen Wengerterhäuser mit Kellerhälsen und die schon gewürdigten Pfleghöfe sind hier steinerne Denkmäler der Weingeschichte.

„Malt sich ab dein Rebenkranz"

Flußabwärts liegt Obertürkheim, wie Uhlbach, Rotenberg und Untertürkheim längst ein Stadtteil von Stuttgart. Am Ailenberg und am Kirchberg stehen 20 ha im Ertrag. Auf dem Keuperkegel des Rotenbergs ragt
seit Beginn des vorigen Jahrhunderts statt der 1083 bezeugten namenge-
benden Stammburg Wirtenberg die klassizistische Rundkapelle mit der
Gruft des Königshauses empor. Vielstrophig hat der Prälat und Poet Karl
Gerok den Rotenberg gefeiert:

> „Sei gegrüßt, erlauchter Hügel,
> Herzblatt meines Schwabenlands!
> Lieblich in des Neckars Spiegel
> Malt sich ab dein Rebenkranz."

Die 1936 gegründete Weingärtnergenossenschaft Rotenberg ist mit 45
Mitgliedern die kleinste im Land. In der Lage Schloßsteige, durchweg rote
Keupermergel, stehen 40 ha Reben, davon zwei Drittel Trollinger.

Daß in Untertürkheim, Heimat der Karossen mit dem guten Stern, hoch
über Industrierevier und Hafengelände auf 111 ha noch die Rebe grünt,
kann nur den verwundern, der die spezifisch schwäbische Legierung von
Fabriktag und Feierabendschicht im eigenen Gütle nicht kennt. Zwei Drittel werden von den 110 Mitgliedern der Genossenschaft bebaut, die aus
dem 1887 gegründeten Weingärtnerverein hervorging. In der Strümpfelbacher Straße steht die 1904 von der damals selbständigen Gemeinde
Untertürkheim für 330 000 Goldmark erbaute Kelter, seinerzeit wohl die
technisch perfekteste über Deutschland hinaus, mit Faßkran, Hängetrans-
portbahn für die Maische, acht hydraulischen Pressen sowie elektrischer
Ventilation und Beleuchtung. Bis zur Übersiedlung nach Möglingen hatte
die WZG im bergseitigen Teil der Kelter ihren Hauptsitz. Nach der Re-
staurierung des Mönchkellers mit seinem Kreuzgewölbe setzt man hier
wieder auf den Ausbau der besten Gewächse im Holzfaß und in Bar-
riques, kleinen Fässern aus Eiche, die dem Wein nach fünfmonatiger Lagerung den typischen Holzton geben.

Der Lagename Mönchberg in der Großlage Wetzstein weist auf den
mittelalterlichen Rebbesitz der Klöster Adelberg, Bebenhausen, Blaubeuren, Denkendorf, Hirsau, Weil und Zwiefalten hin. 1556 rangierte der

Das Weinbaumuseum der Stadt Stuttgart hat in der ehemaligen Uhlbacher Kelter eine Herberge gefunden.

Mönchberg in einem Verzeichnis des herzoglichen Hofkellers an der Spitze. Die anderen Lagenamen lauten hier: Altenberg, Gips und Herzogenberg. Die weltweiten Verbindungen des Unternehmens vor Ort tragen natürlich dazu bei, daß auch die Wertarbeit der Wengerter in den Vorstandsetagen, sei es in Tokio oder New York, in Moskau oder Pretoria, auf Anschluck Beifall findet. Der Untertürkheimer ist so in aller Welt Munde.

„Beim Anblick dieses glücklichen verborgen in der Tiefe und mitten in den Weinbergen liegenden Dörfchens wünschte ich mir immer Pfarrer da zu sein; im Sommer ist es freilich kalabrisch heiß . . . Dies von Gott gesegnete Tälchen heißt Gutental", schrieb der sonst wenig kirchenfromme Carl Julius Weber in seinem 1834 posthum erschienenen Deutschlandbuch über Uhlbach.

Als Renommierstück traditionsreicher Weinkultur präsentiert die Landeshauptstadt das Weinbaumuseum in der Gemeindekelter. Eine Leuchtschiene geleitet den Besucher durch die 850 qm große Ausstellung. Das Museum zeigt Weingefäße aus Glas, Ton, Steinzeug und Zinn von der Antike an, dazu Torkeln, Kellergerät, Butten, Fässer und Wengterwerkzeug sowie eine komplette Küferwerkstatt. Über all den handfest-irdischen Stücken wacht eine aus Lindenholz geschnitzte Skulptur St. Urbans mit Tiara und Traube auf dem Buch; die Figur wurde im 16. Jahrhundert im Fränkischen geschaffen.

174

Nach dem Museumsbummel lädt eine Probierstube ein, beginnt ein vier Kilometer langer Weinlehrpfad über dem nach Süden offenen Rebkessel mit den Lagen Götzenberg und Steingrube. Der 1907 gegründeten Genossenschaft gehören 127 Mitglieder an, die 60 ha der insgesamt 70 ha Rebfläche bebauen. Wegen der zahlreichen Quellen, Klingen, Felskränze geriet hier die Umlegung zu einem mühseligen und teuren Unternehmen. Die neugotisch, beinahe präraffaelitisch anmutende Kirchenmalerei des Uhlbacher Gotteshauses zeigt überm Chorbogen mit dem alten Kruzifix ein teppichhaftes Dekor aus Weinlaub und Passionsblumen.

Zuckerle und Kirbetrauben

Natur und Geschichte hatten eigentlich Cannstatt zu einer Neckarresidenz bestimmt, nicht Stuttgart in der Sackgasse des Nesenbachtals. Die warmen Mineralquellen lockten erst Großwild und Eiszeitjäger, dann römische und fränkische Besatzungsmächte und schließlich, bis in die 1870er Jahre, ein prominentes und begütertes Badepublikum, das allerdings die dampfenden, rauchenden Fabrikschlote nach und nach vergrämten. Im Cannstatter Becken fand auch die Rebe früh ihren Platz an der Sonne, so daß Nikodemus Frischlin reimen konnte: „Zu Cannstatt, da wächst guter Wein / Viel fremde Gäst da kehren ein . . ." Und der barocke Flüsse-Antiquarius Johann Hermann Dielhelm hat eine gastronomische Raffinesse des Saufjahrhunderts überliefert: „Vor dem dreißigjährigen Krieg hat in der Vorstadt ein Wirtshaus und in der Stube eine Säule gestanden, woraus Röhrwasser gesprungen, welches dazu gedient, daß hinter dem Ofen in einem Behältnis die Fische haben schwimmen können. Desgleichen hat an diesem Haus ein Weinstock gestanden, der also gezogen gewesen, daß dessen Trauben über dem Tisch gehangen haben."
Zum Einzugsbereich der Weingärtnergenossenschaft gehören noch Feuerbach, Hofen, Mühlhausen, Münster und Zuffenhausen mit zusammen 80 ha. Begehrt und rar sind Trollinger und Riesling der steilterrassierten Lage Zuckerle, deren Muschelkalken ein aparter Rauchton eigen ist. Leider hat man die Nobellage gegenüber des Max-Eyth-Sees inzwischen auch auf die linksufrigen Weinberge übertragen und so willkürlich auf 21 ha ausgeweitet.
Das 1818 von König Wilhelm I. gestiftete Volksfest auf dem Neckarwasen war ursprünglich als Erntedankfest des ganzen Landes gedacht; die traditionelle Fruchtsäule mit ihrem Traubengeschmeide inmitten des glitzernden Vergnügungsparks erinnert daran. Im Stadtwappen steht die Kanne, „in die hier fleissig geguckt wird". Die Weingärtnergenossen-

schaft Bad Cannstatt und die Stadt Stuttgart haben nach der Währungsreform zwei Keltern unter einem Dach errichtet; in der Grundsteinurkunde heißt es: „Aus Resten zerstörter Brücken gemauert, aus Trümmersteinen gewölbt, soll dieses Werk den Aufbauwillen unseres schwäbischen Volkes für spätere Geschlechter bekunden. Möge der Wein aus dieser Kelter allzeit in reichem Maße den Kranken helfen, den Gesunden laben und den Schaffenden neue Lebenskraft und Frohsinn spenden!"

Das Cannstatter Urbänle,
1893 aus Rebholz geschnitzt,
trägt zierliche Attribute,
bis hin zum silbernen Schlepper,
gespendet von prominenten
Gästen nach einem Ehrentrunk
aus der Urbansbutte.

Nach dem Bilderbuchherbst des Jahres 1893 stiftete ein Cannstatter Weingutbesitzer einen aus Rebholz geschnitzten gekrönten Urban in Wengertertracht, dessen silberner Trinkbutten ein Viertele faßte. Zierlich vom Goldschmied gefertigte Attribute und Standesembleme bis hin zum silbernen Schlepper haben prominente Gäste nach einem Ehrentrunk für das Urbänle gespendet. Der Vorsitzende des Gartenbauvereins vergrub die Figur im letzten Krieg in seinem Keller und rettete sie so vor Bombenhagel und Plünderung. Frommes Bildzeugnis der Weinkultur sind die biblischen Winzer an der Bronzetür der Stadtkirche Bad Cannstatt.

Die Feuerbacher Lage Berg umfaßt 12 ha, und Hofen hat noch 1,3 ha Rebland. In Mühlhausen stehen knapp 12, in Münster 15 und in Zuffenhausen gut 9 ha im Ertrag. Ein Teil des Herbstes wird in diesen Orten zum Jahresbeginn vom Besenwirt ausgeschenkt.

Östlich des Stuttgarter Talkessels sind in Gaisburg am Dezberg nur noch wenig Rebstöcke übriggeblieben, nachdem im 18. Jahrhundert noch ein Drittel der Gemarkung – sogar die Nordhänge – bestockt waren. Auch im einst weinberühmten Wangen steht nur noch gut 1 ha im Ertrag. Während die 12 ha in Hedelfingen flurbereinigt sind, droht den terrassierten Weinhalden um Rohracker die allmähliche Umwandlung in Wochenendparzellen. Beide Orte teilen sich in die Lage Lenzenberg. Wieder aufgelebt ist nach einem halben Jahrhundert die Hedelfinger Kirbe, bei der zehn Burschen und sechs Mädchen den mehr als zwei Zentner schweren Trauben zur Kelter tragen, wo er aufgehängt und am Abend verlost wird.

Auf den Fildern ist der Weinbau erloschen. In Degerloch wächst die Rebe auf gut drei Hektar am Schimmelhüttenweg in der Lage Scharrenberg. Als sich hier vor ein paar Jahren die Wengerter zusammentaten und ihre ruinierten Terrassenmäuerchen im Eigenbau wieder aufrichteten, kam auch ein Besitzstein aus dem Jahr 1761 zutage. Der Degerlocher Trollinger wird fast ausschließlich in drei Besenwirtschaften verputzt.

Von Birkach, Plieningen und Riedenberg abgesehen, wuchs der Wein früher auf allen Gemarkungen der fast 60 alten und neuen Stadtteile Stuttgarts.

Stuttgart lebt noch mit dem Wein

Die Landeskapitale, einst Großstadt zwischen Wald und Reben, inzwischen – etwas unverbindlicher – Partner der Welt, lebt zwar nicht mehr vom, aber noch immer mit dem Wein. 407 ha, davon 252 ha mit Rotgewächs, umfaßt die Rebfläche einschließlich der eingemeindeten Orte.

Die Kernstadt weist noch 8,6 ha aus: am Kriegsberg nur 300 m vom Hauptbahnhof entfernt, an der Mönchhalde zwischen Birkenwald- und Robert-Mayer-Straße, auf der Karlshöhe, an der Hasenbergsteige, am Abelsberg sowie über der Neuen Weinsteige. Gut 17 ha bewirtschaftet das Weingut der Stadt, in der exquisiten Mönchhalde, in Bad Cannstatt an Zuckerle und Halde sowie in Untertürkheim an Altenberg und Mönchberg. Hausfrauen und Rentner helfen im Herbst für zwei Vesper und zwei Flaschen Wein pro Tag bei der Lese, die mit einem zünftigen Erntedankfest, der Sichelhenketse, beschlossen wird.

Die Keupermergel der Stuttgarter Hänge seien ihrer „lebersteinigen und heißgräten Qualitäten halber" vorzüglich für die Rebkultur geeignet, meinte 1778 der Weinchronist Konrad Dirlam. Das herrschaftliche Gestüt, der Stutengarten, verdankt seinen Aufstieg zur Stadt, vielleicht sogar die Erhebung zur Residenz, dem überreich quellenden Weinbau des Talkessels. Am Anfang klopften auch hier die Klöster mit ihrem Abtsstab auf. Ungewiß bleibt, ob Ende des 11. Jahrhunderts St. Gallen oder Anfang des 12. Jahrhunderts Lorch mit dem Terrassenbau begann. Blaubeuren, Sirnau, Pfullingen, Salem, Bebenhausen, Kaisheim, Anhausen, Fürstenfeld, St. Klara in Esslingen, Weil, Heiligkreuztal, Heggbach, Lichtental, Denkendorf, Herrenalb, Söflingen und Adelberg folgten jedenfalls, und seit 1236 wird die lokale Weinchronik lückenlos geführt.

Mitte des 14. Jahrhunderts zählte Stuttgart 3 000 Einwohner und 1 593 Morgen, also 530 ha Weinberge. 1518 gründeten oder erneuerten die Wengerter an der Stiftskirche eine St.-Urbans-Bruderschaft. 1551 kassierte die Herrschaft von städtischer Gemarkung 8 707 Eimer Gefällewein, das sind 24 600 hl. Ende des 16. Jahrhunderts grünten hier 1 260 ha Reben.

Davon lag am Ende des Dreißigjährigen Krieges fast die Hälfte brach – verwildert und verbuscht. Ein Zeichen der Hoffnung setzte die aus der Bruderschaft hervorgegangene Weingärtnerzunft, als sie sich 1661 einen Zunftpokal zulegte, einen aus Rebholz geschnitzten und gekrönten Wengerter mit silbernem Trinkbutten auf dem Rücken, mit silbernem Stab und zwei silbernen Trauben in Händen. Die Zünft war damals so groß, daß sie in die der alten und der jungen Weingärtner geteilt werden mußte. 1725 zählte man unter 11 300 Einwohnern 797 Wengerter, die noch 658 ha auf städtischer Markung bebauten.

Als 1814 der Kronprinz Wilhelm von den Schlachtfeldern Frankreichs heimkehrte, bereiteten ihm die Stuttgarter, die sich von dem künftigen Thronfolger einen bürgernah-liberalen Kurs erhofften, einen triumphalen Empfang, voran die jungen Weingärtner, „alle leicht geschürzt und mit

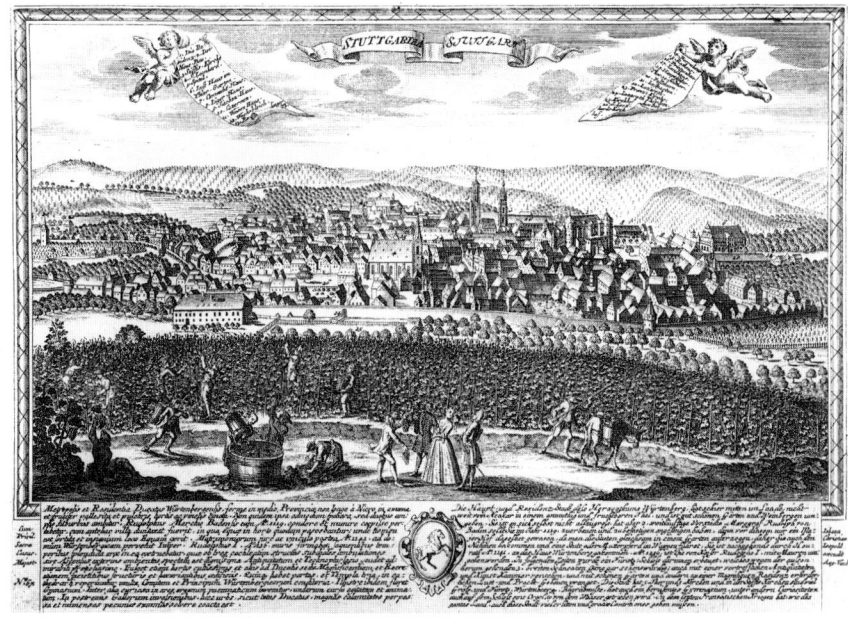

Weinlese über Stuttgart. Nach einem Kupferstich aus dem Jahr 1745.

Die sogenannte Bacchus-Kanzel im ehemaligen Stuttgarter Weinmuseum an der Schmalen Straße. Die Aufnahme stammt aus dem Jahr 1936.

Bändern in der Farbe der Hoffnung umflattert, welche den Wagen des Langersehnten am Tor erwarteten und ihn mit frommer Sorgfalt nach dem Palast bringen wollten".

1841 gründeten die Wengerter die Sängergesellschaft Urbania, von der sich später aus gesellschaftlichen und politischen Gründen der Winzerklub absonderte. 1904 kam man als „Stuttgarter Winzerbund, gegr. 1841", wieder zusammen. Der Bund hatte den ehrwürdigen Urbanspokal von 1661 in seiner Obhut und tat ihn gegen Kriegsende in einen Banksafe, aus dem er von amerikanischen Souvenirjägern entwendet wurde. Vielleicht taucht das Kleinod ja eines Tages wie der Schatz der Quedlinburger Servatiuskirche irgendwo in Übersee wieder auf. Zum 110. Stiftungsfest des Bundes hat man jedoch erst einmal eine getreue Nachbildung des Pokals geschaffen.

Die 354 ha innerstädtischer Rebfläche gingen von der Jahrhundertwende bis zum Beginn des Zweiten Weltkriegs auf 90 ha zurück. Stuttgart wuchs die Hänge hinauf. Trotzdem behaupteten sich aufwendig betriebene Weinberge, eingesprengt zwischen neue Straßenzüge und Villengärten. Wohlhabende Bürger setzten ihren Stolz darein, inmitten eigener Rebstöcke zu wohnen und ihren eigenen Wein zu keltern. Gemessen an den Stuttgarter Bauplatzpreisen, wächst hier wohl der teuerste Wein der Welt.

Ende des Zweiten Weltkrieges fiel mit den mittelalterlichen Klosterpfleghöfen auch das Weinbaumuseum den Bomben zum Opfer, das Georg und Adolf Schneider, Küfermeister von Beruf, in ihrem „Bacchuskeller" aufgebaut hatten und das von der Stadt 1937 übernommen worden war. Die geretteten Stücke wurden dann vom Uhlbacher Museum übernommen. Untergegangen ist die Figur des Wengerters in der Stiftskirche, der mit seinem Rebmesser vor einem goldenen Weinstock kniete: Geblieben sind die monumentalen, heute jedoch nicht mehr zur Weinlagerung genutzten Gewölbekeller der Hofkammer unter dem Alten Schloß und dem Prinzenbau; geblieben ist auch der faßreitende Bacchus auf dem Giebel des Schickhardtschen Fruchtkastens am Schillerplatz, in dem bis zu Beginn des letzten Jahrhunderts noch die Keltern knarrten. Reminiszenzen an eine Weinbergmauer weckt die Sandsteinkomposition des Bildhauers Gottfried Gruner am Bau der Industrie- und Handelskammer in der Jägerstraße. Als dralle Sinnfigur Stuttgarter Weinbautradition steht die „Winzerliesel" draußen an der Lenzhalde; zur Denkmaleinweihung 1929 sang der Wengerterchor: „Die Trauben reifen in goldener Sonne."

Otto Borst, einfühlsamer Interpret der Stadtgeschichte, hat das Weinbauerbe als Gegengewicht und Gegenkultur zum pietistischen Stuttgart gedeutet. Und wenn Ende August, Anfang September das „Herbstfest" gefeiert wird, ist Stuttgart – Partner der Welt – für zehn Tage schlicht wieder ein großes Weindorf.

Zwischen Glems und Neckar

In Gerlingen hat der Bildhauer Fritz von Graevenitz den St.-Urbans-Brunnen von 1732 erneuert. Damals wuchsen 140 ha Reben auf der Gemarkung. Jetzt wird am Bopser noch Liebhaberweinbau auf sechs Hektar betrieben. Dagegen können die Feierabendwengerter in Leonberg und Eltingen ihren Schiller seit Eintragung der Einzellage Ehrenberg als Qualitätswein abfüllen; der verkaufsfördernde Etikettenname Mönchkeller wurde nicht genehmigt, weil das Gewann heute mitten im Wald liegt. Die Rebe stockt hier auf fünf Hektar überm Obstbaumgürtel der frostgefährdeten Aue.

Markgröningen und sein Stadtteil Unterriexingen verzeichnen in den Lagen Berg und Sankt Johännser zwei Dutzend Hektar Rebland; bei der

*Auch das Ludwigsburger Schloß gründet auf einem imposanten Weinkeller,
in dem dieses 90 000-Liter-Faß steht.*

1951 gegründeten Weingärtnergenossenschaft liefern auch ein paar Wengerter aus Tamm sowie aus Enzweihingen mit einem Dutzend Hektar an. Markgröningen am Saum des Strohgäus ist für seinen Schäferlauf am Wochenende nach Bartholomäi, 24. August, bekannt. In der Stadtkirche steht die Skulptur des Schmerzensmannes im Reblaub; dort liegt der 1280 datierte Grabstein des Grafen Hartmann von Grüningen, der das vom Hause Württemberg übernommene Wappen mit den drei schwarzen Hirschstangen auf goldenem Grund trug.

Die alte Weinstraße von Bietigheim nach Markgröningen draußen im Langen Feld ist längst zu einer lokalen Verbindungsstraße abgesunken. Als Zeugenberg mit Schilfsandsteindecke überragt der Hohenasperg weithin das Gäu: Keltensitz, Landesfeste, Staatskerker, Demokratenbuckel, auf dem – neben dem Dichter, Musiker und Publizisten Schubart und dem Nationalökonomen Friedrich List – zeitweilig Dutzende prominenter Landeskinder in mehr oder weniger strenger Haft saßen. Bis zur Jahrhundertwende war der Bergkegel rundum, auch gegen Norden, mit Wein bestockt; heute sind es noch acht Hektar in der Lage Berg.

Dank seiner Stadtteile überm Neckar kann sich Ludwigsburg Weinstadt nennen. Reminiszenzen höfischer Weinkultur begegnen wir aber auch in der Residenz des 18. Jahrhunderts. Im Blühenden Barock des Hofgartens steht ein verspieltes Weinberghäuschen; Giovanni Ferretti schuf die saftige Bacchusplastik des Kellerbrunnens; unterm Spielpavillon trauert das mit 90 000 Liter Fassungsvermögen größte Holzfaß Württembergs vor sich hin, das 1721 gebunden und geschnitzt, aber nie gefüllt wurde – ein imponierendes, gleichwohl hohles Repräsentationsstück, aus dem zu Führungen wohl roter und weißer Wein fließen, die aber aus zwei kleinen Fässern im Bauch des Gargantuagebindes gezapft werden. Weinmotive finden wir auch auf Kacheln und Fayencen des Schloßmuseums. Die reizendsten Rokokofigürchen der 1948 wiederbelebten Ludwigsburger Porzellanmanufaktur, zwei barbusige Traubenleserinnen und ihre verliebten Burschen, stehen heute jedoch im Württembergischen Landesmuseum in Stuttgart. Die Hofkammerkellerei, das private Weingut des Hauses Württemberg, hat ihren Sitz seit einem Jahrzehnt in der Domäne Monrepos beim gleichnamigen Schlößchen am See; der Hofkammer gehören 40 ha in den Lagen Maulbronner Eilfingerberg und Klosterstück, Gündelbacher Steinbachhof, Hohenhaslacher Kirchberg, Mundelsheimer Käsberg sowie Untertürkheimer Mönchberg und Stettener Brotwasser.

Die Stadtteile Hoheneck am linken, Poppenweiler und Neckarweihingen am rechten Flußufer vereinen 38 ha in der Lage Neckarhälde. Verwitterte Weinberghäuschen tupfen hier die steilterrassierten Muschelkalkhänge über der Neckarschleife. Poppenweiler mit seiner 1597 errichteten Kelter besaß früher eine Lage mit dem Namen Obenhinaus. Gekeltert wird der Wein aus den drei Stadtteilen zumeist in Marbach.

Wilder Mann von altem Heidenstamm

Gleich gegenüber von Schillers unscheinbar grauem Geburtshaus plätschert in Marbach der Wilde-Mann-Brunnen. Mythensüchtige Humanisten haben das sagenhafte Original als reblaubbekränzten Waldriesen und Schlagetot beschrieben, als eine Art Zwitter aus Mars und Bacchus, dem die Stadt ihren Namen verdanke. Selbst der seriöse vaterländische Geschichtsschreiber Christian Friedrich Sattler hat 1752 noch geraunt: „Weil nun diese beide, der Mars oder der Bacchus, in allweg zu vergleichen, indem jener im Krieg, dieser aber durch den Mißbrauch des Weines viele Menschen auffrißt und sie auch ihrer Güter beraubt, so scheint es, daß die Alten durch diese Fabel zu verstehen geben wollen, daß, weil bei Marbach guter Wein wächst, man sich daselbst in Acht nehmen solle, damit dem Beutel und der Gesundheit durch vieles Trinken kein Schaden geschehe. Mars scheint ihm darum beigesetzt zu sein, weil im Trunk die Leute gern erhitzt zu werden pflegen, woraus Schlägereien erfolgen.“

Marbachs sagenhafter Wilder Mann hält das Stadtwappen mit dem von Wein umrankten Festungsturm.

Vielleicht hat ein im 16. Jahrhundert in der Stadt geborgenes Relief des römischen Flurgottes Silvanus die Wilde-Mann-Phantasie beflügelt; jedenfalls erscheint er auch als Schildhalter des Stadtwappens an der einstigen Liebfrauenkirche, und er hat noch Gustav Schwab zu dem ellenlangen Gedicht „Der Riese von Marbach" inspiriert, das natürlich bei Schiller landet: „Von Geist ein Riese wundersam,/Als ob der alte Heidenstamm/Ein junges Reis noch treibe." Wahrscheinlich hat die Stadt ihren Namen aber von einem Markbach, einem Grenzbach zwischen Franken und Alamannen.

Im Stadtsiegel von 1301 erscheint neben den Rauten der Teck und dem Turm schon eine Weinranke. Marbach lebte jahrhundertelang vom Rebbau und besaß vor der Reformation eine Urbansbruderschaft. Rührend reimt eine Mauerinschrift am Alten Markt:

> „Vinum macht viel Sorg' und Müh'
> Hier in unserm Abendland.
> Ängstlich Sorgen spät und früh,
> Das ist uns hier wohl bekannt.
> Anno 1617"

1875 standen hier noch 64 ha im Ertrag, eine Fläche, die bis Ende des Ersten Weltkriegs auf ganze sieben Hektar zusammenschrumpfte. Heute hat Marbach zusammen mit seinem jenseits der Murr gelegenen Stadtteil Rielingshausen wieder 33 ha Weinbau. Die Weingärtnergenossenschaft

Marbach und Umgebung wurde 1950 gegründet. Die Einzellage heißt auch hier Neckarhälde, in Rielingshausen Kelterberg.

Schiller ist in Marbach allgegenwärtig; das nach ihm benannte Nationalmuseum mit angeschlossenem Deutschen Literaturarchiv, baulich Schloß Solitude nachempfunden, leuchtet weit ins Neckarland hinein. Obwohl Schillers Mutter aus dem noch erhaltenen Gasthaus zum Goldenen Löwen stammte, wo Eigenbau ausgeschenkt wurde, obwohl Vater Kaspar nicht nur dem Obstbau, sondern auch der Rebkultur im Lande Impulse gab, hat der auf der Karlsschule knapp gehaltene Eleve Schiller wenig davon mitbekommen, hat der spätere Stuttgarter Regimentsmedikus sich nicht gerade als Weinkenner ausgewiesen. Sein Freund Wilhelm Petersen, der 1782 eine „Geschichte der deutschen National-Neigung zum Trunke" veröffentlichte, meinte jedenfalls im Rückblick auf Schillers Sturm-und-Drang-Zeit: „Kratzende Weine, schlechter Schnupftabak, garstige Weiber waren Beweis für mangelndes Feingefühl im Sinnlichen."

Jahre später war Schillers Geschmack gereift. Einem Freund im fernen Sachsen schrieb er 1793: „Der Neckarwein schmeckt mir desto besser, und das ist etwas, was ich auch Dir gönnen möchte. So enorm teuer dieses Jahr alles, und besonders der Wein ist, so trinke ich doch für dasselbe Geld noch einmal soviel Wein als in Thüringen, und zwar vortrefflich."

Beihingen, Ortsteil von Freiberg, hat mit fünf, Benningen gegenüber der Mündung der Murr mit zwölf Hektar Anteil an der Lage Neckarhälde. Seit dem frühen 17. Jahrhundert sind Fachwerkrathaus und Kelter in Benningen unter einem Dach; die Kelterhalle des zum Bürgerhaus umgebauten Anwesens wird als Festsaal – und im Herbst weiterhin fürs Traubenpressen – genutzt. Neben dem neuen Rathaus mit Museum hat man das Stück einer Römerstraße freigelegt.

Großingersheim und Kleiningersheim, seit der Gemeindereform wieder vereint, liegen mit Renaissanceschloß und Kirche hoch überm Neckar, der sich nun in den aufstrebenden Schild des Hauptmuschelkalks einfräst und zu seinem berühmten Schlingendurchbruch ansetzt. Eng terrassiert und steil gestaffelt, fällt die Rebenschleppe hangwärts zum Fluß. In der Ingersheimer Lage Schloßberg sind 33 ha bepflanzt. Die Genossenschaft, 1937 in Kleiningersheim gegründet, liefert in Möglingen an.

Bacchisches Amphitheater

Mundelsheim schmiegt sich in eine Schleife des Neckars, und dahinter steigt ein kleines Weingebirge auf, 90 m bis zur Steilkante der Hochfläche, ein bacchisches Amphitheater, sonnseitig gewölbt und mit Stäffele

Die Felsengärten über dem Neckar bei Hessigheim haben der Felsengartenkellerei den Namen gegeben. Schrannen heißen hier die schmalen Rebterrassen im Muschelkalk.

bis zu 386 Stufen quadrig aufgetreppt. Auf einem Weinberghäuschen am Käsberg, der Herzlage, steht der Spruch: „Die Liebe vergeht, der Durst aber besteht." Die Mundelsheimer sind dem Durst und der Liebe zum Weinbau in den Steillagen treu geblieben, die auf 60 ha der insgesamt 170 ha, bis jetzt dem Maschineneinsatz spotten. Technische Hilfestellung bietet eine Berieselungsanlage, deren Schlauchsystem von 42 km Länge während der hitzigen Sommerwochen Wasser aus der Neckaraue über die dürstenden Reben sprüht. Nach einer Armlänge lehmigen Kalkschutts gründet hier schon der blanke Fels.

Der Käsberg ist dem Rotgewächs vorbehalten. Das Weißgewächs, erst nach dem Krieg sortenrein eingebürgert, steht in der Lage Mühlbächer, bevorzugt jedoch am Rozenberg: Eine Spezialität ist da der klassische Muskateller. In den Mauerweinbergen trifft man noch auf die Pfahlerziehung; silbriggrau schimmern die lanzenschmalen Latten. Geheftet wird die Rebe nach wie vor mit Ruten von den kropfigen Bindeweiden, die unten am Fluß hocken. Dreitausend Einwohner zählt der Fachwerkflecken, gut 400 gehören der 1903 gegründeten Genossenschaft an. Die Gemeindekelter aus dem 17. Jahrhundert schließt im Keller einen mittelalterlichen Wehrturm ein.

Am Hangfuß des Rozenberges ragt die spätgotische Kilianskirche empor. Unter ihren Wandbildern fällt eine Hostienmühle auf: Christi Opfertod in einem Mahltrichter mit Brot und Wein als Gleichnis der Passion. Am sandsteinernen Marktbrunnen soll anno 1525 der Rat des württembergischen Bauernheeres unter Matern Feuerbacher getagt haben. In Mundelsheim rauchen, nicht nur am Wochenende, drei Backhäuschen. Das zundertrockene Rebreisig gibt den Schwarzbrotlaiben, dem „ôige Brot", auch den eigenen Geschmack.

Von der Efeukanzel des Käsbergs geht eine schöne Wanderung flußabwärts zu den Felsengärten. Kalkgraue Türme und Riffe, düstere Kamine und senkrecht abfallende Felswände hängen überm Prallhang des Würmbergs. Bis zu drei Dutzend langgeschwungener Mauerbänder staffeln sich über dem blitzenden Fluß. Schrannen heißen hier die kalkgebleichten Rebstuben der engen Terrassen. Die Felsengärten zwischen Hessigheim und Besigheim sind als Kletterdorado für Alpinisten und als bestürzend dramatisches Naturdenkmal der sonst so sanften Neckarlandschaft bekannt. Die rosig blühenden Pfirsichbäumchen werfen im Frühjahr einen Hauch Süden über die Muschelkalkszene.

Seit 1976 ist Hessigheim Sitz der Felsengartenkellerei. Sie ging aus der Besigheimer Weingärtnergenossenschaft hervor, der sich zwischen 1940 und 1971 Walheim, Löchgau, Bietigheim-Bissingen, Gemmrigheim und Hessigheim angeschlossen haben. Heute vereint sie 350 ha Rebland und knapp 1 300 Mitglieder.

Ein Drittel der Hessigheimer Gemarkung, 150 ha, sind mit Wein bestockt. Das Kloster Hirsau hatte im Mittelalter den Zehnten inne. „Ich baue den Weinstock zu meinem Vergnügen,/und wenn wir fast gar nichts mehr dafür kriegen", ritzte ein Hessigheimer Wengerter in eine Steinplatte der Felsengärten.

Steil und enggeschachtelt wie die Muschelkalkbastionen über Neckar und Enz, baut sich Besigheim auf; Fels und Architektur wachsen hier zusammen. Von der dreibogigen Enzbrücke bietet sich der schönste Blick auf die Wasserfront des wehrhaften Städtchens. Eine treffend knappe Visitenkarte hat ihm Martin Zeiller in Merians Topographia Sueviae ausgestellt: „Besigheim am Neckar, wo die Enz darein fället, hat zwei alte Schlösser, Weingebürg, Wiesen, Wälder, viel Fisch, mittelmässige Gebäu, eine schöne Kirch in dem obern Teil der Stadt und vier Tore." An die Schlösser, staufische Buckelquaderburgen, erinnern der Schochenturm mit Steinhaus und der massive Waldhornturm neben der alten Kelter in der Unterstadt. Was Zeiller als mittelmäßiges Gebäu empfand, entzückt uns heute als Fachwerkfülle; und Tore waren es ihrer fünfe, was aber wohl Merians literarischer Gewährsmann nach ein paar dickroten Welschen vom Weingebürg nicht mehr so recht zusammengebracht hat.

Die Weingärtnergenossenschaft, Keimzelle der Felsengartenkellerei, wurde 1938 gegründet, nachdem zwei bemerkenswert frühe Anläufe, 1890 und 1900, gescheitert waren. Von den 59 ha, einem Viertel der spätmittelalterlichen Rebfläche, tragen 43 ha Rotgewächs. Die 1591 errichtete Kelter mit gewölbtem Faßkeller hat man zur Stadthalle umgebaut.

Westlich von Besigheim am Steinbach liegt Löchgau, das mit seinen 23 ha großzügig als Lage Felsengarten firmiert. Der steile, von Mauern und Gewölbebogen unterstemmte Schalkstein über Walheim hat der Großlage im Bereich der Felsengartenkellerei den Namen gegeben. Kopfschüttelnd notierte 1824 der Autor eines Reisehandbuchs: „Die Besteigung dieses Berges erfordert von dem arbeitenden Weingärtner wahrlich eine gemsenartige Gewandtheit." Mitte des vorigen Jahrhunderts kostete der Morgen Südhang am Schalkstein bis zu 4 000 Gulden, die benachbarten Rebmorgen waren um die Hälfte und weniger zu haben. Walheim ist römisch fundiert. 1075 erscheint Hirsau als geistliche Rebherrschaft. Mitten im Dorf grünte zwischen den Weltkriegen noch ein Weingarten. Heute bauen die Walheimer 55 ha.

Auf sechs Kilometer Länge erstrecken sich die 70 ha Weinberge über Gemmrigheim. Hier waren das Kloster Reichenbach und das Backnanger Stift im Mittelalter begütert. Nach altem Herkommen mußte die Stiftskellerei im Herbst ein Weinfaß aufstellen und ständig nachfüllen, so daß sich die Bürger beliebig bedienen konnten. Herzog Christoph hob den freien Herbsttrunk wegen „eingerissenen Mißbrauchs" auf und wandelte die Verpflichtung in eine Weingabe von drei Eimern, vier Imi und sechs Maß um. Das waren etwa 966 Liter, die nun am Urbanstag ausgeteilt wurden; seit 1844 gibt es aber auch keinen „Urbeleswein" mehr in Gemmrigheim.

Kirchheim am Neckar mit seinem lustigen Starengassentor baut 70 ha in der Lage Kirchberg. 1940 wurde die Weingärtnergenossenschaft mit Mitgliedern aus Hohenstein gegründet. Man gehört hier bereits zur Großlage Stromberg und liefert bei der Strombergkellerei in Bönnigheim an.

Beim Remstäler geborgen

August Lämmle, ein Herold des Schwäbischen, hat das Remstal als den Sonntagswinkel des Württemberger Landes gefeiert; nüchterne Geographen beschreiben das Tal als Exempel einer großstadtnahen Kulturlandschaft. Schmidener Feld und Waiblinger Bucht leiten, von West nach Ost, remsaufwärts, zum eigentlichen Flußtal über, das sich dann wieder im

Schorndorfer Becken weitet und mit seinen Seitentälern, seinen Weintrögen und Sonnenhalden ein kleines Labyrinth von Landschaftskammern bildet. Am Oberlauf der Rems dominierte schon immer die Reichsstadt Schwäbisch Gmünd, die im 19. Jahrhundert gleich Anschluß an die Industrialisierung fand, während das untere Remstal erst spät, aber dann gründlich, in den Sog des Stuttgarter Ballungsgebietes geriet; nach Kriegsende begann in der Talgasse flächenweit die Fabrikansiedlung. Dazwischen mengt sich ein wahres Bukett von Sonderkulturen: Gärten, Baumschulen, Gewächshäuser, Rosenfelder, Gemüseäcker, Erdbeerplantagen, Kirschhalden, Johannisbeerstreifen und, über allem, Wein. Während die Landwirtschaft rasch an Bedeutung verlor, hat sich die Rebkultur in den frostsicheren Kernlagen zwischen 240 m und 380 m Höhe gehalten.

Die Rebe wurzelt meist in tonig schweren, wenig wasserdurchlässigen, mineralienreichen Gipskeuperböden. Die ersten Rebflurbereinigungen haben das bewegte Relief mitleidlos glattgehobelt; inzwischen bemüht man sich, die charakteristischen Rundungen und die letzten tiefeingekerbten Klingen zu bewahren. Geblieben ist das Widerspiel von Waldesfrische und sonnenheißer Rebhalde, von Kirschblütenwolken im Mai und Zwiebelkuchenduft im Oktober; neu ist der Kontrast zwischen den Fachwerkgassen der Dörfer und den hellen Hochhäusern und Fabrikhallen in der Aue. Seit Jahrzehnten schon haben sich die Remstäler bedachtsam auf die Wochenendausflügler und Feierabendgäste eingestellt; Hausmacherkost und Feinschmeckermenü sind eine gute Legierung eingegangen, und mancher Wirt schenkt dazu noch seinen Eigenbau vom Faß aus.

Daß hier selbst ein bescheidener Schiller eine so verwöhnte Weinzunge wie die des Basler Historikers Jacob Burckhardt bezaubern konnte, verrät ein Brief des Gelehrten aus dem Jahr 1875: „Zuletzt langten noch vor ein paar Tagen vom Stuttgarter Verleger 50 Flaschen Remstaler an, aus seinem eigenen Weinberg, ein Schiller, der beim ersten Schluck wenig verspricht, dann aber köstlich schmeckt . . . ziemlich stark ist und im Glase einen köstlichen Blumenduft zurückläßt." Der Stuttgarter Verleger war übrigens Carl Albert Ebner.

Im Vorhof der Rems, im schwarzerdigen Schmidener Feld, liegt Fellbach, um die Jahrhundertwende noch ein Marktflecken und Wengerterdorf von 4 300 Seelen, heute eine vielfältig strukturierte Industriestadt, die dem Weinbau an ihrem Hausberg, dem Kappelberg im Süden, treu geblieben ist. Nicolaus Ferdinand Auberlen, Silchers musikalischer Lehrmeister, einer berühmten Lehrerdynastie entstammend, hat 1857 mit der Fellbacher Weingärtnergesellschaft die zweitälteste genossenschaftsähnliche Vereinigung gegründet. Von den 320 Mitgliedern sind noch immer 100 Weingärtner im Hauptberuf. Zwei Drittel der 170 ha Rebland tragen Rot-

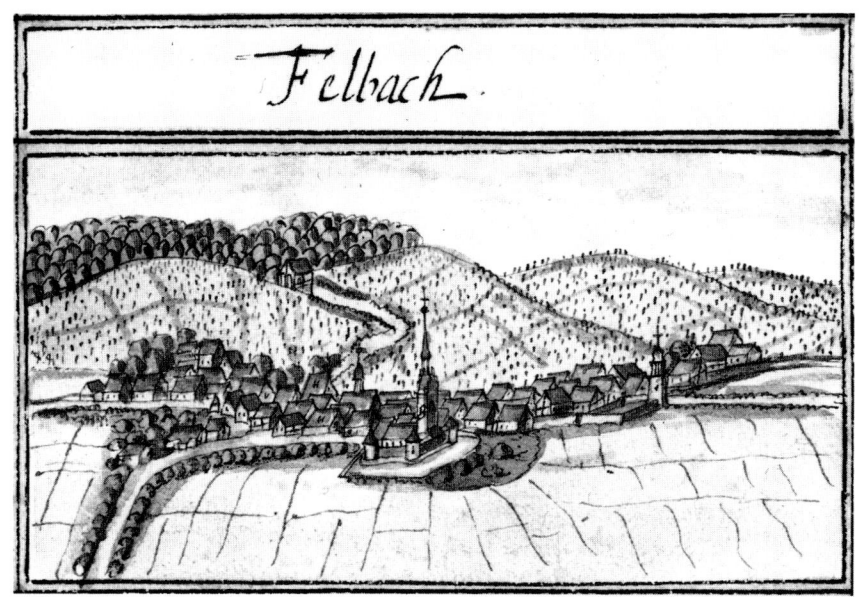

Fellbach auf einer Ansicht aus dem Kieserschen Forstlagerbuch.
Am Kappelberg beginnt ein fünf Kilometer langer Weinlehrpfad.

gewächs, voran Trollinger. Dem Fellbacher Roten hat der elsässische Sa-
tiriker Johann Fischart in seiner „Geschichtsklitterung" nachgerühmt:
„. . . die oft gut Vers helfen erdenken/wenn mans poetisch tut einschenken."

Ein Mithrasrelief, gefunden in einer Weinbergmauer am Kappelberg,
steht wohl für römischen Rebbau auf der lößreichen Hochfläche zwischen
Neckar und Rems. Im Mittelalter waren hier mehr als ein Dutzend geistlicher Herrschaften begütert. Das Heimatmuseum besitzt eine weinge-
schichtliche Abteilung. An der Kappelbergkelter bilden Weinlehrpfad
und Bacchusbrunnen ein Ensemble für sich. Seit 1948 wird an jedem zweiten Wochenende im Oktober der Fellbacher Herbst gefeiert, inzwischen
natürlich in der Schwabenlandhalle. Die Partnerstadt Meißen an der Elbe
erhielt als Einstandspräsent tausend Fellbacher Rebstöcke. Goldberg,
Lämmler, Gips, Herzogenberg, Hinterer Berg, Mönchberg und der Ries-
lingbuckel des Wetzstein summierten sich als Einzellagen unterm Hut der
Stuttgarter Großlage Weinsteige, ehe sie bis auf Goldberg und Lämmler
aus der Weinbergrolle gestrichen wurden.

Mit ihrem Hochwachtturm, der in Achim von Arnims genialem Ro-
mantorso „Die Kronenwächter" eine so düstere Rolle spielt, hat sich die

ehemalige Stauferpfalz Waiblingen in der literarischen Topographie Deutschlands profiliert. Zusammen mit der Beinsteiner Großmulde und Neustadts Söhrenberg wächst hier Wein auf 28 ha. Je ein halber Hektar am Hörnle und im Steingrüble spenden das vom Weingut der Stadt gekelterte „Ratströpfle". Die erste urkundliche Erwähnung Remstäler Weinbaus taucht in einem Schenkungsdiplom auf, mit dem 1086 Beinsteiner Rebstücke an eine Speyrer Kirche fallen.

Jeder Name ein Weingedicht

Die Gemeindereform hat gerade im Remstal zu übergreifenden Stadtschöpfungen aus der Retorte geführt. Hinter Namen wie Kernen, Remshalden und Weinstadt verbergen sich seither so unterschiedlich eigenwillige Ortschaften wie Stetten, Beutelsbach, Schnait, Strümpfelbach, Großheppach und Grunbach. Zum Glück erscheinen diese historischen Reborte wenigstens noch auf den Flaschenetiketten der Remstalkellerei; jeder dieser Namen klingt für sich schon wie ein Weingedicht.

Rommelshausen und Stetten bilden, getrennt durch den Beibach, die Gemeinde Kernen. Unter den 123 ha Rebland überwiegt das Weißge-

Die Yburg, die Eibenburg, mit der barocken Glockenkelter bei Stetten im Remstal.

wächs mit vier Fünfteln. Während Rommelshausen allmählich aus ein paar größeren Höfen zusammenwuchs, war Stetten schon immer ein geschlossenes Wengerterdorf. König im Sortiment ist hier der Riesling aus den Nobellagen Brotwasser und Pulvermächer; daneben gibt es die Lagen Mönchberg, Häder und Lindhälder; als Großlagen figurieren Sonnenbühl und Wartbühl. Die Lage Brotwasser, 1713 erstmals erwähnt, ist im Besitz der Hofkammer und hat eine Anekdote gestiftet: Das Stettener Schloß war Witwensitz des herzoglichen Hauses. Eine pietistisch angehauchte Hofdame, die gleichwohl nicht auf ihr tägliches Viertele verzichten mochte, ließ sich den Wein angeblich in einer Tasse servieren und gab vor, dies sei ihr Brotwasser; damals war es in besseren Kreisen nämlich üblich, in Zuckerwasser getunkte Anisbrötchen zu schnabulieren.

Das Schloß ist Nachfolger der Yburg, der Eibenburg, deren Ruinenwürfel über dem Dorf mit der barocken Glockenkelter einen markanten Blickfang bildet. Den Weinzehnten hatte lange das Stuttgarter Stift zum Heiligen Kreuz inne. Anfang des 18. Jahrhunderts waren hier 481 Morgen, also 219 ha Rebland zehntpflichtig. Bis 1731 war der ursprünglich ritterschaftliche Ort im Besitz der berüchtigten Wilhelmine von Grävenitz, der Mätresse des Herzogs Eberhard Ludwig. Als dieser seine Herzdame 1730 zum letztenmal besuchte, vertrank die Gesellschaft binnen sieben Wochen 20 000 Liter Wein, darunter mehr als 4 000 Liter Brotwasser. Das Heimatmuseum im Kanzleigebäude birgt einen Gewölbekeller für Weinproben. Die 1931 gegründete Weingärtnergenossenschaft liefert – wie die übrigen Genossenschaften – flußaufwärts bei der Remstalkellerei an. Bei der Veitskirche beginnt ein viereinhalb Kilometer langer Weinbaulehrpfad mit gereimten Tafeltexten.

Wenn die Remstäler beim Remstäler auf Stetten zu sprechen kommen, wird irgendwann auch eine Anekdote des David Pfeffer aufgetischt. Dieser war im 18. Jahrhundert ein vielgefragter Spielmann, bekannt für seinen großen Durst, respektiert wegen seines scharfen Witzes. Viele Schnurren laufen unter seinem Namen, und nicht von ungefähr hieß es schon zu seinen Lebzeiten, der Pfarrer habe ihn versehentlich statt mit Wasser mit Wein getauft. Schon dem kleinen David hat man einen nachdenklichen Wortwitz angehängt: Als der Herr Dekan das Stettener Schulhaus und den Unterricht visitierte, fragte er auch nach dem kleinsten Fluß im Lande, und der Bub gab zur Antwort: „Der Überfluß."

Weinstadt entstand 1975 aus dem Zusammenschluß von Endersbach, Beutelsbach, Großheppach, Schnait und Strümpfelbach und vereint 460 ha Weinberge. Endersbach führt Tanne, Traube und Zahnrad im Wappen, Signaturen des Dreiklangs von Wald, Wein und Industrie. „Kuriosa, Kruscht und Kostbarkeiten" hat Paul Hekeler für das Heimatmuseum zusammengetragen, darunter die Labeflasche eines wandernden Handwerksgesellen, eine barocke Ofenplatte mit der Darstellung des Weinwunders bei der Hochzeit von Kana, ein Sandsteinrelief, das an den hochgelobten 1811er, den Eilfer, erinnert, sowie Pistole und Pulverhorn eines Wengertschützen. Das Schönste aber bleiben die vom alten Weingärtner Jakob Seybold gemalten Ölbilder: sinnenscharf, farbenfroh, naiv erzählend. Er war schon über 80, als er den Karst in die Ecke stellte und sich nur noch seiner großen Liebe, der Malerei, widmete. Ein Jahrzehnt war Seybold noch vergönnt – 1930 starb er. Hintere Klinge, Happenhalde und Wetzstein heißen hier die Lagen. Mitten in den Reben steht eine gotische Wallfahrtskapelle. Für die Sinnenlust der Endersbacher sprechen ihr Weinbrunnen und ihr Weinlied, in dem es heißt:

„A ganz bsonders Bodegfährtle
hot dir drum dui Lag au gea,
rot wie d' Rösla dort em Gärtle
ka mr di em Gläsle seah."

Beutelsbach, Strümpfelbach und Schnait

Nicht nur als Sitz der Remstalkellerei ist Beutelsbach ein Begriff im Lande. Hier war der Geispeter zu Hause, der anno 1514 den Aufstand des Armen Konrad entfachte. Unerträglich war die Lage geworden, als der verschwenderische Herzog Ulrich seine leeren Kassen füllte, indem er den kleinen Mann betrog, nämlich durch die willkürliche und unredliche Verminderung der Gemeindemaße. Der Peter warf daraufhin eines der neuen Gewichte mit den Worten ins Wasser: „Hat der Herzog recht, so schwimm oben, hat der Bauer recht, so sink unter!" Die restaurierte Burgruine am Kappelberg erinnert an die Erbtochter Luitgard von Beutelsbach, die um 1080 den Conrad von Wirtinberc, so die damalige Schreibweise, heiratete und damit zur Stammutter des späteren Königshauses wurde. Die wehrhafte spätgotische Stiftskirche, ihr Pfleghof, kammerzumsponnenes Fachwerk und das neue Rathaus mit seinem Turmpavillon fügen sich zu einem ausgewogenen Ensemble. Die Gewölbekeller des mittelalterlichen Pfleghofs legten den Grundstein zur Gebietskellerei. Das Heimatmuseum im alten Fachwerkrathaus macht natürlich auch mit dem Wengerterhandwerk vertraut, und Karl Ulrich Nuß hat dem Geispeter ein bewegendes Bronzedenkmal geschaffen.

Ganz abgesehen von der Wetterküche der Politik, war der 1939er ein miserabler Jahrgang, nachdem Frühfröste am 20. September schon die

Ein selten schönes und stattliches Weingärtnerhaus in Strümpfelbach im Remstal.
Charakteristisch ist der gemauerte Sockel mit dem Kellertor.

Lese diktiert und überdies Hagelschauer die Reben im Remstal zerschlagen hatten. Eine Notgemeinschaft der Weingärtnergenossenschaften tat
sich zusammen und gründete im Jahr darauf die Remstalkellerei als regionale Institution für Ausbau und Vermarktung; eingelagert wurde zunächst in Großheppach und Endersbach, bis sich 1950 der weitläufig

unterkellerte Stiftshof in Beutelsbach anbot. 2 000 Mitglieder aus ehemals 21 örtlichen Genossenschaften liefern den Herbst aus 850 ha Weinbergen an. Früh schon galt Beutelsbach als Hochburg trockener, zeitweise im Holzfaß ausgereifter Rotweine. Altenberg, Käppele und Sonnenberg heißen die Lagen.

Großheppach „kann man eigentlich als das Herz des schönen fruchtbaren Remstales betrachten", meinte Bronner. Bis gegen Schorndorf verengt sich hier die Talgasse. Mitte des vorigen Jahrhunderts lagen auf der quellenreichen Gemarkung 429 Morgen Ackerland und 404 Morgen Weinberge. Die Klöster Adelberg, Bebenhausen, Denkendorf, Neresheim und Weil besaßen hier im Mittelalter Rebgüter. Neben den Lagen Wanne, Steingrüble und Zügernberg legen Obstbaumstücke und Beerenkulturen einen grünen Rahmen um das Dorfbild. Die Winzergenossenschaft Buoch-Gundelsbach, so die im Dritten Reich verordnete Bezeichnung, schloß sich 1978 Großheppach an. Schade, daß die Großheppacher Trosthalde durch die Flurbereinigung der Lagenamen im Zuge des neuen Weingesetzes auf der Strecke geblieben ist.

In Strümpfelbach öffnet sich die Hauptstraße zu einer Triumphgasse schönen Fachwerks. Drei Dutzend Häuser stehen unter Denkmalschutz. Eines der ältesten ist das Rathaus, 1591 mit offener Laube brückenartig über dem Zusammenfluß von Strümpfelbach und Hüttenbach aufgezimmert. Ein Pfosten trägt das Ortswappen: zwei gekreuzte Hapen, darüber Traube und Hirschstange. Rosenspaliere und Freiplastiken des Bildhauers Fritz Nuß markieren den inzwischen verdolten Bachlauf. Bei der Linde steht der Weingärtner, am Rosenbrunnen schwelgt der Singende Zecher, und am Rathaus entzückt ein anmutiges Wassermädchen. Unter den freigelegten Fresken der Jodokuskirche fällt eine von Bilderstürmern der Reformationszeit verstümmelte Darstellung Christi in der Kelter auf.

Eine ältere Landesbeschreibung sagt vom Strümpfelbacher Wengerter: „Die Beschäftigung mit dem heiklen Weinstock macht ihn intelligent, scharf beobachtend, hingebend, ausdauernd, gewandt, anpassungsfähig", und sie fügt lapidar hinzu: „Strümpfelbach hat die meisten alten Leute." Bis ins vorige Jahrhundert gab es hier keinen einzigen Acker auf der Markung. Neben den ausgewiesenen Lagenamen Altenberg, Gastenklinge und Nonnenberg liegt auf dem Weg nach Schnait die Fronklinge. Dort hat ein Weingärtner die Inschrift hinterlassen: „Als ich setzte diesen Stein, /gab es viele Jahr kein Wein./Doch fortgebaut/Und Gott vertraut,/So wirst du wohl erfahren,/wozu die Fehljahr waren."

Auch in Schnait zwang die schmale Gemarkung zu unternehmendem Fleiß und intensiver Rebkultur; der Ortsname spielt auf einen Durchhieb im Wald, also auf mittelalterliche Rodung, an. Das Dorf liegt in einem Re-

Der ehemalige Stiftshof in Beutelsbach ist mit seinen weitläufigen Kellergewölben seit 1950 Sitz der Remstalkellerei.

benkessel. „Charakteristisch für Schnait ist das Talent zur Musik", heißt es in der Oberamtsbeschreibung. Sicher hat der Autor dabei auch an den Volksliedkomponisten Friedrich Silcher gedacht, der 1789 im Schulhaus, das jetzt Silchermuseum ist, zur Welt kam. Mit der Rebflurbereinigung sind hier Hunderte von Weinberghäuschen verschwunden. Bei der letzten

Umlegung hat man wenigstens zwei Klingen verschont und einen 50 Ar großen Museumsweinberg ausgespart, von dem die Große Kreisstadt Weinstadt ihren „Ratschenk" keltern wird.

Für die Wirkung des Schnaiters spricht ein ergötzlich gereimter Eintrag des Pfarrers Georg Schilling von 1570 im Taufbuch. Er gilt seinem Amtsvorgänger, der es versäumt hatte, die Taufen pünktlich einzutragen, und lautet, heutiger Schreibweise leicht angepaßt: „Bastian Lutz, der heillos Mann,/Ist stets dem Wein gehanget an./Dem hat er fleißig nachgefahndet,/Wie ein Igel den Birn nachwandlet . . ."

Zwischen Strümpfelbach und Schnait liegt Aichelberg auf waldiger Höhe. Die Wengerter haben hier die Flurbereinigung auf 15 ha Weißgewächs in der Lage Luginsland abgelehnt. In der Klinge Hohler Stein, östlich des Dorfes, bilden Kieselsandsteinbänke Wasserschwellen und Wasserfälle, hier hat abgelagerter Kalktuff eine natürliche trittsichere Brücke über das Bächle gewölbt.

Um Buocher Höhe und Berglen

Rechts der Rems, am westlichsten Ausläufer der Berglen, dem Korber Kopf, liegt Korb mit dem Ortsteil Kleinheppach. Von 110 ha Weinbergen sind hier mehr als drei Viertel mit Rotgewächs bepflanzt. In der Steinreinacher Kelter stecken gotische Maßwerkfenster der früheren Wolfgangskapelle. Kleinheppach hieß ursprünglich Obernheckenbach. Am Belzberg gedeihen Kesten und Feigenbäumchen. Als tropentauglich erwies sich auch der heimische Wein, wie die Schorndorfer Oberamtsbeschreibung mitteilt: „Mehrere Flaschen Eilfer", also 1811er, „gingen 1825 zu Wasser nach Java und kamen im August 1826, ohne den geringsten Schaden genommen zu haben, bei einem Württemberger in Sourabaya an". 1988 geriet der rebflurbereinigte Kleinheppacher Kopf auf voller Breite ins Rutschen. Es kostete zehn Millionen Mark, den planierten Hang wieder zu stabilisieren; genauso teuer war die Umlegung gewesen. Berg, Hörnle, Sommerhalde und Steingrüble heißen die Korber, Greiner und Sonnenberg die Kleinheppacher Lagen.

Auch Winnenden hat mit der Eingemeindung einiger Nachbarorte, darunter Baach, Breuningsweiler, Bürg, Hanweiler und Hertmannsweiler, den Status einer Großen Kreisstadt erlangt. Von den insgesamt 60 ha Rebland gehört etwa die Hälfte zur Kernstadt; 1903 schon wurde hier die Weingärtnergenossenschaft gegründet. Geblieben sind die Lagen Berg, Holzenberg und Roßberg an der Großlage Kopf sowie der Haselstein in der Großlage Wartbühl. An die spätmittelalterliche Rodung des Waldes zugunsten der Rebkultur erinnern Namen wie Stöckach, Holzenberg, Haselstein und Ruit. Nach dem Dreißigjährigen Krieg lag mehr als die Hälfte der 795 Morgen Weinberge verwildert. Für die zentrale Marktlage des früheren Oberamtsstädtchens Winnenden spricht die Zahl von neun Schildwirtschaften und 32 Gassenschänken bei knapp 3 300 Einwohnern um die Mitte des vorigen Jahrhunderts. Johann Philipp Bronner hat notiert: „. . .wird kein Wingertmann gedungen, der raucht, einen solchen hält man für einen schlechten Arbeiter; denn der Taglöhner muß hier von Sonnenaufgang bis Sonnenuntergang arbeiten. Ein solcher bekommt aber auch des Tags drei Schoppen Wein und Vesperbrot."

Idyllisch, wie sein Name klingt, liegt Baach mit seinen Reben im Buchenbachtäle. Mit Hertmannsweiler, wo die Stadt ihren eigenen Tropfen von einem fünf Ar großen Weinberg keltert, teilt es sich in die Lage Himmelreich. Breuningsweiler überm Zipfelbachtal wird wegen seiner Erdbeerfelder scherzhaft auch „Breschtlingsweiler" genannt und hat Anteil an den Lagen Holzenberg und Haselstein. Bürg führt seinen Namen auf eine Burg zurück, die bis auf einen Eckturm abgebrochen wurde und deren Quader in der Landesfestung Schorndorf stecken. Geblieben ist die Lage Schloßberg.

Hanweiler entstand wahrscheinlich erst im 14. Jahrhundert auf einer Rodungsinsel im Trombachwald. Mit seiner kleinen Gemarkung ordnete es sich um einen Rebhof des Deutschen Ordens, dessen barocke Kelter bis heute genutzt wird. Als 1955 Winterfrost und Hagelschlag die Weinberge verheerten, kam es hier zu einer der ersten ordentlichen Rebflurbereinigungen Württembergs; das kleine Weinbaumuseum erinnert daran. Berg und Maien heißen die Hanweiler Lagen.

Grunbach, Geradstetten, Buoch, Hebsack und Rohrbronn haben sich zur Gemeinde Remshalden mit 96 ha Rebfläche vereint. Spätgotische Kirche, hochgemauerter Friedhof, Dorflinde und Renaissancebrunnen fügen sich in Grunbach zu einem geschlossenen Bild; in die Kirchhofmauer sind zwei Sühnekreuze mit eingravierten Happen eingelassen. Verborgen bleibt den meisten Besuchern ein anderes Denkmal der Weinkultur, die 1786 von Neubert in Ludwigsburg gegossene Weinglocke. Auf ihrem Mantel herrscht, durchwirkt von Reblaub und Trauben, ausgelassenes ländliches Herbsttreiben mit Tanz und Flirt, mit Musik und Rausch, alles im Kostüm der Zeit von Herzog Carl Eugen. Im letzten Krieg sollte die Glocke für Rüstungszwecke eingeschmolzen werden; die Grunbacher fanden sie aber 1948 glücklicherweise heil auf einem Glockenfriedhof im Westfälischen wieder.

Neben anderen geistlichen Herrschaften besaß Lorch hier drei Keltern, von denen die Abtskelter noch genutzt wird. Auch zahlreiche Bürger der

Reichsstadt Schwäbisch Gmünd hatten Weinberge in Grunbach gepachtet, weil ihnen ihr eigenes Gewächs zu sauer war. Ende des 16. Jahrhunderts schätzte man die Rebfläche auf 315 ha. Die Mitglieder des 1932 gegründeten Weingärtnervereins bauen ihre Reben in den Lagen Berghalde und Klingle.

Durch die Geradstettener Lagen Lichtenberg und Sonnenberg führt ein Lehrpfad, der von Weinbau, Obstbau, Forstwirtschaft und Erdgeschichte erzählt. Hebsack war für seine blauen Fuhrmannskittel bekannt, vor denen zu Beginn des vorigen Jahrhunderts jährlich an die 10 000 Stück verkauft wurden. Mit Geradstetten teilt man sich in die Lage Lichtenberg. Stärker noch als in den klimatisch günstig gelegenen Talorten haben der Bau der Remstalbahn vor dem Ersten Weltkrieg und die folgende Industrieansiedlung das Rebland um Winterbach dezimiert. Von den 600 Morgen, die Mitte des 18. Jahrhunderts bestockt waren, ist nur ein Weingut mit fünf Hektar am Hungerberg übriggeblieben, genauer, 1934 wiedererstanden.

Schorndorf, an der Weinstraße von Cannstatt nach Nürnberg und an der Kreuzung zweier Querstraßen von Murr und Fils her gelegen, profitierte vom Weinhandel noch mehr als vom Weinbau und wurde Ende des 16. Jahrhunderts an Steuerkraft nur noch von Stuttgart übertroffen. Trotzdem ließ das städtische Spital hier fünf Keltern laufen, wird das zylinderbehütete Urbänle der Zunft mit goldener Riesentraube noch in Ehren gehalten. In der Lage Grafenberg stehen wieder elf Hektar im Ertrag, und am Sünchen hat die Remstalkellerei einen Versuchsweinberg für Neuzüchtungen angelegt.

Von Norden her mündet hier die Wieslauf ins Remstal. An den früher umfänglichen Rebbau erinnert ein Lehrpfad, der in Schlechtbach beginnt und über aufgelassene Keltern, Wengerterschützenhäuschen und eine steinerne Hochbank zum Absetzen der Butten zur Lindentaler Kelter geleitet.

Um Murr, Bottwar und Schozach

Am Unterlauf der Murr hat sich auf Muschelkalk noch etwas Weinbau gehalten. Das gleichnamige Dorf Murr baut um seine verödete Bergkelter noch zehn Hektar in der Lage Neckarhälde. Steinheim im Mündungswinkel von Murr und Bottwar verdankt seine 107 ha Reben hauptsächlich den Stadtteilen Höpfigheim und Kleinbottwar, wo schon wieder der Keuper ansteht. Die von eiszeitlichen Hochwassern der Murr abgelagerten Schotter, Kiespakete und Sandbänke haben das Skelett eines Mammut, das Geweih eines Riesenhirsches und den Schädel einer junger Frau konserviert. Sie muß hier vor 250 000 Jahren gelebt haben und beschäftigt als „homo steinheimensis" die Forschung. Das Urmenschmuseum in Steinheim macht mit diesen Funden vertraut. Der Burgberg gehört noch zur Lage Schalkstein, der Lichtenberg zur Großlage Wunnenstein. Höpfigheim überm Mühlbach baut seine Reben in der Lage Königsberg.

Links der Murr liegen Erdmannhausen und Affalterbach mit etwas Weinbau, fast nur für den Hausgebrauch. Rechts des Flusses teilen sich Rielingshausen und Kirchberg in die Lage Kelterberg. Weiter flußaufwärts, Richtung Backnang, ist der Weinbau in den letzten Jahrzehnten erloschen. Der Murr fällt schließlich von Norden her der Klöpferbach zu, an dem Aspach mit seinen Ortsteilen Allmersbach am Weinberg, Kleinaspach und Rietenau liegt. Insgesamt stocken hier 45 ha in den Lagen Alter Berg und Kelterberg. In Kleinaspach arbeitet die letzte Baumkelter des Landes, am Föhrenberg lädt ein Weinlehrpfad ein.

Waldschopfige Bergrücken schirmen das Bottwartal vor Wind, Kälte und Unwetter ab, es öffnet sich allein nach Süden. Auf den Klimakarten hebt es sich als Wärmeinsel deutlich ab und zeigt fast die gleichen Werte wie das von der Sonne verwöhnte Oberrheintal. Hier fühlt sich die Rebe auf schweren, nährstoffreichen, bunten Gipskeuperböden wohl und geborgen.

Kleinbottwar gehörte mit Schloß Schaubeck bis in die napoleonische Zeit dem reichsritterschaftlichen Kanton Kocher an. Mitte des 19. Jahrhunderts übernahm ein Freiherr von Brusselle das Schloßweingut, das dann im Erbgang an die Grafen Adelmann von Adelmannsfelden kam. Die schwäbische Variante des freiherrlichen Namens bürgerte sich für die früh schon preisgekrönten Brüsseleweine ein. Hier werden auf gut zwölf Hektar Raritäten des Rebsortiments gehegt: Samtrot, Muskattrollinger, Limberger, Urban, Clevner, Traminer und Muskateller; in Hoheneck überm Neckar gehören noch drei Hektar zum Schloßweingut.

Götzenberg, Lichtenberg, Oberer Berg und Süßmund lauten die Kleinbottwarer Lagenamen. Großlage ist der Wunnenstein. An alter Kultstätte hat man hier eine frühmittelalterliche Michaelskirche errichtet, zu der auch gewallfahrt wurde und die man in der Reformationszeit abriß; der stehen gebliebene Kirchturm dient heute als Aussichtswarte. Die nahegelegene Burg der balladenverklärten Herren von Wunnenstein wurde bereits im 15. Jahrhundert gebrochen. Ein Weinlehrpfad führt durch die Rebgewanne am Wunnenstein, vorbei an zwei gewölbten Wengertschützenhäuschen.

„Riesling nervenstärkend, Trollinger wärmend"

Im Mündungswinkel von Kleiner und Großer Bottwar liegt das im Mittelalter gegründete Städtchen Großbottwar, das mit seinen Stadtteilen Winzerhausen, Hof und Lembach 194 ha Rebland in den Lagen Herzberg und Lichtenberg besitzt. Der 1936 gegründeten Weingärtnergenossenschaft schlossen sich 1951/52 Hof, Lembach und Winzerhausen, 1966 Oberstenfeld und Beilstein sowie zwei Jahre später Kleinbottwar an. Als Bottwartalkellerei mit knapp tausend Mitgliedern nimmt das Unternehmen seither den Herbst der schon römisch besiedelten Reblandschaft auf. Die vergilbte Weinchronik im Fachwerkrathaus beginnt 1522 und verzeichnet bis zum Beginn des vorigen Jahrhunderts Güte, Besonderheiten, Preis und Menge aller Jahrgänge. 1899 hat man die Tradition der Weinchronik wiederaufgenommen. Am Rathaus schlägt ein Storch, der Wappenvogel Großbottwars, die Stunden. Zu den originellsten Wengerterhäuschen im Land gehört das Schiefe Haus in der Langen Gasse mit seinem vom Alter verwegen verzogenen Balkenwerk.

Die vergilbte Weinchronik im Fachwerkrathaus von Großbottwar beginnt 1522 und verzeichnet bis zu Beginn des vorigen Jahrhunderts Güte, Besonderheiten, Menge und Preis aller Jahrgänge.

Seitab, an der kleinen Bottwar, liegt Winzerhausen, ein ehemaliger Burgweiler der Wunnensteiner. Unterhalb der Burg Lichtenberg ducken sich Hof und Lembach. Seit 1483 ist dieser nie zerstörte Adelshorst mit kleinem Weingut in der Hand der Freiherren von Weiler. Als 1525 zwei Weiler beim Sturm der Neckartäler und Odenwälder Bauern auf Weinsberg ums Leben kamen, stellte der aus Großbottwar stammende Weinwirt, Ratsherr und Hauptmann des württembergischen Bauernheeres, Matern Feuerbacher, der bedrängten Witwe einen Schutzbrief aus; Lichtenberg blieb so vom roten Hahn verschont. Spezialität der Burgschänke ist das im Hof am Spieß gebrutzelte Kalb.

Bei Oberstenfeld und seinem Ortsteil Gronau in der grünen Au vereinen sich ein paar Bäche aus den Löwensteiner Bergen zur Großen Bottwar. 86 ha Weinberge stehen hier im Ertrag. Die von wuchtigen Säulen getragene Krypta der romanischen Stiftskirche stammt aus dem 11. Jahrhundert. Das adelige Frauenstift blieb nach der Reformation bis 1920 seiner Bestimmung treu. Wer in das mit Rebbesitz reichlich ausgestattete evangelische Fräuleinstift aufgenommen und versorgt werden wollte, mußte mindestens 16 blaublütige Vorfahren nachweisen. Die Friedhofskirche St. Peter birgt schöne Fresken aus der Zeit um 1300. Am Ochsenberg bei Gronau wölbt sich ein massiv gemauerter Kuppelunterstand für den Wengertschützen. Die Kelter aus dem 18. Jahrhundert dient als Festhalle.

Der Teilort Prevorst, auf hohem Bergrücken gelegen, hat längst keinen Weinbau mehr. Der Weinsberger Arzt und Dichter Justinus Kerner, allzeit den Nachtseiten der Natur zugewandt, hat mit der seinerzeit weltbekannten „Seherin von Prevorst", der medial ungewöhnlich sensibel veranlagten Friederike Hauffe, ein Experiment unternommen: Er gab ihr Beeren verschiedener Rebsorten in die Hand, und sie äußerte sich über deren Wirkung. Das Protokoll wurde 1846 auf dem Weinbaukongreß in Heilbronn vorgetragen: „Der Traminer und Völteliner erregten ihr Hitze, der Ruhländer, Spanier, der Rothelben, Weißelben und rothe Muskateller, Betäubung im Kopf. Den Sylvaner erklärte sie gesund für die Brust, der Affenthaler verursachte ihr Wärme, der Traminer Bangigkeit auf der Brust, der rothe Gutedel Herzklopfen und heftige Blutbewegung. Wärme im Unterleib brachte ihr der Clevner und Velteliner, besonders Wärme im Magen der Trollinger hervor.

Das Gefühl von Kälte aber durch alle Glieder erregten ihr der Riesling und der Sylvaner, jedoch beide auf eine verschiedene Weise, beim Riesling ergriff zugleich die Nerven eine Art Starrheit, und sie erklärte ihn für nervenstärkend, während es der Sylvaner nicht sey. Der Trollinger, Clevner und Affenthaler zogen ihr Wasser in den Mund. Von allen Trauben-

*Das Burgstädtchen Beilstein weist mit dem Langhans, dem Bergfried von Hohen-
beilstein, eine einprägsame Landmarke inmitten der Weinberge auf.*

sorten konnte sie nur eine, den Trollinger, essen. Der Ruländer brachte ihr
Schmerzen in den Augen und Nebel vor ihnen hervor, und der Roth- und
Weißelben erregten Mattigkeit in allen ihren Gliedern, ja sie entschlief bei
demselben plötzlich."

Der Langhans der Burg Hohenbeilstein stellt eine markante Landmarke
dar; Wahrzeichen des Burgstädtchens Beilstein am Söhlbach ist das Rathaus, ein sechsgeschossiger kleiner Wolkenkratzer im Fachwerkstil. Samt
seinen Stadtteilen Schmidhausen, Billensbach, Jettenbach, Klingen, Maad,
Gagernberg, Etzlenswenden und Kaiserbach, Weilern mit inselartig einge-
sprengten Rebhalden am Saum der Löwensteiner Berge, versammelt Beilstein gut 180 ha in den Lagen Schloßwengert, Steinberg und Wartberg.
Unterländer Buttenolympiade, Weinwandern mit Stationen zum Probieren und Raten, die Proklamation des neuen Jahrgangs auf dem Andreas-

markt am letzten Novemberwochende hat man als Attraktionen eingeführt oder wieder belebt. Die von dem Fabrikanten Robert Vollmöller er-
worbene und restaurierte Burg Hohenbeilstein wird von der Stadt bewirtschaftet; das private Schloßweingut mit steilen Rebterrassen hat einen eigenen Weinlehrpfad angelegt. Auch eine Burgfalknerei gibt es hier.

Wie Großbottwar verzeichnet auch Beilstein eine lückenlose Weinchronik über 150 Jahre. Daß sie erst 1694 beginnt, entschuldigte der Chronist
so: „. . . Da die vorherigen Jahrgänge wegen Anno 1693 in der Französischen Invasion im Rauch aufgegangener Stadt- und Amts-Registratur
nimmer erkundigt werden können." 1828 bauten 266 Beilsteiner etwa
100 ha Rebland. Der 1856 gegründete Weingärtnerverein wurde 1900 in
eine genossenschaftsähnliche Gesellschaft umgewandelt, die 1939 mit
Gronau und Schmidhausen als Weingärtnergenossenschaft Oberes Bottwartal firmierte, während Oberstenfeld bis zum Anschluß an die Bottwartalkellerei noch selbständig blieb.

Mittler zwischen Wald und Wein

Die Schozach entspringt unterhalb des Bergstädtchens Löwenstein und
durchfließt eine weitgehend lößummantelte und daher waldentblößte
Gipskeuperplatte, ehe sie, kurz im Muschelkalk mäandrierend, zwischen
Horkheim und Sontheim dem Neckar zufällt.

Untergruppenbach besitzt unterhalb der Burg Stettenfels am Schloßberg noch 25 ha Reben, sein Ortsteil Unterheinriet am Sommerberg das
Doppelte. Die 1947 gegründete Weingärtnergenossenschaft Oberes Schozachtal liefert seit einem Jahrzehnt ihren Most in Möglingen an. Bekannt
wurde Unterheinriet, als die Württembergische Landsiedlung 1933 ein
100 Morgen großes Waldstück am Südhang roden und mit Riesling und
Trollinger bepflanzen ließ. „Einst stand hier ein grüner Tann,/jetzt: ein
schöner Rebenhang", steht auf der Gedenktafel.

Abstatt weist auf seiner Markung zusammen mit Burg Wildeck, dem
Mustergut der Weinbauschule Weinsberg, 72 ha Rebland in den Lagen
Burgberg, Burg Wildeck und Sommerberg auf; die Großlage heißt Schoz-
achtal.

Flußabwärts liegt Ilsfeld, das mit seinen Ortsteilen Auenstein und
Schozach 160 ha in den Lagen Rappen, Burgberg, Schloßberg, Roter Berg
und Schelmenklinge vereint. Als freies Dorf Ostheim erscheint Auenstein
im Licht der Geschichte; das läßt auf eine frühfränkische Gründung im
Zuge der karolingischen Reichskolonisation schließen. Die Wengerter haben sich mit ihren Kollegen aus Abstatt und Ilsfeld zur Weingärtnerge-

nossenschaft Mittleres Schozachtal vereinigt, die vollständig bei der WZG in Möglingen anliefert. Schozach dagegen gehört zwar zur Gemeinde Ilsfeld, hat sich aber 1986 der Weingärtnergenossenschaft Neckarwestheim angeschlossen. Seit 1521 ist der Ilsfelder Holzmarkt verbrieft; er wird heute noch an Bartholomäi mit einer Leistungsschau verschiedenster Holzprodukte begangen. Von den Löwensteiner Bergen, aus dem Mainhardter und dem Murrhardter Wald kamen hier Bauholz, Weinbergstickel, Leitern, Kübel, Butten und Fässer zusammen. Der Holzmarkt war und ist ein Mittler zwischen Wald und Wein. Das geschlossene Jugendstilviertel rund um das Ilsfelder Rathaus geht auf den Neuaufbau nach dem großen Brand von 1904 zurück.

Neben den Schozacher Weingärtnern, die sich mit Neckarwestheim in der Großlage Kirchenweinberg zusammengefunden haben, ist in Schozach das 16 ha große Weingut der Grafen von Bentzel-Sturmfelder zu erwähnen. Neckarwestheim finden wir weder am Neckar noch westlich davon, sondern östlich, über dem Schozachtal. Ursprünglich hieß das Dorf Kaltenwesten; weil das aber dem Absatz der Weine am Herrlesberg wenig förderlich war, bekam der Ort 1884 dank königlicher Huld seinen kuriosen Namen.

Talheim mit 187 ha in den Muschelkalklagen Hohe Eiche, Schloßberg und Sonnenberg hat eine stattliche Anzahl selbstmarktender Weingärtner, die über den Winter in der Besenwirtschaft anzapfen. Größter Weinbaubetrieb ist der Hohrainer Hof mit zwölf Hektar, der von der Weinbauschule Weinsberg geführt wird. Zwei Drittel des Dorfes gehörten dem Deutschen Orden, ein Drittel Württemberg, und so gibt es hier zwei Schlösser, zwei Kirchen und zwei ehemalige Keltern; die eine dient als Feuerwehrhaus, die andere beherbergt Rathaus, Post und einen Großmarkt.

1972 schlossen sich die Weingärtnergenossenschaften Talheim und Flein zusammen. Ihre 432 Mitglieder bebauen 287 ha Rebberge, davon zwei Drittel auf Fleiner Markung. In den Keuperlagen Altenberg, Eselsberg und Sonnenberg dominieren Burgundersorten und Riesling. Mitten im Dorf Flein buckelt ein steiler, aus Nagelfluh zusammengebackener Felsklotz; als Flina taucht das Dorf in der Talfalte des Deinenbaches auf, und das meint nichts anderes als die altdeutsche Bezeichnung für Fels. Seit dem 14. Jahrhundert war Flein eines der vier Herrendörfer der Reichsstadt Heilbronn. 1923 wurde die Weingärt-

Die Marksteine von Talheim tragen neben der Jahreszahl ihrer Setzung auch eingravierte Hapen, Rebmesser.

nergenossenschaft gegründet. An den Weinfesten kann man eine Probe von drei Dutzend Sorten mit einer kleinen Weinwanderung zum Schauweinberg der Genossenschaft verbinden. Die von dem einheimischen Künstler Epple geschaffene Weinsäule am Ortseingang vereint sinnbildhaft die bacchischen Embleme Fleins. Als der amerikanische Präsident John F. Kennedy in Bonn und Königin Elizabeth von England in Stuttgart Staatsvisite machten, schimmerte Fleiner Riesling Spätlese auf der Festtafel; würzig, zartherb und lauter, ein grüngoldenes Geheimnis.

Enztal und Stromberg

Die Enz kommt aus dem Schwarzwald, nimmt bei Pforzheim die Nagold auf und ist ein alter Flößerfluß. In ihrem Unterlauf, im Weinland Württemberg, mäandert sie durch den Oberen Muschelkalk, mit Waldschleppen an den schattseitigen und mit Weingehängen an den terrassierten sonnseitigen Hängen; Altwasserpartien und Auwald, Wiesen und Kopfweiden mustern den Talgrund.

Bietigheim und Bissingen, seit der Gemeindereform eine Bindestrichkommune, bauen zusammen noch auf 15 ha Wein. Dabei hatte allein Bietigheim im späten 16. Jahrhundert knapp 350, Mitte des 18. Jahrhunderts noch 78 ha Rebland im Ertrag. Der Umschwung kam mit Industrie und Eisenbahn, für die Karl von Etzel 1853 den an antike Aquädukte erinnernden formstrengen Enzviadukt aus Sandsteinquadern aufgerichtet hat. Fortgeführt wird das 1550 als „wahre Consignation" der Stadt begonnene Weinregister der Jahrgänge, heute im Stadtmuseum aufbewahrt.

Ein Denkmal der Weinkultur stellt auch das im Innern mit Renaissancemalereien dekorierte Fachwerkhaus des Notars Sebastian Hornmold dar. Der humanistisch gebildete Küferssohn hatte Bietigheim im Bauernkrieg vor dem Ruin bewahrt und als herzoglicher Vogt Holzhandel und Weinbau gefördert. Als während des Schmalkaldischen Krieges 1546/47 die Spanier einrückten und Hornmold flüchtete, ließ der Kommandant dessen Weinvorräte, angeblich 100 Fuder, beschlagnahmen. Die Frau des Notars verweigerte den geforderten Kniefall vor dem Spanier und erklärte, lieber trinke sie Wasser als ihren Wein um diesen Preis. Daraufhin ließ ihr Herzog Ulrich den Haustrunk aus seinem Schloßkeller zukommen.

Unter der 1762 erbauten Bietigheimer Kelter, die nun Wein und Kultur unter einem Dach vereint, hat man das Turmfundament der alten Stadtburg entdeckt. In der Kilianskirche wurden protestantische Fresken aus dem späten 17. Jahrhundert freigelegt, die Christus in der Kelter und die Kundschafter mit der Kalebstraube darstellen.

Das 1550 begonnene, als „wahre Consignation" bezeichnete Weinregister der Stadt Bietigheim wird von Jahr zu Jahr fortgeführt.

Dank seiner am Stromberg gelegenen Stadtteile Hohenhaslach, Spielberg, Ochsenbach und Häfnerhaslach weist Sachsenheim 250 ha Weinberge auf, davon ist nur ein sehr bescheidener Anteil an der unteren Metter reinblütiger Sachsenheimer. Unterriexingen an der Mündung der Glems in die Enz gehört zur Stadt Markgröningen. In Oberriexingen hat man den Weinkeller eines römischen Landhauses zu einem klei-

Wie sich die Gemeinden früher um den flotten Absatz des Herbstes sorgten, belegt diese Herbstanzeige aus dem Jahr 1936.

nen Museum ausgebaut; Dioramen schildern, bunt wie im Bilderbuch, Weinbau, Lese, Weinhandel und Herbstfest in der römischen Provinz; Amphoren, Weinkrüge, Trinkschalen, Winzermesser und eine Silvanusplastik runden den Blick in die Weinhistorie ab.

Vaihingen an der Enz bündelt mit seinen Stadtteilen Ensingen, Enzweihingen, Gündelbach, Horrheim, Riet und Roßwag 266 ha Reben zwischen Stromberg und Strudelbachtal. Enzweihingen baut seinen Wein in der Lage Sankt Johännser und hat an der Beerhalde den Spruch überliefert: „Bauet nur getrost auf Ihn/euere Reben, Berg und Gärten/denn der Heiland sprach dies Wort/was da recht ist soll Euch werden/der schon manches Wort erfüllt/und den Kummer hat gestillt." Seitab, im Strudelbachtal, das mit seinen Steinriegeln und Terrassen im Muschelkalk eine Miniaturausgabe des Enztales darstellt, baut Riet in der Lage Kirchberg noch etwas Wein.

Über einer uralten Fernstraße vom Rhein zur Donau errichteten die Grafen von Vaihingen ihre Burg Kaltenstein, deren Schenkelmauern hinab zur Stadt heute noch steilterrassierte Rebstücke flankieren. Das Museum der Stadt in der gotischen Peterskirche schließt auch Reminiszenzen an den einst blühenden Weinbau mit ein. Halde heißt hier die Einzellage. Die meisten Wengerter liefern bei der Weingärtnergenossenschaft Roßwag-Mühlhausen an.

Abseitigkeit ist heutzutage oft schon ein Verdienst. Das gilt auch für Roßwag, über dem sich im hitziggrauen Muschelkalk die Reben auftreppen. Bronner schrieb 1837 von diesen Lagen über der Enz: „Sie sind wahre Wärmebehälter, welche auf ihren Kalkfelsen und auf dem brennenden

Gestein die Trollinger Reben beherbergen, die sich auf ein halbes Jahrhundert in den Felsritzen mit ihren tiefgehenden Wurzeln festgesetzt haben. Hier wuchert diese Rebsorte im wahren Sinne des Wortes im freudigsten Gedeihen und bringt auf armdicken, oft sechs bis acht Fuß langen Schenkeln die herrlichsten Früchte . . ." Spitzensorte beim Rotgewächs ist heute der Limberger, beim Weißen der Riesling. An Maulbronner und Herrenalber Klosterbesitz erinnert der Mönchberg. Der 1935 gegründeten Genossenschaft schloß sich 1960 Mühlhausen an.

Roßwag ist Dorf geblieben, und ein Heimatpoet hat geschwärmt: „So sieht es noch immer gerade so aus,/Mit seinen winkligen Gassen,/wie aus der Spielzeugschachtel heraus,/als es der Herrgott verlassen." Eingang in die große Literatur fand der Roßwager Wein dank Hermann Kurz. In seinem realistisch-zupackenden, sorgfältig recherchierten Roman „Schillers Heimatjahre" muß der jugendliche Held Roller seine Abreise verschieben, weil ein alter Freund aus Tübinger Studententagen ein Faß Roßwager angestochen hat, offensichtlich Roten, denn: „Es war, wie Matthäus sich ausdrückte, der einzige Wein in allen Universitätskellern, den man würdig nennen durfte, den Valetbecher zu röten." Dieser Abschiedsbecher geriet beiden Freunden ziemlich langwierig . . .

Mit Mühlhausen teilt sich Roßwag flußaufwärts in die Lage Halde. Bei der Genossenschaft liefern auch einige Illinger Weingärtner an. Der Löwenanteil der 50 ha Reben gehört dort freilich zum Ortsteil Schützingen am Stromberg in den Lagen Forstgrube und Schanzreiter. Mühlacker weist dank seiner Stadtteile Mühlhausen, Enzberg und Lienzingen 27 ha Rebland auf. Seitab im Norden liegt das ehemalige Maulbronner Klosterdorf Ötisheim mit einem Waldensermuseum in Schönenberg und sechs Hektar in der Lage Sauberg. Ölbronn und Dürrn, die über die frühere Landesgrenze hinweg eine kommunale Ehe eingegangen sind, bauen 16 ha am Eichelberg, der schon zur Großlage Hohenberg des Bereichs Badische Bergstraße und Kraichgau gehört.

Maulbronner Fuge und Kuchenritt

Vom westlichen Hangrücken des Strombergs stoßen vier waldige Keuperkämme fingerartig zur Enz vor und schließen die Talgründe von Schmie, Metter und Kirbach ein. Auf den Bergrücken und Nordhängen rauscht noch zu zwei Dritteln der Wald. Als Baumkind des Südens begegnet uns hier der Speierling mit seinen zierlichen apfel- oder birnenförmigen Früchten; aus seinem zähen Holz wurden bevorzugt die Spindeln der Weinkeltern gedreht.

Auf diesem Stahlstich von 1841 zeichnen sich die inzwischen der Rebflurbereinigung gewichenen Terrassen der Maulbronner Zisterzienser ab.

Kurz hinter Vaihingen fällt die Schmie bei der Seemühle der Enz zu. Seitab in einer Talbucht liegt Ensingen mit der Lage Schanzreiter. Hinter Illingen zeichnen Weiden und Erlen den gewundenen Lauf der Schmie nach. Mit dem Scherbenbach, benannt nach römischen Töpferscherben, füllte sie einst den Wehrgraben, der das befestigte Lienzingen umgürtete. Über dem Ort, Musterstück eines wehrhaften Weindorfes an vielbegangener Straße, ragt St. Peter aus seinem schießschartendurchbrochenen Mauerring mit unterkellerten Gaden, in denen die Wengerter bei Kriegsgefahr ihre Habe bargen. Mehr als zwei Dutzend giebelständige Fachwerkhäuser stehen hier unter Denkmalschutz. Auch Lienzingen hat Anteil an der Lage Eichelberg, diesmal aber in der Großlage Stromberg.

Vom bachaufwärts gelegenen Fachwerkdorf Schmie aus führt ein markierter Wanderweg entlang der Eppinger Linie, eines in den Franzosenkriegen aufgeworfenen Schanzwalles, über den Berg hinab nach Maulbronn ins Tal der Salzach, die schon zum Rhein fließt.

Maulbronn vereint mit seinem Ortsteil Zaisersweiher 20 ha in den Lagen Eilfingerberg, Eilfingerberg-Klosterstück und Reichshalde. Neben dem Kloster, das nach der Reformation eine Pflanzschule für den schwäbischen Theologennachwuchs war und wo Johannes Kepler, Friedrich Karl Reinhard, Friedrich Hölderlin, Hermann Kurz, Georg Herwegh und Hermann Hesse eingeschrieben waren, kam die bürgerliche Siedlung nur langsam auf; 1886 erhielt sie Stadtrecht.

Neben dem trunkenen Noah im Chorgestühl gibt es ein paar weitere Zeugnisse mittelalterlicher Weinkultur. Der Dreisitz an der Südwand des Chores zeigt einen hegenden Winzer und räuberische Vögel am Rebstock;

Ein Türsturzrelief mit klassisch geformter Traube in der Hauptstraße von Maulbronn.

die Jörg Ratgeb zugeschriebene Gewölbemalerei im Brunnenhaus überrascht mit Wildmännern und weinkrugschwenkenden Putten; im Kapitelsaal erscheint über den Arma Christi, den Folterwerkzeugen der Passion, eine tröstliche Weinrebe. Verschwunden ist das Wandgemälde im „Paradies", der Vorhalle der Klosterkirche, über das sich Gustav Schwab in frommem Eifer entrüstet hat: „Freilich artete der Wohlstand des Klosters zuletzt in Wohlleben aus, und ein schamloser Witz der Mönche hat sich darüber selbst ein Denkmal gesetzt. Oben im Vorhofe der Kirche ist nämlich unter anderen Verzierungen im Gewölbe eine Gans am Bratspieß angebracht, mit Würsten, Flaschen und einer dazu komponierten Fuge mit unterlegtem Texte: A. V. K. L. W. H., das soll heißen: Alle voll, keiner leer, Wein her!"

Neben diesem epikuräischen Fresko entdeckte Schwab an einem Kapitell des Kreuzgangs auch noch „einen kleinen nackten Mönch mit Tonsur ausgehauen, der, Trauben naschend, auf einer Traube reitet und so ganz im Weine schwelgt". Und Theodor Heuss hat bei einer kunstfrommen Einkehr in Maulbronn die „historisch-romantische Blume" des Eilfingers beschworen.

Am Westsaum des Strombergs, schon zum Kraichgau geöffnet, hegt Knittlingen mit seinem Stadtteil Freudenstein 66 ha in der Lage Reichshalde. Die 1930 gegründete Weingärtnergenossenschaft liefert in Möglingen an. Wie trefflich der Wein früher schon auf den tonreichen Gipskeuperböden geriet, verrät das Geständnis eines Knittlinger Posthalters vor Gericht, „er könne den Wein, da er so gut sei, an Passagiere für Rheinwein bouteillerweis", also flaschenweise, verkaufen. 1734 plünderte der französische General Quad die württembergische Grenzfeste, „des Landes Vormauer", mit gewohnt gallischer Gründlichkeit; seitdem heißen Engerling und anderes Ungeziefer im Weinberg „der Quad".

Spitzbärtig, hager, mit weisender Gebärde steht das Denkmal des Magiers Johann Faust vor dem neuen Rathaus. Um 1480 kam er in einem Häuschen unweit der Leonhardskirche zur Welt. Das Knittlinger Faust-Museum, mit dem Internationalen Faust-Archiv gleich gegenüber, zeichnet die Lebensspuren des Schwarzkünstlers nach und dokumentiert die Wirkungsgeschichte Fausti über Volksbuch, Puppenspiel, Drama, Oper und Film bis hin zur fragwürdigen Symbolfigur deutschen Wesens und abendländisch-technischer Zivilisation.

In Freudenstein leiht der Gelbsandstein dem Ortsbild seine warmtönige Tracht. Derdingen, schon am rheinwärts fließenden Kraichbach gelegen, besitzt einen burgartig-stattlichen Pfleghof des Klosters Herrenalb samt mittelalterlicher Kelter. In der Lage Kupferhalde stehen 130 ha im Ertrag. Nach der Jahrhundertwende ab 1911 hat der Weingutsbesitzer Karl Kern, der sein Gewächs als „Kernlestee" empfahl, dem Rebbau im Ort wieder Auftrieb gegeben. Die Weingärtnergenossenschaft wurde 1928 gegründet. Der berühmte Berliner Gastronom August Aschinger stammte aus Oberderdingen. Einer der wenigen lebendig gebliebenen Bräuche ist der Kuchenritt. In der Frühe des 2. Februar, also an Lichtmeß, reiten sechs Burschen auf geschmückten Pferden zur Oberen Mühle, wo sie sechs Weißbrotlaibe empfangen, die abends bei Musik, Tanz und Wein im Wirtshaus verzehrt werden. Der Sage nach haben einst beherzte Burschen einen Überfall von Marodeuren auf die Mühle abgewehrt. Die älteste Erwähnung des Kuchenreitens stammt von 1661; dort wird aber die Stiftung des Mühlkuchens „nebst einem Trunk zur Ergötzlichkeit" bereits als uraltes Herkommen bezeichnet.

„Und selbst ein Körnlein Golds"

Die Metter bildet das mittlere der drei Strombergtäler zur Enz hin. Das stadtartig wehrhafte Horrheim blockte in der früher versumpften Talmulde als Sperrfort und Zollstation an der Straße von Heilbronn nach Pforzheim, vom Neckar an den Oberrhein, auf. Vor dem neuen Weingesetz wurde das Rotgewächs als „Türkenblut" etikettiert. Das hat natürlich seine Geschichte. Als 1683 die Türken den Halbmond vor Wien aufpflanzten und das ganze Reich bedrohten, soll hier ein Nachtwächter die tags zuvor aufs Feld gebrachten Misthaufen für Türkenzelte gehalten und Alarm geschlagen haben. Für den Spitznamen „Misthäuflestürken" revanchierten sich die Horrheimer mit dem Etikettentrumpf des Türkenbluts.

1906 wurde die Weingärtnergenossenschaft gegründet, die seit der Rebflurbereinigung an die WZG liefert. Die 200 Mitglieder bebauen 80 ha Rebland. Wie hoch man hier die Wirkung des Keuperroten auf die Gesundheit einschätzte, verrät ein Vorstandsbeschluß aus dem Jahr 1925: „Der noch im Keller lagernde alte Wein", gemeint war der 21er, „soll für den Fall eines Ausbruchs einer Epidemie vorerst nicht verkauft werden." Mit der im Dorf heiß umstrittenen Umlegung am Klosterberg wurde auch ein Weinlehrpfad angelegt. Knapp fünf Dutzend alter und neuer Rebsorten werden da vorgestellt. Zwischen Waldtrauf und Lehrpfad hat man zwei Hektar als Naturreservat ausgewiesen; hier wachsen Quitte, Walnuß, Weinbergpfirsich, Wildkirsche, Steinapfel, Felsenbirne, Keste und Speierling, dazu kommen zahlreiche Würzkräuter und Heilpflanzen. Viele Horrheimer ziehen in ihren Rebstücken auch wieder Tomaten und Paprika, Kürbis und Lauch. 1976 wurde in der alten Kelter das erste Weinbaumuseum des Landes eröffnet.

Unvergessen ist in Horrheim das Wengerteroriginal Ferdinand Merker, der feierabends in seinem Weinberg Verse geschrieben und chronikalische Aufzeichnungen hinterlassen hat. Eines seiner Gedichte schließt drastisch:

> „Auf dem Berge ist die Hoffnung,
> Daß mich Urban nicht verläßt,
> Wenn durch eines Kruges Öffnung
> Eine Quelle mich durchnäßt."

Wie Horrheim gehört auch Gündelbach zur Stadt Vaihingen an der Enz. In einem geistlichen Visitationsbericht von 1553 heißt es: „Der Wein hat diesen Flecken verderbt. Es hat viel Verschwender und man zehrt weidlich. Keiner ist so arm, daß er nicht einen Weingart hätte. Wenn es aber keinen Herbst gibt, sind es geschlagene Leute." Wie auch immer: Die ummauerte Laurentiuskirche, das Rathaus, die Kelter und schöne Fachwerkhäuser mit geschnitztem Zierat sprechen jedenfalls von Zeiten behäbigen Wohlstands. Das Dorf mit seinen Lagen Steinbachhof und Wachtkopf gehörte samt dem 1178 erwähnten Steinbachhof zum Kloster Maulbronn.

Schützingen, Ortsteil von Illingen, kam erst 1413 unter den Maulbronner Abtsstab. 60 Fachwerkhäuser säumen die Hauptstraße. Die Rebe stockt hier in der Lage Heiligenberg.

Zaisersweiher in einem Seitental der Metter war Klosterdorf und ist Stadtteil von Maulbronn. Nach dem Dreißigjährigen Krieg besiedelten Glaubensflüchtlinge aus Österreich sowie Schweizer und Waldenser das verwüstete Dorf. In seinem Namen hallt die Erinnerung an die Kloster-

1976 wurde in der alten Kelter von Horrheim das erste Weinbaumuseum des Landes eröffnet. Besonders sehenswert ist hier auch der Weinlehrpfad am Klosterberg.

teiche und herrschaftlichen Weiher am Stromberg nach. Im Gegensatz zum versickerungsträchtigen Muschelkalk ist das Keuperbergland freigiebig mit Wasser. Zum Wald gehört der glucksende Quell, zum Dorf der schwatzende Laufbrunnen. Die Zisterzienser legten hier eine wahre Seenplatte von 30 Fischteichen an, an die meist nur noch Flurnamen oder grau vermorschte Stauwehre erinnern. Erhalten sind noch der Tiefe See, der Roßweiher und der Aalkistensee um Maulbronn sowie der für die Wasserjagd angelegte Hamberger See bei Gündelbach.

Diefenbach am Ursprung der Metter ist Ortsteil von Sternenfels und baut zusammen mit der Muttergemeinde 56 ha in der Lage König. Einzigartig im Weinland Württemberg sind die rustikalen Fassadenmalereien der von Heinrich Schickhardt 1621 erbauten Dorfkirche.

In Sternenfels haben die Dörfler das halbe Schloß zu Streusand zermahlen. Mehr als fünfzig Sandbauern oder Sandmüller gab es hier. Zum Putzen des Holzgeschirrs in Haus und Stall, zum Fegen der Stubenböden und Treppen brauchte man früher eine Unmenge Fegsand. Den lieferte der Stubensandstein am Stromberg. Der Geologe Oskar Fraas schrieb in seinem Buch über „Die nutzbaren Mineralien Württembergs": „Es hat diese Schicht des Keupers den Beruf, Haus und Zimmer uns rein zu halten, und man darf wohl aus dem Verbrauch von Fegsand auf den Sinn für

Reinlichkeit und Wohlstand einen Schluß ziehen." Besonders feinkörniger Stubensand diente vor der Erfindung des Löschpapiers als Schreibsand, wobei Fraas anmerkte, daß „bei der schwäbischen Vielschreiberei denn doch eine namhafte Summe alljährlich konsumiert werde". Der weiße Sandstein wurde erst grob zerklopft und dann am Pferdegöpel zermahlen. 1954 starb in Sternenfels der letzte „Sandhase". Ein Brunnendenkmal erinnert hier an das ausgestorbene Handwerk und Wandergewerbe.

1818 entdeckte ein Pforzheimer im Sternenfelser Fegsand seiner Frau winzige Goldflitter und er versuchte mit amtlicher Konzession am Sternenfelser Dorfbrunnen eine Goldwäscherei aufzuziehen. Bei den mikroskopisch kleinen Flittern war das ein mühseliges Geschäft. Man hat ausgerechnet, daß für ein Gramm Gold 17 000 Kilogramm Stubensandstein hätten ausgewaschen werden müssen. Kein Wunder, daß das Projekt bald aufgegeben wurde. An das Gold vom Stromberg aber hat Ludwig Uhland gedacht, als er in seinem Gedicht auf Württemberg fragte:

„Hast du nicht Salz und Eisen,
und selbst ein Körnlein Golds?"

Weiberzeche und Kibannele

Am Unterlauf des Kirbachs liegt das einstige Zisterzienserinnenkloster Mariäkron, heute als Rechentshofen eine Domäne des Hauses Württemberg. Darüber schaut, einem italienischen Bergstädtchen gleich, Hohenhaslach auf seine 167 ha Reben in den Lagen Kirchberg und Klosterberg. Der Weinbau war hier immer Lebensnerv, seitdem 1100 eine Schenkung an Hirsau erstmals Reben „in villa hasla" bezeugte; mit dem Ort am Haselbach war wohl der Weiler Niederhaslach jenseits des Kirchbachs gemeint. Später hatten auch noch die Klöster Maulbronn, Herrenalb, Lorch, Pforzheim, Bebenhausen und Mariäkron Weinbesitz und Weineinkünfte in Hohenhaslach.

Spielberg, bekannt für seine Mineralquelle, den Sulzbrunnen, hat bei der Rebflurbereinigung am Liebenberg einen 70 Ar großen historischen Weinberg ausgespart: Erhalten blieben auch ein Felsenband unter der Waldkappe und ein Hohlweg; grob eingestreute Sandsteinblöcke sollen den Hang sichern. Ochsenbach, das sich mit Spielberg in Lage und und Weingärtnergenossenschaft teilt, kannte bis 1836 den Brauch der Weiberfasnacht oder Weiberzeche; das auch anderwärts im einstigen Limesland als Bonede überlieferte Fest, soll auf Bona dea, eine römische Frauengottheit, zurückgehen.

1790 berichtet der Schwäbische Merkur: „Vermöge uralter Gewohnheit kommen die Bauernweiber des Dorfs Ochsenbach, Güglinger, Amts, alle Jahre an Fasnacht zusammen, um auf gemeinen Kosten zu zechen . . . Um 12 Uhr versammeln sich die Weiber unter dem Vorsitz der Frau Pfarrerin auf dem Rathause, wo schon ein Faß neuen Weins bereit steht . . . Schultheiß und Bürgermeister machen die Kellner und teilen den Wein aus."

Als acht Jahre später der Gemeinderat die Weiberzeche nicht mehr genehmigen wollte, zogen die Frauen in den Wald und hieben dort die stärkste Eiche um, aus deren Erlös sie ihre Zeche bezahlen wollten. Darauf gab der Gemeinderat klein bei. Den Frauen geschah nichts, dagegen mußten ihre Männer für den Waldfrevel Strafe zahlen, „weil die ihre Frauen so schlecht im Zaum zu halten verstanden". Mit der Weiberzeche verbunden war eine Art Ruggericht; Liederliche wurden angeprangert, Putzsucht oder Unreinlichkeit gebüßt.

Der Kirbachhof, erst Propstei, dann Nachfolgekloster der Zisterzienserinnen von Frauenzimmern, wurde im 17. Jahrhundert als herzoglicher Jagdsitz eingerichtet. Aus einem Schilffleck ragt eine verwitterte Figur, das Kibannele, wohl eine verballhornte Namensform für Kybele, die Schutzherrin des Wildes. Bis zu tausend Bauern mußten hier bei Hofjagden das Rotwild ins Gehege treiben. Trotzdem litten Äcker und Weinberge unter Wildverbiß. Bauern, die zur Selbsthilfe, Büchse oder Schlinge, griffen, wurden gleichwohl hart bestraft. Als einmal ein Hase während einer Treibjagd unter den Rock einer abseits am Baum sitzenden Bäuerin flüchtete, nahm ihn deren Mann bei den Löffeln und schlug ihn tot. Vom Herzog zur Rede gestellt, verteidigte er sich ebenso schlagkräftig: „Unterm Rock meiner Frau hat net emol a Has ebbes verlore!"

Im Talschluß des Kirbachs oder Kirchbachs liegt Häfnerhaslach. Ein runder Hügel vereint Kirche, Rathaus, Fachwerkschule, das Pfarrhaus und die wuchtige Kelter aus dem Jahr 1592; daneben schattet eine breitkronige Linde. Dem Hügel hängt das langgestreckte Straßendorf gleich einem Pfannenstiel an. Die Tonmergel des Stubensandsteins spendeten hier den in Leimgruben gewonnenen lichtblauen Hafnerletten, den Ton für die Töpfer oder Häfner. Das Dorf, bis 1443 im Besitz des Klosters Frauenzimmern, führt den irdenen Hafen in seinem Wappen und baut seinen Wein auf 28 ha am Heiligenberg.

Der Michaelsberg hütet das Land

Mit dem Bönnigheimer Stadtteil Hofen teilt sich Erligheim in die Lage Lerchenberg; 41 ha stehen hier im Ertrag. Die 1947 gegründete Weingärtnergenossenschaft liefert bei der WZG an. Wie der Amtsort Bönnigheim stand Erligheim erst unter adeligen Ganerben, dann unter dem politischen Patronat von Kurmainz, ehe Württemberg 1785 die Herrschaft aufkaufte. Gotische Kirche, barockes Fachwerkrathaus und die zum Bürgerhaus umgebaute Vordere Kelter bilden einen hübschen Blickfang. Im Gasthaus Zum Grünen Baum, aufgeschmückt mit Freitreppe und Balustrade, tagte zwischen 1788 und 1860 die Zabergäugesellschaft, deren aufklärerische Arbeit für das Land unterm Michaelsberg Früchte getragen hat. Ein markantes Flurdenkmal stellt das Mainzer Rad nördlich des Ensbaches dar. Der zweite Bönnigheimer Ortsteil, Hohenstein, hat mit Kirchheim am Neckar Anteil an der Lage Kirchberg.

Bönnigheim ist Sitz der Strombergkellerei. Der 1919 gegründeten Weingärtnergenossenschaft schlossen sich nach dem Zweiten Weltkrieg Freudental, mit heute nur noch zwei Hektar, 1962 Kirchheim und Hohenstein und 1965 Hohenhaslach an. Von den 300 ha Rebland im Einzugsbereich der Kellerei liegen 173 ha in den Bönnigheimer Lagen Kirchberg und Sonnenberg. Die vier Hauptstraßen, die auf dem Marktplatz münden, schieden auch die vier Quartiere der adeligen Ganerben, der Herren von Neipperg, Sachsenheim, Gemmingen und Liebenstein. Jedes Stadtviertel besaß seine eigene Kelter. Der neue Traubenbrunnen am Markt trägt die Wappen der früheren Stadtherren. Der spätgotische Schnitzaltar der Pfarrkirche zeigt in der Predella das Abendmahl. Als Kuriosum sei hier das Tafelbild der Eheleute Christian Adam Stratzmann und Barbara Schmotzerin erwähnt. Die beiden hatten angeblich in 50jähriger Ehe 53 Kinder, darunter je einmal Siebenlinge und Sechslinge, viermal Drillinge und fünfmal Zwillinge. 1503 starb Frau Barbara, im Jahr darauf ihr fleißiger Mann, den gewiß der Keuperwein von den Strombergflanken bei seinem Nachtwerk angespornt hat; von den 38 Buben und 15 Mädchen hat übrigens keines die Eltern überlebt.

Allgegenwärtig überm Zabergäu ist die Silhouette des Michaelsberges. Ein tiefer Sattel sondert seinen Rücken vom Waldgebirge des Strombergs ab. Die spätromanische Kapelle und das angeblockte barocke Kapuzinerhospiz geben dem Berg ein unverwechselbares Profil. Anmut und Würde, Wuchtigkeit der Formen und eine geradezu südliche Fülle des Lichts ziehen den Blick an. Seit mehr als zwei Jahrtausenden gilt die Höhe als heilig. In einer Schenkungsurkunde für die St. Michael geweihte karolingische Basilika von 793 glänzt schon der Wein auf. Die Bergkirche erhob sich über den Resten eines keltisch-römischen Tempels. Über die Legende der Wallfahrtsstätte haben Eduard Mörike in dem Erzählgedicht „Erzengel Michaels Feder" und Justinus Kerner in seinem „Bilderbuch aus meiner Knabenzeit" vergnüglich fabuliert.

Die Rebflurbereinigung hat die Choreographie der schön geschwungenen Terrassenmauern ganz, die farbige Vielfalt der Steppenheide und Weinbergflora zum größten Teil vernichtet. Verschwunden ist auch das 200 Jahre alte Wengerterschützenhäuschen mit Staffelgiebel und Rauchloch. Dafür haben Mitglieder des Schwäbischen Albvereins unweit der ehemaligen Kapuzinerstaffel ein neues Hüterhäuschen aus Keupersandstein aufgebaut. Am östlichen Hang blieb einer der Hohlwege, an der verbuschten Felskante darüber ein Rest der Mauerwingerte erhalten. Hier wie auf dem Plateau hat man auch Reservate für Flora und Fauna geschaffen: Da huscht wieder die Mauereidechse, duften wie vor Jahr und Tag Bibernellrose und Felsnelke, Weinbergtulpe und Weinberggilge. Die Rebe wurzelt am Michaelsberg in den grün, rot, violett und grau gebänderten Mergeln des Mittleren Keupers. Der Berg gab der Cleebronner Lage den Namen. Zu der Gemeinde gehören 190 ha Rebland.

Denkmal der Cleebronner Ortsgeschichte ist die Burg der Herren von Magenheim, ein Steinhaus mit frühgotischen Fensterbögen. Später schied der Raitbach das Dorf in das württembergische Alt- und das kurmainzische Neu-Cleebronn. Das machte böses Blut. Einmal, weil die mainzischen Untertanen des Amtes Bönnigheim taxfreien Weinhandel trieben und die Fuhrleute an sich zogen, zum andern, weil die Alt-Cleebronner bei Strafe nicht einmal einen Krug Wein über die Bachgrenze tragen durften, und schließlich, weil der Ort zwischen 1785 und 1807 auch noch in die württembergischen Ämter Besigheim und Brackenheim geteilt blieb. Für Zündstoff sorgten natürlich auch die konfessionellen Gegensätze. Aber als im 17. Jahrhundert die Wetterglocken Kathrein und Susanna der Bergkapelle vor den Franzosen versteckt wurden, meuterten auch die protestantischen Wengerter. 1696 mußten die Glocken auf dem Michaelsberg wieder aufgehängt werden, „weilen das Wetter nicht geringen Schaden in den Weinbergen und Fruchtfeldern getan und die Innwohner die größte Schuld dem beimessen, daß bisher nicht gelitten", also geläutet, "werden konnte". Im Land unter dem Michaelsberg galt nun einmal die sprichwörtliche Erfahrung:

"Kathrein und Susein
treiben's Wetter übern Rhein."

1953 tat sich die Cleebronner Weingärtnergenossenschaft mit Güglingen und Frauenzimmern zusammen. Auch die Weingärtner aus dem Güglinger Teilort Eibensbach, der sich in eine Talfalte am nördlichen Stromberg duckt, liefern hier an. 1582 berichtete der Güglinger Vogt, Eibensbach sei „allwegen ein baufälliger lüderlicher Fleck gewesen, welcher nichts dann ein Stücklein Weingart und 40 Morgen Wald hat". Heute grünen immerhin 25 ha Reben. Versteckt im Wald, ragt die 18 m hohe, von Steinmetzzeichen und Abwehr-Runen genarbte Schildmauer der Burgruine Blankenhorn; sie gehörte den Herren von Neuffen, die drei silberblanke Jagdhörner in ihrem Wappen führten.

Zu Cleebronn gehört der Weiler Treffentrill oder Tripsdrill mit seiner Altweibermühle. Eine einfache Putzmühle namens Belz gab schon im vorigen Jahrhundert Anlaß zu neugieriger Nachfrage nach einer Altweibermühle. Pelz meint in vielen schwäbischen Redewendungen ja soviel wie Haut oder Leib. Bilddokumente von einer Windmühle, „auf welcher alte Weiber jung gemahlen werden", sind seit dem frühen 17. Jahrhundert bekannt. 1929 hat man diese Überlieferung auf den Weiler am Fuß des Michaelsberges lokalisiert, wo ein Gastwirt seinem Lokal eine Art Windmühle mit Rutschbahn anbaute und die Werbetrommel rührte. Zu der heutigen Ausflugsstätte gehört auch ein kleines Weinbaumuseum.

Heuchelberg und Zabergäu

Der Heuchelberg sei, so stecken es einem emanzipierte schwäbische Grazien, das männliche Gegenstück zur Weibertreu. Der kleinere Bruder des Strombergs wird im Norden und Westen von der Lein, im Süden und Osten von der Zaber umflossen. Schilfsandstein bildet das Plateau und duldet nur den Wald. Was dem Heuchelberg an Höhe abgeht, gewinnt er an Geschlossenheit. Die Heuchelberger Warte am Nordkap des Miniaturgebirges gilt als steinerne Kompaßnadel der Landschaft. Wahrscheinlich wurde der später aufgestockte Turm um 1483 errichtet, als Graf Eberhard im Bart den 20 km langen Landgraben zog, der die Neckarsenke zwischen dem Heuchelberg und den Löwensteiner Bergen gegen den benachbarten Rivalen Kurpfalz schirmen sollte und nur an drei Tortürmen Einlaß bot.

Was die waldentblößten, der Rebkultur erschlossenen Gipskeuperhänge des Heuchelberges und das lößreiche, fruchtbar prangende Zabergäu auszeichnet, sind südliches Pastellkolorit und bukolische Fülle, genug, um die Literaten der Postkutschenzeit zum kecken Kürzel „Klein-Italien" zu verführen. Feld, Wiese, Weinberg und Wald treppen sich in harmonischer Folge auf.

Die Weingärtnergenossenschaft Botenheim liefert ihren Most vom Ochsenberg in Möglingen an. Das staffelgieblige Gasthaus Zum Ochsen erinnert an die Herrschaft des Deutschen Ordens. Auf halbem Weg nach Brackenheim liegt, mauerumgürtet, die Johanniskirche im Feld; an einem

Strebepfeiler der Westfront hat man das Bild einer heidnischen Fruchtbarkeitsgöttin eingelassen.

Mit seinen Stadtteilen Botenheim, Dürrenzimmern, Haberschlacht, Hausen, Meimsheim, Neipperg und Stockheim vereint Brackenheim 744 ha Rebland im Ertrag und ist damit die größte Weinbaugemeinde Württembergs. Dem entspricht auch der Einzugsbereich der 1925 gegründeten Weingärtnergenossenschaft, der sich 1951 Neipperg und Haberschlacht sowie 1988 Meimsheim angeschlossen haben. Die 414 Mitglieder bauen zusammen 275 ha in den Brackenheimer Lagen Wolfsaugen und Zweifelsberg, in der Neipperger Steingrube, am Haberschlachter Dachsberg und im Meimsheimer Katzenöhrle.

Theodor Heuss kam in der kleinen Kapitale des Zabergäus zur Welt. Als man sein Geburtshaus 1949 zugunsten eines Kelterneubaus abbrechen wollte, vorsichtshalber aber erst mal beim Bundespräsidenten in Bonn anklopfte, schrieb der zurück: „Reißt das alte Haus nur ab, eine Stätte zur Pflege des guten Brackenheimer Weines scheint mir viel wichtiger zu sein als romantischer Ruhm auf Vorrat." Und sein Grußwort zur Kelterweihe zwei Jahre darauf lautete: „Es ist für mich ein freundlicher Gedanke, daß an der Stätte meiner Kindheit und ihrer Spiele ein Haus der Arbeit und der sorglichen Pflege entstanden ist, als Zeugnis eines wagenden und zähen Gemeinschaftswillens." Gedenkstein und Gedächtnisstätte erinnern hier an den Politiker, Homme de lettres und Weinfreund. Das Rokokorathaus überrascht im Treppenhaus mit zeitgenössischen Glasmalereien und Motiven des Weinbaus. Als Württemberg und Hessen 1534 in der Schlacht von Lauffen die Habsburger aus dem Land jagten, hatte Landgraf Philipp sein Hauptquartier im Brakkenheimer Gasthaus Zum Ochsen aufgeschlagen.

Vor der Meimsheimer Martinskirche, an der Kreuzung zweier Römerstraßen, rauscht eine tausendjährige Gerichtslinde. In Hausen an der Zaber, im Gewann Steinäcker, stieß man auf die Bruchstükke einer Jupitergigantensäule,

Ofenplatte mit dem Motiv der Kalebstraube, die von den Kundschaftern aus dem Gelobten Land gebracht wurde.

und heute ragt eine Kopie an der Kelter der Weingärtnergenossenschaft. Jupiterberg, Staig und Vogelsang heißen hier die Lagen.

Über dem Burgweiler Neipperg wacht die gleichnamige Doppelburg mit zwei staufischen Bergfrieden und einem neuromanischen Palas, heute landwirtschaftliches Anwesen der gräflichen Familie von Neipperg, die ihren Sitz auf Schloß Schwaigern hat. Der Burgberg wird in Querterrassen bearbeitet. Auf dem Bergfried, einem Wohnturm mit Riesenkamin im zweiten Obergeschoß, ließ Graf Alfred um 1860 Löcher als Pflanzgruben für ein paar Rebstöcke sprengen, damit er im Herbst auf dieser Aussichtskanzel frische Trauben genießen konnte. Grafenberg, Schloßberg, Steingrube und Vogelsang heißen die Neipperger Lagen.

Die Rebstock-Prozession

Haberschlacht ist eine der späten Rodesiedlungen am Heuchelberg; der Name deutet auf Hafersaat in einem Waldschlag hin. 1229 ist aber auch schon Rebbesitz des Klosters Bebenhausen erwähnt. Der fachwerkbunte Chorturm der Kirche soll ursprünglich als Warte für die Weinberge und als Wehrturm zum Schutz der einsamen Kelter erbaut worden sein. 1903 gründete Pfarrer Eduard Wörner eine Weinabsatzgenossenschaft. Von 90 Weinbaubetrieben im Ort leben zwei Drittel ganz vom Rebhandwerk.

Die Weingärtnergenossenschaft Dürrenzimmern schloß sich 1970 mit Stockheim zusammen. 400 Mitglieder bauen 200 ha Reben in den Lagen Mönchsberg und Altenberg. Dürrenzimmern war eines der typischen wehrhaften Weindörfer mit drei festen Toren; das Fachwerkrathaus stammt aus dem Jahr 1732. Stockheim gehörte von 1295 bis 1806 dem Deutschen Orden und galt bis Ende des letzten Krieges als die einzige rein katholische Gemeinde im Zabergäu. Die im Bauernkrieg ausgeräucherte Burg Stocksberg wurde als Renaissanceschloß neben dem alten Bergfried wieder aufgebaut. Auf der Gemarkung und in den Weinbergen begegnen wir immer wieder barocken Bildstöcken. 1908 wurde ein Weingärtnerverein als Vorläufer der Genossenschaft gegründet. Der Spruch „In Stocke bleibt m'r hocke" sagt einiges über den Wein aus.

Frauenzimmern, das alte Cimbern, hat seinen Namen von dem Kloster Mariental der Zisterzienserinnen, das später ins Kirbachtal verlegt wurde. Die Wengerter haben sich der 1951 gegründeten Genossenschaft in Güglingen angeschlossen und teilen sich mit ihren Kollegen in die Lagen Kaiserberg und Michaelsberg; auch Cleebronn hat sich der Güglinger Genossenschaft zugesellt. Nach zwei verheerenden Bränden Mitte des vorigen Jahrhunderts wird das Stadtbild Güglingens jetzt von gediegen-nachklassizistischen Neubauten geprägt. Überdauert haben das steinerne Helferhaus von 1555, die Herzogskelter und die Zehntscheuer, die zusammen den jetzigen Deutschen Hof bilden, eine gelungene Legierung historischer Bausubstanz und zeitgenössischer Architektur; Bacchusplastik und Weinbrunnen setzen dort ihre Akzente. Vor dem wappengesiegelten württembergischen Amtshaus spreizt ein Wasserweib seinen Fischschwanz auf der Brunnensäule. 92 ha Rebland stehen hier und in den Teilorten Eibensbach und Frauenzimmern im Ertrag.

Pfaffenhofen, zaberaufwärts, baut mit dem Teilort Weiler 64 ha am Hohenberg. Zu der 1950 gegründeten späteren Weingärtnergenossenschaft Oberes Zabergäu stießen dann auch Mitglieder aus Zaberfeld, Michelbach und Leonbronn. Der Ort hat seinen Namen von den Mönchen der Abtei Weißenburg im Elsaß, die hier im Rodungsgebiet einen Rebhof, einen Pfaffenhof also, anlegten. An die einstige, von drei Toren und Wehrtürmen überragte Ringmauer erinnert eine Partie am Pfarrgarten. Im Keller des Pfarrhauses fand man die Fußbodenheizung einer römischen Villa. Der Baumeister und Bildhauer Hans Wunderer schuf die feinen Plastiken in der gotischen Sakristei der Dorfkirche. Der gleichnamige Anführer des Zabergäuhaufens im Bauernkrieg war wohl ein Sohn des Künstlers.

Anno 1556 hob die Obrigkeit gleich zwei uralte Pfingstbräuche auf: das Gauchgericht, das allerlei Vergehen und Streitereien im Ort mit Witz und Wein ahndete, und die feuchtfröhliche Rebstockprozession. In seiner Geschichte des Zabergäus hat Klunzinger 1844 diese Prozession so beschrieben:

„Der Rebstock, . . . war eine Art Frühlingsfeier, wobei der Bürgerschaft ein Eimer Wein aus dem Gemeindekeller zum besten gegeben wurde. Sie bestand darin, daß von der ganzen Bürgerschaft in einer Prozession eine Weinflasche an einer Stange in die Weinberge getragen und nachdem sich jeder Bürger seinen Hut mit Traubenlaub besteckt hatte, eben diese gleichfalls damit gezierte Flasche wieder unter das Rathaus zur offenen Zeche zurückgebracht wurde. Von den ledigen Söhnen und Töchtern wurden indessen auf besonders gezierten Rossen zwei besonders große Mühlkuchen aus der Mühle abgeholt, und einer davon der Bürgerschaft auf das Rathaus überbracht, der andere aber bei einem Tanz im Wirtshause verzehrt, wozu den jungen Leuten ebenfalls ein Trunk aus dem Gemeindekeller gereicht wurde."

Zaberfeld mit seinen Ortsteilen Leonbronn, Michelbach und Ochsenberg weist 53 ha Reben am Hohenberg, Hahnenberg und Hauenberg auf. In Leonbronn, früher Endstation der Zabergäubahn, steht vor der Kirche ein steinerner Gerichtstisch, den man von dem abgegangenen Weiler Mörderhausen hierhergeschafft hat.

Mit der Lein zum Neckar

Am Ursprung der Lein liegt Kleingartach, Gartach unter der Lüneburg, der ruinösen Leinburg. Der Teilort der Fachwerkstadt Eppingen drüben im Kraichgau baut seinen Wein in den Lagen Grafenberg und Vogelsang. Stetten am Heuchelberg und Niederhof sind dagegen schon Stadtteile Schwaigerns, das 228 ha Weinberge in den Lagen Grafenberg, Ruthe, Sonnenberg und Vogelsang umfaßt. Die Stadt im Leintal ist Sitz der Heuchelbergkellerei, deren Emblem die Warte des Keupergebirges darstellt. Kleingartach und Großgartach haben sich der 1925 gegründeten Genossenschaft angeschlossen. Auch ohne Stetten, das bei der WZG in Möglingen anliefert, rinnt hier der Herbst aus 320 ha zusammen.

Die Stadt verdankt ihren Namen einem fränkischen Viehhof, einer Schweige. 1372 erlangten die Herren von Neipperg das Stadtrecht für ihre spätere Residenz. Ihr Schloß liegt neben der gotischen Stadtkirche. Der größte Teil der gräflichen Weinberge in Schwaigern, Neipperg und Klingenberg ist seit mehr als 800 Jahren im Besitz des Hauses. Von Klingenberg am Neckar aus schwammen die Neippergschen Schloßweine im 18. Jahrhundert bis nach Wien. Noch heute werden die Weine der Schloßkellerei im Holzfaß ausgebaut, ihre Preislisten sind der anzüglichen Weincharakteristiken wegen begehrte Sammlerobjekte: „Feinfleischig flitzende Forelle, nackelig schnalzend im Bach", oder „Traurig der Korken, der nur mit dem Hintern diesem Wein zugewandt", oder, bei einem wuchtigen Limberger, „Zur Ader gelassener Weinberg".

Schon auf der Schwelle vom offenen Leintal zum Kraichgau liegt Massenbachhausen, das am Hundsweinberg noch vier Hektar Reben baut und in der Besenwirtschaft ausschenkt. Gemmingen mit dem Schloß der gleichnamigen Adelsfamilie hat seine neun Hektar in der Lage Vogelsang 1985 vom Weinbaugebiet Baden nach Württemberg umschreiben lassen. Großgartach und Schluchtern, in der neuen Gemeinde Leintal vereint, weisen 122 ha in den Lagen Grafenberg, Leiersberg und Vogelsang auf.

Der 1939 gegründeten Weingärtnergenossenschaft Nordheim gehörten von Anfang an auch Wengerter aus dem Waldenserort Nordhausen und dem heutigen Heilbronner Stadtteil Klingenberg an. Inzwischen sind es 280 Mitglieder, die in den Lagen Gräfenberg, Grafenberg, Ruthe, Schloßberg und Sonntagsberg 180 ha bearbeiten; insgesamt stehen auf Nordheimer und Nordhausener Markung 245 ha Rebland im Ertrag. 1921 bereits hatten sich hauptberufliche Wengerter aus Nordheim, Schwaigern, Dürrenzimmern und Neipperg zu einer Unterländer Weingärtnergesellschaft zusammengetan, um sortenrein zu lesen und gemeinsam zu keltern und zu verkaufen. In Stuttgart erwarben sie ein Anwesen mit Restaurant und

Weinstube, 1925 wurde eine Kelter samt Kellerneubau errichtet. Erst zu Beginn des Weltkriegs ging die Gesellschaft in der Genossenschaft auf. Neben vielen fränkischen und schwäbischen Adelsgeschlechtern hatten das Wormser Stift Neuhausen, die Maulbronner und Schöntaler Zisterzienser, die Franziskaner und Klarissinen in Heilbronn, die Stiftsherren zu Wimpfen im Tal und der Deutsche Orden Rebbesitz und Weineinkünfte in Nordheim unterm Sonntagsberg.

Das ehemals neippergische Klingenberg schaut mit Burgruine und Weinstöcken von seinem Nagelfluhfelsen schon auf den Neckar.

Weinsberger und Sulmer Tal

Es gibt ein paar Orte im Land, an denen jeder Schwabe hängt, halb verschämt vielleicht, weil mit einem Schuß Sentimentalität gewürzt. Dazu gehört auch Weinsberg mit seinem museal-geheimnisträchtigen Kernerhaus und dem wie von Töpferhand geformten Ruinenkegel der Weiber-

Der wie von Töpferhand geformte Keuperkegel mit der Ruine Weibertreu über Weinsberg.

Freundeskreis um Justinus Kerner, nach einem Bild von H. Rustige, mit der Weibertreu im Hintergrund. Von links: Sohn Theobald hinter dem Mäuerle, Nikolaus Lenau, Gustav Schwab, Graf Alexander von Württemberg, Karl Mayer, Justinus Kerner, Ludwig Uhland und Varnhagen von Ense; Kerners Frau Rickele schafft gerade den geliebten Wein herbei.

treu. Die städtischen Sammlungen informieren über die Wirkungsgeschichte der historisch wohl getreuen Erzählung von den treuen Weibern zu Weinsberg in bildender Kunst und Literatur. 1140 belagerte der Staufer Konrad III. die welfische Feste über der Stadt. Nach deren Kapitulation erlaubte er allein den Frauen den freien Abzug mit ihrer liebsten Habe, und als sich das Burgtor öffnete, schwankten die Frauen mit ihren Männern auf dem Rücken heraus. Nach der Zerstörung im Bauernkrieg und nach dem Stadtbrand von 1707 mußten die Trümmer der Weibertreu beim Wiederaufbau als bequemer Steinbruch herhalten, bis der Oberamtsarzt und Dichter Justinus Kerner einen Frauenverein zur Erhaltung der historischen Stätte gründete: Geschliffene und in Gold gefaßte Kiesel aus dem Burggemäuer waren im Biedermeier als Eheringe beliebt und zugleich Bausteine zur Konservierung der Weibertreu.

Mit seinen Stadtteilen Grantschen, Gellmersbach und Wimmental besitzt Weinsberg eine Rebfläche von 337 ha. Althälde und Wildenberg gehören zur Großlage Salzberg, Ranzenberg und Schemelsberg zur

Großlage Staufenberg. Gut ein Jahrhundert nach ihrer Gründung entschloß sich die Weingärtnergenossenschaft 1972 zur Fusion mit Erlenbach und Heilbronn sowie zum Bau einer gemeinsamen Kellerei. Hier werden so gut wie alle im Unterland beheimateten Rebsorten ausgebaut. Unter Federführung der Staatlichen Lehr- und Versuchsanstalt wurde am Schemelsberg ein Weinlehrpfad geschaffen, der auch mit den Sortenveteranen Affenthaler, Elbling, Malvasier, Ortlieber, Putzschere, Schwarzelbling, Tauberschwarz und Urban sowie mit den verschiedenen Erziehungsarten des Rebstocks vertraut macht.

„Durch treue Weiber, Wein und Sang, hat Weinsberg seinen guten Klang", heißt es hier. Der Sang ist natürlich auf Justinus Kerner gemünzt, dessen Haus jahrzehntelang geselliger Ort später schwäbischer Romantik und Stätte herzlicher Gastfreundschaft war. In seinem Erinnerungsbuch „Das Kernerhaus und seine Gäste" erzählt Sohn Theobald: „Mein Vater kaufte jeden Herbst den Wein süß in der Kelter, es war ein leichter weißer Tischwein, den alles gern trank . . . Getrunken wurde im ganzen viel, mehr noch als bei der regelmäßigen Mahlzeit in der Zwischenzeit im Garten und auf dem Turme.

Im November 1861, in einer Nacht, da mein Vater nicht schlafen konnte und ich neben ihm im Bette lag, sagte ich: 'Jetzt wollen wir einmal zur Unterhaltung ausrechnen, wie viel Wein Du aus dem Kristallglase, das Dir Lenau 1834 schenkte und das Du seither immer gebrauchtest, bis heute getrunken hast.' Wir rechneten und rechneten; das geringste, was mein Vater täglich trank, waren zwei und ein halbes Liter, und wir kamen auf die ansehnliche Zahl siebenzig Eimer oder 21 000 Liter. Unter dieser Rechnung schliefen wir ein.

Merkwürdigerweise ist dieses Lenauglas trotz der unzähligen Wanderungen in Haus, Garten und auf dem Turm nie auf den Boden gefallen, hat keinen Sprung bekommen, aber sein Rand ist zerfetzt wie eine alte Kriegsfahne, und ich bewahre es jetzt ängstlich auf, als wäre es das Glück von Edenhall."

Frauenzimmer in rebengrünem Spitzenkragen

Grantschen teilt sich mit Ellhofen in die Lage Wildenberg, deren Bergrücken das Sulmer vom Eberbacher Tal scheidet. Die Ellhofener haben sich 1979 auch der Weingärtnergenossenschaft Grantschen angeschlossen; die 165 Mitglieder bauen gemeinsam 110 ha. Das benachbarte Wimmental gehörte seit dem späten Mittelalter dem Kloster Schöntal an der Jagst, das den fachwerkschönen ummauerten Pfleghof hinterließ; die Torfront ist

Rathaus mit Kelter in Lehrensteinsfeld um 1840.

mit bewegten barocken Plastiken geschmückt, der Keller faßte 900 000 Liter Wein.

Althälde, Steinacker und Frauenhälde sind die Lagen von Lehrensteinsfeld. Viele Mannsbilder sind in diese Frauenzimmer verliebt; das hängt wohl mit dem hohen Rieslinganteil im Sortiment der Weingärtnergenossenschaft zusammen. An die ritterschaftliche Vergangenheit der Orte Lehren und Steinsfeld erinnern ein staffelgiebliges Renaissanceschloß und ein gotischer Wehrturm. Im Windschatten der Löwensteiner Berge reift hier das bacchische Gewächs auf 109 ha.

Das Bergstädtchen Löwenstein besitzt zusammen mit seinem Ortsteil Hößlinsülz stattliche 208 ha Rebland. Altenberg, Nonnenrain, Wohlfahrtsberg und Sommerberg heißen die Löwensteiner, Dieblesberg und Zeilberg die Hößlinsülzer Lagen. Im April 1945 wurde das Städtchen bei einem

Luftangriff fast völlig zerstört. Unzerstörbar blieb seine Balkonlage, immergrün der Spitzenkranz der Reben. Der Bergfried der Burgruine könnte zu dem Schluß verführen, die staufischen Löwen hätten ihre Tatzenspur im Ortsnamen hinterlassen. Aber die ältesten Schreibweisen, wie Löbenstein, stammen wahrscheinlich vom keltischen „luib", Bergeck, ab. Wald und Wein boten denn auch die einzige Erwerbsmöglichkeit. Die 1939 gegründete Winzergenossenschaft blieb als einzige im Weinland Württemberg der seinerzeit erzwungenen Namensform treu. Ein paar Selbstmarkter schenken in der Besenwirtschaft aus. In geraden Jahren wird am letzten Septemberwochenende während des Löwensteiner Bergfestes auch das Bockrennen veranstaltet. Dabei müssen die Burschen mit zum Glück leeren Weinbergkätzen, weidengeflochtenen Rückenkörben, den extrem steilen Berghang hochkeuchen. Bis zum Jahr 1955 wartete auf den Sieger jeweils ein Ziegenbock als lebende Trophäe.

1972 entstand aus den Ortschaften Eichelberg, Weiler, Eschenau, Affaltrach, Willsbach und Sülzbach die neue Gemeinde Obersulm. Die 339 ha Weinberge entsprechen ziemlich genau der besiedelten Fläche von Obersulm, das bis jetzt nicht viel mehr als die Summe seiner sechs recht eigenständigen Ortsteile geblieben ist. Im Quellbereich der Sulm liegt Eichelberg. Den Alten im Dorf ist der legendäre Herbst 1921 noch gut in Erinnerung, „als im Hundsberg die Trollinger wie schwarze Katzen an den Rebstöcken hingen, und der Wein daraus wie Rindsblut so dick und rot floß". Schmuckstück des Dorfes ist die langgestreckte barocke Fachwerkkelter. Ein bodenständiges Denkmal der Weinkultur stellt auch das Gasthaus zum Adler aus dem Jahre 1576 dar. Ein Eichenbalken vereint Metzgerbeil, zinnerne Weinkanne und Becher, ein Hinweis auf die frühe Allianz von Metzgerhandwerk und Weinausschank. Vor dem Rathaus raucht noch ein Backhäuschen.

Weiler gehörte wie Eichelberg zum reichsritterschaftlichen Besitz der Herren von Weiler, noch präsent mit Renaissanceschloß und Rebland. Hundsberg und Schlierbach heißen die Lagen. Durch den Aufstau der jungen Sulm zum Breitenauer See ist Weiler ein Dorf am See geworden. Eschenau liegt seitab am Trauf des Mainhardter Waldes. Die Weingärtnergenossenschaft lagert ihren Herbst aus der Lage Paradies in den Kellern des barockisierten Schlößchens.

Unterhalb des Salzbergs liegt Affaltrach. 1274 werden sieben Jauchert Weingärten „in Salisberg" genannt. Um 1600 verlegte die Johanniterkommende Schwäbisch Hall ihren Sitz hierher und baute das Schloß, das heute Domizil einer bürgerlich-prominenten Schloßkellerei mit eigenem Weingut ist. Eine Erzeugergemeinschaft von 220 Wengertern mit 110 ha Rebfläche aus dem Unterland liefert hier an.

1982 schlossen sich 250 Mitglieder der örtlichen Genossenschaft Hößlinsülz, Eichelberg, Affaltrach und Willsbach zur Weingärtnergenossenschaft Mittleres Sulmtal mit Sitz in Willsbach zusammen; 200 ha Weinberge gehören zum Einzugsgebiet. Im Mittelalter waren die Klöster Schöntal,
Gnadental und Lichtenstern in Willsbach begütert.

Moritat in Stein gehauen

Die Weingärtnergenossenschaft Sülzbach mit der Lage Altenberg liefert
bei der WZG an. Der fachwerkgemusterte Klosterhof blieb als Erinne-
rungsmal der Schöntaler Zisterzienser, die einst die größten Grundbesitzer waren. Aus Sülzbach stammt Michael Beheim, einer der letzten fah-
renden Sänger des späten Mittelalters. Als Gefolgsmann des Reichserb-
kämmerers Konrad von Weinsberg machte er zahlreiche Reisen und
Kriegszüge mit, weilte an vielen Fürstenhöfen und erhielt schließlich als
Gnadenbrot die pfalzgräfliche Schultheißenstelle in seinem Heimatdorf
Sülzbach. Hier wurde der für seine scharfe Zunge berüchtigte, vom Wein
rasch erhitzte Beheim um 1474 bei irgendeinem Händel erschlagen. An
der Kirchhofsmauer hat man das Sühnekreuz, das früher am Weg nach
Lehrensteinsfeld stand, geborgen: „Beham schultheis tzu sultzbach er-
schlag. . ./147. . ./God gnad."
Zwischen Eberfirst und Wildenberg kuschelt sich Eberstadt. Der Weingärtnergenossenschaft, 1923 gegründet, gehört neben den Teilorten Höl-
zern, Lennach und Buchhorn seit 1977 auch Cleversulzbach an. 149 ha
werden gemeinsam bebaut. Die Malerin und Bildhauerin Ulrike Utaz hat
im Neubau der Genossenschaft ein uriges Wandrelief mit dem Titel „Das
Eberfürstgelage" geschaffen. Bei der Umlegung blieb unterhalb einer Fels-
leiste ein Mäuerleswengert von zehn Ar mit der herkömmlichen Dreischenkelerziehung am Pfahl ausgespart. Das Nonnenkloster Lichtenstern,
das Stift Oberstenfeld und das Ritterstift Comburg bei Hall bezogen ihren
Wein vom Eberfirst, von der Sommerhalde und dem Dezberg. Ein un-
scheinbares Flurdenkmal am Öhringer Steigle rückt die feudale Weinhistorie ins Gedächtnis. Auf dem Stein sind beiderseits die Buchstaben NZ
eingraviert. Wenn früher ein Bauer ein Stück Wald für einen Acker oder
ein Rebstück roden wollte, mußte er der Herrschaft für das neugewonne-
ne Kulturland den Neugreutzehnten bezahlen. Damit er das nicht vergaß,
wurde die Parzelle mit dem Zehntstein markiert.
Gellmersbach, Stadtteil von Weinsberg, schmiegt sich zwischen Som-
merrain und Wacholderrain und gehörte bis 1805 hälftig dem Deutschen
Orden. Die 1545 errichtete Leonhardskirche, von einer Kette umzogen,

war Ziel einer Reiterwallfahrt, die an einen uralten Quellkult anknüpfte. Die 1925 gegründete Weingärtnergenossenschaft baut ihre Reben am Dezberg. Um die alte Kelter gruppieren sich noch zehn der früheren Büttenhäuschen; sie bargen die 1 000 bis 3 000 Liter fassenden schweren Bütten, die im Herbst das Traubengut vor dem Keltern aufnahmen.

Im Erlenbacher Ortsteil sind noch 27 dieser Büttenhäuschen erhalten. Die Kelter aus dem Jahr 1574 lädt als Weinbaumuseum ein. „Erlenbach und Binswangen/können mit der Stange zusammenlangen", frotzelten die Nachbarn. Gemeinsam war beiden Orten die vom Deutschen Orden geprägte Geschichte. Erlenbach führt im Gemeindewappen das Hochmeisterkreuz; statt des vertrauten Adlers glänzt im Herzschild eine Traube. 1924 wurde der Weinbauverein gegründet, der die Aufgaben einer Genossenschaft wahrnahm. Auf Erlenbacher Markung erstellte man 1972 gemeinsam mit Heilbronn und Weinsberg die neue Genossenschaftskellerei; 600 Mitglieder, darunter 214 aus Erlenbach, brachten damals ebensoviel Hektar Rebland ein. Inzwischen stehen am Kayberg 234 ha im Ertrag. Am Drachenloch, einem der Rastplätze in den Weinbergen, hat man einen Bildstock wieder aufgerichtet, der eine schaurige Moritat erzählt: Ein Wengerter, so heißt es, habe hier einen windigen Advokaten erschlagen und sei dafür an den Galgen gekommen.

Den Neckar abwärts

Nach Übereinkunft der Geographen beginnt der Unterlauf des Neckars mit dem Eintritt in den Buntsandstein des Odenwaldes; der Untere Nekkar des Weinlandes Württemberg beginnt nach landläufigem Herkommen jedoch schon bei Lauffen, an der Mündung der Zaber. Auf der Landkarte wie im Flugbild zeichnet sich die grüne Sichel der früheren Lauffener Neckarschlinge gleichermaßen eindrucksvoll ab. Erst vor 5 000 Jahren hat der Fluß bei einem Hochwasser den Felsendamm zwischen Burginsel und Regiswindiskirche durchbrochen; er stürzte nun als gischtender Wasserfall zu Tal, bis er, rückwärts erodierend, sein Gefälle zum Laufen, zur klippengespickten Stromschnelle, abgeflacht hatte. Zurück blieb der weit geschwungene Prallhang der abgeschnittenen Flußschlinge, in deren Endstück nun die Zaber fließt. In den Sandböden des Gleithangs bauen die Lauffener Gemüse und die bekannte Frühkartoffel. Das verlassene Flußbett versumpfte. Die Lauffener Neckarinsel, auf der die mittelalterliche Grafenburg steht, verbindet das hochgelegene ummauerte Städtle am rechten Ufer mit dem weitaus umfänglicheren Dörfle am linken Ufer, wo sich die Regiswindis-

Das Freilichtmuseum der 1977 mitten in den Reben entdeckten Villa rustica bei Lauffen führt in die römische Weinbautradition am Neckar ein.

kirche auf steilem Felssporn erhebt. Hier kam 1770 Friedrich Hölderlin als Sohn des Klosterhofmeisters zur Welt. Väterliches Erbe und Feier des Weins als einer elementaren Macht, als Sakrament der Natur, begegnen sich in den Strophen des Gedichts „Das Ahnenbild":

> „Und am Hügel hinab, wo du den sonnigen
> Boden ihnen gebaut, neigen und schwingen sich
> Deine freudigen Reben
> Trunken, purpurner Trauben voll.

Aber unten im Haus ruhet, besorgt von dir,
Der gekelterte Wein. Teuer ist der dem Sohn
Und er sparet zum Fest das
Alte, lautere Feuer sich."

Mit ihren 600 Mitgliedern gilt die Lauffener Weingärtnergenossenschaft als die größte örtliche Genossenschaft im Land. Von den 525 ha Weinbergen sind 465 ha dem Rotgewächs vorbehalten; mit einem Anteil von 70 Prozent regiert der Schwarzriesling im Sortiment. Jungfer und Katzenbeißer heißen die Lagen; am Riedersbückele baut ein Weingut seine Reben. Nach zwei vergeblichen Anläufen wurde 1935 die heutige Genossenschaft gegründet; eine Pergola präsentiert hier zwei Dutzend verschiedener Rebsorten. „Urbanus" nennt sich der Lauffener Weingärtnerchor. 1928 errichtete die Weinbauschule Weinsberg hier am Neckar ihre Rebenzüchtungs-Station. In die römische Weinbautradition führt das Freilichtmuseum der 1977 entdeckten Villa rustica überm Fluß ein.

Horkheim, ein Stadtteil Heilbronns, hütete mit einer massigen Wasserburg die alte Neckarfurt zwischen den fränkischen Pfalzen Heilbronn und Lauffen. Neben Wein und Gemüse wird auch Tabak angebaut; die Trockenschuppen und eine „Havannastraße" deuten dies vordergründig an. Im Heilbronner Stadtteil Sontheim blieben von der fast 800jährigen Deutschordensherrschaft die sogenannten Realgemeinderechte übrig: Wald und Weinberge sind im Gemeineigentum von etwa 50 Eignern. Am Staufenberg liegt ein Weingut mit Besenwirtschaft.

Heilbronner Herbst, Heilbronner Herbste

„Es ist im October. Der Himmel ist hell und klar, die Sonne hat den Nebel überwunden. Wir reisen nach Heilbronn, denn Heilbronn ist die Hauptstadt des Weingaus im Lande Schwaben und der Wartburg der Gipfel davon. Ich weiß kein Land, wo die Fröhlichkeit der Weinlese also auf Einen Punkt concentrirt wäre, wie hier." So 1839 der Literat Carl Theodor Griesinger in seinen „Humoristischen Bildern aus Schwaben". Herbstfeste haben in der ehemaligen Reichsstadt am Neckar eine lange Tradition. Zum einen sollten die Fässer für den neuen Jahrgang geleert werden, zum andern feierte man den Herbst als Kehraus des Arbeitsjahres. Als die Stadt 1792 neben dem mittelalterlichen Turmwächter auf dem Wartberg ein Wirtschaftsgebäude mit großem Saal errichtete, hatte das zwei, drei Wochen dauernde Festtreiben seinen Stammplatz bekommen.

Neben diesem allgemeinen Herbst gab es schon immer auch Privatherbste wohlhabender Weinbergbesitzer. Der Geograph Roeder erzählte zu Beginn des vorigen Jahrhunderts davon: „Nirgends in Württemberg, selbst Stuttgart nicht ausgenommen, werden die Weinlesen mit solcher Feierlichkeit, Gastfreundschaft und Ungezwungenheit gefeiert, wie hier, wozu der gute Ton und die Biederkeit der Weinbergbesitzer die beste Würze gibt . . .“ 1810, bei einem Privatherbst der Familie von Rauch, an dem 160 Gäste teilnahmen, wurden aufgetischt: „28 Feldhühner, 3 Rehschlegel, 1 Rehziemer, 6 Kapaunen, 2 Schinken, 2 Kalbsschlegel, 4 Häringe zu 2 Platten Butterbrot, 4 Brottorten, 6 Gußtorten, 6 Gugelhopfen, 4 Kuchen sowie Wein, Thee und Kaffee; außerdem gab es das eigentliche Herbstgericht späterer Zeiten, nämlich 60 Ringe Bratwürste, die aber ‚80 Ring gewesen sein sollten‘, auch der ‚Waschkorb voll Trauben‘ hätte doppelt so groß sein dürfen.“

Mit dem Aufkommen des Vereinslebens begann 1842 die Zeit der Gesellschaftsherbste auf der Cäcilienwiese. Ab 1954 wurde der Heilbronner Herbst erstmals wieder als gemeinsames Fest auf der Theresienwiese gefeiert. Seit 1971 folgte dem Herbst das Weindorf rund ums Rathaus, bis es 1986 endgültig die Tradition des Heilbronner Herbstes übernahm.

Vielzitierter Kronzeuge der Rebherrlichkeit um den Hausberg Heilbronns ist Goethe, der 1797, auf einer Reise in die Schweiz, hier Station machte und im Gasthof „Sonne“ in der Sülmerstraße logierte. Am 28. August, gegen Abend, fuhr das Geburtstagskind Goethe mit dem Bruder des Sonnenwirts auf den Wartberg: „Wir fanden eben die Sonne als eine blutrote Scheibe in einem wahren Schirokkoduft rechts von Wimpfen untergehen. Der Neckar schlängelt sich sanft durch die Gegend, die von beiden Seiten des Flusses sanft aufsteigt. Heilbronn liegt am Flusse, und das Erdreich erhöht sich nach und nach bis gegen die Hügel im Norden und Nord-Osten. Alles, was man übersieht, ist fruchtbar; das nächste sind Weinberge, und die Stadt selbst liegt in einer großen grünen Masse von Gärten. Es gibt den Anblick von einem ruhigen, breiten, hinreichenden Genuß. Es sollen 12 000 Morgen Weinberge um die Stadt liegen; die Gärten sind sehr teuer, so daß wohl 1 500 Gulden für einen Morgen gegeben werden.“

Man sieht bei dieser Beschreibung den Frankfurter Goethe vor sich, wie er behaglich-gravitätisch zwischen den Reben hin und her wandelt und trotz des flammenden Sonnenuntergangs als praktisches Weltkind nicht vergißt, die Grundstückspreise zu notieren.

1718 gab es hier 222 Weingärtner, Mitte des vorigen Jahrhunderts waren es 320, dazu 20 Gehilfen. 1835 wurde ein Weingärtnerverein gegründet, dem sofort 160 Mitglieder beitraten. Ihm folgte ein Weingärtner-

Eine sorgfältig gequaderte Stützmauer mit Weinbergzufahrt bei Heilbronn. Auch der Unterstand für den Fall eines plötzlichen Wetterumbruchs ist nicht vergessen.

gesangverein „Immerfroh", der 1842 den Namen „Urbanus" annahm und von dem sich später eine Sängerschar „St. Urbanus" abspaltete. 1888 wurde die „Weingärtnerassociation" mit genossenschaftsähnlicher Zielsetzung gegründet. Aber während die Urbanussänger 1908 wieder zusammenfanden, trennten sich die Bauweingärtner, die neben ihren eigenen Rebstücken die Weinberge der Heilbronner Großbürger bearbeiteten, von der Association und schufen sich eine eigene standespolitische Vereinigung, die ab 1920 als Winzergenossenschaft firmierte. Die demokratisch gesinnten kleinen Weingärtner und die Bauernbündler blieben bis in die Zeit des Dritten Reiches gesondert.

Das Stadtverderben des 4. Dezember 1944 traf den Weingärtnerstand, einen seit dem Mittelalter versippten und verschwägerten Geschlechterverband von gut 300 Familien, bis ins Mark. Durch den Bombenangriff kam zehn Prozent der Heilbronner Bevölkerung um; der in der Altstadt konzentrierte „Stand" jedoch, dessen Fachwerkhäuser wie Zunder brannten, verlor fast die Hälfte seiner Angehörigen.

Während des Dritten Reiches hatten die „Heine", so der Spitzname der Heilbronner Weingärtner, Zuwachs durch den sozialdemokratischen Publizisten und Parlamentarier Fritz Ulrich bekommen; mit dem von seiner

Für sich spricht das Nebeneinander der beiden Inschriftsteine an der Unteren Wartberghohle bei Heilbronn.

Frau ererbten Weinberg schlug er sich durch die Jahre der Hitlerherrschaft. Fritz Richert hat 1964 in seinem Heilbronnporträt „Nüchtern zwischen Reben" eine denkwürdige Episode im Leben des späteren Innenministers und Heilbronner Ehrenbürgers geschildert: „So stand der tausendjährige Wengerter auch mit lehmigen Stiefeln in der Stube, als sein alter Freund, der ehemalige Arbeitsminister und Reichstagsabgeordnete Wilhelm Keil mit amerikanischen Offizieren wenige Wochen nach der Kapitulation bei ihm erschien. Doch nicht, um den Ulrichschen Tropfen zu kosten oder die unendliche Reihe stubenreiner und anderer Witze zu belachen, die der Hausherr zu erzählen weiß, waren die Herren gekommen; sie suchten einen Landesdirektor, der der Verwaltung des Inneren in Stuttgart vorstehen sollte. Sie brachen auf, als sie das Ja vernommen, die Hausfrau geleitete sie zum Wagen. Bevor Keil einsteigen konnte, zupfte sie ihn am Ärmel: 'Minischter soll er werde? Ja glaube Sie denn, daß des mei Fritz ka?' Er ist ein guter Minister geworden und mehr als zehn Jahre lang geblieben."

Heute stehen rund um die stetig wachsende Stadt 477 ha Weinberge im Ertrag; etwa 100 ha davon sind im Besitz von 20 Selbstmarktern, die zum Teil auch in der Besenwirtschaft ausschenken. Zur Großlage Kirchweinberg gehören Altenberg und Sonnenberg, zur Großlage Staufenberg, Stahlbühl, Stiftsberg und Wartberg. Heilbronn ist die Kapitale des Weinbaus im Unterland geblieben.

Das provisorisch in drei Räumen angesiedelte Weinbaumuseum in der Frankfurter Straße zeigt Denkmäler und Dokumente der Weinkultur. Im Chor der Kilianskirche leuchtet das um 1487 gemalte Wappenfenster einer patrizischen Familie mit zwei gekreuzten Hapen. Mitten unter den trockenen Steueramtsrechnungen der Jahre 1521/22 findet sich der gereimte Eintrag:

> „Ach Gott, durch dein milte Güet
> bescher unß Kappen und Hüet,
> Mentl und Röck,
> Geyß und Böck,
> Schaff und Rinder,
> viel Weiber und lützel Kinder.

234

Ach, Gott, durch dein Miltigkeyt,
mach uns den Weingart noch alß breytt
daß uns nicht gebrest an Wein;
wan wir all Nacht voll wollen sein."

Die Inschrift einer an der Hundsbergersteige geborgenen, 1587 datier-
ten Tafel lautet:
„Hundßberg bin ich genandt,
Vielen Furleuten wol bekandt.
Wer mich drinckt, der hat mich lieb,
Darum haiß ich Wollendieb."

Für die Tuchmacher der Reichsstadt brachten die Fuhrleute Wolle aus
dem Bayerischen und nahmen dafür Wein als Rückfracht. Anscheinend
geriet ein Fuhrmann damals so heftig mit dem Hundsberger zusammen,
daß der Erlös seiner Wollfracht vertrunken wurde.

Die besten Weine wuchsen hier auf den Keupermergeln des Pfaffen-
hundsberges, der dem Kloster Kaisheim gehörte; das mit dem Abtswappen gesiegelte barocke Weinberghäuschen erinnert noch daran. An der
Unteren Wartberghöhle hat 1952 ein Heilbronner das Götzzitat ein-
meißeln lassen. Der damalige Oberbürgermeister Meyle fühlte sich offenbar angesprochen und ließ die Inschrift „Wart no a Weile!" darunter-
setzen.

Traube und Ordenskreuz

Neckarsulm, oft als die heimliche Hauptstadt des Landkreises Heilbronn bezeichnet, führt als ehemalige Deutschordensstadt das Hochmeisterkreuz im Wappen; auch hier könnte die Traube im Herzschild glänzen. Die Weingärtnergenossenschaft Neckarsulm-Gundelsheim vereint
seit 1990 130 Mitglieder, darunter auch Kollegen aus Dahenfeld und Oedheim. Sie hat ihren Sitz im Ordensschloß. 95 ha stehen noch auf der städtischen Gemarkung im Ertrag. Als hier 1855 die erste genossenschaftliche
Vereinigung Deutschlands gegründet wurde, waren es noch 178 ha gewesen. Die Genossenschaft machte sich rasch einen Namen als „Bekämpfer
der geheimen Weinfabrikation und Weinverfälschung sowie als Verkäufer echten und auf rationellste Weise gewonnenen Weines". Vor mehr als
hundert Jahren kamen schon Abordnungen aus Ungarn und aus dem
Kaukasus hierher, um Struktur und Absatzpolitik der Genossenschaft zu
studieren. Die Kelter aus dem Jahre 1567, unweit des Rokokorathauses,

war bis 1930 im Betrieb. Die 1924 eingerichtete städtische Rebveredelungsanstalt ist weit und breit die einzige kommunale Institution dieser Art. Am 1. März 1945 kam am hellichten Tag auch für Neckarsulm das Stadtverderben durch einen verheerenden Luftangriff.

Am Stephanstag, dem zweiten Weihnachtsfeiertag, treffen sich Genossenschaftler und Selbstmarkter, um die 1834 begonnene Weinchronik fortzuführen. Dann kreist jedesmal der damals geschaffene silberne Trinkbutten des ersten Weingärtnervereins; darauf sind über einem Brustbild Noahs folgende Verse eingraviert:

> „Vater Noah, Wein-Erfinder
> sicher sammeln ihren Wein
> deine Neckarsulmer Kinder
> dankbar in den Butten ein."

Im Rathausinnenhof hat der Bildhauer Dieter Läpple den biblischen Kundschaftern mit der Kalebstraube ein Denkmal gesetzt. Bei der Rebflurbereinigung am Scheuerberg wurde eine monumentale Urbansplastik aufgerichtet und ein Weinlehrpfad angelegt.

Nur noch drei Hektar Rebland grünen in Untereisesheim links des Neckars, und nicht viel mehr sind es in Offenau, rechts des Flusses in der fruchtbaren Deutschherrischen Ebene; hinzu kommen dort freilich die ausgedehnten Rebschulen der Weinbauschule Weinsberg.

Nur noch Geschichte ist der Weinbau in Bad Wimpfen, dessen imperiale Silhouette mit der Stauferpfalz sich überm Neckar erhebt. Die Rebkultur hat sich da vom Aderlaß des Dreißigjährigen Krieges nie mehr recht erholt. 1546 stellten die Weingärtner noch mit 41 Mann die stärkste Berufsgruppe des Reichsstädtleins. Neben dem schon erwähnten Fresko Christi mit Traube und Ähre in der Kornelienkirche zu Wimpfen im Tal finden wir auf dem

„Vater Noah, Wein-Erfinder/ sicher sammeln ihren Wein/ deine Neckarsulmer Kinder/ dankbar in den Butten ein", steht auf dem silbernen Trinkbutten des ersten Neckarsulmer Weingärtnervereins.

Flügelaltar der Stadtkirche droben den Winzerpatron St. Urban gemalt, und in der Sakristei der Dominikanerkirche sind die Schlußsteine mit Reblaub und Ysop bekränzt.

Traube und Ordenskreuz vereint noch einmal Gundelsheim, bis zum Bauernkrieg Sitz des Deutschmeisters, des Ordensgebietigers im Reich. Das älteste Stadtwappen von 1528 zeigt noch einen Weinstock mit drei blauen Trauben. Kurioserweise sind hier einige alte Lagen nach den Stadtkomturen des Deutschen Ordens benannt: Lichtenstein, Ampringer, Wolkenstein, Hoheneck. In der Stadtkirche steht ein barocker St. Urban auf dem Hochaltar. Zwischen Schloß Horneck, heute Altersheim und Museum der Siebenbürger Sachsen, und der von Nußbäumen umschatteten Kapelle auf dem Michaelsberg treppt sich die Lage Himmelreich mit 32 ha auf.

Bis vor ein paar Jahren endete am Gundelsheimer Himmelreich und seinen Muschelkalkmauern auch das Weinland Württemberg. 1985 wurde jedoch die Gemeinde Neckarzimmern im Odenwaldkreis mit zehn Hektar in den Lagen Götzhalde, Kirchweinberg und Wallmauer dazugeschlagen. Die kalkhell terrassierten Mauerweinberge unterhalb der Burg Hornberg, heute im Besitz der Freiherren von Gemmingen, hat schon Götz von Berlichingen gesehen, der hier oben seinen Lebensabend verbrachte. 1517 hatte der Ritter mit der eisernen Faust die kleine Herrschaft Hornberg mit den in anfechtbaren Fehden gescheffelten Lösegeldern erworben. Wahrscheinlich hat er auch die Niederschrift seiner selbsterzählten Lebensgeschichte dem lutherischen Dorfpfarrer in Neckarzimmern anvertraut, kein schlechter Anlaß, uns vom Weinland am Neckar mit dem Etikettenkonterfei des Ritters und einem aufmunternden Zuspruch zu verabschieden, nachzulesen bei Goethe:

„Kommt, setzt Euch, tut als wenn Ihr zu Hause wärt! Denkt, Ihr seid wieder einmal beim Götz. Haben doch lange nicht beisammen gesessen, lang keine Flasche miteinander ausgestochen. Ein fröhliches Herz!"

Um Brettach und Ohrn

Nördlich des Mainhardter Waldes und der Waldenburger Berge erstreckt sich die Öhringer Börde – flachbrüstige Keuperhügel, von zahlreichen Bachläufen, darunter Brettach und Ohrn, zertalt. Die Rebe stockt hier vor allem an den gerodeten Flanken der Waldberge. In einer literarischen Rhapsodie über die bacchische Landschaft zwischen Main und Neckar hat Manfred Wankmüller vom heimischen Keuper geschwärmt:

„Der hat nicht das Herbe, Steinfeste an sich wie der Muschelkalk, und darum schmecken auch diese Weine anders. Sie sind nasenintensiver, habhafter auf der Zunge . . .“

Öhringen, eine der vielen Miniaturresidenzen Hohenlohes, weist allein dank seiner Stadtteile Michelbach am Wald und Verrenberg 111 ha Rebland auf. Die fürstliche Linie Hohenlohe-Öhringen residiert in Neuenstein, nutzt nur noch den Schloßkeller und zahlt der Stadt die Miete dafür in Wein. Das 1832 von Nikolaus Lenau besungene barocke Riesenfaß dient nun als Probierstube. Kleinodien der Weinkultur versammelt das Weygang-Museum.

Verrenberg heißt das nahegelegene Dorf, und Verrenberg heißt der Weinbuckel über der Wiesenkelter, mit knapp 20 ha in fürstlichem Alleinbesitz. Die Weingärtnergenossenschaft baut ihre Reben am Goldberg. Der Verrenberger Verrenberg Limberger gibt eine wahrhaft fürstliche Visitenkarte ab.

Es fällt schwer, so etwas wie eine Systematik in die Weinkarte der Öhringer Börde zu bringen. Fast alle Ortschaften haben ihren Namen von einem Bach oder Bächlein, das aus den Waldbergen kommt. Ein Zirkelschlag von West nach Ost bietet sich an. Langenbeutingen und Brettach haben sich zur Gemeinde Langenbrettach zusammengetan. In der Brettacher Lage Berg und im Himmelreich stehen 19 ha im Ertrag. Im Unterdorf von Langenbeutingen rauscht noch die nach dem Hungerjahr 1817 gepflanzte Linde. Trotz der sieben rauhen Eichen im Namensschild fühlt sich der Weinstock in Siebeneich wohl. Himmelreich und Schloßberg heißen die Lagen. Als Organistenbesoldung erhielt hier der Schulmeister früher seinen „Orgelmoscht“: vier Liter pro Jahr von jedem Bürger. Walnußbäume sprenkeln die Flur um Schwabbach; der namengebende Bach galt als Grenze zwischen schwäbischem und fränkischem Sprengel. An die Fuhrleute auf der Salzstraße, die hier mit vollen Weinfässern zurückrollten, erinnert das 1763 erbaute Gasthaus zum Rößle. Von Dimbach aus kann man zum Steinernen Tisch wandern, einer alten Gerichtsstätte mitten im Wald. Mit Schwabbach und Waldbach teilt sich der Ort in die Lage Schloßberg. Bretzfeld weist mit seinen Teilorten Adolzfurt, Dimbach, Geddelsbach, Rappach, Schwabbach, Siebeneich, Unterheimbach und Waldbach 237 ha Rebland auf; die örtliche Lage ist der Goldberg. Viele Haller Reichsstadtbürger, durch Salzhandel reich geworden, legten hier ihr Kapital in Weinbergen an.

Wo die Brettach aus dem Mainhardter Wald ins Keuperhügelland wechselt, liegt Adolzfurt, das sein Gewächs in der Lage Schneckenhof zusammengefaßt hat. Zahlreiche rundmäulige Kellertore sind hier mit barocken Hauszeichen geziert. Der Ortsname Windischenbach spricht für

Wenden, die im frühen Mittelalter hier angesiedelt waren. Ein Nymphenstein erinnert an eine römische Siedlung. Der breite Keuperrücken des Goldbergs trägt neben Rebgewannen auch Obstpflanzungen. Unterheimbach hat Anteil an der Lage Schneckenhof; die Ortsverwaltung ist in einem Weingärtnerhaus mit der Jahreszahl 1570 untergebracht. Wie das benachbarte Geddelsbach baut auch dieser mittelalterliche Rodungsort seinen Wein unter dem Lagenamen Schneckenhof.

Geddelsbach, mit dem Streuweiler Hälden, liegt im Tal der Brettach. Wilhelm Schrader aus Neuenstein, Mundartpoet der historischen Landschaft Hohenlohe, Verfasser der Geschichten vom alten Gäwele, hat den Geddelsbacher respektvoll so charakterisiert:

„Er läfft sou lieblich dorch de Hals,/Do hockt m'r wie ou'gworzelt./ M'r läppert als und läppert als/Uff aanmohl isch m'r borzelt."

Gargantuafaß und Dachsteiger

Pfedelbach mit seinen Teilorten Harsberg, Heuholz, Oberohrn, Untersteinbach und Windischenbach ist seit 1950 zugleich Sitz der Gebietsweinkellerei Hohenlohe. Ihr gehören 550 Mitglieder mit 270 ha Weinbergen aus den örtlichen Genossenschaften Adolzfurt, Bretzfeld, Dimbach, Eschelbach, Geddelsbach, Langenbeutingen, Pfedelbach, Schwabbach, Siebeneich, Unterheimbach, Verrenberg und Windischenbach an. Großlage ist der Lindelberg. Die ausgedehnten Kellergewölbe unter der fürstlichen Herrschaftskelter waren Anlaß für die Gründung der Gebietsweinkellerei, nicht das dort befindliche Große Faß von Pfedelbach.

1752 wurde das Riesengebinde vom Hofküfermeister Anton Michael Mayer geschaffen. Von der Stirnwand des Faßovals schaut das farbige Prunkwappen der Hohenlohe-Waldenburg-Pfedelbach mit der Fürstenkrone. Die Maße des Pfedelbacher Fasses: 5 m hoch, 4,5 m breit, 5,14 m lang. Eine Besonderheit stellen die gewaltigen Holzreifen dar, die das Faß statt der gewohnten Eisenbänder zusammenhalten. Das Fassungsvermögen dieser kulturhistorischen Rarität wird auf exakt 64 664 Liter beziffert. Der Holzrücken des Fasses trägt heute noch eine Empore, auf der bei Kellerfesten die Musikanten blasen durften. Vielleicht eine der fröhlichen Weinkantaten des hohenlohischen Hofkompositeurs Erasmus Widmann:

„Das Wasser ghört dem Fische,
Der Wein dem Menschen frische,
Frisch auf, ihr Herren, her und dran,
Das Fäßlein hat kein Panzer an."

1828 wurde der Gargantuabauch des Pfedelbacher Fasses zum letztenmal gefüllt. Wer's voreilig bedauert, dem sei gesagt, daß hier immer nur Besoldungswein abgefüllt wurde. Bis hinein ins vorige Jahrhundert bezahlte die Herrschaft ihre Beamten und ihre Dienerschaft nämlich vorzugsweise mit Naturalien, darunter eben auch Wein. Weil es nun unter dem Hofgesinde wegen der unterschiedlichen Güte des Weins immer wieder zu Streitereien kam, wurden auf allerhöchsten Befehl solche Riesenfässer gebaut. Sie verbürgten Gleichheit vor dem Weine.

Am Pappellauf der Ohrn liegt auch Harsberg mit seinen verstreuten Höfen und dem Weinweiler Heuholz. Vom Sockel der Weinberge bis hinauf zur Waldkappe des Schilfsandsteins treten Lettenböden, schwere Keuper und Bunte Mergel zutage. Die berühmteste Lage ist der Heuholzer Dachsteiger, dessen Rebstöcke der alten Kelter wahrhaft aufs Dach zu steigen scheinen. Die Brunnenklinge scheidet ihn von der Lage Spielbühl, die vollere, aber im Bukett verhaltenere Weine spendet. In der Öhringer Oberamtsbeschreibung heißt es: „Die Weine sind die geschätztesten Rotweine des Bezirks und zeichnen sich, namentlich die von Heuholz und Renzen, durch Feuer und Gewürz aus. Überdies sind die Weinberge sehr ergiebig . . ." Der 1937 gegründeten Genossenschaft, die selbständig ausbaut, gehören alle Wengerter aus Harsberg und dem ohrnaufwärts gelegenen Untersteinbach mit 105 ha Rebland an.

In eine Talbucht der Waldenburger Berge schmiegt sich Michelbach am Wald. Zu der 1934 gegründeten Weingärtnergenossenschaft, die in Möglingen anliefert, gehörten von Anfang an auch Mitglieder aus Söllbach. Die Einzellage trägt den poetischen Namen Margarethe und ging aus der alten Gewannbezeichnung Vordermarget hervor.

In Eschelbach überrascht ein aus einem Füllhorn springendes goldenes Wirtshausschild mit dem Doppeladler; im Keilstein des Türrahmens sind das Baudatum 1812, Traube und Pokal stillebenhaft vereint. In der Öhringer Oberamtsbeschreibung von 1865 lautet das Urteil: „Der hier erzeugte Wein hat wegen der häufig angebauten Muskateller-Traube einen gewürzhaften Muskatellergeschmack und ist nebenbei sehr feurig . . ." Der im fränkischen Hohenlohe verwunderliche Lagename Schwobajörgle taucht erstmals um 1870 auf.

Kesselfeld, Stadtteil von Neuenstein, ist der Weingärtnergenossenschaft Eschelbach angeschlossen. Die frühere Lage Heiligenholz wurde hier noch im 17. Jahrhundert für die Rebkultur gerodet. In Neuenstein selbst ist der Weinbau lange schon erloschen. Dafür wartet das Museumsschloß der Dynastie und Landschaft Hohenlohe nicht nur mit dem Hermersberger Hirsch, sondern auch noch mit andern Prunkstücken und Raritäten der Weinkultur auf. Da ist der aus Elfenbein geschnitzte Amazo-

*Die Weinkellerei Hohenlohe in Pfedelbach hütet das 1752 geschaffene Riesenfaß
mit dem Prunkwappen der Fürsten von Hohenlohe. Seine Maße: 5 m hoch,
4,5 m breit und 5,14 m lang. 1828 soll dieses Gargantuafaß zum letztenmal – mit
saurem Besoldungswein – gefüllt worden sein. Sein Fassungsvermögen wird
auf 64 664 Liter veranschlagt. Auf seiner hölzernen Empore fidelten die Musikanten
zu Kellerfesten.*

nenbecher, 1670 gefertigt von dem Gmünder Michael Maucher, der in erhabener Arbeit Szenen einer Amazonenschlacht zeigt. Ums Jahr 1550 wurde der Münzpokal geschmiedet, in dessen Wände antike Münzen römischer Prägung eingelötet sind. Um 1630 faßte der Crailsheimer Meister Vögelein ein Straußenei in vergoldetem Silber und verzierte diese originelle Trinkschale figürlich mit Vogel Strauß und Greif. Daneben glänzt der Burgundische Pokal, ein gotischer Becher, der auf drei geharnischten Reitern ruht und auf dessen Deckel ein junger Mann eine silberne Rose präsentiert, ein Wunderwerk aus Kristall, Gold und Emailblau, entstanden ums Jahr 1470 in Burgund.

Ihre eigene, höchst unterschiedliche Geschichte hat schließlich die Schale von Breda. Graf Philipp von Hohenlohe kämpfte im 16. Jahrhundert auf Seiten der Niederländer gegen die spanische Zwangsherrschaft und avancierte zu guter Letzt zum Stellvertreter und zum Schwiegersohn des legendären Prinzen Wilhelm von Oranien. Zum Dank dafür, daß Philipp 1590 die Stadt Breda in einem gewagten Handstreich den Spaniern entriß, erhielt er von den Niederländern einen goldenen Pokal, auf dem die Befreiung in Reliefs dargestellt wird.

Reben an Kocher und Jagst

Amtlich sind die Flußgassen von Kocher, Jagst und Tauber als einheitlicher Weinbaubereich ausgewiesen. Flußgeschwister im engeren Sinne sind aber nur Kocher und Jagst, die beide dem Neckar zufallen. Die Tauber, auch sonst recht emanzipiert, ist eine Flußtochter des alten Moenus, sie kommt von der Frankenhöhe und mündet bei Wertheim in den Main. Dafür hat Immanuel Dornfeld diesen drei fränkischen Reblandschaften eine gemeinsame Besonderheit attestiert: „In den drei letzten Tälern, in welchen die Anpflanzung von verschiedenartigen gemischten Sorten weniger Nachahmung fand, und der Verkauf des Weinmostes während des Herbstes, wo die Qualität nicht genau beurteilt werden kann, nicht so allgemein wie im Neckartale eingeführt war, wurde die ältere Bestockung weniger geändert, vielmehr dieselbe auch in der neuern Zeitperiode beibehalten, wodurch es kommt, daß diese Täler bis auf den heutigen Tag noch einen weit charakterfesteren Wein als im Neckartale erzeugen, der zum Teil stark gesucht und teuer bezahlt wird."

Der Kocher ist der gute Hausvater unter den Flüssen Hohenlohes. Wohlwollend vermerkte denn auch 1880 die Künzelsauer Oberamtsbeschreibung: „Das Kochertal ist reicher an Wasser, tiefer eingeschnitten und größtenteils enger als das Jagsttal, darum auch mehr geschützt gegen die kalten Winde. Seine Temperatur ist höher, die Vegetation früher und frischer . . . Hier ist größeres Leben in näher aneinander gereihten, größeren Orten." Trotzdem mußte auch hier die Forchtenberger Heimatdichterin Karoline Trumpf öfter Frost und Fehlherbst beklagen:

> „Als beim kalten Mondenstrahl
> Fiel der Reif ins Kochertal . . ."

Bei Bad Friedrichshall mündet der Kocher in den Neckar. Seitab im Süden bewahrt sich Oedheim am Kayberg wie im Kochertal noch 33 ha Rebland in der Großlage Staufenberg. Neuenstadt an der Linde baut zwar keinen Wein mehr, dafür aber der Stadtteil Cleversulzbach, Mörikes Turmhahndorf, auf elf Hektar in der Lage Berg. Kochersteinsfeld hat sich mit Gochsen zur neuen Gemeinde Hardthausen vereint und besitzt zusammen noch sieben Hektar am Rosenberg, nun schon in der Großlage Kocherberg.

Forchtenberg baut zusammen mit seinem Stadtteil Ernsbach 14 ha Wein am Flatterberg. In Ernsbach war Ludwig Amandus Bauer, Mörikes Jugendfreund, von 1825 bis 1831 Pfarrer. Im ersten Amtsjahr schrieb er an Mörike: „. . . der Wohlstand des Dorfes hängt besonders von dem Ertrag der Weinberge ab. Gestern nahm die Weinlese hier ihren Anfang. Morgens um fünf Uhr wurde Kirche gehalten. Bei brennenden Lichtern versammelte man sich: auf jedem Gesichte sah ich Spuren der Freude. Ich richtete meine Worte nach den Empfindungen der Anwesenden ein. Mit dem Verlöschen der Lichter brach der Tag über unsere Berge herein; sie eilten hinaus, um die Früchte ihrer Arbeit und den Segen eines fruchtbaren Jahres zu holen." Die Forchtenberger Weingärtnergenossenschaft wurde 1939 gegründet; Ackerbau und Rebhandwerk wurden in dem Handwerkerstädtchen freilich immer nur nebenher betrieben.

Weißbach am Kocher hat sich 1974, wie fünf Jahre zuvor Bieringen an der Jagst, der Weingärtnergenossenschaft Niedernhall angeschlossen. Hier wächst die Rebe am Altenberg und Engweg noch auf vier Hektar. Niedernhall, der Name sagt's, war, wie das kocheraufwärts gelegene Schwäbisch Hall, einmal eine Stadt des Salzes. 700 m Stadtmauer hat man hier samt Säuturm, Salztor und Malefizturm restauriert. Mitten durchs Lokal der Stadthalle zieht eine Mauerpartie, und ein alter Efeustock wächst lustig zum Dach hinaus. Hohenlohe und Kurmainz teilten sich in die Salineneinkünfte. Den Löwenanteil der Weinberge hatte sich jedoch das Kloster Schöntal vorbehalten. Bis heute nutzt die 1934 gegründete Weingärtnergenossenschaft die barocke Kelter, deren Gesprenge pfeilerlos das Dach der 45 m langen und 16 m breiten Halle trägt.

Benedikt Knittel, Abt und Bauherr, hinterließ 1713 diese Inschrift:

„Wan Niedern-Hall
Im Kocher-thal
Wird reich an Most.
So freüt zu mahl
Auch sich Schönthal
Ob diser post.

Gott Schütz uns all
Vor unglücks-Fall
Güß, Hagel, Frost
Vor Krieg und Pest
Von Nord und West
Von Süd und Ost,

Und was fatal
Im Feld und Stall
Der nahrungs-Cost.
O! das einmahl
Der Fried erschall
Zu unserm trost."

Kürzer faßt sich die Inschrift im 1477 errichteten Fachwerkrathaus:

„Eins Mans ret, ein halbe ret
Man sol sie hören al bet."

Und eine Hausinschrift verrät etwas von der Lebenslust der Niedernhaller:

"Adams Rieb und Rebensafft
ist meine liebste Buelschafft."

Altenberg, Burgstall, Engweg und Hoher Berg fassen 35 ha Weinberge
zusammen. Mit ihrem Spitznamen Distelfink werben die Niedernhaller
für eine ansprechende Flaschenehe von Riesling und Silvaner.
Zwischen Niedernhall und Ingelfingen erstreckt sich an der Sonnenseite der Kochertalhänge ein konkav gewölbtes, fugenlos geschlossenes
Weingebirge. Mittendrin liegt Criesbach. Die Weingärtnergenossenschaft
hat sich 1966 der Kochertalkellerei in Ingelfingen angeschlossen, mit dem
man auch kommunal vereint ist. In beiden Orten stehen zusammen 82 ha
Rebland im Ertrag. Die hohe Zeit des Criesbacher Weinbaus war das

18. Jahrhundert; damals wölbte man die quadergraue fünfbogige Brücke über den Fluß. Später meinte die Oberamtsbeschreibung: „Das ganze Dorf trägt den Charakter eines weniger wohlhabenden Weinortes, der unter den anhaltenden Fehlherbsten seit 1869 leidet." Der Trollinger hatte hier den Namen Taubenglaser.

Wer flußaufwärts nach Ingelfingen wandert, kommt an einer spätmittelalterlichen Kapelle vorbei, die St. Anna geweiht ist. Die Mutter Mariens galt und gilt als Schutzpatronin in Gewitternöten und sollte gewiß auch die kostbaren Weinberge überm Kocher vor Hagelschlag und Abschwemmung bewahren. Vielleicht hat deshalb ein unbekannter Steinmetz im Westgiebel der Kapelle ein Rebmesser eingehauen.

Ingelfingen, die liebenswürdig verzopfte Duodezresidenz der Hohenlohe, verdankt ihren den Mergentheimer Heilwässern verwandten Quellen einen bescheidenen Kurbetrieb. Eine Wandmalerei im Fachwerkbau des Schwarzen Hofes, dem früheren Sitz der Kochertalkellerei, illustriert die Schicksalskurve des heimischen Weinbaus. Die 1787 errichtete Kelter erhielt die Inschrift: „Gott segne den Weinstock zu reichem Ertrag und frohem Gebrauch dieser Kelter." Nach Criesbach schloß sich 1976 auch Belsenberg der Kochertalkellerei an. Die 350 Mitglieder bauen zusammen 95 ha. Mehr als die Hälfte der Steilhänge sind noch nicht flurbereinigt. Ein Weinlehrpfad führt auf den Hohen Berg über Ingelfingen.

Mehr Geschichten als Geschichte

Belsenberg ist ein Stadtteil von Künzelsau und liegt in einem Rebenkessel, abseits des Kochers. Hier hat man bei der frühen Flurbereinigung die Steinriegel mit in die Planung einbezogen. Heiligkreuz heißt die Einzellage. Der Belsenberger Pfarrer bekam jährlich anderthalb Fuder Kochereich, also 1740 Liter Wein. Dazu paßt, daß 1590 eine als Hexe angeklagte Frau zu Protokoll gab: „Sagte auch letztlich, sie und ihre Gesellschaft wären dem Pfarrherrn zu Belsenberg vor 13 Jahren samt ihren jedweden Buhlschaften auf Gabeln in den Keller gefahren, ungefähr anderthalb Stunden darin verblieben, haben fast einen halben Eimer Wein mit Röhrenknochen, so sie von dem verstorbenen Vieh genommen, deren jegliche eine gehabt, aus einem zweifudrigen Faß oben zum Spundloch herausgetrunken . . . das Faß wieder zugespundet, den Wein unversehrt gelassen und miteinander wiederum zum Rüstloch hinausgefahren."

In Künzelsau haben sich ein paar Rebenpiketts auf dem Felsengarten von Nagelsberg gehalten. Die Oberamtsbeschreibung verzeichnete dafür allerhand hochzeitliche Weinbräuche: „Bei der Abfahrt wirft der Fuhr-

Das Wirtshausschild in Schwäbisch Hall dokumentiert die alte Allianz von Bäckerhandwerk und Weinstubengerechtsamkeit.

mann oder der Hochzeitknecht ein eben geleertes Glas in das linke hintere Rad, daß es zerbricht. Nichtzerbrechen wird nicht gerne gesehen"; oder: „Getrunken wird langsam, aber in ansehnlichen Quantitäten. Ist eine der großen Zinnkannen leer, der Hausherr nicht alsbald bei der Hand sie zu füllen, so wird sie zum Spott umgelegt oder an einem Nagel in der Wand aufgehängt."

Kocheraufwärts ist der Weinbau nur noch bloße Erinnerung, obwohl der Morsbacher zum Beispiel Anfang des vorigen Jahrhunderts noch als hervorragendes Gewächs galt und entsprechend gut bezahlt wurde. In der Reichsstadt Schwäbisch Hall, fränkisch-selbstbewußt auch Hall am Kocher genannt, hatte der Wein schon immer mehr für Geschichten gesorgt als Geschichte gemacht. Man kann sie in Widmanns Chronik nachlesen.

1811 hat ein Kieselack am Chor der Michaelskirche neben seinen Initialen auch Würfel und Weinpokal eingeritzt. Der vierschrötige Fruchtkasten über der Stadt zeigt an, daß der Reichtum der Haller Landwehr, des reichsstädtischen Territoriums, auf dem Kornfeld, nicht auf dem Weinberg ruhte. Wenn dem Reisenden trotzdem so viele eisenbeschlagene Kellertore begegnen, so lag das weniger am Weinbau im Kochertal als am Rebbesitz vieler Bürger im Keuperland und an dem regen Weinhandel, der oft im Austausch mit hällischem Salz betrieben wurde. Das Hausbüchlein des Arztes Johann Morhard vermittelt hier einen ungeschminkten Einblick. Als 1647 die Stadt einem habsburgischen General Kocherwein lieferte, der wegen seiner Sodbrände entfachenden Säure abgelehnt wurde, beschloß der Rat kurzerhand: „Weilen er etwas zu frisch, soll man ihn mit zwei Kübel Wasser geschlacht machen."

Hall ist nicht nur Heimat des liederseligen Hellers, sondern auch des fetten Batzen, der zu Wein ward. Bezeichnend ist hier die Ehe von Geist und Nahrhaftigkeit, die das Wirtshausschild mit dem weinlaubbekränzten Pokal und der Brezel anzeigt; manche Bäckereien haben hier im Hinterstüble eine Weinwirtschaft.

Zum Schluß sei noch die Geschichte vom Pfarrer Konrad Gieckhenbach erzählt. Der wohnte draußen in der Gelbinger Vorstadt. Als eines Nachts in fröhlicher Runde der Wein ausgegangen und Nachschub fällig war, hatten die Haller ihr Stadttor längst geschlossen. Der inwendige Brand der Zecher mußte gelöscht werden, also signalisierte der Pfarrer einen Brand in der Vorstadt, indem er ein brennendes Scheit zum Kamin hinausstreckte. Der wachsame Türmer läutete die Feuerglocke, die Löschtrupps rückten aus, und durch das geöffnete Tor witschte der Diener mit der Weinkanne unterm Mantel.

Im Hohenloher Freilandmuseum Wackershofen entsteht neben einem sozial abgestuften typischen Bauerndorf, einer Hauslandschaft der Waldbauern und einem Mühlental auch eine vom Weinbau geprägte Siedlungsgruppe; hier hat man die 1580 erbaute Bannkelter von Oberohrn und die Gemeindekelter aus Gagernberg, ein Backhäusle aus Beilstein und ein Häckerhaus aus Verrenberg wieder aufgebaut sowie einen sechs Ar großen Terrassenweinberg angelegt, dessen Herbst hoffentlich bald in einer zünftigen Heckenwirtschaft ausgeschenkt wird.

Grünkern, Schiller und Mirakel

Von ihrem Ursprung in den Ellwanger Bergen bis zur Mündung in den Neckar bleibt die Jagst eine grüne Idylle. An ihrem Mittellauf, unterhalb von Langenburg, gibt es sogar noch ein Flußschwimmbad. Duttenberg, Stadtteil von Bad Friedrichshall, hat noch vier Hektar Weinberge in der Lage Schön. 1985 wurden mit Gemmingen und Neckarzimmern auch Neudenau und Herbolzheim an der Jagst dem Weinland Württemberg zugeordnet. Das Fachwerknest Neudenau auf seinem Muschelkalksporn besitzt dank seinem Stadtteil Siglingen sieben Hektar in den Lagen Berg und Hofberg. Die volkskundlichen Sammlungen des Heimatmuseums plaudern auch aus der Weinvergangenheit. Vom abgegangenen Dorf Deitingen blieb nur die einsam im Tal gelegene St.-Gangolfs-Kapelle mit wundertätigem Quell. Alljährlich am zweiten Sonntag im Mai wallfahrt eine Reiterprozession von Neudenau dorthin.

Die Landschaft zwischen Tauber und unterer Jagst, das Bauland im Vorfeld des hinteren Odenwaldes, wahrt mit dem Grünkern eine weltweit einzigartige Spezialität. Gewonnen wird er aus dem milchreif geernteten Korn des Dinkels. Früher erhielten die Körner in Rösthäusern, sogenannten Darren, auf Dörrblechen überm Reisigfeuer ihre olivgrüne Farbe und ihr rauchzartes Aroma. Heute wird der Dinkel in vollmechanisierten Anlagen zu Grünkern gedarrt.

1952 gründeten Weingärtner aus Möckmühl, Siglingen, Ruchsen und Widdern, zu denen später noch Mitglieder aus Neudenau stießen, die Weingärtnergenossenschaft Unteres Jagsttal mit damals 30 ha Rebland. Seit 1962 geht der Herbst nach Möglingen. Dort wird der Möckmühler Hofberg Burgvogt als strikt durchgegorener Schiller ausgebaut, und zwar aus 22 verschiedenen Sorten von nur noch 14 ha genossenschaftlicher Weinberge: Trollinger, Schwarzriesling, Limberger, Dornfelder, Portugieser, Helfensteiner, Heroldrebe, Roter Silvaner, Blauer Spätburgunder, Kerner, Riesling, Silvaner, Müller-Thurgau, Ortega, Faber, Scheurebe, Weißburgunder, Ehrenfelder, Bacchus, Ruländer, Gutedel und Muskateller.

Vier dieser Sorten sind Neuzüchtungen, die es noch kurz vorzustellen gilt. Der Ortega reift vor dem Müller-Thurgau aus und bringt erstaunlich hohe Mostgewichte; seinen Namen hat er von dem spanischen Kulturphilosophen José Ortega y Gasset, der den späteren Rebzüchter Hans Breider in die Kunst des Weinprobierens eingeführt hat. Die Sorte wurde in Veitshöchheim aus Müller-Thurgau und Siegerrebe gekreuzt, wobei die Siegerrebe selbst wieder eine Kreuzung aus der Tafeltraube Madeleine angevine x Gewürztraminer darstellt. Die Faberrebe, aus Weißburgunder x Müller-Thurgau, ist nach einem Rebzüchter Schmitt, lateinisch: faber, benannt und bringt fruchtige Weine mit feiner Säure. Die Scheurebe – Silvaner x Riesling –, ein Alzeyer Kind, trägt den Namen ihres Züchters Georg Scheu, sie reift spät wie ihre Vaterrebe, hat hohe Säurewerte und ein markantes Bukett, das an Schwarze Johannisbeeren erinnert. Der Ehrenfelser schließlich, eine Kreuzung Riesling x Silvaner, ist nach der Burgruine Ehrenfels überm Rhein benannt und zeigt pikante Rieslingart.

Die Bezeichnung Burgvogt für den Jagsttäler Schiller spielt natürlich auf Götz von Berlichingen an, der 1519 als herzoglich-württembergischer Amtmann auf der Burg Möckmühl vom Schwäbischen Bund belagert und bei einem nächtlichen Ausfall gefangengenommen wurde. Da der Inhaber einer norddeutschen Weingroßhandlung namens Vogt, zufällig Burgbesitzer, sich den Etikettennamen Burgvogt patentieren ließ, liebäugeln die Möckmühler nun mit dem Etikettenemblem der eisernen Hand. Jagsthausen, Geburtsort Götz von Berlichingens und Schauplatz der Götz-Festspiele, hat keinen Weinbau mehr. Den Bürgern blieb das Recht, sich mittwochs und samstags „ein Essen Fisch" aus der Jagst zu angeln.

Die Zisterzienser bauten ihre Klöster wie die Biber zwischen Wald und fließendem Wasser; trotzdem waren sie überall im Weinland Württemberg auch Pioniere der Rebkultur. Die Klosterhöfe der 1157 gegründeten Abtei Schöntal – Bieringen, Oberkessach, Westhausen und Winzenhausen – lagen seit der Reformation wie Inseln in protestantisch hohenlohischer

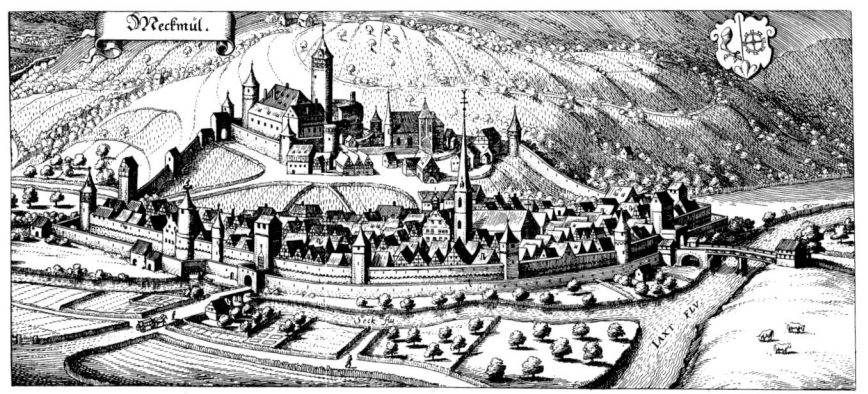

Zwischen den Schenkelmauern, die Burg und Stadt Möckmühl an der Jagst miteinander verbanden, wuchs im 17. Jahrhundert noch Wein. Nach einem Kupferstich von Matthäus Merian.

oder reichsritterschaftlicher Umgebung, rasch ausgewiesen durch mächtige Wetterkreuze in der Ackerflur oder an den steilen Rebhalden, hierzulande Schorren genannt. Daß die Schöntaler Mönche selbst geeichte Weintrinker waren, verrät ihre Empörung gegen den Abt Augustin Brunnquell im späten 18. Jahrhundert. Der abstinenzlerische Name des Abtes, der die täglichen Weinrationen kürzen und den Vespertrunk ganz abschaffen wollte, war schon ein böses Omen. Unbefangen hatte dagegen zuvor noch Abt Knittel, selbst Winzersohn aus Lauda an der Tauber, laut Gerhard Nebel „ein karpfenhaft laichender Versifex", in seinen Strophen auch dem Wein gehuldigt; die Bezeichnung „Knittelverse" ist übrigens älter als der dichtende Abt. Unter seiner Regierung wurde Schöntal barockisiert. Überall begegnen wir hier seinen biederdeutsch gereimten oder kunstvoll zum Chronogramm geflochtenen lateinischen Versen, in denen die als römische Ziffern gebrauchten Großbuchstaben zusammengezählt ein Baudatum oder die Jahreszahl eines anderen Ereignisses ergeben. Weltfromm liest sich dann wieder eine Knittelstrophe, in der sich Sakrallandschaft und Weinlandschaft durchwachsen:

> „Wanns etwa mangeln sollt an Brot,
> So gibt es Gott uns in der Not.
> Maria darf nur winken,
> So folgt auch Wein zum Trinken."

Mit der Säkularisierung Schöntals ging auch der örtliche Weinbau am Benediktenberg und in der Lage Storchenberg ein, 1220 als "mons qui dicitur Storcesnest" erwähnt. Gehalten hat sich die Rebe jagstaufwärts in Bieringen; sechs Hektar stehen am Schlüsselberg im Ertrag. Mit Krautheim und Klepsau stoßen zwei zum Weinbaugebiet Baden zählende Winzerorte an den Fluß vor. Die in Klepsau 1950 gegründete Bezirkskellerei Jagsttal hat sich der Winzergenossenschaft Bechstein im Tauberland angeschlossen.

Mit Dörzbach endet das Weinland Württemberg an der Jagst. 15 ha Wein stehen hier in der Lage Altenberg. Die 1937 gegründete Weingärtnergenossenschaft schloß sich 1969 Möglingen an. Der Spätburgunder soll hier den früheren Etikettenausweis "Mirakel" erhalten. Die temperamentvollen Dörzbacher waren als wunderfitzige Unruhestifter und Mirakelmächer bekannt. Das in einem eibendüsteren Park gelegene Wasserschloß derer von Eyb war zuvor im Besitz der Herren von Berlichingen gewesen. 1535 erließ hier Valentin von Berlichingen ein scharfes Edikt zum Konsumentenschutz. Die Wirte, so rechnete er vor, kauften das Fuder Wein um maximal 8 Gulden, verlangten aber im Lokal für die Maß, anderthalb Liter, sieben Pfennig und erlösten so fürs Fuder zehn bis elf Gulden. Der Maßpreis wurde nun auf fünf Pfennig festgesetzt und bei Strafe von 20 Gulden verboten, am Fuder mehr als drei Gulden zu verdienen.

Jagstaufwärts ist der Weinbau spätestens nach dem letzten Krieg erloschen. Schon die Gerabronner Oberamtsbeschreibung von 1847 hatte da notiert: „Menge und Güte des Ertrags im Jagsttal lohnt die Mühe der Bebauung in gewöhnlichen Jahren wohl kaum." Als trockener Trost bleibt da eine Strophe aus dem Kellerrecht des Fürsten von Hohenlohe-Kirchberg:

> „Hier im dunklen Schoß der Erde
> Schlummert sanft der Wein,
> Lichter wird dir die Beschwerde,
> Schlürfest du ihn ein."

Einkehr im Taubergrund

Der Kulturhistoriker Wilhelm Heinrich Riehl hat das einst vielherrische, städtereiche, rebengrüne Taubertal als „Landschaft der gefallenen Reichsgrößen" gekennzeichnet, als eine Musterkollektion des Heiligen Römischen Reiches deutscher Nation mit Grafenresidenz und Reichsritterhorst, Hochmeistersitz und Reichsstadt, kurmainzischen, fürstbischöflich würzburgischen und markgräflich ansbachschen Ämtern.

Die plumpe Zerstückelung des Tales unter die napoleonischen Rheinbundstaaten wirkt auch weingeschichtlich nach. Der Oberlauf der Tauber mit Rothenburg und dem Weinnest Tauberzell gehört zum mittelfränkischen Landkreis Ansbach, die Gegend um Röttingen und Tauberrettersheim mit stattlichem Weinbau zum unterfränkischen Landkreis Würzburg. Dazwischen liegt das württembergische Creglingen; flußabwärts folgt die württembergische Talpartie von Schäftersheim bis Bad Mergentheim. Die Weinorte tauberabwärts bis zur Mündung in den Main gehören zwar wie Weikersheim oder Mergentheim zum Main-Tauber-Kreis im Regierungsbezirk Nordwürttemberg, sind aber weinrechtlich nicht im Bereich Kocher-Jagst-Tauber daheim, sondern im ehemaligen Badischen Frankenland, seit 1991 Tauberfranken genannt. Zwar decken sich von Creglingen bis Wertheim, den bayerischen Oberlauf um Rothenburg und Röttingen ausgenommen, Flußlauf, Kulturlandschaft und Verwaltungsbezirk in selten glücklicher Ausgewogenheit. Aber während am Oberlauf und im badischen Weinbaubereich Tauberfranken ab dem Qualitätswein ohne Prädikat auf Bocksbeutel abgefüllt werden darf, bleibt dem württembergischen Filetstück um Weikersheim und Markelsheim der Griff zum umsatzfördernden Bocksbeutel, Capri sacculus, verwehrt. Wie kommt das?

1726 ließ der Würzburger Stadtrat den Steinwein des Bürgerspitals auf eigens versiegelte Bouteillen füllen, um Mißbrauch mit dem wohl ältesten Lagewein Deutschlands vorzubeugen. Spätestens ab 1860 wurden auch andere Frankenweine von Main, Saale und Tauber auf die abgeplattete bauchige Bouteille, auf den Bocksbeutel, abgefüllt, der seine Legitimität zunächst nicht von der auch anderwärts gebräuchlichen Flaschenform, sondern allein vom städtischen Siegel als Gütemarke eines echten Steinweins erhalten hatte. Nicht aus altfränkisch-konservativer Gesinnung, sondern aus wohlerwogenem wirtschaftlichem Interesse hielt man hier an dem altmodischen Bocksbeutel fest, obwohl doch die Schlegelflasche für Stapel und Reinigung viel praktischer war. Der Bocksbeutel ist mithin kein Reaktionär im Flaschenparlament.

1936 schlug das Reichsnährstandsgesetz den Bereich Badisches Frankenland um Tauber, Schüpfergrund und mittlere Jagst zum gewohnheitsrechtlich privilegierten Bocksbeutel-Club der mainfränkischen Winzer. Die württembergischen Franken an der Tauber haben damals geschlafen. Ein Grundsatzurteil des Bundesgerichtshofs von 1971 und die Bundeswein-Verordnung vom selben Jahr haben diesen Besitzstand festgeschrieben. Wie kurios sich Tradition, Verwaltungsrecht und Verbandsgrenzen überlappen können, zeigt das Beispiel Dainbach. Seit der Gemeindereform gehört das damals badische Dörfchen mit einem halben Dutzend Hektar Reben zur Großen Kreisstadt Bad Mergentheim. Dainbach darf seinen Wein auf Bocksbeutel abfüllen, Markelsheim, ebenfalls Stadtteil von Mergentheim, dagegen nicht. Den Markelsheimern, Weikersheimern und Vorbachtälern wurde in Stuttgart auch die Zugehörigkeit zum neuen badischen Bereich Tauberfranken versagt.

Riehl hat im gesegneten Weinherbst 1865 seinen längst zum Klassiker gewordenen „Gang durchs Taubertal" unternommen und die damalige Rebenszene treffend knapp gezeichnet:

„Bei Weikersheim, wo das antiquarische Interesse des Weinbaues zurücktritt, weil dort ein auch noch für die Gegenwart höchst angenehmer Trank gedeiht, verschwinden diese Steinwälle. Allein die Weinberge sehen doch auch hier wieder ganz anders aus als am Main oder Neckar. Die Stöcke stehen äußerst licht und kurzgeschnitten, da die hitzige flache Bodenkrume auf dem Kalkgeröll keine enggepflanzten, stark ins Holz treibenden Reben duldet. Die Ertragsmenge ist darum auffallend gering, die Güte des Gewächses aber kann unter Umständen ausgezeichnet werden. Weikersheim, Markelsheim, Mergentheim und Marbach rühmen sich des besten Tauberweins. Er ist entschieden kein Schwabe, sondern fränkisch-mittelrheinischer Art, durch Feuer und Blume überraschend, allein flüchtig und nicht von langer Dauer. Auch dieser Wein steht, gleich der ganzen Tauber, an den Grenzen: Er ist kein Wein von Rang und großem Namen, dennoch sind die besseren Sorten zu fein, die geringeren zu wenig ausgiebig, und die ganze Kultur ist zu kostbar, als daß der Wein als echter Landwein, als allgemeiner Haustrunk im Lande herrsche. Darum darf es uns nicht wundern, daß wir in so vielen Wirtshäusern des Taubertals zwar die Weinberge vor den Fenstern liegen sehen, auf den Wirtstischen aber stehen zumeist bloß Biergläser."

Propstberg, Schmecker, Steinriegel zuhauf

Bad Mergentheim, bis 1809 Residenz der Hoch- und Deutschmeister, verzeichnet dank seiner Stadtteile 82 ha Rebland, besitzt aber in seiner einstigen Nobellage Schorren selbst nur noch den Miniaturweinberg eines Kurhotels. 1958 erlosch hier der Honoratiorenweinbau; dabei hatten die Gäste des Hochmeisters den Schorren „ahnungslos als den edelsten Rheinwein getrunken".

Dank der Mitgift seiner Mergentheimer Frau Gretchen Speth war übrigens auch Eduard Mörike Weinbergbesitzer. Die drei Spethschen Rebstücke lagen am Ketterberg über der Wolfgangsbrücke, am unteren Arkauberg und im Häsle gegen Wachbach zu. Als Theodor Storm 1855 bei dem inzwischen nach Stuttgart umgezogenen Ehepaar Mörike einkehrte, erhielt er schon zum Frühstück „selbstgezogenen Wein, der natürlich wie Wasser aus Biergläsern getrunken wurde".

Flußaufwärts in Markelsheim zeugen die Lagen Propstberg und Mönchsberg von den geistlichen Grundherrschaften des Mittelalters. 1898 bereits wurde die Weingärtnergenossenschaft gegründet, der nach den Rebumlegungen der 1950er Jahre Mitglieder aus Elpersheim, Weikersheim, Queckbronn, Schäftersheim und Niederstetten im Tal der Vorbach beitraten. Inzwischen liefern 300 Mitglieder den Herbst aus 145 ha Weinbergen an. Am Südhang des Roggenbergs, links der Tauber, lockt ein Weinlehrpfad. Auf der Tauberbrücke segnen St. Kilian und St. Urban die Reben über der Talstraße. Am Rathausbrunnen plätschert ein detailverliebter, bilderüppiger Weinbrunnen. „Die beste Kur von Mergentheim, das ist der Wein von Markelsheim", tönt es hier.

Mit seinen Stadtteilen Elpersheim,

Der Kellermeister mit Weinbecher und veritablem Schinken in der Zwergengalerie des Hofstaats im Schloßgarten zu Weikersheim.

Haagen, Laudenbach und Schäftersheim verzeichnet Weikersheim gut 100 ha im Ertrag. Die Gewächse vom Schmecker malen lichtherbe Aquarelle, die der Hardt trocken-solide, kräftig in Öl, die vom Karlsberg in galantem Pastell. Einen Kontrapunkt zum Schloßmuseum setzt am Marktplatz das Tauberländer Dorfmuseum mit einer instruktiven Abteilung Weinbau unterm Dach. Die entzückende Residenz der Hohenlohe, das glanzvolle Gemälde aristokratischer Kultur, bedarf der Komplementärfarben weinbäuerlichen und ackerbürgerlichen Alltagslebens, sonst bleibt unser Geschichtsbild vordergründiger Schönfärberei verhaftet. Im frühbarocken Hofgarten winkt unter den Figuren der Zwergengalerie der becherschwingende Kellermeister dem Weingott mit der Traube parkeinwärts zu. 1858 wurde hier schon ein Weingärtnerverein, 1935 die Genossenschaft gegründet.

1973 entstand über Schäftersheim am Klosterberg eine geschlossene Neuanlage. Tauberaufwärts hat sich in Reinsbronn, einem Stadtteil von Creglingen, in der Lage Röd noch etwas Weinbau gehalten. Tauberrettersheim, Röttingen und Tauberzell gehören, wie das Schild „Freistaat Bayern" an der Taubertalstraße anzeigt, schon zum Fränkischen Weinbaugebiet.

Die Vorbach, so heißt es hier gut fränkisch, mündet bei Weikersheim in die Tauber. Nirgendwo schraffieren die grauen Steinriegel, Leitfossilien der Rebkultur im Oberen Muschelkalk, die Hänge dichter als hier. Wie ein Stück Weinaltertum schaut uns das an. Dazu paßt, daß der Tauberschwarz vor der Rebflurbereinigung der 1960er Jahre hier sein letztes Refugium hatte. Davon wurden aus einem altbestockten Ebertsbronner Weinberg ein paar Reben für den Weinsberger Weinlehrpfad geholt, die den klirrenden Frostwinter 1978 heil überstanden. So wurde Gerhard Götz, Leiter der Weinbauschule, auf die Sorte aufmerksam. Seither wird das Traditionsgewächs Tauberschwarz, auf ganzen zwei Hektar weit gestreut, versuchsweise wieder angebaut und in Lauffen selektioniert.

Laudenbach, bekannt für seine von Mörike dichterisch verklärte Bergkirche, baut seine Reben in der Lage Schafsteige; die 1925 gegründete Weingärtnergenossenschaft, der auch Mitglieder aus dem oberen Vorbachtal angehören, liefert in Möglingen an. Um Niederstetten mit den Stadtteilen Oberstetten, Vorbachzimmern, Wermutshausen stehen 20 ha Rebland im Ertrag. Auf dem gotischen Passionsaltar der wehrhaften Jakobskirche trägt einer der Kriegsknechte unterm Kreuz einen Bocksbeutel als Feldflasche. Wermutshausen auf der Höhe hat seine Kelter in ein kleines Weinbaumuseum umgewandelt.

Hier im Vorbachtal, wo die Landwirtschaft die Landschaft noch nicht aufgezehrt hat, endet unsere notgedrungen knapp skizzierte Topographie des Weinlandes Württemberg. Beschließen mag sie eine bacchische Kantate in Prosa, eine Registerarie verschollener Lagenamen. Sie läßt ahnen, welch eine Fülle kerniger, unprätentiöser, sinnlich-bildhafter Namen zugunsten auftrumpfender oder konventionell eingängiger Allerweltsbezeichnungen wie Schloßberg oder Sonnenberg untergegangen ist. Eine kunterbunte kleine Auswahl der in der Literatur verzettelten Lagenamen ist das, voller Erdgeruch und geheimer Poesie, die zum Nachsinnen, Nachschmecken verführt: Almosenweinberg, Bildstock, Bronnenhalde, Dachslöcher, Dörrenklinge, Elendkreuz, Erdschliff, Essigkrug, Fronberg, Fronklinge, Gaissprung, Giftgockel, Greut, Häffele, Hasenlauf, Hasennest, Heiligenholz, Herdle, In der Heißgrube, Hessig, Hollerstein, Kalkofen, Krappenfelsen, Kutte, Lauer, Mäurich, Nägele, Nußrain, Obenhinaus, Ochsenmaul, Ofenloch, Pfefferle, Rosenholz, Röte, Schecken, Urban, Schmelzpfanne, Schorren, Schranne, Schwitzer, Steinbeißer, Steinbrenner, Steinrutscher, Steckenhalde, Storchennest, Trosthalde, Weinläderklinge, Wollendieb, Zarge . . .

Im fränkischen Weinland an Tauber und Jagst fallen immer wieder die Träubeles-
bilder auf, Bildstöcke, deren Schaft von reliefartig gehauenen Trauben und Wein-
blättern umwunden wird.

255

Über den Umgang
mit Württemberger Wein

Wer über Wein redet, noch dazu über Wein aus deutschen Landen, gerät entweder ins Schwärmen oder ins Schimpfen. Denn Wein gilt bei uns immer noch als ein besonderer Saft. Zwar behandelt der Gesetzgeber den Wein längst als bloßes Lebensmittel wie etwa Wurstsalat oder Teigwaren. Aber nicht alle Weintrinker nehmen den Rebensaft als Lebensmittel beim Wort und damit unbefangen in den Alltag hinein. Weltanschauliches gärt und drängt ans Licht. Deswegen gerät bei uns jeder Weintraktat zum Bekenntnis.

Fest steht, daß sich der Schwabe in seiner Treue zum heimischen Wein von niemandem übertreffen läßt! Mit 40 Litern pro Einwohner hat das Ländle einen fast doppelt so hohen Weinverbrauch wie das übrige Deutschland. Der Löwenanteil württembergischer Weine wird traditionell zwischen Taubergrund und Bodensee getrunken; der sogenannte Exportschwund von sechs Prozent schlägt kaum zu Buche.

Nun heißt mehr trinken noch lange nicht, daß auch bewußter, kritischer, genießerischer getrunken wird. Weinkultur entzieht sich der Statistik. Aber auch hier lassen Indizien hoffen. Etwa die Zeitungsmeldung vom septemberlichen Weindorf in Stuttgart, das mehr als eine Million Besucher zu Gast hatte und wo die Polizei „während der ganzen Weindorfwoche nicht mehr eingreifen mußte als an einem einzigen Tag auf dem Cannstatter Wasen".

Das alles hat hierzulande weniger mit Schlagworten wie „gehobener Konsum" oder „geschicktes Marketing" zu tun. Hier scheint eher – schon oder noch – eine geheime Wahlverwandtschaft zwischen Mensch und Wein zu bestehen. Einen „heimlichen Wein" hat der Schriftsteller Stefan Andres das Württemberger Gewächs einmal genannt. Denn wenn der Schwabe trinkt – und gelegentlich säuft er auch mal saumäßig –, pflegt er eigentlich verschämten Umgang mit sich selbst; da bruddelt, räsonniert und sinniert er, da kommt es zu bedachtsamem Gespräch mit sich selbst, mit der Welt oder mit Gleichgesinnten. Dann wird das Henkelglas zum Schwabenspiegel, dann ahnt er einen paradiesischen Abglanz jenseits von „Schaffe, Spare, Häuslebaue".

Was sagt das Etikett?

Das Etikett und die Etikette haben miteinander zu tun. „Etiquettes" hießen die Zettel, auf denen die am Hofe Ludwigs XIV. zugelassenen Personen in ihrer Rangfolge verzeichnet waren. Wer gegen dieses Protokoll verstieß, handelte der höfischen Etikette zuwider und betrieb Etikettenschwindel. Mit dem Wein wie mit der Wahrheit stößt man bekanntlich gern an. Deshalb halten wir es lieber mit dem Etikett als mit der Etikette.

Das Etikett auf der Flasche ist zugleich Visitenkarte und Personalausweis des Weines. Es weist ihn nach Name, Herkunft und Rang aus, vereint werbenden Blickfang mit gesetzlicher Ausweispflicht und sachlicher Information. Die ist nötig. Zwar stellt Württemberg weltweit nur ein Promille der Rebfläche, aber bei 230 Weinorten und fast ebenso vielen Lagenamen, bei zwei Dutzend Rebsorten und noch einmal soviel Neuzüchtungen im Versuchsanbau, bei insgesamt neun streng geschiedenen Güteklassen und unterschiedlichen Ausbaumethoden ist ein Blick aufs Etikett schon hilfreich.

Beim Tafelwein weist die Angabe „Neckar", beim Schwäbischen Landwein der Name auf die Herkunft hin. Der Hinweis auf einen der fünf engeren geographischen Bereiche, etwa Oberer Neckar oder Kocher-Jagst-Tauber, sowie die Nennung der Gemeinde oder des Ortsteils können, müssen aber hier nicht folgen. Das gilt bei Tafel- und Landwein auch für die Angabe des Jahrgangs.

Vom einfachen Qualitätswein an sind dann Jahrgang und bestimmtes Weinanbaugebiet, in unserem Fall also Württemberg, obligatorisch. Bei Qualitätswein mit Prädikat, kurz Prädikatswein genannt, muß zusätzlich der Bereichsname auf dem Etikett erscheinen. Hier wie bei allen weiteren Angaben über Jahrgang, Gemeinde oder Ortsteil, Einzellage oder Großlage gilt grundsätzlich das Verschnittverhältnis von 85 Prozent. Das bedeutet: Mindestens 85 Prozent des Flascheninhalts entstammen dem jeweiligen Bereich und Jahrgang sowie der genannten Gemarkung oder Lage.

Lagen sind Weinbergsbezeichnungen, deren Name und Umgrenzung gesetzlich erfaßt und geschützt sind. Mehrere solche Einzellagen, „aus deren Erträgen gleichwertige Weine gleichartiger Geschmacksrichtung hergestellt werden können", dürfen auch zu Großlagen zusammengefaßt werden und als solche firmieren.

Das deutsche Weingesetz von 1971 hat unter der verwirrenden Vielfalt der Lagenamen aufgeräumt, mit manchem Mißbrauch Schluß gemacht, aber auch einer Vielzahl uralter charakteristischer Lagenamen buchstäblich den Boden entzogen und sie dem Vergessen überantwortet. Die gut 200 Einzellagen, die für Württemberg übriggeblieben sind, bedeuten heute nicht viel mehr als Aushängeschilder, von den großzügig zu vermarktenden Großlagen zu schweigen. Trotzdem wirkt der Erbhofglaube an bestimmte Lagen, der Kult, der zuweilen mit ihnen getrieben wurde, immer noch nach. Anders ist nicht zu verstehen, wie unbedenklich viele solcher Nobelnamen auf weit größere, von der Rebflurbereinigung im Relief stark veränderte Gewanne übertragen worden sind.

Grundsätzlich gibt das Etikett den Abfüller des Weines und das Flaschenvolumen an. Der Begriff Erzeugerabfüllung darf nur verwendet werden, wenn das Traubengut aus dem genannten Weinbaubetrieb stammt, dort verarbeitet und abgefüllt worden ist. Die Weingärtnergenossenschaften dürfen diesen Begriff ebenfalls verwenden. Vom einfachen Qualitätswein an ist die amtliche Prüfungsnummer vorgeschrieben; sie wird erst nach analytischer und geschmacklicher Prüfung erteilt.

Der Gesetzgeber erlaubt vier verschiedene Weinarten: Weißwein, Rotwein, Roséwein und Rotling. Roséweine stammen von rasch, also hell gekelterten Rotweintrauben. Qualitätsweine und Prädikatsweine dieser Gattung, die nur aus Trauben einer einzigen Rebsorte gekeltert werden, dürfen den Namen Weißherbst in Verbindung mit dieser Sorte tragen. Die Bezeichnung Rotling für einen aus weißen und roten Trauben gekelterten Wein treffen wir in Württemberg nur unter den Tafel- und Landweinen an. Die hellroten Qualitäts- und Prädikatsweine dieser Gattung werden hierzulande nämlich als Schillerweine angeboten, Reverenz des Gesetzgebers vor einer altwürttembergischen Spezialität.

Schworen Weinkenner und solche, die sich dafür hielten, früher auf die Lage, wollten sie Lageton und „Bodag'fährtle" herausschmecken, verstaubte Flaschen ehrwürdigen Jahrgangs zu festlichem Anlaß entkorken, so geht der Trend, nicht nur im Württembergischen, längst zu jugendlichfrischen, fruchtig-gefälligen, reintönig-sortenbetonten Weinen. Dem dient die Angabe der Rebsorte auf dem Etikett. Zwar dürfen hierzulande nicht nur Jahrgänge, sondern auch Weine verschiedener Herkunft miteinander verschnitten, also gemischt werden. Doch hat das Weingesetz allzu verwegenen Kellerpraktiken einen Riegel vorgeschoben. Nur bei Tafelweinen ist ein Verschnitt mit ausländischen Gewächsen, Weinen aus Ländern der EG, erlaubt. Beim Qualitätswein bestimmter Anbaugebiete, kurz Q. b. A., müssen die Verschnittweine aus einem einzigen Anbaugebiet, bei Prädikatsweinen zudem noch aus dem jeweiligen Bereich stammen.

Eine einheitliche Rebsortenbezeichnung dürfen solche Verschnittweine nur dann führen, wenn die angegebene Sorte mindestens drei Viertel der Gesamtmenge ausmacht, die Art des Weines bestimmt und nicht angereichert oder verbessert wurde, der Most also keinerlei Zuckerzusatz vor der Gärung erhalten hat.

Was sagt das Weinetikett? Dargestellt an einem Unikum, dem einzigen Weinberg der Kernstadt Bad Mergentheim.

Verschnitt soll allemal die Qualität des Weines verbessern und ist grundsätzlich nicht ehrenrührig. Der Weltruf des Bordeaux etwa beruht auf der Perfektion des Verschnitts mehrerer Rebsorten, und der Chianti wird teilweise auch aus rotem und weißem Gewächs gemischt. In Württemberg haben eigentlich nur zwei Verschnittpraktiken nennenswerte Bedeutung. Beliebt ist der Verschnitt von Riesling und Silvaner oder, je nach Mengenanteil, Silvaner mit Riesling, wobei sich die Rassigkeit des Rieslings gut mit der neutralen saftigen Milde des Silvaner paart. Das gilt auch für die Flaschenehe von Trollinger und Limberger; der Trollinger bringt seine Frische und Frucht, der Limberger seine Farbintensität, seine Wucht und seine feinherbe Rotweinart ein.

Zulässig, wenn auch nicht vorgeschrieben, sind die sogenannten Geschmacksangaben, die eigentlich weniger über den Geschmack als über die Restsüße des Weines, den Restzuckergehalt, Aufschluß geben. Trocken im klassischen Sinne ist ein Wein, wenn er höchstens vier Gramm Restzucker je Liter aufweist. Das deutsche Weingesetz erlaubt die Angabe „trocken" bis zu einem Anteil von 9 Gramm je Liter, solange der Rest-

259

zucker den Gesamtsäuregehalt nicht um mehr als zwei Gramm überschreitet. Eine Spätlese mit sieben Gramm Gesamtsäure darf beispielsweise trotz eines Restzuckergehalts von neun Gramm noch als trocken bezeichnet werden.

Bei der wenig glücklichen Angabe „halbtrocken" darf die Restsüße bis
zu 18 Gramm je Liter betragen, sofern sie den Gesamtsäuregehalt nicht
um mehr als zehn Gramm überschreitet. Sogenannte liebliche Weine sind
mit ihrer Restsüße durch Landesverordnung zumindest an den Alkoholgehalt gebunden. Das Verhältnis beträgt beim Rotwein 4 :1, beim Weißwein 3 :1. Ein Rotwein mit 84 Gramm Alkohol darf also maximal 21, ein
entsprechender Weißwein 28 Gramm Restzucker aufweisen.

Die Angabe „Für Diabetiker geeignet/Nur nach Befragen des Arztes"
erscheint gelegentlich auf den Rückenetiketten. Ein solcher Wein muß
klassisch trocken sein, er darf höchstens vier Gramm Restzucker und bis
zu 90 Gramm oder 12 Volumenprozent Alkohol je Liter enthalten. Der
physiologische Gesamtbrennwert muß in Kalorien oder Joule bemessen
sein.

Nach und neben der gesetzlich vorgeschriebenen Amtlichen Qualitäts-
weinprüfung kann ein Erzeuger sein Gewächs auch zur Verleihung des
Weinsiegels bei der Deutschen Landwirtschafts-Gesellschaft, der DLG,
anmelden. Die Anforderungen nach Punktzahl liegen hier etwas höher als
bei der amtlichen Prüfung. Trockene Weine erhalten das gelbe, halbtrockene das grüne, die übrigen Tropfen das lackrote Weinsiegel mit der
antiken Bacchusfigur.

Für zusätzliche Ordensbänder auf der Flasche sorgen die Landeswein-
prämierungen des Weinbauverbandes Württemberg und die Bundes-
weinprämierungen der DLG. Beide vergeben bronzene, silberne und goldene Preismünzen; das Gold der DLG entspricht dabei dem Großen Preis.

Öchslegrade bestimmen den Rang

Für die gesetzlich vorgeschriebenen Rangstufen der Güteklasse sind
die natürlichen Mindestalkoholgewichte oder Mindestmostgewichte maßgebend, also die mehr oder minder sonnengereifte Qualität der Trauben
am Stock, wie gewachsen. Dabei wird, wie jeder Weinfreund weiß, das
spezifische Mostgewicht nach „Öchsle" gemessen. Diese Gradeinteilung
hat ihren Namen von dem gebürtigen Württemberger Christian Ferdinand Oechsle (1774–1852). Er hat in Pforzheim eine Mostwaage konstru-
iert, deren Genauigkeit und Praktikabilität konkurrenzlos war. Je ein
Grad Öchsle zeigt an, um wieviel Gramm der Traubenmost schwerer als

Alle Möglichkeiten der Kellertechnik nutzt die seit 1968 in Möglingen angesiedelte Württembergische Weingärtner-Zentralgenossenschaft, kurz WZG genannt.

Wasser ist. Alkohol, Zucker, Extraktstoffe und Säuren machen in der Hauptsache das spezifische Übergewicht des Mostes aus. Der natürliche Zuckergehalt in der Weinbeere berechnet sich nach der Formel „Mostgewicht geteilt durch vier und davon minus drei". Ein Most mit 86 Grad Öchsle enthält also 18,5 Gramm Zucker, der allerdings beim Vergären zum größten Teil von der Hefe in Alkohol und Kohlensäure gespalten wird.

Der Tafelwein beginnt schon bei einem Mindestmostgewicht von 44, der Landwein bei 50 Grad Öchsle; das gilt für Rot- und Weißwein gleichermaßen.

In Württemberg werden vom einfachen Qualitätswein je nach Rebsorte 57 bis 63 Grad Öchsle gefordert. Für Riesling und Silvaner gelten beispielsweise 57, für Müller-Thurgau und Weißburgunder 60, für Kerner, Ruländer und Traminer 63 Grad Öchsle als Mindestmostgewicht.

Die Folge der Prädikatsweine beginnt mit dem „Kabinett". Dem französischen Wortsinne nach ist das Kabinett ein Aufenthaltsort für Wertvolles; im Rheingauer Zisterzienserkloster Eberbach gab es um 1720 einen Cabinett-Keller, in dem die Mönche eine Auswahl ihrer besten Jahrgänge langfristig und mit Gewinn lagerten. Die königlich preußische Domänenverwaltung hat als Nachfolgerin diese Tradition fortgeführt. So wanderte der Begriff Kabinettwein vom Mittelrhein ostwärts und wurde 1971 ins Weingesetz aufgenommen. In Württemberg müssen Kabinettweine je nach Sorte mindestens 72 bis 78 Grad Öchsle mitbringen und dürfen als Prädikatsweine nicht mehr mit Zucker, sondern nur noch mit Süßreserve, also mit pasteurisiertem Traubenmost, angereichert werden. Für einen guten Wein sind das eigentlich Minimalwerte. Viele Genossenschaften und Weingüter zwischen Albtrauf und Taubergrund haben daraus stillschweigend die Konsequenz gezogen und bieten Kabinettweine erst bei einem natürlichen Mostgewicht von 80 Grad an.

Für Spätlesen werden hierzulande je nach Rebsorte 85 bis 88 Grad Öchsle als untere Grenzwerte gefordert. Für die nächsten Güteklassen sind dann, sortenunabhängig, einheitliche Mostgewichte maßgebend. Außerdem muß ihr Traubengut nun auch ausschließlich handgelesen sein. Das beginnt mit der Auslese ab 95 Grad, bei der unreife und kranke Beeren ausgesondert sein müssen. Für die Beerenauslese, die ab 124 Grad beginnt, müssen die Trauben schon überreif am Stock gehangen haben. Sind die Beeren gar schon rosinenartig verrunzelt und natürlich konzentriert, rinnt ab 150 Grad Öchsle eine Trockenbeerenauslese von der Kelter.

Ebenso renommietrrächtig wie kostspielig-riskant stellt sich schließlich die Güteklasse der Eisweine dar. Voraussetzung dafür ist eine Lese bei mindestens -8 °C sowie eine rasche Verarbeitung der hartgefrorenen Beeren. Da in der Beere zunächst nur der Wasseranteil gefriert, kann man durch zügiges Abpressen den konzentrierten Traubensaft von den Eiskristallen trennen. Seit 1982 schreibt ein Zusatz zum Weingesetz vor, daß der Eiswein – zumindest in Württemberg – ein natürliches Mindestmostgewicht von 125 Grad Öchsle mitbringen muß. Eisweine, die aus hartgefrorenen, aber noch nicht vollreifen Beeren stammen, präsentieren sich nämlich oft wenig harmonisch. Außerdem untersagt der Gesetzgeber die Gewinnung künstlicher Eisweine durch Besprühen der Stöcke mit Trokkeneisschnee. Dabei dürfte der Unterschied zwischen einem von Väterchen Frost und einem technisch produzierten Eiswein nicht anders sein als der zwischen einer zufällig gewachsenen Perle und einer Zuchtperle. Da es beim langen Hängenlassen der Trauben im spätherbstlichen Weinberg große Ausfälle gibt und das Wetter unberechenbar bleibt, ist die Erzeugung von Eiswein eher eine Prestigesache als ein rentables Geschäft. Wenn die Lese erst zu Beginn des neuen Jahres möglich ist, kann auf dem Etikett eines Fläschchens Eiswein ein Doppeljahrgang vermerkt sein, der des Wachstums und der der Lese.

Ein Tip: Weinetiketten sammeln – ein Hobby à la mode

Nach unserem manchmal etwas trockenen Etikettenseminar haben wir uns eigentlich eine Flasche Wein verdient, damit wir die Probe aufs Exempel machen können. Für eine wachsende Zahl von Weinfreunden endet mancher Abend mittlerweile damit, daß sie die geleerte Flasche ins Wasserbad legen. Anderntags lösen sie vorsichtig das Etikett, trocknen es und tun es in ein Sammelalbum. Geordnet nach Weinlandschaften, mit ein paar Begleitzeilen der Erinnerung, wächst da im Laufe der Jahre ein ansehnliches Brevier bacchischer Lebensfreude heran. Anders als bei den Briefmarkensammlern zählt aber nicht die Serie, sondern das Erlebnis.

Das Etikett begann übrigens seinen Siegeszug nicht mit Gutenberg, sondern mit Alois Senefelder, der 1799 den Steindruck, die Lithographie, erfand. Der vergleichsweise teure Stich oder Holzschnitt hatte solang dem Etikett ein wirtschaftliches Massenangebot versagt.

Die ersten gedruckten Weinetiketten gaben sich bescheiden. Man bevorzugte, wie ein Schüler Senefelders 1846 in der Weinzeitschrift „Noah" berichtete, als Form ein schmales Rechteck „von zwei Zoll Länge und ein Zoll Höhe, das dem Wirt mehr zur Unterscheidung als dem Gast zur Empfehlung des Weines diente". Denn, so fährt der Verfasser fort: „Ehemals waren die Weinsorten noch nicht so mannigfaltig, um sie nach Namen und Jahrgängen genau zu unterscheiden, man trank direkt vom Faß gezapft aus Steinkrügen. Jetzt, wo die feinen Weine bloß in Flaschen verschickt werden, braucht man ebensoviele Etiketten als es Weinsorten, Lagen, Gärten und Jahrgänge gibt. Selbst das kleinste Gewächs will etikettiert sein, und es reichen 1000 Benennungen nicht aus, um genau das Gewächs etc. zu bestimmen, das man zu haben wünscht . . ."

Initialen der Phantasie, Wappen, ein Rebenkranz, der Name des Weinortes oder auch schon einer erlauchten Lage wurden bald von aufwendigerem Etikettenzierat verdrängt, zumal Senefelder 1828 die ersten Mehrfarbendrucke auf den Markt brachte. Nun erschienen auch duftige, reblaubgrüne Landschaften, nicht selten kleine graphische Kunstwerke, auf den Biedermeieretiketten.

Je perfekter sich die Drucktechnik entwickelte, desto augenfälliger verflachte gegen Ende des vorigen Jahrhunderts die kunstgewerbliche Qualität. Erst in letzter Zeit geben Weingüter und Genossenschaften öfter mal wieder Künstlern Gelegenheit, eigenwillige Etiketten zu entwerfen. Aber dem Sammler geht es weniger um das ästhetische Dekor als um den Erinnerungswert, um den Nachgenuß eigener Zwiesprache mit dem Wein. Und so dürfen sich in seinem Bilderbuch der Weinetiketten spröde Graphik und sattes Kolorit, idyllische Einfalt und goldüppige Ornamentik getrost ein Stelldichein geben.

Das Nationalgetränk des Schwaben

Von den knapp 1 100 ha Rebland, die bei uns im Ertrag stehen, sind gut die Hälfte mit Rotgewächs bestockt. Damit ist Württemberg das stattlichste deutsche Rotweingebiet und das sortenreichste dazu. Gut 22 Prozent des gesamten Rebsortiments nimmt der Trollinger ein, der gern zum Nationalgetränk des Schwaben stilisiert wird: Im Glas zumindest wählt er rot! Einen rezenten, faßherben Trollinger trinkt man sich nämlich nicht so leicht über. Die Ärzte, die eine Traubenkur im sonnigen Meran empfehlen, sind von seinem Gesundheitswert überzeugt. Schließlich haben die Meraner Kurtraube, der Groß-Vernatsch, und der zum Trollinger verballhornte Tirolinger einen gemeinsamen Stammbaum, auch wenn generationenlange Auslese den schwäbischen Trollinger verändert hat.

Der stämmige, langlebige Rebstock zeigt fünflappige, kurz eingeschnittene, blaßgrüne Blätter. Die große pyramidenförmige Traube bringt oft ein Kilogramm und mehr auf die Waage. Ihre Beeren sind groß, rund, dickhäutig, fleischig, in der Reife schwarzblau und grau beduftet. Seine Beliebtheit beim Wengerter verdankt der Trollinger seiner Robustheit, seiner Festigkeit in der Blüte und damit seiner zuverlässigen Tragkraft. Da die Sorte spät ausreift, sollte man sie nur in mittleren und besseren Lagen pflanzen. Daß zumindest früher gegen diesen Grundsatz verstoßen wurde, läßt die Bemerkung eines Weindoktoranden ahnen, der 1827 in seiner Arbeit über den schwäbischen Rebbau den Wunsch geäußert hat, der Trollinger möge „aus dem Verzeichnis unserer vaterländischen Traubensorten ganz verschwinden".

Auf Muschelkalk reift der Trollinger milder, auf Keuper kerniger heran. Nur in besseren Jahren bringt er einen farbkräftigen Wein. Meist aber steht er ziegelrothell im Henkelglas. Mit seiner saftigen, herzhaft bis kernigen Art ist er ungemein bekömmlich und verführt zum Hockenbleiben. Behaglich wird dann der Leibspruch der Viertelesschlotzer zitiert: „Trollinger mäßig genossen, schadet auch in beträchtlichen Mengen nicht!"

Vom Profit wie vom Geschmack her haben sich Schwabe und Trollinger gefunden. 1938 strich Friedrich Gräter, Direktor der Weinsberger Lehr- und Versuchsanstalt, das trollig-schwäbische Autarkiestreben heraus: „Es kann uns ziemlich gleichgültig lassen, wenn Fachgenossen aus anderen Gegenden Deutschlands etwas mitleidig auf unseren Trollinger blicken, denn die kaufen uns ja den Wein nicht ab. Unsere Weintrinker aber, das heißt eine bedeutende, bodennahe Volksschicht mit bestimmten Ansprüchen, schätzen den Trollinger. Es ist auch ein Stück Heimatpflege, wenn wir den Trollinger als württembergische Besonderheit hochhalten."

Bis heute ungeklärt ist der Ursprung des Muskat-Trollingers, der seit Beginn des vorigen Jahrhunderts als Rarität um Stuttgart, Heilbronn und im Bottwartal bekannt ist. Stellt er eine Mutation des Trollingers, eine Zufallskreuzung aus Trollinger und Muskateller oder eine Spielart des Roten Muskatellers dar? Thaddäus Troll hatte Kleinbottwarer Muskat-Trollinger neben sich stehen, als er sein Buch „Deutschland deine Schwaben" schrieb.

Spätburgunder und schöne Müllerin

Eines der Geheimnisse der Rebe ist, daß ihre nobelsten Sprößlinge, rot und weiß, nicht unter südlicher Sonne, sondern in den Grenzmarken des rentablen Weinbaus auf gefährdetem Vorposten, auch die delikat ausgewogensten, geschmacklich ansprechendsten, die spannungsreichsten, geschliffensten und gehaltvollsten Gewächse hervorbringen. Das gilt für den Riesling wie für den Blauen Spätburgunder. Charakter bedarf der Bewährung.

Unterm Rotgewächs trägt der Spätburgunder den königlichen Purpur. In Frankreich, seinem Stammland, heißt er Pinot noir, wobei „pin", Fichtenzapfen, auf die kompakte Zapfenform der blaubärtigen Trauben hinweist. Die eigenständige, vom gallischen Stamm der Allobroger um Vienne auserlesene Vitis allobrogica ist wohl Stammform aller Burgundersorten. Römische Agrarschriftsteller des ersten nachchristlichen Jahrhunderts berichteten von dieser Rebe, sie reife erst bei Frost, bevorzuge hügeliges Gelände, ihr Wein sei dunkel und die vor Ort gezüchtete autochthone Sorte ermögliche den Rebbau selbst im kühleren Klima Burgunds und der Voralpenländer.

Der Spätburgunder verlangt tiefgründige, feinerdige, warme Böden und gute Lagen. Unterscheiden lassen sich die verschiedenen Burgundersorten erst im Herbst, wenn sich Laub und Traube färben. Bei anhaltend feuchter Witterung neigt die dichtbeerige Traube zur Fäulnis.

Sonst ist der Spätburgunder gegen Rebkrankheiten wie gegen Fröste recht widerstandsfähig. Trotzdem braucht die königliche Sippschaft der Burgunder ständige Selektionsarbeit. Die Stöcke altern rasch. Der zurückhaltende Ertrag hat sich dank dieser stetigen Selektion in den letzten Jahrzehnten auf 80 bis 100 Liter je Ar fast verdoppelt.

Die rubinroten Weine vereinen Feuer und Samt. Ihr Bukett erinnert an reife Brombeeren, zuweilen zeigt sich ein Anhauch Mandelton. Erst der leichte Gerbstoffgehalt gibt ihnen den feinherben Charakter. Im Keller kann der Spätburgunder drei bis zehn Jahre lagern. Auch wenn seine Farbe dann schon braunstichig sein sollte – der gute Geist des Burgunders ist ihm geblieben.

Der Spätburgunder macht sich im Württembergischen mit knapp drei Prozent rar. Ungleich gewichtiger ist ein anderer Angehöriger aus der blaubärtigen Burgunder-Aristokratie vertreten: der Schwarzriesling, der hierzulande 15 Prozent des Rebsortiments stellt. Zu den Ungereimtheiten unseres Sortenregisters gehört, daß dieses Gewächs mit dem Riesling nichts gemein hat. Der Name Müllerrebe wäre zwar korrekter, nach der französischen Bezeichnung Pinot meunier, bleibt aber noch immer zu hausbacken, zu männlich grob für diese Spielart des Blauen Spätburgunders.

Denn der Schwarzriesling, die schöne Müllerin, ist eine Dame, fruchtig, mild, mit wohlproportioniertem Körper. Sie spricht Auge wie Zunge an. Man sollte sie bei Kerzenschein genießen.

Im Keller verlangt die Sorte wegen ihrer zarten Säure einen sehr pfleglichen Ausbau. Was Klima, Boden, Lage angeht, so ist sie da weniger anspruchsvoll als der Spätburgunder.

Ihren Namen Pinot meunier hat die Rebe von ihren weißfilzigen, wie von Mehl bestäubten Triebspitzen. Dieser natürliche Frostschutz, ihre Anspruchslosigkeit sowie der höhere Gehalt an Farbstoffen ließ inzwischen manche Traubenkundler schon am Erstgeburtsrecht des hochgezüchteten Spätburgunders zweifeln. Sie vermuten im Schwarzriesling die Stammform jener Wildrebe zwischen der Rhône und dem Genfer See, aus der die heutigen Kulturreben der Burgundersippe hervorgingen.

In Frankreich ist der Pinot meunier seit dem 16. Jahrhundert als eigene Sorte ausgewiesen. Um Heilbronn hält der Schwarzriesling dem Trollinger seit Beginn des vorigen Jahrhunderts die Waage. Wegen seiner guten Holzreife ist der Schwarzriesling winterfest, doch neigen die kompakten Trauben leicht zur Fäulnis. Auf Muschelkalk und Löß fühlt sich die Rebe wohl. Der Wein probiert sich zart, mild und fruchtig, in guten Jahren füllig, ja samtig.

Clevner und Samtrot

Verwirrung gestiftet hat der Clevner. Dieses vaterländische Rotgewächs darf nicht mit dem Clevner als Synonym für Traminer in der badischen Ortenau oder für Blauen Spätburgunder in der Ostschweiz verwechselt werden. Die ampelographischen Handbücher führen den im Unterland früher weitverbreiteten württembergischen Clevner einmal als Spätburgunder, dann wieder als Frühburgunder oder als eigenständigen Burgundersproß. Wahrscheinlich stellt er eine regionale Mutation des Blauen Frühburgunders dar. Der Clevner behauptet heute nur noch knapp drei Dutzend Hektar um Weinsberg und Heilbronn. Er reift zwei Wochen vor dem Spätburgunder aus, zeigt schwächeren Wuchs und kleinere Trauben. Seine Crux ist die starke Neigung zum Verrieseln in der Blüte. Selbst in vollen Herbsten bleiben die Erträge mager. Dafür sind vollreife Weine die Regel. Sie probieren sich feinwürzig, warm und vornehm gehaltvoll. Allen züchterischen Bemühungen um Ertragsstabilität hat sich dieser rote Noble bis jetzt beharrlich entzogen.

Während der Schwarzriesling inzwischen auch außerhalb Württembergs angepflanzt wird, bleibt eine Mutation dieser Burgunderrebe, der Samtrot, ein schwäbisch-fränkisches Unikum. 1928 entdeckte Hermann Schneider in einem reinen Satz von Müllerreben einen Stock mit auffallend vollkommenem Behang. Der hinzugezogene Rebenzüchter Herold berichtet: „Nur dieser Stock zeigte eine mutative Veränderung in Form eines einzigen Triebes. Das Eigentümliche war, daß die Nachkommen des gesamten Stockes und nicht allein, wie zu vermuten war, des mutierenden Triebes Mutantennachkommen ergaben. An dieser Nachkommenschaft erkannte ich die Gen-Mutation und vermutete mit Recht eine selbständige Sorte." An Farbe, Feuer, Haltbarkeit steht diese Burgunder-Rarität ihren Vettern nicht nach, angebaut wird sie an Bottwar und Nekkar inzwischen auf 81 ha. Samtrot – der Name sagt eigentlich alles.

Limberger, Portugieser, Tauberschwarz

Mit sechs Prozent nimmt der Limberger oder Lemberger, wie er amtlich notiert wird, im Gesamtsortiment einen erstaunlich hohen Rang ein. Die früheste Erwähnung, bisher kaum beachtet, fand Heuss in einem um 1700 zu datierenden Bericht des Heilbronner Ratsküfers, in dem von „limborger Gewächs" die Rede ist. Nach einer der unzähligen Weinlegenden haben ihn die Herren von Neipperg bei uns eingeführt.

Ein Goldkörnchen Wahrheit blinkt da wohl mit auf. Wie Hubert Graf von Neipperg auf Anfrage erklärte, schweigt sich das sonst wohlassortierte Hausarchiv über die Einbürgerung des Limbergers aus. Er vermutet, daß, vor der Konversion seiner Familie, protestantische Glaubensflüchtlinge die Donaurebe aus ihrer Heimat mitgebracht haben, so wie vertriebene Donauschwaben um 1945 noch mit ihren Rebsetzlingen hier ankamen. Der Limberger wäre danach also nicht von der Herrschaft per Dekret, sondern von unten her in die schwäbisch-fränkischen Weinberge gelangt.

Das Zabergäu, die Heilbronner Gegend und das Weinsberger Tal sind bis heute die bevorzugten Standorte des Limbergers geblieben. Er liebt die tiefgründigen bunten Keuperböden und kuschelt sich, spät ausreifend, gern in die sonnigsten Lagen.

Im Weinberg erkennt man den Limberger an seinen großen, unregelmäßig gezähnten und gelappten Blättern, zwischen denen die lockere Traube mit dickschaligen blauen Beeren hängt. So robust die Beere, so empfindlich ist die Blüte. Der Limberger verrieselt leicht; so hält sich sein langjähriger Ertrag in Grenzen. Im Glas zeigt er sich als ein rechter Männerwein, tiefgründig in der Farbe, feinherb, rassig im Geschmack; in guten Jahren erstarkt er zu feuriger Wucht. Sein Wein beglückt mit einem Anhauch Pfirsich im Arom und hält sich ein gutes Jahrzehnt im Keller. Er wirkt anregend und macht die müdesten Männer wieder munter. Theodor Heuss hat den Limberger als seinen Lieblingswein auf dem Bonner Parkett akkreditiert. Der Liberale vom Neckar war sich hier mit dem märkischen Junker Otto von Bismarck einig, der sich im Alter Blaufränkischen aus dem Burgenland kommen ließ.

Stark zurückgegangen ist in Württemberg wie anderswo der Portugieser. Die Preisfrage, warum diese Rebe Portugieser heißt, ist noch zu gewinnen. Mit dem iberischen Land in der Südwestecke Europas hat die Sorte jedenfalls nichts gemein. Wie der Limberger stammt der Portugieser von der schönen blauen Donau, genauer wohl aus Niederösterreich.

Der bereits mehrfach genannte Wieslocher Weingelehrte Johann Philipp Bronner hat die Rebe ums Jahr 1840 von Bad Vöslau nach Deutschland, in die Pfalz, gebracht. Laut seinem Biographen Fritz Schumann soll der Portugieser in Österreich drei, vier Jahrzehnte zuvor noch völlig unbekannt, nach anderen Weinhandbüchern dort jedoch „schon seit Jahrhunderten" heimisch gewesen sein. Die Vergangenheitsbewältigung läßt auch bei den Rebenkundlern zu wünschen übrig.

Unterm Rotgewächs gilt der Portugieser als der Massenträger. Die Sorte ist anfällig für Fröste, aber sonst bescheiden in ihren Ansprüchen an Lage und Boden. Sie reift früh aus, ihr säurearmer Wein hält sich nicht lange auf Lager. Die neutralen Weine, anspruchslos wie die Rebe selbst, werden gern mit markanteren Sorten verschnitten. Ernst Hornickel hat deshalb den bissigen Spruch geprägt, man finde den Portugieser häufiger im Weinberg als auf dem Flaschenetikett.

Hier im Weinberg ist die Rebe im Herbst leicht auszumachen. Die

268

WÜRTTEMBERG
1959
Laudenbacher Tauberschwarz

*Der legendäre Jahrgang einer beinahe verschollenen Rebsorte, des Tauberschwarz,
der seit kurzem wieder im Versuchsanbau steht.*

großen fünflappigen Blätter flammen in grellem Indianersommerrot. Jeder Stock ächzt unter der üppigen Last seiner Trauben. Die Beeren weisen einen feinen grauen Duft auf; dünnhäutig, werden sie von Staren und Wespen gern gezehntet. In geringeren Jahren präsentieren sich die Weine, soweit sie überhaupt sortenrein belassen wurden, hellrot und zuweilen ein bißchen eckig, bessere Jahrgänge dagegen mollig, wärmend, tiefrot. Für späte Lesen ist der Portugieser dankbar.

Mit dem Beginn der Rebumlegungen an Tauber und Vorbach schien das Regionalgewächs Tauberschwarz, locker auch an Jagst und Kocher im Anbau, zum Untergang verurteilt. Seit 1979 wird das Rotgewächs jedoch auf Initiative der Staatlichen Lehr- und Versuchsanstalt für Wein- und Obstbau in Weinsberg mit Rückgriff auf die letzten paar Stöcke wieder selektioniert. Ausschlaggebend dafür war nicht nur die Frosthärte der Rebe, sondern auch der würzig ansprechende Wein der Traditionssorte.

Fast schon historisch geworden ist hierzulande die St.-Laurent-Rebe oder Laurenzitraube. Bronner hat sie Mitte des vorigen Jahrhunderts aus dem Elsaß über den Rhein gebracht. Die Rebe wurzelt gern auf kalkigen Böden, ist wegen einer gewissen Anfälligkeit für Maifröste dankbar für gute Lagen, sonst robust; ihre Trauben sollten wegen der strengen Säure nicht zu früh gelesen werden. Die Weine sind tiefrot und haben ein schönes Bordeauxbukett.

Dornfelder und Domina

Eine Handvoll roter Neuzüchtungen sei hier knapp vorgestellt. An klangvollen Namen wie Carmina oder Rotberger fehlt es da nicht. Aber ihr Ziel, farbstarke Deckweine für den Verschnitt mit dem Portugieser zu gewinnen, scheinen die Rebenzüchter bisher eher erreicht zu haben als das Einbürgern ansprechend selbständiger, betriebswirtschaftlich sicherer Rotweine.

Eine Ausnahme macht da die Domina, eine Kreuzung Portugieser x Blauer Spätburgunder von der Bundesforschungsanstalt für Rebenzüchtung Geilweilerhof bei Landau in der Pfalz. Ihr Stock stellt an die Lage hohe, an den Boden geringe Ansprüche; er widersteht Winterfrösten, behauptet sich gegen Rebkrankheiten und bringt regelmäßig hohe Erträge. Die großen Beeren reifen kurz nach dem Portugieser aus und können mit dem Müller-Thurgau gelesen werden.

Vollschlank im Körper, leicht gerbsäurebetont, kommt die Domina dem traditionellen Rotweinideal entgegen. Weinfreunde, so heißt es, die den französischen Rotweintyp suchen, „finden in der Domina die ersehnte Geschmacksbefriedigung". Na also!

Für ein paar andere Sorten genügen Steckbriefe. Radikalenerlaßverdächtig erscheint auf den ersten Namensblick der Deckrot, gekreuzt aus Ruländer x Färbertraube unbekannter Herkunft. Seine Farbintensität übertrifft die des spanischen Alicante, als selbständiger Rotwein taugt er nicht. Das gilt auch für den Kolor, eine Kreuzung Blauer Spätburgunder x Färbertraube.

Gewichtiger erscheinen vier Weinsberger Neuzüchtungen. Der Sulmer, gekreuzt aus Limberger x Schwarzriesling, stellt – wie die Mutterrebe – hohe Anforderungen an die Lage und präsentiert sich wegen höherer Mostgewichte einschmeichelnder in der Art. Aus Portugieser x Limberger hat August Herold die nach ihm benannte Heroldrebe gewonnen. Die dichtbeerige Traube ist gegen Botrytis anfällig und reift erst zwei Wochen nach der Mutterrebe aus. Ertragstreu, paßt sie mit ihren leichten kernigen Weinen in die Vierteleslandschaft am Neckar. Zu den wenigen Neuzüchtungen aus Kreuzungen mit dem Blauen Frühburgunder gehört der Helfensteiner, Frühburgunder x Trollinger. Er reift früh aus, ist robust gegen Rebkrankheiten und kommt mit seiner saftig gefälligen Art auch an. Seine empfindlichen Gescheine verrieseln aber leicht, und auf Kalk fremdelt der Helfensteiner.

Der glücklichste Wurf gelang Herold mit dem Dornfelder, einer Kreuzung aus Helfensteiner x Heroldrebe, charaktervoll wie sein Namenspate, der schwäbische Weinhistoriker Immanuel Dornfeld, nach dessen Plänen die Weinbauschule Weinsberg gegründet worden ist. Aus dem großen fünfeckigen Geblatt schimmern im Herbst seine blauschwarzen üppigen Trauben. Der Dornfelder ist robust und verbürgt sichere Erträge. Er bringt sowohl herzhafte Tafeltrauben als auch Keltertrauben, die sich zum Ausbau eines gehaltvollen Rotweins mit viel Körper und Aroma eignen. Außerdem eignet er sich hervorragend als neutraler Deckwein für farblich matteres Rotgewächs. Alles in allem ist er gewiß nur eine Ergänzungssorte, da seine Weine selten Prädikatsrang erreichen, aber im Hinblick auf die wachsende Nachfrage nach heimischem Rotwein wie die Domina eine Neuzüchtung mit Zukunft.

Schiller, Trollinger, Limberger, Schwarzriesling, Clevner, Samtrot und Muskat-Trollinger erscheinen als württembergische Solisten im deutschen Weinorchester. Bei einer repräsentativen Weinprobe mit Rotgewächs zog Otto Linsenmaier diese Summe der Erkenntnis: „Wir wissen, daß sich unsere Rotweine in der Regel nicht durch einen hohen Alkoholgehalt, viel Farbe und in ursächlicher Verbindung damit viel Gerbstoff . . . auszeichnen, sondern durch eine herzhafte, kernige, kräftige, frische oder wenig warme Art, was die schlichten Rotweine anbelangt, und die feinen Rotweine durch samtige Wärme, reiche Würze und zarte weinige Fülle."

Der Riesling ist kein Blender

Für die grundkonservative Haltung des württembergischen Weingärtners bei der Sortenwahl spricht nicht nur die Dominanz traditioneller Namen beim Rotgewächs, sondern auch der hohe Anteil des Rieslings im Sortiment. Mit 25 Prozent insgesamt hat er inzwischen sogar den Trollinger überflügelt. Sortenwahl ist auch eine Charakterfrage.

Auf den harlekinbunten, mineralienreich verwitternden Keuperböden wie im tiefgründigen Oberen Muschelkalk fühlt sich der Riesling hierzulande wohl. Seine Vegetationszeit dauert lange, von Mitte April bis Ende Oktober, ja sogar Anfang November. Zum Glück bleibt das robuste Laub im Spätjahr lange assimilationsfähig und hält so die Zuckerbildung wie den Abbau der hohen Säurewerte in Gang.

So köstlich sich der Riesling mit seinen grünen Lichtern im Glas darbietet, so unscheinbar erscheint die Rebe im Weinberg. Zwischen den rundlichen fünflappigen Blättern hängen kleine aber kompakte Trauben; auch die Beere selbst ist klein, rund, grüngelb; nur hochreife Beeren schimmern tief goldbraun, fast rötlich. Was den Riesling als Rebe auszeichnet, ist seine gute Holzreife, die Festigkeit in Winterfrösten verbürgt. Auch gegen die verschiedenen Rebseuchen hat sich der Riesling recht widerstandsfähig erwiesen, eine luftige Erziehung bei knappem Schnitt und harmonischer Düngung immer vorausgesetzt.

Wie stabil so ein Fleiner oder Stettener Riesling sein kann, verrät eine Notiz aus dem Jahr 1834, wonach bevorzugt Rieslingweine aus Schwaben in die Vereinigten Staaten ausgeführt wurden. Dazu heißt es erläuternd: „Man gibt in Amerika den württembergischen Rießlingweinen den Vorzug vor den besten Rheingauer Weinen, da letztere stets einen Zusatz von Franzbranntwein erfordern, um für die Seefahrt haltbar zu sein."

Frisch, spritzig, rassig, fruchtig, saftig, kernig, stahlig, nervig, wuchtig, elegant – so lauten die Epitheta im Personalausweis des Riesling, je nach Lage, Landschaft und Jahrgang. In guten Herbsten übertrifft ihn kein anderes Weißgewächs an finessenreichem Spiel. Dann mischen sich Heckenrose und Pfirsich in seinem Bukett, dann wandelt sich der sonst oft etwas verschrobene, kantige Säuerling und Reißer zum Mann von Welt. Und alles reißt sich um ihn.

Wer hierzulande den Riesling baut, geht ein Risiko ein: Die hohe, aber mit der Zeit sublimierbare Säure, die ihm Rückgrat und lange Lagerfähigkeit gibt, kann zu beidem geraten, zu Crux oder Krone. Der Riesling ist für Überraschungen gut, vom Verriß bis zum Triumph auf der Weltbühne. Aber er ist nie ein Blender.

Silvaner als Hausfreund

Der Silvaner hat es in sich. Seine Freunde schätzen die unaufdringlich kräftige, zuweilen erdig-herbe Art, seine fruchtige Säure, die verhaltene Blume, die reifen Weinen honigmild entschwebt. Jung zeigt er im Glas einen Anhauch elfischen Grüns. Der Silvaner ist ein stockkonservativer, solider Kumpan, mit dem man unbedenklich auch mal eine Nacht durchzechen kann. Wer verläßliche Bekömmlichkeit schmeichlerischen Bukettsensationen vorzieht, wird sich den Silvaner als Hausfreund wählen.

Im Weinberg ist er an seinem runden, dreilappigen, kaum gebuchteten Blatt leicht zu erkennen. Gedrungen hängt die Traube im Laub, grünfleischig und saftig rundet sich die Beere. Kundige ziehen eine reife Silvanertraube vom Stock unbedenklich jeder Tafeltraube zum Nachtisch vor. Die Sorte, und das ist ein überraschend weiblicher Zug, neigt zu Mutationen, zu Erbsprüngen, zu Maskierungen und modisch anmutendem Kostümwechsel. Ihre Beeren können vom satten Blau über Goldgelb und Grün bis hin zu durchscheinender Farblosigkeit spielen. Auf Keuper gerät der Silvaner oft etwas zu rund und weich. Sein Hausgestein ist eigentlich der Muschelkalk. Im Württembergischen nimmt er nur noch knapp 40 ha ein. Als Wappenwein Frankens wird er sich vor allem um Tauber, Jagst und Kocher behaupten.

Wunderknabe und Findelkind

Der Müller-Thurgau erscheint seiner bundesweiten Karriere nach als Wunderknabe, der Herkunft nach bleibt er ein Findelkind. Seine Vaterschaft ist umstritten. Seinen Namen verdankt er dem Züchter Hermann Müller aus dem schweizerischen Thurgau. Er hat die Rebe ums Jahr 1882 aus Sämlingen mit dem Ziel gezogen, die Vorzüge des Rieslings mit der früheren Reife des Silvaners zu vereinen.

Bis in die siebziger Jahre las man auf deutschen Weinetiketten statt Müller-Thurgau auch noch Riesling x Silvaner. Das klang vornehmer, war aber falsch. 1957 schon hatte Heinz Martin Eichelsbacher, später Chef der Hofkellerei Würzburg, in der Nachkommenschaftsprüfung festgestellt, daß der Silvaner weder als Vater noch als Mutter der frühen Kreuzung in Frage kommt. Manche Ampelographen, also Traubenkundler, vermuten eine Selbstbefruchtung Riesling x Riesling; andere weisen den Müller-Thurgau ganz allgemein dem Formenkreis Riesling-Muskateller-Gutedel zu. Wie genau der Pionier der Rebenzüchtung vor mehr als hundert Jahren zu dem später so erfolgreichen Sprößling kam, läßt sich kaum mehr nachweisen.

Zwischen tief ausgebuchteten, meist fünflappigen Blättern reifen die großen lockerbeerigen Trauben des Müller-Thurgau schon ab Mitte September zum Herbsten heran. Seine ovalen gelblichgrünen Beeren weisen einen markanten Muskatgeschmack auf. Im Herbst neigen sie leicht zu Fäulnis.

In den 30er Jahren, und im Schwäbischen noch lange danach, tobte ein heftiger Meinungskampf um die Anbauwürdigkeit des als Massenträger verschrieenen Müller-Thurgau. Seine Weine wirkten oft matt und waren wenig haltbar. Erst als es gelang, die stabilisierende Säure beim Ausbau zu erhalten, begann mit den Umlegungen der 50er Jahre auch der stürmische Siegeszug der Sorte. In manchen Gegenden droht deshalb die Schoppenkarte schon zu vermüllern. Nicht so am Neckar. Ältere Viertellesschlotzer beäugen hier das Cleverle Müller-Thurgau mit dem modischen

Doppelnamen noch immer mißtrauisch als „Weichmacher" und „Weibersorte".

In Württemberg hält der Müller-Thurgau einen zwar respektablen, bundesweit gesehen aber sehr bescheidenen Anteil von knapp neun Prozent im Rebsortiment. Zugespitzt läßt sich sagen: Ein Müller-Thurgau ist um so besser, je zurückhaltender er seine Bukettfahne entrollt. Manche Winzer bevorzugen bei dieser Sorte eine etwas vorzeitige Lese, um die begehrte Säure zu sichern. Frühreifend, üppig im Ertrag, was zu Höchsterträgen verführt, liefert der Müller-Thurgau blumig milde Weine auch in geringeren Jahren. Seine Skala reicht vom erfrischenden Vormittagsschoppen über harmonische würzig-elegante Kabinettweine bis hin zu Auslesen, die das Muskatbukett gerade noch ahnen lassen. In der Regel will der Müller-Thurgau jung getrunken sein. So paßt er in unsere Zeit.

Ein Dichter stand Pate

Seit einigen Jahren wird der Weinfreund von einem wahren Füllhorn neuer Rebsorten mit oft vollmundig klingenden Namen überschüttet. Zum Glück sind die verantwortlichen Männer des württembergischen Weinbaus diesem Trend mit kritischer Reserve begegnet. Bei aller Liebe zur Vielfalt der Weinkarte hielt und hält man sich hierzulande weniger an die meist bukettüppigen Neuzüchtungen, sondern wahrt lieber den durch strenge Auswahl und Nachzucht regenerierten Traditionssorten die Treue. Nach der zögernden Annahme des Müller-Thurgau hat beim Weißgewächs eigentlich nur eine Neuzüchtung rasch und unbestritten Anklang gefunden: der Kerner.

August Herold, Sproß einer alten Neckarsulmer Wengerterfamilie, hat ihn ab 1930 in der Weinsberger Filiale Lauffen aus einer Kreuzung Trollinger x Riesling gezogen. 1969 erhielt die unter dem Experimentierkürzel S 25–30 bekanntgewordene Neuzüchtung Sortenschutz. Namenspate stand natürlich der Weinsberger Arzt, Dichter, Geisterbanner und Weinfreund Justinus Kerner – auch wenn man anfangs, mit Rücksicht auf allzu pietätvolle Kernerverehrer, die Kernigkeit der Rebe gegen Winterfröste als ausschlaggebend bei der Namenswahl hervorhob. In Württemberg hat sich der Kerner rasch acht Prozent des Reblandes erobert. Er hat Zukunft, auch bundesweit.

Seine wichtigsten Vorzüge in der Weinbaupraxis lassen sich an einer Hand abzählen: Frosthärte, Robustheit gegenüber Rebseuchen, Ertragstreue im Wechsel der Böden und hohe Mostgewichte, die sich durchweg zehn bis fünfzehn Grad über denen des Rieslings in vergleichbaren Lagen bewegen. Hinzu kommt die rassige, fruchtige Art seiner Weine, die ihn geradezu als Ausweichsorte für den klimatisch sehr viel anspruchsvolleren Riesling ausweist.

Im dichten Geblatt zeigt der Kerner runde, grünliche, dickschalige Beeren. Da er ins Laub schießt, braucht er energischen Schnitt und genügend Reihenabstand, also eine luftige Erziehung. Für nebelfreie Hochlagen ist er dankbar. Erstaunlich ist seine Widerstandsfähigkeit gegen Winterfröste. So richtig aufmerksam wurde man auf den S 25–30 erst, als er den sibirischen Winter 1956 heil überstand. Da der Kerner spät austreibt, sind seine wollig behaarten Triebspitzen auch kaum anfällig für die berüchtigten „Eisheiligen" im Mai.

Trotzdem reift er noch vor dem Silvaner und natürlich lange vor dem Riesling aus. Und da sein robustes Blatt auch ein paar Minusgrade im Herbst verträgt und weiter assimiliert, kann man seine Trauben bis in die letzten schütteren Sonnentage des Oktober hängen und reifen lassen. Der Kerner bringt dem Winzer so meist selbständige Weine mit Prädikatsrang in den Keller.

Bei dieser Rebe schlägt das väterliche Rieslingerbe unverkennbar durch. Ihre Weine probieren sich frischer und fülliger als die des Rieslings, erreichen jedoch nicht dessen Spitzenqualität in guten Jahren. Manchmal überraschen sie mit einem opalisierenden feinfruchtigen Muskatbukett.

Traminer: Uraltadel verpflichtet

Der Traminer ist ein Fürst aus uraltem Traubenadel. Urkundlich wird er ums Jahr 1000 im tirolischen Tramin als guter, aus rötlichen kleinbeerigen Trauben gekelterter Wein beschrieben. In der Literatur nennt ihn Plinius als Wein aus Terminum in der Provinz Raetia, den Kaiser Augustus bei einer bacchischen Palastprobe gleich hinter dem klassischen Falerner eingestuft habe. Namentlich als Traminer taucht die Sorte 1349 erstmals in dem „Buch der Natur" des fränkischen Universalgelehrten Konrad von Megenberg auf. Zusammen mit ihrer bukettüppigeren Spielart Gewürztraminer wächst die Rebe in Württemberg nur noch auf knapp drei Dutzend Hektar. Das Blatt ist dreilappig, rund, blasig. Die Rebe neigt zu dichter Laubwandbildung und eignet sich gut zur weiträumigen Erziehung. Die mittelgroße, kompakte Traube trägt kleine, ovale, dickschalige Beeren, goldgelb bis fleischrot, zuweilen bläulich beduftet. Früher war der Traminer wegen seiner sensiblen Blüte sehr unsicher im Ertrag; das hat sich durch Nachzüchtung gebessert. Er läßt sich zu gerne von der Sonne verwöhnen, kuschelt in den wärmsten Lagen, braucht tiefgründige Böden und entfaltet seinen Charme, sein delikates Aroma nur, wenn er spät, kurz vor dem Riesling, gelesen wird.

Dafür betört der bernsteingelb im Glas schimmernde Wein dann mit einem großartigen Heckenrosenbukett, in dem nach Meinung witternder Prüfnasen zuweilen auch ein Hauch Veilchen grüßen läßt, eine Prise Vanille durchdringt.

Der gehaltvolle, dauerhafte Wein wurde von Paracelsus als wohlschmeckende Medizin empfohlen: „Der beste ist Traminer . . .“

Der Aristokrat Traminer bezaubert als amouröser Galan die Frauen, verheißt Genuß ohne Reue; er ist ein Zärtlichkeitswein, geht rasch und nachhaltig ins Blut und weckt verräterische Wallungen.

Traminer und Gewürztraminer unterscheiden sich eigentlich nur durch die markantere Rotfärbung der reifen Beere und das intensivere, manchmal auch aufdringlichere Bukett des „Gewürzschlawiners“, wie die Winzer den launisch verwöhnten Sproß aus altem Hause nennen. Nach dem Urteil der Ampelographen neigen die Traminerstöcke „leicht zur Degeneration“.

Ruländer, Weißburgunder, Chardonnay

Als Rarität steht der Ruländer im Weinland Württemberg gegenwärtig mit 80 ha im Ertrag. Pinot gris, Grauer Burgunder, heißt er bei den französischen Nachbarn, Skürkebarat, Grauer Mönch, am ungarischen Plattensee. Aber genauso grau, meinte der Weinschriftsteller Ernst Hornickel, sei eigentlich die Theorie, die dem Ruländer diesen Beinamen verpaßt habe. Ein anspruchsloser Kuttenträger, ein Bettelmönch ist er gleich gar nicht, und wenn schon grau, dann stellt er im Kollegium der Reben eine graue Eminenz dar, vollmundig, etwas schwerblütig, körperreich, mit dem Öl sanft eindringlicher Überredungsgabe gesalbt.

Bei uns erscheint der Ruländer schlanker, vor allem mit einem Schuß pikanter Säure. Auch am Kaiserstuhl, dem Hauptquartier des Grauen Burgunders, baut man ihn inzwischen zum Teil durchgegoren, unter Erhalt der sonst wenig prägnanten Säure, aus. Die Beeren müssen rasch abgepreßt werden, sonst gerät der Wein hochfarben, rotgolden.

Noch seltener wächst bei uns der Weiße Burgunder; er ist empfindlich in der Blüte, rankt schlecht, läßt die Flügel hängen, wie ein Winzer mal drastisch formuliert hat. Seine vollmundigen Weine runden aber eine Sortenprobe vornehm-dezent ab. Sein Vetter, der Auxerrois, gerät nicht so saftig, zeigt aber ein aufgewecktes Bukett. Kurt Hoffmann, dessen kompakte „Weinkunde in Stichworten" eine kleine einschlägige Bibliothek ersetzt, hat anderswo einmal von den Weinen dieser beiden Sorten gesagt, sie stimmten „wie alle Burgunder besinnlich".

1991 hat Brüssel auf Wunsch des Weinbauverbandes Württemberg die Rebsorte Chardonnay für das bestimmte Anbaugebiet klassifiziert, also zugelassen. Obwohl man den Chardonnay, allein schon seiner Herkunft nach, der Burgunderfamilie zugeordnet hat, dürfte er wohl eine eigenständige Rebsorte darstellen. Er liefert die großen Weißweine Burgunds, des Chablis und der Côte des Blancs in der Champagne, hat sich aber auch in Kalifornien und Südafrika bewährt.

Neuzüchtungen beim Weißgewächs

Unter der Legion bundesdeutscher Neuzüchtungen – klingende Namen, wenig publik – überwiegen die bukettbetonten Sorten mit imponierenden Mostgewichten. Dabei geben viele Kellermeister und Selbstmarkter zu, daß sie diese Sorten als Lockvögel im Listenangebot führen, um den wenig Weinkundigen zu beeindrucken und der Stammkundschaft auch mal etwas Neues anbieten zu können. Die Erfahrung lehre aber, daß die Neuen bei einer ersten Probe zwar meist Anklang fänden, passionierte Weinfreunde jedoch auf Dauer den Traditionssorten treu bleiben. Denn so schillernd diese Lockvögel auch ihr Gefieder spreizen – ihre bukettbetonten Weine sättigen rasch. Und selten nur hält das Widerspiel von Körper, Rasse, Frucht und Säure, was die erste Begegnung einschmeichelnder Art versprach. Blender, heißt es dann achselzuckend.

Württemberg hat sich da von Anfang an bewußt zurückgehalten. Im agrarwirtschaftlichen Bericht des Statistischen Landesamtes taucht unter den Neuzüchtungen beim Weißgewächs neben dem Kerner namentlich nur noch der Bacchus mit 30 ha auf. Diese Rückkreuzung von Silvaner x Riesling und Müller-Thurgau übertrifft die Vaterrebe noch an Fruchtbarkeit. Ihre Weine wirken vollmundig, und würzig-reif, doch welkt das Bukett nach drei, vier Jahren. Dieser Bacchus ist keine dämonisch strenge Gottheit, eher schon ein etwas weichlicher spätrömischer Typ.

Weinsberger Neuzüchtungen, die als vielversprechend im Anbau erprobt werden, sind Hölder, Ruling und Silcher. Der Hölder, eine Kreuzung aus Riesling x Ruländer, neigt von der Art her eher zur Mutterrebe und hat sich auch draußen im Weinberg bewährt. Der Ruling, Ruländer x Riesling, paart Fülle und Rasse beider Elternreben. Der Silcher, gekreuzt aus Kerner x Silvaner, ähnelt eher dem Silvanertyp, erscheint aber ausdrucksvoller und nerviger. Trotz des preziösen Namens überraschend charaktervoll, präsentiert sich die Sorte Juwel, eine Silvanermutation von der Nahe.

Ein kleines Kellerkollegium

„Selber gebaut!" sagt der Wengerter, wenn der Wein geraten ist. „So hat ihn der Herrgott wachsen lassen", bescheidet er sich, wenn's grad kein berauschender Jahrgang war. Beides stimmt, wenn auch nicht ganz in dieser dialektischen Konsequenz. Denn eigentlich reift der Wein zweimal heran, draußen im Weinberg und drinnen im Keller. Die Reife draußen kann der Weingärtner nur flankierend begleiten, mit der Wahl von Sorte und Lage, mit Rebschutz, Bodenbearbeitung, Düngung und Pflege des Stockes. Alles andere bleibt der Natur überlassen.

Die wichtigste Pflegearbeit ist der Rebschnitt im zeitigen Frühjahr. Er entscheidet, von der Witterung einmal abgesehen, nicht nur über den Ertrag, sondern auch über die Güte des Weines. Wissenschaft und Praxis kennen das Menge-Güte-Gesetz. Danach sinkt spätestens bei 120 Liter je Ar, bei manchen Sorten schon früher, mit steigendem Ertrag unweigerlich der Gehalt des Weines. Schließlich ist die Leistungskraft eines Rebstockes begrenzt; wird er quantitativ überfordert, büßen seine Trauben an Qualität ein. Das kann die Kellertechnik bis zu einem gewissen Grad korrigieren, aber nicht grundlegend ändern. Ein Mehr wäre Manipulation.

Nach der Anlieferung werden die Trauben im Herbst auf Öchslegrade geprüft, was sich für den Wengerter in gestaffelt höherer Bezahlung niederschlägt. Dann werden die Trauben entrappt, also die Beeren vom Stielwerk gelöst und in der Kelter schonend ausgepreßt, damit die stark gerbsäurehaltigen Beerenkerne nicht zerquetscht werden. Beim Weißwein läßt man die so entstehende Maische einige Stunden anstehen, ehe man die Brühe von den Trestern, den festen Rückständen abpreßt. Dieser junge Most ist für Bakterien und Oxydation sehr anfällig. Deshalb wird er rasch in Stahltanks geleitet, die innen mit Glas, Emaille oder Kunststoff ausgekleidet sind. In größeren Betrieben folgt die Pasteurisierung, die Erhitzung der Traubenbrühe auf 87 °C, um unerwünschte Keime zu beseitigen. Allgemein üblich, und seit der Antike praktiziert, ist dann das Schwefeln, um den späteren Wein gesund, frisch und hellfarben zu halten. Der Anteil an freier schwefliger Säure – nicht mit der ordinären Schwefelsäure zu verwechseln – darf zu guter Letzt zwischen 50 bis 70 mg je Liter im Wein betragen. Über die Bekömmlichkeit solcher Tagesdosen streiten sich die Wissenschaftler. Allgemein gilt: Je schwerer, extraktreicher der Wein, desto mehr Schwefel braucht und enthält er.

Etwas anders verläuft der einleitende Gärprozeß beim künftigen Rotwein. Die nur in den Beerenhäuten enthaltenen blauen und roten Farbstoffe, Anthocyane genannt, sollen hier intensiver freigesetzt werden als beim Weißwein, dessen gelbe und grüne Farbstoffe auch im Beerenfleisch vorkommen. Bei der traditionellen Maischegärung des Roten läßt man deshalb nicht erst den abgepreßten Most, sondern schon die Maische samt den Beerenhäuten und Kernen gären. Damit gelangen auch mehr Gerbstoffe in den Wein. Eine andere Möglichkeit, die erwünschte Farbausbeute zu erhalten, ist die frühzeitige Schwefelung der Maische, die dann auf 60 °C erhitzt wird und so ein paar Stunden stehenbleibt. In den Großbetrieben hat sich die nur minutenlange Erhitzung der Maische auf 80 bis 85 °C eingebürgert.

Nach der Klärung des Mostes in einer Art Zentrifuge oder im neutralen Kieselgurfilter werden ihm eigens gezüchtete Hefepilze zugesetzt. Sie leiten nun die eigentliche Gärung und Wandlung zum Wein ein. Dabei entstehen aus dem natürlichen Zucker Aethylalkohol und Kohlensäure, sogenannte höhere Alkohole. Glyzerin und andere Verbindungen; Weinsäure und Apfelsäure werden abgebaut, ausgefällt, vermindert, während gleichzeitig neue Säuren entstehen.

Wenn ein Alkoholgehalt von etwa zwölf Volumenprozent erreicht ist, hören die Hefepilze auf zu arbeiten, die Gärung erlischt. Der Kellermeister versucht dabei durch Regulierung von Druck oder Temperatur eine allzu stürmische und hitzige Gärung zu dämpfen, da sonst unersetzliche Geschmacksstoffe entweichen. Wenn die Hefen und andere Trübstoffe abgesunken sind, folgt mindestens ein Abstich; dabei wird das Gärprodukt von festen Rückständen befreit und umgefüllt. Dieser glanzhelle Wein wird nochmals geschwefelt und darf dann im Gebinde reifen. Der biologische Säureabbau setzt sich fort. War zuvor schon im Traubengut ein unerwünscht hoher Säureüberschuß festgestellt worden, durfte dieser durch Zugabe von kohlensaurem Kalk auf die Maische verringert werden.

Wahrheit im Wein und was noch?

Wein ist mehr als Alkohol. Er birgt schätzungsweise eintausend verschiedene Inhaltsstoffe, nach Rebsorte, Boden, Jahrgang und Ausbau im Keller. Grob lassen sich die Inhaltsstoffe des Weines in eine Handvoll Gruppen einteilen: Alkohol, Säuren, Zucker, Mineralstoffe, Gerb- und Farbstoffe, Eiweißverbindungen sowie Bukett- und Aromastoffe. Der Gehalt an Aethylalkohol, meist schlicht als Alkohol oder Weingeist bezeichnet, beträgt in unseren Weißweinen meist zwischen 80 Gramm und

90 Gramm je Liter, wobei acht Gramm etwa einem Volumenprozent Alkohol entsprechen. Die sogenannten höheren Alkohole, maximal zwei Gramm je Liter, sind für die recht niederträchtigen Katerwirkungen verantwortlich. Das Glyzerin, ein dreiwertiger Alkohol, macht den Wein vollmundig und körperreich. Bei Gewächsen aus edelfaulem Traubengut schlägt sich der hohe Glyzeringehalt an der Wand des Trinkglases in Schlierenform nieder und bildet die sogenannten Kirchenfenster.

Nicht nur den Alkohol, auch Körper, Blume und Frucht eines Weines muß dessen Säure harmonisch austarieren. Als ausgewogenes Ideal gilt etwa ein Wein mit 100 Grad Öchsle und zehn Promille oder zehn Gramm Gesamtsäure je Liter. Deutsche Weine sind in der Regel säurebetonter als die schweren Alkoholriesen südlicher Weinländer. Eine proportionierte reife Säure verleiht dem Wein erst Frucht, Rasse und Eleganz. Der Säuregehalt wird als spritzig, frisch, kernig, stahlig, aber auch als unharmonisch, unreif, spitz oder gar grasig empfunden.

Weinsäure und Apfelsäure stellen das Hauptkontingent. Die ziemlich instabile Weinsäure fällt während der Gärung, teilweise auch noch auf der Flasche, als Weinstein aus, indem sie sich mit Kalium kristallig verbindet. Weinstein in der Flasche ist kein Fehler, sondern eher Indiz für lebendige Säure und hohen Mineralstoffgehalt. In guten Jahren überwiegt die als reif empfundene Weinsäure, während die Apfelsäure das Rückgrat des Weines bildet. In weniger guten Jahren schlägt die als unreif empfundene Apfelsäure durch. Der Restgehalt an Kohlensäure macht den Wein spritzig, hält ihn frisch und jung.

Bei einem Alkoholpegel von zwölf Volumenprozent streiken die Hefepilze. Je nach Reifegrad der Beeren verbleibt dem Wein dann eine natürliche Restsüße von nicht aufgespaltenem unvergorenem Zucker in Form von Frucht- und Traubenzucker, wie sie etwa für Auslesen typisch ist.

Setzen wir einen Liter Wein Temperaturen von mehr als 500 °C aus, so bleiben knapp zwei bis zweieinhalb Gramm Asche übrig. Sie setzt sich aus den mineralischen, den anorganischen Bestandteilen des Weines zusammen: Kalium, Magnesium, Calcium, Natrium, Kupfer, Eisen, Zink, Jod. Weine aus regenreichen Jahrgängen sind meist mineralienreicher als solche aus trockenen, hitzigen Jahren. Generell sind Rotweine mineralienreicher als Weißweine.

Der Gerbstoffgehalt schwankt erheblich, bezogen auf einen dünnen Weißwein und einen auf Maische vergorenen Roten zwischen 0,2 Gramm und 2,5 Gramm je Liter. Die Gerbstoffe haben einen adstringierenden, einen herben, streng bis bitter zusammenziehenden Geschmack und wirken sich vor allem beim Rotgewächs auf Charakter und Lagerfähigkeit aus. Mit den Farbstoffen sind sie untrennbar verbunden.

Zu den Eiweißverbindungen im Wein, den Proteinen, gehören auch deren Baustoffe, die Aminosäuren, die bei der Gärung die höheren Alkohole erzeugen und an der Bildung der Bukettstoffe beteiligt sind. Diese wiederum bilden den Wohlgeruch, die Blume des Weines, so wie die Aromastoffe maßgeblich für den Geschmack sind. Obwohl sie zum allergrößten Teil eigentlich nur aus zwei Stoffen bestehen – darunter Beta-Phenyl-Aethylalkohol, den Träger des typischen Rosenduftes –, riecht der Wein nicht oder kaum nach Rosen. Das liegt an den knapp 400 weiteren, nur in Spuren faßbaren Aromastoffen, die sich insgesamt überlagern und durchdringen. Diese jetzt erst mit Hilfe der Gaschromatographie entdeckte Orchestrierung geschmacklicher Klangfarben entsteht bei der Gärung. Dabei erzeugen die Hefepilze vor allem aus den Aminosäuren mosaikartig die verschiedensten Aromabilder.

Anmerkungen zur Süßreserve

Eine zunächst kleine, dann aber stetig wachsende Zahl oft wortgewaltiger Weinfreunde hat den Verantwortlichen der Rebenszene vorgeworfen, daß immer mehr Weine immer gleichtöniger ausgebaut würden, daß die Eigenarten von Lage und Jahrgang, daß all das Kantige, Räße, säuerlich Widerborstige des heimischen Gewächses zugunsten rundum gefälliger Tropfen kellertechnisch abgeschliffen werde. Vor allem verfälsche man durch gleichmacherische Süße, die allenfalls noch die Art der Rebsorte erkennen lasse, das edelste Geschenk der Kultur, den Wein. Die Anhänger eines durchgegorenen, notfalls auch säuerlichen Tropfens zitieren unsere europäischen Nachbarn mit alter Weinkultur, denen solche Kellerkosmetik unbegreiflich sei. Das Stichwort, an dem sich die Kontroversen meist entzünden, lautet: Süßreserve.

Thaddäus Troll hat sich seinen eigenen grantigen Reim darauf gemacht:

> „sißreserve: dees schmeckt wia sich s aheert
> mer kriagt scho vom heera babbige lippa
> ond a Haberschlachter ond a Uhlbacher
> ond a Weiler ond a Brackaheimer
> ond a Trollenger ond a Schwarzriasleng
> schmeckt dr oi wia dr ander
> noch eigschlofene diakonissa
> wi a mädle ohne dutt ond ohne futt."

Das klingt wenig verführerisch. Aber mit poetischer Lizenz blieb Troll die Antwort darauf schuldig, welche Rolle die Süßreserve im Umgang mit dem Neckarwein spielt.

Mit dem Aufzuckern der Tafelweine, Landweine und Qualitätsweine ohne Prädikat, verschämt als Anreicherung bezeichnet, hat Restsüße nichts gemein. Die legale Trockenzuckerung vor der Gärung hat übrigens auch nichts mit der an der Mosel leider noch immer praktizierten Naßzuckerung zu schaffen, bei der die säurestarken Möste nicht nur aufgezuckert, sondern auch noch mit Leitungswasser gestreckt werden. Schon 1957, vor dem gesetzlichen Verbot der Naßzuckerung außerhalb bestimmter Weinbaugebiete, wie der Mosel, hat der Württembergische Weinbauverband unter seinem damaligen Präsidenten Otto Haag freiwillig auf derlei Panschereien verzichtet.

Erst vom Kabinettwein aufwärts, also bei Gewächsen, deren Zuckerung, pardon Anreicherung, verboten ist, springt die Süßreserve hilfreich ein. Bei ihr handelt es sich um pasteurisierten, unvergorenen, also noch süßen Traubensaft, mit dem schon ausgebauter Weißwein bis zu zehn, Rotwein bis zu vier Prozent verschnitten wird, um die schmeichlerische Restsüße als „dienende Süße" zu erlangen.

Die Vorteile der Süßreserve liegen auf der Hand: Die runden gefälligen Weine bestechen auf den ersten Schluck und lassen sich beim Probieren leichter verkaufen als herbere Gewächse. Weine mit bescheidenen Mostgewichten, eckigem Körper und markanter Säure gewinnen auch ohne längeres Lagern durch die egalisierende Süßreserve an Fülle und Harmonie. Sogar leichte Fehler beim Ausbau lassen sich durch die Süßreserve elegant ausbügeln.

Mit der kellertechnisch aufwendigen Praxis der Süßreserve hat sich bei uns spätestens seit den frühen sechziger Jahren eine heimliche Geschmacksrevolution vollzogen. Die Rekordernten aus den umgelegten, mineralisch oft überdüngten Weinbergen zwangen zu großzügiger Vermarktung über Kaufhäuser und Ladenketten. Leute, die erst allmählich zum Wein finden, werden zunächst bei einer festlichen Gelegenheit eine Flasche öffnen. Und ein milder, auf den ersten Anschluck gefälliger Wein wird da um so eher bevorzugt, je häufiger die Hausfrau beim Einkauf auch ins Flaschenregal des Selbstbedienungsladens greift. Wareneinkauf, früher reine Männersache, ist heute eine Domäne der Weiblichkeit, und beim Ordern nach einer Kellerprobe haben meist auch die Frauen das letzte Wort. Kein Zweifel, die Süßreserve hat dem heimischen Wein neue Kundenkreise erschlossen.

Jeder passionierte Weinfreund weiß aber auch, daß Gewächse mit Restsüße rasch sättigen. Der Köder der Süßreserve läßt den Angelhaken frischender Säure nicht mehr greifen. Hinzu kommt, daß durchgegorene Weine sich auf Dauer bekömmlicher als Weine mit betonter Restsüße erweisen.

Trotzdem hat der Gesetzgeber in Bonn nun auch noch die weltweit einhellige Klassifizierung „trocken" für Weine mit maximal vier Gramm Restsüße je Liter korrigiert. Laut deutschem Weingesetz dürfen – je nach Säuremitgift – Weine mit bis zu neun Gramm Restsüße noch als „Trocken" deklariert werden, bei dem kuriosen Vermerk „Halbtrocken" auf dem Etikett können sogar bis zu 18 g Restsüße mitschwimmen.

Einer der Verantwortlichen der Remstalkellerei, übrigens eine der wenigen Hochburgen zumindest trockener Rotweine, hat das so kommentiert: „Mit dem trockenen Wein ist es wie mit dem trockenen Humor, es gibt nur wenig Liebhaber."

Die Grundsatzfrage, ob ein bis zu zehn Prozent mit Traubensaft verschnittener Wein überhaupt noch als Wein anzusprechen ist, wird vom Gesetzgeber und dem Gros der Weinerzeuger und Weinvermarkter stillschweigend ignoriert. Erlaubt ist, was gefällt. Ein Hinweis auf dem Etikett, daß der Kabinettwein oder die Spätlese – es gibt sogar eine eigene Spätlesesüßreserve! – ehrlich durchgegoren ist und ohne Aufpäppeln mit der Dosage auskam, wird per legem sogar verboten.

Leidtragender ist nicht nur der Weinfreund, sondern auch der Wengerter und Kellermeister, der sich bemüht, das Beste aus seinem Weinberg und dem jeweiligen Jahrgang herauszuholen.

In Württemberg ist der Anteil der trockenen Weine in den letzten Jahren von zehn auf knapp 30 Prozent angewachsen. Das ist anscheinend noch immer zuwenig für die potenten Anhänger durchgegorener Gewächse, von denen inzwischen viele schon auf ausländische Angebote ausgewichen sind. Vor allem bedarf es schon einiger Wünschelrutengänge, um die Quellen durchgegorener Kabinettweine zu entdecken.

Wer hat schon einen Gewölbekeller?

Die Frage nach der Lagerfähigkeit eines Weines ist natürlich von Sorte zu Sorte, von Jahrgang zu Jahrgang verschieden. Als Faustregel mag gelten, daß säurebetonte Weine sich länger auf Lager halten und mit den Jahren sogar noch an Flaschenreife gewinnen. Riesling und Kerner halten sich meist vier, fünf Jahre auf der Flasche. Das gilt auch für den Blauen Spätburgunder, den Limburger und für gute Silvaner. Neben Jahrgang und Sorte spielt beim Einkellern aber auch die Lage, aus der unser Wein stammt, eine Rolle. In heißen, trockenen Jahren fehlt es der Rebe auf den hitzigen Südlagen meist an einem geregelten Wasserhaushalt. Weniger sonnenverwöhnte Lagen liefern dann oft ausgewogenere Weine. Dafür schneiden die Renommierlagen in feuchtkühlen Jahren wieder besser ab. Jeder Bacchusjünger, der mit Bedacht auf Vorrat kauft, träumt von einem stillen Keller für seine Flaschenkinder, von einem gewölbten Keller natürlich mit konstanter Luftfeuchtigkeit und einer Temperatur von 13 °C, von einem Keller also, zu dem selbst die Spinnweben in der Ecke wie ein Spitzentaschentuch zu einer Dame von Welt gehören.

Die Wirklichkeit sieht leider meist ganz anders aus. Gewölbte Keller sind schon ein Privileg von Altbauten. Neubauten warten durchweg mit Kellern auf, die nicht vielmehr als öde Betonwannen sind. Oft laufen noch die Heizrohre hindurch und nebendran lagert das Öl. Dabei kann der Wein mit der Zeit durch den Korken penetrante Gerüche auf- und damit einen entsprechenden Geschmack annehmen. Als Mindestregel ist daher zu beachten, daß Flaschenregale nicht gerade an der Wand aufgestellt werden, an der die Heizrohre entlanglaufen.

Selbstverständlich sollte es sein, daß Weinflaschen liegend, mit dem Etikett nach oben, aufbewahrt werden: Der Wein muß den Korken umspülen und feucht halten. Gute Belüftung und wenig Sonnenlicht sind weitere Forderungen an den häuslichen Weinkeller, und daß Flaschen nach einem Schaukeltransport erst einmal mindestens acht Tage lang liegen sollten, ehe man sie probiert, ist weniger eine Kellerfrage als eine Selbstverständlichkeit für den neuen Eigentümer.

Ein Risikofaktor bleibt der Korken, aus der zwanzig Jahre gewachsenen Rinde von Korkeichen geschnitten und seit gut 300 Jahren als Verschluß für Weinflaschen bekannt. Die weltweit steigende Nachfrage hat die Preise für Naturkork hochgetrieben und die Qualitätsansprüche sinken lassen. Erzeuger zahlen heute für einen tadellosen Korken, der einen großen Wein langfristig nahezu luftdicht abschließt, schon eine halbe Mark und mehr. Rieselndes Korkmehl, verursacht durch den Wurmfraß der Korkmotte oder durch das Bersten des Korks beim Herausziehen, verändert den Geschmack nachteilig. Aber auch bei äußerlich intaktem Pfropfen kann Korkgeschmack den besten Wein ruinieren, wenn bei der Behandlung des Naturkorkens mit Chlorlauge etwas schiefgegangen ist. Die württembergischen Weinerzeuger, voran die Genossenschaften, füllen daher schon seit zwei Jahrzehnten zumindest Literweine zunehmend auf Flaschen mit Schraubverschluß ab: Dieser ist absolut luftdicht, hygienisch einwandfrei und wirkt sich nicht auf das Geschmacksbild des Weines aus; zudem können die Flaschen dann auch stehend gelagert werden.

Probieren wie die alten Römer

Irgendwann kommt es mal mit Freunden und Bekannten zu einer Weinprobe aus dem eigenen Keller. Ein solcher Kreis, möglichst um den runden Tisch versammelt, sollte nicht zu groß geraten. Die Geschmäcker dagegen dürfen in der Probierrunde ruhig variieren. Hauptsache, daß überhaupt Geschmack, das heißt sinnliches Unterscheidungsvermögen, da ist. Im kritischen Widerspruch, im Funkenstieben des Dialogs gewinnt auch der Wein an Glanzlichtern der Erkenntnis.

Ein paar Grundsatzfragen des Probenprotokolls seien hier angesprochen: Reihenfolge und Temperatur der Weine, die Wahl der Gläser und – das COS-System.

Für die Reihenfolge der Proben gilt generell: Weißwein vor Rotwein; jüngere Jahrgänge vor älteren; leichte Weine vor ausdrucksvoll-schweren; zartblumige Weine vor bukettreichen; trockene Weine vor milderen. Diese Folge kann sich ändern, wenn etwa nur eine Minderheit an Weiß- oder Rotgewächs probiert werden soll. Dann beginnen wir mit der jeweiligen Minderheit, staffeln aber weiter nach Güte. Mit dem Spitzenwein sollten wir freilich nicht aufhören, sondern als Schlußlicht einen guten, aber geschmacklich neutralen Tropfen anbieten, der die Probe diskret abrundet.

Brot, nicht allzu frisch, darf die Weinprobe begleiten. Nur kein Salzgebäck, Süßes oder Gewürztes! Entscheidend bleibt ja immer die wache Sensibilität von Nase, Zunge und Gaumen. Das trockene Brot wirkt wie ein Schwamm: Es putzt unsere Geschmackstastatur wieder blank. Bei der Temperierung variieren die empfohlenen Werte. Als Faustregel gilt: Weißgewächs sollte um die 12 °C haben, just wie das Leitungswasser, das aus dem Hahnen kommt, für Rotweine sind 16-18 °C, also Zimmertemperatur, angemessen. Je temperierter der Wein probiert wird, desto mehr schließt er sich auf, offenbart seine Vorzüge und Eigenarten sowie Schwächen und Fehler. Unterkühlte Kellerproben beim Erzeuger haben zu Hause schon manche Enttäuschung beschert.

Rotwein wird am besten chambriert, also ein paar Stunden vor der Probe ins Zimmer gestellt. Gerbstoffreiche Rote sollten wir auch eine Stunde vor dem Probieren öffnen, damit sie Sauerstoff aufnehmen können. Wir können solch einen Roten auch vorsichtig in eine Karaffe umgießen. Falls er ein Depot haben sollte, falls sich also gerbstoffhaltige Stoffe am Grund der Flasche angesammelt haben, so spricht das wie der kristallig glitzernde Weinstein eher für die Güte des Tropfens, der noch an Weiche und Reife gewonnen hat.

Das Thema Gläser dürfte heute kein Anlaß zu Kontroversen mehr sein. Das beste Probierglas ist unbestritten der dünnwandige, farblose, bauchige und sich nach oben verjüngende Kelch am langen Stiel. Ein solches, leicht nach innen schwingendes Glas erleichtert das Kreiselnlassen des Weines unter der witternden Nase, und der eingezogene Rand läßt den Duft des Weines, seine Blume, nicht so rasch entweichen.

Und nun zu dem angedeuteten COS-System: Das Buchstabenkürzel steht für die goldene Probierregel der alten Römer, die den Wein nach color, odor und sapor, nach Farbe, Geruch und Geschmack zu bewerten pflegten. Diese Prüfung mit Auge, Nase und Zunge, auch Sinnenprüfung genannt, steht bei der amtlichen Weinprüfung gleichberechtigt neben der Laboranalyse.

Dünnwandig, nicht geschliffen und farblos sollte das Probierglas sein: Dem Auge des Weinfreundes sagen nämlich Farbe und Klarheit schon viel. Klar, blank und glanzhell soll sich der Wein präsentieren.

Für hochnäsige Mitmenschen ist eine Weinprobe nichts. Denn nach der Augenprüfung gilt es nun, die Nase in das nur halbgefüllte Glas zu stecken. Dabei läßt man ihn leicht rotieren, um alle aufsteigenden Duftstoffe einfangen zu können. Das Glas wird schräg gehalten, und zwar am langen Stiel, nicht am Kelch. Der bietet sonst nämlich bald eine ganze Kartothek von Fingerabdrücken. „Walzer tanzen mit dem Wein", nennen die Franzosen so eine Nasenprobe.

Jetzt erst nimmt man einen kleinen Schluck, drückt ihn prüfend gegen die Zunge und schließt ein Gaumenbad im Wein an. Beim zweiten Schluck darf man das Maul dann schon voll nehmen und den Wein regelrecht kauen oder beißen. Denn unsere inwendigen Tropfenfänger sind nicht gleichmäßig im Mund verteilt. Die Zungenspitze kostet die Süße, die Zungenränder signalisieren die Säure, der Zungengrund schmeckt die Herbe und etwaige Bitternis des Weines.

Im Zusammenspiel von Auge, Nase und Zunge offenbart sich die Art eines Weines. Als schwer oder wuchtig bezeichnet man ihn, wenn er neben dem erwünschten Feuer, das heißt Alkohol, auch genügend Extraktstoffe aufweist. Solche Weine rinnen manchmal schwer, fast ölig ins Glas. Diesen Effekt haben übrigens die österreichischen Weinschmierer mit dem unsäglichen Diätylenglykol erzielt! Ein extraktreicher Wein, der auch noch aromatisch die Mundhöhle füllt, besitzt einen guten Körper.

Ein mittelmäßig gewachsener, aber geschickt ausgebauter Wein mit wenig Alkohol und Körper darf noch immer als harmonisch, artig oder gefällig angesprochen werden. Ein säurearmer, aber sonst ausgeglichener Wein wirkt mild. Säurebetonte Gewächse bezeichnen wir als rassig.

Verliert sich der Geschmack nach dem Hinunterschlucken rasch, so ist der Wein kurz. Hallt der Geschmack im Gaumengrund länger nach, so besitzt der Wein einen schönen Schwanz.

286

Premium, Sekt, Barrique

Das Besondere verlangt nach Signifikation – auch beim Weingenuß. Und so haben die württembergischen Weingärtnergenossenschaften, die den Ertrag von vier Fünfteln des heimischen Reblandes aufnehmen, jetzt das entdeckt, was bisher als Privileg alteingesessener Weingüter und wagemutiger Selbstmarkter galt: Premiumweine – sparsam im Angebot, durchstilisiert in der Aufmachung, exklusiv der Herkunft nach und im Preisbereich um und über 20 DM. Angesprochen wird dabei nicht nur der zahlungskräftige Snob, sondern auch der eher kleinbürgerliche Weingenießer, der sich mal etwas Besonderes leisten will. Die Weine stammen durchweg aus altbestockten Rebparzellen in bester Lage mit einem kleinen aber feinen Ertrag von 40 bis 60 Liter je Ar. Bisher macht das Angebot an Premiumgewächsen nur ein Promille des württembergischen Weinherbstes aus. Aber ein Trend wird deutlich. Man will in der Europaliga mitspielen, dem Gourmet und dem eigenen Renommee zur Freude.

Einige dieser Premiumweine einheitlichen Signets werden, zusätzliche Besonderheit, im Barrique ausgebaut. Denn das Holzfaß erlebt als Bacchuswiege eine kleine Renaissance, und der Zeitgeist hat auch schon den schicken Namen dafür: Barrique. Mit der Ausweitung der Weinproduktion, mit dem Siegeszug der neuen Kellertechnik, mit dem Kunststoffboom musterten immer mehr Bierbrauer, Weinerzeuger und Mostliebhaber das pflegeaufwendige gute alte Faß aus. Nun hat sich in vielen Betrieben zumindest eine Art Arbeitsteilung zwischen Stahltank und Eichenfaß entwickelt. Wie der Kork auf der Flasche, so ermöglicht auch das Holzgebinde den unmerklichen Luftaustausch. Aber während Korkgeschmack den Wein verhunzen kann, gewinnt der Wein mancher Rebsorten durch den Kontakt mit dem Tannin, dem Gerbstoffgehalt des Eichenholzes. Für die Gärung setzen die Kellerphilosophen weiter auf Edelstahl. Gute Partien bestimmter Sorten wie etwa Limberger, Dornfelder, Spätburgunder oder Ruländer reifen dann aber im Daubenmantel nachhaltiger aus; vor allem stabiles Rotgewächs gewinnt im atmenden Holz an Gehalt, Farbe und Wucht. Das Barrique, längst kein Monopolprodukt der französischen Limousineiche mehr, ist ein Faß mit 228 Liter Inhalt, bietet unter neuem Namen Weine traditionellen Charakters – Originale im bunten Einerlei des Marktes.

Der moussierende Wein hatte, wie wir wissen, schon zu Beginn des vorigen Jahrhunderts seine Produktionsstätten am Neckar. Die Sektsteuer, die dann im wilhelminischen Kaiserreich den Bau der Panzerkreuzerflotte mitfinanzieren sollte, konnte die Lust an dem prickelnden Luxusgeschöpf zwar dämpfen, aber nicht vergällen. Die Erzeugung blieb in der Hand spezieller Sektkellereien konzentriert. 1986 befand aber ein löbliches Finanzgericht, Sekt aus heimischen Grundweinbetrieben sei ein landwirtschaftliches Produkt, im Gegensatz zu den perlenden Cuvées der gewerblichen Sektkellereien also steuerfrei. Nun rollte aus den Weingütern, Kellereien und Weingärtnergenossenschaften in Württemberg eine wahre Sektwoge auf die Verbraucher zu. Auch wenn manche Betriebe ihren Grundwein nicht selbst zu Sekt ausbauen, sondern die traditionellen Kellereien damit beauftragt haben, hat der sogenannte Winzersekt sein eigenes Profil: Er darf nicht aus einem Verschnitt verschiedener Gewächse bestehen; sein Grundwein muß einer bestimmten Rebsorte, einer bestimmten Lage und einem Jahrgang entstammen. 1991 wurden bei der Landesprämierung 152 Sekte, darunter 45 Rot- und neun Rosésekte, prämiert; knapp die Hälfte stellten genossenschaftliche Betriebe.

Gute Küche, mit Wein abgeschmeckt

Essen und Wein, das bleibt ein geschmäcklerisch privates, ein delikates Thema, ein immer neues Experiment, zu Hause wie im Lokal. Denn sprossenreich wie die Probierleiter der Tafelfreuden ist auch die Weinkarte. Wo Wein wächst und Wein getrunken wird, sind meistens auch die Sinne für gutes Essen geschärft. Das gilt doppelt für eine mit Wein abgeschmeckte, abgesegnete Mahlzeit.

Unsere Eltern und Großeltern hatten sich noch an eine strenge Etikette zu halten. Wir sind auch auf diesem Felde liberaler geworden, aber ein paar generationenerprobte Faustregeln gelten immer noch:

Als Aperitif, als appetitanregende Magenöffner, eignen sich Muskateller, Gewürztraminer oder Muskat-Trollinger. Zu weißem Fleisch, Kalb oder Geflügel und zu gekochtem Fisch paßt der Riesling. Bei würzig-pikanteren Gerichten, auch zu gebratenem Fisch oder Schweinebraten wird er besser vom Kerner abgelöst. Kommt der Fisch in einer Weinsauce auf den Tisch, sollte ihn der gleiche Wein im Glase begleiten. Bei Aal oder Karpfen darf das auch mal ein Roter sein. Ein herzhaft-kerniger Silvaner paßt aber auch zu Süßwasserfisch, Geflügel oder Kalbfleisch. Nicht zu übertreffen ist der Silvaner übrigens als Begleiter eines röschen, heißen Zwiebelkuchens!

Zum Vesper, und sei es nur ein belegtes Brot, zu Bratwürsten oder einem Eintopfgericht schmeckt der Müller-Thurgau. Traminer spielt zu allen Pasteten die rechte Tafelmusik. Eine Mittlerrolle zwischen Rotgewächs und Weißgewächs wahrt der Ruländer auch beim Essen. Er gesellt sich gern zu Entenbrust und Gänsebraten, überhaupt zu allen hellen Braten, ganz besonders zu Wildgeflügel. Rind oder Lamm, immer noch viel zuwenig angeboten, vertragen einen aromatisch-kräftigen Weißwein ebenso wie einen ausdrucksvollen Roten.

Als klassische Regel guten Geschmacks galt früher: zu Federwild ein leichter Roter, etwa Schwarzriesling, zu Haarwild ein schweres Rotgewächs, etwa Limberger oder Spätburgunder. Aber Wild verträgt sich durchaus auch mit gereiften Jahrgängen von Ruländer oder Traminer. Der Trollinger als Allerweltskerl paßt sich auch mancher schwäbischen Küchenspezialität an; dem auf Zwiebeln gebetteten Rostbrätle, dem Sauerbraten mit Spätzle, sauren Nierle mit Bratkartoffeln oder – einer Laugenbrezel mit Butter. Zu Maultaschen, überbacken mit Ei oder einem guten Ochsenfleisch eignet sich als Begleiter ein Riesling mit Silvaner oder Silvaner mit Riesling. Als anspruchsloser Vesperwein schließlich bietet sich der Schiller an.

Fürs Dessert kommen die meisten Spätlesen und Auslesen vom Weißgewächs in Frage. Ein süßer Nachtisch zum Wein ist fast schon keine Geschmacksfrage mehr; zumindest gilt da: Schokolade nimmt jedem Wein den Geschmack. Den besten Abschluß eines wohlkomponierten Menüs bildet immer noch der Käse, und je robuster unsere Wahl da ausfällt, desto wuchtiger sollte auch der Wein sein – ganz gleich, ob weiß oder rot.

Und noch ein Tip: Achtung vor Salatsaucen, seien sie mit Essig oder Zitronensaft angerichtet; sie beißen sich mit jedem Wein!

Wein und Geselligkeit

Irgendeiner der pietistischen schwäbischen Kirchenväter hat einmal bemerkt, seine Landsleute lebten am liebsten „wie ein Reichsstädtlein", eingezogen für sich. Wenn sich da inzwischen einiges geändert hat, so gewiß auch dank der fränkischen Mitgift, die der dicke König Friedrich seinen Alt-Württembergern in napoleonischer Zeit eingebracht hat: die Reichsstädte Heilbronn und Hall, das Fürstentum Hohenlohe, reichsritterschaftliche Weinnester, barocke Abteien, Stifte und Klöster sowie die Lande des gastfreundlichen Deutschen Ordens.

Der Wein hat nicht nur den kollegialen Umtrunk im Freizeitkeller und die neuschwäbische Gesellschaftsform der Hocketse, sondern auch den Stammtisch gestiftet. Wohlbemessen wie die Rede, geht hier den Mannen des Viertele über die Lippen. Politik oder gar religiöse Dispute sind, anders als anderswo, kein Tabu. In die Haare geraten sich die Viertelesschlotzer deswegen noch lange nicht. Jeder kennt, jeder schätzt den anderen in seiner Art. Es sind keine Kannegießer, die sich in der Wirtschaft die

Bestätigung suchen müssen, die ihnen zu Hause oder am Arbeitsplatz womöglich schnöde versagt wird. So ein Stammtisch praktiziert Demokratie als Lebensform, um ein Wort von Theodor Heuss aufzugreifen, ohne Vereinsfähnchen, ohne Statuten oder Hintergedanken. Hier geht's gemessen zu wie in einer zweiten parlamentarischen Kammer.

Wie schrieb Gottfried Gervinus in seiner Geschichte der poetischen Nationalliteratur der Deutschen? „Es gibt nichts Ekleres als ein einsames Saufen, nichts, was der Bestimmung des Weins so sehr entgegensteht, der die Herzen öffnen, den Verkehr traulich und die gemeinsame und laute Freude erhöhen soll." Der Wein ist auf den Dialog, auf das Gespräch mit der Welt hin angelegt. So besehen, kann der schwäbische Charakter, Formel für einen komplexen Sachverhalt, im Umgang mit dem Wein nur gewinnen.

Materialien und Hinweise

Ein Sachbuch, auch ein regional getöntes Weinbuch unserer Art, soll Lesebuch und Nachschlagewerk in einem sein. Materialien, Dokumentationen, tabellarische Übersichten im Anhang sind dabei hilfreich. Solche Informationsblöcke entlasten den Text, sie geben Autor und Leser etwas mehr Wanderfreiheit.

Unsere Liste der Weinmuseen und einschlägigen Museumsabteilungen im Lande folgt, wie auch die Übersicht über die Weinlehrpfade, der Topographie von Süden nach Norden. Ihr schließt sich eine alphabetisch geordnete Porträtgalerie von Förderern des Weinbaus und der Weinkultur zwischen Bodensee und Hohenlohe an. Die württembergische Weinchronik, die mit dem frühen Mittelalter beginnt, verzeichnet besonders denkwürdige Jahrgänge und Ereignisse. Ein kleines Wörterbuch der Weinsprache sowie die wichtigsten Erläuterungen zu Maß und Münze in der Weingeschichte Württembergs gehören dazu. Hinweise auf weiterführende und vom Autor dankbar benutzte Literatur beschließen diesen Anhang.

Museen spiegeln die Weinkultur

72555 Metzingen, Kelterplatz, Weinbaumuseum in der Herrschaftskelter. Die Kelter, 1655 erbaut, heute im Besitz der Stadt, wurde 1979 zum Museum ausgebaut. Aus dem 17. Jahrhundert stammt auch die zwölf Meter lange Baumkelter. Um sie gruppieren sich die Geräte des Wengerters bis hin zur alten Kellerwirtschaft. Die neue Kellertechnik ist als Bilderfolge präsent.

73728 Esslingen, Hafenmarkt, Stadtmuseum. Eine eigene Abteilung dokumentiert hier Weinbau und Weinhandel in reichsstädtischer Zeit.

70329 Stuttgart-Uhlbach, Uhlbacher Platz, Weinbaumuseum. 1979 hat die Landeshauptstadt ihr Weinbaumuseum in der 1907 erbauten Ortskelter eingerichtet. Eine Lichtschiene führt den Besucher durch die Sammlungen, die Einblicke in die Weinkultur von der Römerzeit bis zur Flurbereinigung unserer Tage eröffnen. Hervorzuheben sind die Küferwerkstatt mit Werkzeugen des 18. und 19. Jahrhunderts, alte Keltern, Trinkgefäße aus zwei Jahrtausenden und ein Traubenpatron St. Urban des 16. Jahrhunderts. Er ist aus Lindenholz geschnitzt uns stammt aus dem Fränkischen. Auch die Rebsorten im Einzugsgebiet der Landeshauptstadt werden vorgestellt. Anschließend bietet eine Probierstube Weine der sieben Stuttgarter Genossenschaften und des Weinguts der Stadt an.

Presse in der alten Kelter von Uhlbach, die heute Weinbaumuseum ist.

70734 Fellbach, Hintere Straße 26, Stadtmuseum. Das Projekt eines kleinen Weinbaumuseums an der Neuen Kelter wurde aufgegeben; so wird der heimische Weinbau weiterhin in einer Abteilung des Stadtmuseums im Funckschen Haus, einem um 1680 errichteten Fachwerkbau, dokumentiert.

71384 Weinstadt-Endersbach, Schulstraße 12, Heimatstube. Neben den Exponaten des Remstäler Weinbaus sind hier als Besonderheit die naiven Ölbilder und Aquarelle des alten Wengerters Jakob Seybold zu sehen.

71384 Weinstadt-Beutelsbach, Stiftsstraße, Heimatmuseum. Im 1534 erbauten Alten Rathaus zeigt das 1965 eröffnete Museum vor allem Arbeitsgerät aus Landwirtschaft und Weinbau.

71384 Weinstadt-Strümpfelbach, Hauptstraße 6, Heimatmuseum. Das 1975 in einem Fachwerkhaus des 17. Jahrhunderts eröffnete Museum zeigt ebenfalls das Handwerksgerät des Wengerters.

71739 Oberriexingen, Weilerstraße 14, Römischer Weinkeller. Der Keller, Teil einer 1958 ausgegrabenen Villa rustica, wurde als Filiale des Württembergischen Landesmuseums Stuttgart eingerichtet und zeigt neben römischem Trinkgeschirr und Amphoren auch Dioramen über Weinbau und Weinkultur im Limesland am Neckar.

71665 Vaihingen-Horrheim, Alte Keltergasse 1, Weinmuseum. Die Kelter aus dem Jahre 1788 wurde 1976 museal umgebaut und wird nun Weinmuseum der Stadt Vaihingen an der Enz genannt. Prunkstück ist der Kelterbaum von 1698, sechs mit Holznägeln zusammengehaltene Eichenstämme wurden dafür verarbeitet. Geräte, Auszüge aus der Weinbauliteratur und Schautafeln dokumentieren das Arbeitsjahr des Wengerters; hinzu kommen Skizzen typischer Weingärtnerhäuser. Küferwerkstatt und Keller veranschaulichen den Werdegang des Weines. Eine Ecke ist den Trinkgefäßen und Flaschen gewidmet; im Obergeschoß gibt es eine Probierstube.

74389 Cleebronn, Ausflugspark Altweibermühle Tripsdrill. Das 1976 eröffnete Vinarium stellt hauptsächlich Weinpressen sowie eine Küferei mit Probierkeller vor.

74072 Heilbronn, Frankfurter Straße 75, Weinbaumuseum. Der ständigen Ausstellung über die Neckarschiffahrt wurde 1990, bis zur Eröffnung des Museums Heilbronner Wirtschaftstechnik und Sozialgeschichte, ein provisorisches, aber sehenswertes Weinbaumuseum angegliedert. Arbeitsjahr und Selbstverständnis des „Standes", wie sich die Heilbronner Weingärtner heute noch selbstbewußt nennen, werden hier anschaulich.

74235 Erlenbach-Binswangen, Alte Kelter, Weinbaumuseum. Die 1574 errichtete Zehntkelter des Deutschen Ordens wurde 1987 als Museum eröffnet, das über folgende Themenkreise informiert: Rebenerziehung, Neuanlage eines Weinbergs, Bodenbearbeitung, Pflanzenschutz, Frostschutz, Lese, Keltern, Kellerwirtschaft, Küferhandwerk, Flurbereinigung und Zuggeschirre.

97990 Weikersheim, Marktplatz, Tauberländer Dorfmuseum. Unterm Dach des historischen Kornbaus enthält das 1972 eröffnete Museum der Volkskultur auch eine Abteilung Weinbau. Exponate, Faksimileauszüge aus der älteren Literatur, Schautafeln und Karten zeichnen exemplarisch die Besonderheiten des Weinbaus im Tauberfränkischen nach.

97996 Niederstetten-Wermutshausen, Alte Kelter, Weinbaumuseum. In dem 1987 eröffneten kleinen Museum gruppieren sich um die Alte Kelter vor allem Werkzeuge des Rebhandwerks aus dem Vorbachtal.

Weinlehrpfade – mit Bacchus auf Duzfuß

70329 Stuttgart-Uhlbach, Uhlbacher Platz. Zwei Touren bieten sich an: eine steile, vier Kilometer lange, und eine kürzere, bequemere zur Grabkapelle des Hauses Württemberg bei Rotenberg. Der 1975 angelegte Pfad informiert über Rebsorten, Düngung, Schnitt, Spritzen, Entwässerung und führt an einem Weinberg mit alter Pfahlerziehung vorbei.

70437 Stuttgart-Bad Cannstatt an der Straße Roter Stich beim Burgholzhof.

70734 Fellbach, Weingärtnergenossenschaft Am Kappelberg. Auch dieser Lehrpfad hat zwei Schleifen, die auf 5,5 und zwei Kilometer Länge durch die Lagen Lämmler und Goldberg führen. 42 Stationen informieren; ein Altwengert mit Stäffele und Mäuerle liegt am Weg.

73630 Remshalden-Rohrbrunn, 60 Tafeln über Wald, Obstbau und Rebkultur.

71394 Kernen-Stetten, An der Evangelischen Kirche. Der 4,5 km lange Lehrpfad führt rund um Glockenkelter und Ruine Yburg. Die Texte der 43 Informationstafeln sind in Reimform verfaßt.

71546 Kleinaspach, beginnt an der historischen Kelter am Föhrenberg, 3 km lang.

71717 Beilstein, von der Ortsmitte zur Burg Hohenbeilstein.

71723 Großbottwar, Parkplatz bei Winzerhausen am Wunnenstein.

71665 Vaihingen-Horrheim, An der Kelter. Der 1974 eröffnete Weinlehr- und Rebsortenpfad beginnt bei der neuen Kelter in Horrheim und ist fünf Kilometer lang. Das Besondere sind mehr als 40 in Dreiergruppen angebaute Rebsorten. Die Informationstafeln führen zu einer überdachten Spindelpresse, einem Schnittgarten für Rebunterlagen – reblausresistentes Wurzelholz, auf das unsere europäischen Edelreben aufgepfropft werden – sowie zu einer Wengertschützenhütte inmitten eines terrassierten Stäffelesweinbergs. Zwischen dem Rebsortenpfad und dem nächsten Wirtschaftsweg sowie dem Waldtrauf stehen alte Weinbergmäuerchen und für den Stromberg typische Stubensandsteinbänke. Dort hat man Weinbergpfirsich, Quitte, Wildkirsche, Felsenbirne, Walnuß, Marone, Speierling und andere Bäume und Sträucher gepflanzt. Hinzu kommen Standorte der früher vielfältigen Weinbergflora, Heilkräuter, Gewürzpflanzen, aber auch Küchenschelle, Diptam und Weinbergtulpe. Um viele Wengerthäusle wachsen Gemüsepflanzen, wie sie einst im historischen Weinberg gebräuchlich waren. Am Horrheimer Klosterberg ist ein interessantes Experiment gelungen.

74376 Gemmrigheim, Parkplatz an der Neckarbrücke, Richtung Kirchheim.

74382 Neckarwestheim, am Gewann Herlesberg.

74223 Flein, Lehr- und Schauweinberg beim Gasthaus „Wo der Hahn kräht".

74336 Brackenheim, Zweifelberg, Natur- und Weinlehrpfad, 2,6 km lang, mit Informationshäuschen und 160 Tafeln.

74913 Schweigern, Traubenlehrpfad in Richtung Nordheim.

74076 Heilbronn, Parkplatz Wartberg. Der 2,5 km lange Wein-Panorama-Weg am Wartberg macht auf 17 Stationen vertraut mit dem historischen Weinbau. Das Pflanzenökotop wurde mit dem Europäischen Umweltpreis bedacht.

74189 Weinsberg, von Heilbronn auf der B 39 kommend am Ortseingang zum Schemelsberg. Der nur 1,5 km lange Lehrpfad bietet mit 175 Tafeln und der Fülle der Informationen gewiß das eindringlichste Kolleg unter freiem Himmel. Historische, geologische und wirtschaftliche Bedingungen des Weinbaus werden von 40 Tafeln zur Arbeit in der Werkstatt des Wengerters ergänzt. Einzigartig ist das wieder in Dreiergruppen versammelte Rebsortiment von 120 Sorten. Mehr als zwölf verschiedene Arten der Reberziehung werden vorgeführt. Auch hier hat man die früher üblichen kulinarischen Zwischenpflanzungen und charakteristischen Weinberggehölze in die Anlage mit einbezogen. Federführend war die Weinbauschule Weinsberg.

74172 Neckarsulm, am Freibad in Richtung Scheuerberg. Der Weinbaulehrpfad ist nach dem heimischen Rebzüchter August Herold benannt, an den auch ein Gedenkstein erinnert.

74613 Michelbach am Wald, beginnt an der Sporthalle.

74629 Pfedelbach-Heuholz, an der Weingärtnergenossenschaft in Richtung Dachsteiger.

74653 Ingelfingen, gegenüber der Festhalle. 30 Hinweistafeln am Hohen Berg machen mit dem Weinbau im Kochertal vertraut.

97980 Bad Mergentheim-Markelsheim, an der Weingärtnergenossenschaft zum Südhang des Roggenbergs.

Württembergischer Wein-Wanderweg. Schlingenreich und vielumstritten, weil er im bayrisch-fränkischen Aub im Gollachtal beginnt und schon in Esslingen endet, führt dieser Weg durch die schönsten Reblandschaften des Landes. Sein Symbol, die rote Traube, folgt weithin bewährten und markierten Wanderrouten. Das erleichtert Abstecher und Abkürzungen.

Um den Württemberger Wein verdient

Johann Philipp Bronner (1792 Neckargemünd – 1864 Wiesloch). Von Hause aus Apotheker, begann Bronner nach der Umwandlung eines Stücks Ödland in einen Weinberg mit Studienreisen durch halb Europa, um die rationellsten Methoden des Rebbaus und der Kellerwirtschaft kennenzulernen. Sortenwahl und sortenreiner Satz, Erziehung, geregelte Lese, Rotweinbereitung und Sekterzeugung standen dabei im Vordergrund. Seine Erfahrungen schlugen sich in zahlreichen Büchern nieder, so in dem zweibändigen Werk „Der Weinbau im Königreich Württemberg" (1837) und „Der Weinbau des Main- und Taubergrundes" (1839). Bronner hat den Portugieser und die Sankt-Laurentius-Traube in Deutschland eingebürgert, als erster die Eigenständigkeit der Wildreben am Oberrhein erkannt und zahlreiche Rebsorten als deren Abkömmlinge bestimmt. In seiner privaten Rebschule wurden schließlich an die 300 Sorten beobachtet.

Karl Dippon (1901 Beutelsbach – 1981 Schorndorf). Der Nachkomme einer 1706 aus Frankreich zugewanderten Familie wirkte vor allem nach 1945 maßgeblich am Aufbau der Remstalkellerei sowie der Württembergischen Weingärtnerzentralgenossenschaft mit und gehörte dem Landtag von Württemberg-Baden an.

Immanuel Dornfeld (1796 Neckarweihingen – 1869 Weinsberg). Ab 1850 Kameralverwalter für das Oberamt Weinsberg, gründete Dornfeld den örtlichen Seidenraupenverein. Als Mitglied der Gesellschaft für die Weinverbesserung in Württemberg drängte er auf die Errichtung einer Weinbauschule in Weinsberg. Unter seinen Schriften ist vor allem die „Geschichte des Weinbaus in Schwaben" (1868) bemerkenswert. Die erfolgreiche Weinsberger Neuzüchtung Dornfelder trägt seinen Namen.

Johannes Ellwanger (1878 Großheppach – 1943 ebenda). Er gründete 1923 in seinem Heimatort die erste Weingärtnergenossenschaft des Remstales und gehörte später zu den Mitbegründern der Remstalkellerei. Das Auftreten der geflügelten Reblaus hat er als erster in Württemberg beobachtet.

Carl Friedrich von Gok (1776 Nürtingen – 1849 Stuttgart). Er brachte es vom kleinen Stadtschreiber zum Hof-Finanzrat im Innenministerium und zum Kgl. Hof- und Domänenrat. 1825 gründete er die Gesellschaft für die Weinverbesserung in Württemberg, die er, ebenso wie den Weinbauactienverein, jahrelang geleitet hat. Neben ampelographischen Arbeiten veröffentlichte er 1834 ein Büchlein „Über den Weinbau am Bodensee, an dem oberen Neckar und der schwäbischen Alp".

Friedrich Gräter (1882 Brachbach – 1970 Schwäbisch Hall). Kleinbäuerlicher Herkunft, brachte es Gräter ohne höhere Schulbildung zum Landwirtschaftsstudium in Hohenheim. Bis Kriegsausbruch 1914 war er Redakteur beim Internationalen Agrarinstitut in Rom, dann Generalsekretär beim Deutschen Weinbauverband. Nach dem Krieg leitete er ein großes Weingut in Spanien und arbeitete schließlich bei der Biologischen Reichsanstalt für Land- und Forstwirtschaft. Von 1928 bis 1945 stand Gräter an der Spitze der Weinsberger Lehr- und Versuchsanstalt. Dort hat er sich vor allem um die Verbesserung der Rotweinbereitung verdient gemacht. Eine seiner letzten Schriften war der Nachruf auf den Weinbau seiner Heimat: „Über 700 Jahre Weinbau am Kocher um Schwäbisch Hall" (1962).

Heinrich Haag (1879 Heilbronn – 1957 Eberstadt). Die Wengertertradition der Familie reicht über zwei Jahrhunderte zurück. Als Mitglied der deutschnationalen Fraktion im Reichstag und von 1924 bis 1934 als Abgeordneter des Württembergischen Bauern- und Weingärtnerbundes im Landtag, als stellvertretender Vorsitzender des Württembergischen Weinbauvereins und als Vizepräsident des Deutschen Weinbauverbandes hat sich Haag um die Weinkultur über die Grenzen des Landes hinaus verdient gemacht. Im Weinberg sah man den Politiker ebenso häufig wie im Heilbronner Weingärtnerchor Urbanus.

Otto Haag (1906 Heilbronn – 1991 Heilbronn). Urgroßvater, Großvater und Vater hatten das Land in Reichstag und Landtag vertreten; Ehrensache also für den Nachgeborenen, ebenfalls öffentliche Ämter und Aufgaben wahrzunehmen. Haag zog 1956 für die FDP/DVP in den Landtag ein und wurde im selben Jahr Präsident des Weinbauverbandes Württemberg. Während seiner 17jährigen Amtszeit wurden die Grundlagen für einen wirtschaftlich zukunftsträchtigen Weinbau im Lande geschaffen. Rebflurbereinigung, Kelterneubauten und neues Weingesetz genügen als Stichworte. Im Alter widmete sich Haag der Geschichte des „Stan-

des", er war die treibende Kraft bei der Errichtung des Heilbronner Weinbaumuseums und hat im hohen Alter selbst noch den Landschaftsschützern vorgemacht,
wie eine stabile Trockenmauer im Weinberg aufgerichtet wird.

Wilhelm Hauff (1802 Stuttgart – 1827 ebenda). Frühreif, ja frühvollendet hat der
studierte Theologe und Schriftsteller einen weltmännischen Zug in die schwäbische Spätromantik gebracht. In seinem historischen Roman „Lichtenstein" blitzt
das Lob des Neckarweins, in seinen „Phantasien im Bremer Ratskeller" die Phan-
tasmagorie des Rausches auf. In dem satirischen Roman „Der Mann im Mond"
hat Hauff den Begriff Schaumwein geprägt, der erst fünf Jahrzehnte später im
Wörterbuch erschien.

August Herold (1902 Neckarsulm – 1973 ebenda). Nach dem Studium in Hohenheim und einer Lehrzeit an der Biologischen Reichsanstalt für Land- und Forstwirtschaft übernahm Herold, der einer alteingesessenen Neckarsulmer Weingärtnerfamilie entstammte, 1928 die Leitung der Württembergischen Anstalt für Rebenzüchtung und Rebenpfropfung, eine Aufgabe, die er nach Krieg und Gefan-
genschaft wiederaufnahm. Neben der Erhaltungszüchtung der heimischen Tradi-
tionsgewächse hat er mit seinen Neuzüchtungen des Helfensteiners, der Heroldrebe, des Dornfelders und des Kerners das deutsche Rebsortiment bereichert.

Theodor Heuss (1884 Brackenheim – 1963 Stuttgart). Auch nach seiner Promotion
bei dem Nationalökonomen Lujo Brentano über „Weinbau und Weingärtnerstand
in Heilbronn am Neckar" (1905) blieb der Publizist und Politiker Heuss dem Thema Wein verbunden. Nach Redakteursjahren in Berlin und Heilbronn lehrte er ab
1920 an der Hochschule für Politik in Berlin, gehörte als Abgeordneter der Deutschen Demokratischen Partei dem letzten frei gewählten Reichstag an und schlug
sich während der Hitler-Diktatur als Schriftsteller durch. 1945 zum Kultusminister
in Württemberg berufen, 1947 zum Bundesvorsitzenden der FDP gewählt, wirkte
er maßgeblich an der Formulierung des Grundgesetzes mit und amtierte von 1949
bis 1959 als erster Bundespräsident in Bonn. Dort hat Heuss, immer für eine Anekdote, eine Zigarre und einen Schluck Limberger gut, den Neckarwein als Sonder-
botschafter des Ländle auf diplomatischem Parkett akkreditiert.

Friedrich Hölderlin (1770 Lauffen – 1843 Tübingen). Für den Dichter war der
Wein feuriger Sohn der Elemente, das Sakrament der heimatlichen Flur, des Vaterlandes, wie es in dem Gedicht „Das Ahnenbild" anklingt: „Aber unten im Haus
ruhet, besorgt von dir, / Der gekelterte Wein. Teuer ist der dem Sohn / Und er
sparet zum Fest das / Alte, lautere Feuer sich." Heilignüchternes Wasser muß
freilich in den Wein unkritischer Tourismusbarden gegossen werden, die zum Lob
der Neckarlandschaft mit Hölderlin in die Zitatenleier greifen. „Seliges Land! kein
Hügel in dir wächst ohne den Weinstock ..." Schon in dieser ersten Fassung der
Elegie „Der Wanderer" von 1797 hatte es eingangs geheißen: „Aber jetzt kehr ich
zurück an den Rhein, in die glückliche Heimat"; in der zweiten, endgültigen Fassung von 1800 wird dann endgültig klar, daß Hölderlins Wanderer das Tal des
Rheines, nicht das des Neckars feiert: „Seliges Tal des Rheins! Kein Hügel ist ohne
den Weinstock, / Und mit der Traube Laub Mauer und Garten bekränzt..."

Karl Christian Kern (1877 Oberderdingen – 1954 ebenda). Nach dem Besuch der Weinbauschule Weinsberg leitete Kern ein prominentes Weingut in der Pfalz und begann 1910 mit dem Aufbau eines eigenen Weinbauunternehmens zu Hause am Stromberg. In vielerlei Ehrenämtern tätig, trieb er 1930 die Gründung der Derdinger Weingärtnergenossenschaft voran, sorgte vier Jahre später schon für eine Rebflurbereinigung und besaß mit zwölf Hektar das damals größte private Weingut in Württemberg, dessen Gewächse er als „Kernles-Tee" apostrophierte. 1951 setzte er sich für eine zweite Rebflurbereinigung ein.

Justinus Kerner (1786 Ludwigsburg – 1862 Weinsberg). Seit 1819 lebte der Dichter als Oberamtsarzt in Weinsberg. Er hat viele Gedichte auf die Rebe und den Wein geschrieben, aber sein eigentliches Kunstwerk blieb sein Leben selbst in der unnachahmlichen Balance zwischen Naturliebe und Erdenjammer, Wissenschaft und Geisterglaube, ärztlichem Handwerk und poetischer Existenz, altfränkisch kargem Lebensstil und exzessiver Gastfreundschaft. Er war ein Genie der Freundschaft, hat sich um den Erhalt der Burgruine Weibertreu verdient gemacht und mit Friederike Hauffe, der weltweit diskutierten „Seherin von Prevorst", einer medial ungewöhnlich sensiblen Frau, ein Experiment unternommen, indem er ihr nacheinander Beeren eines Dutzends verschiedener Reben in die Hand gab, über deren Wirkung sie sich dann äußerte. Das Protokoll wurde 1846 auf dem Weinbaukongreß in Heilbronn vorgetragen. Die erfolgreiche Weinsberger Neuzüchtung ist ihm zu Ehren Kerner benannt worden.

Georg Christian von Kessler (1787 Heilbronn – 1842 Stuttgart). Kessler kam nach einer kaufmännischen Lehre 1807 in das Champagnerhaus Veuve Cliquot-Ponsardin nach Reims, lernte dort das geheimnisvolle Geschäft der Champagnerherstellung und wurde schließlich Teilhaber des Unternehmens. 1823 kaufte er das Gut Neuhof bei Oedheim unweit der Mündung des Kochers in den Neckar, zu dem stattliche Weinberge gehörten. Ob er damals schon eine endgültige Rückkehr in die Heimat samt eigener Firmengründung erwog, ist ungewiß. Jedenfalls hat er schon vor Etablierung seiner Sektkellerei in Esslingen anno 1826 auf Neuhof den ersten deutschen Sekt hergestellt, bevorzugt aus Clevner, der regionalen Spielart des Frühburgunders. Für seine Verdienste um den „schäumenden Neckarhaldenwein" wurde er 1841 von König Wilhelm I. von Württemberg geadelt. Die Kesslersche Kellerei, erst im ehemaligen Kaisheimer, dann im Speyerer Pfleghof in Esslingen zu Hause, produzierte damals schon mehr als eine halbe Million Flaschen des „Pfropfentreibers" pro Jahr. Da Kessler nur bestes Traubengut zu guten Preisen aufkaufte, trug er auch zur Förderung der Weinqualität im Lande bei. Der Flaschenbedarf seines Unternehmens hat darüber hinaus den württembergischen Glashütten im Schwarzwald zum Aufschwung verholfen.

Otto Linck (1892 Ulm – 1985 Güglingen). Der vielseitige Forstmann, Keupergeologe, Kunstgeschichtler, Lyriker und Naturschützer hat sich „nach Geburt und Wesen" als Franke bekannt und dem Unterland zugehörig gefühlt. Um so härter traf ihn das Ausmaß der ersten Rebflurbereinigungen am Stromberg und im Zabergäu. Sein 1954 erschienenes Buch „Der Weinberg als Lebensraum" liest sich heute schon als Nachruf auf die historische Weinberglandschaft.

Wilhelm Mährlen (1870 Eilfinger Hof bei Maulbronn – 1939 Weinsberg). Als staatlicher Weinbausachverständiger für Württemberg, als Leiter der Reblausbekämpfung, als Dozent in Weinsberg und Hohenheim, als Redakteur der Monatsschrift „Der Weinbau" und, ab 1932, als Vorstand des Württembergischen Weinbauvereins hat sich Mährlen publizistisch wie praktisch vor allem um die Rebenselektionierung und das Genossenschaftswesen im Lande verdient gemacht. 1929 erschien seine Jubiläumsschrift „100 Jahre Württembergischer Weinbauverein".

Richard Meissner (1868 Dessau – 1938 Heilbronn). Von 1901 bis 1923 leitete er die neugegründete Versuchsanstalt in Weinsberg. Die Einführung von Reinzuchthefepilzen bei der Gärung, die Erforschung der Rebseuchen und Rebschädlinge waren Schwerpunkte seiner Arbeit. Mit Mährlen zusammen schrieb er den populären „Katechismus des Weinbaus".

Christian Ferdinand Oechsle (1774 Bauersbronn-Buhlbach – 1852 Pforzheim). Der Glasmeisterbub aus dem württembergischen Schwarzwald lernte in Öhringen Goldschmied und gründete 1810 in Pforzheim eine feinmechanische Werkstatt, die vor allem Laboratorien und Universitätsinstitute belieferte und wo Oechsle ein Knallgasgebläse für die bis dahin gefährlichen Lötarbeiten erfand. Seine verbesserte Mostwaage, deren Gradeinteilung nach ihm benannt wurde, fertigte er ab etwa 1830 in Serie.

Karl Pfaff (1795 Stuttgart – 1866 Esslingen). Der Stiftler aus altwürttembergischer Theologen- und Beamtenfamilie wirkte über seinen Brotberuf an der Esslinger Lateinschule hinaus als liberaler Publizist, vaterländischer Historiker und Komponist. 1847 leitete er das erste deutsche Sängerfest in Plochingen, und 1862 war er einer der Gründerväter des Deutschen Sängerbundes, einer nationalen Institution neun Jahre vor der politischen Einigung im Bismarckreich. Neben Biographien der württembergischen Herrscher und Stadtgeschichten von Stuttgart und Esslingen hat Pfaff 1865 auch eine materialreiche „Württembergische Weinchronik" herausgegeben.

Oskar Raab (1894 Kosbach/Franken – 1967 Neckarsulm). Nach Weltkrieg, Studium in Hohenheim und wissenschaftlich-praktischer Tätigkeit in Baden und Franken begann Raab seine Tätigkeit in Württemberg 1931 als Weinbauwanderlehrer. Bis 1953 war er Landessachverständiger für Weinbau und leitete den staatlichen Reblausbekämpfungsdienst. Daneben lehrte er an der Weinbauschule sowie in Hohenheim, war Mitbegründer und – bis 1958 – Geschäftsführer des Württembergischen Weinbauverbandes, außerdem kurzfristig noch Referent für Weinbau im Stuttgarter Landwirtschaftsministerium. Legendär ist die Zahl der Weingärtnergenossenschaften, die er ins Leben gerufen hat: Es waren 93.

Kaspar Schiller (1723 Bittenfeld bei Waiblingen – 1796 Solitude). Der Wundarzt und Werbeoffizier, der in der Marbacher Löwenwirtstochter seine Frau gefunden hatte, war von früh auf mit Landwirtschaft und Weinbau vertraut und bildete sich in seiner Freizeit auf diesem Gebiet als Autodidakt weiter. 1775 berief ihn Herzog Carl Eugen als Hofgarteninspektor auf die Solitude. Hier hat der Pädagoge und

Ökonom aus Leidenschaft Zehntausende von Sprößlingen in seinen Baumschulen hochgezogen und gegen den alten Sortenmischmasch im Obstbau auf Luiken, Borsdorfer und Fleiner sowie auf Geißhirtlesbirnen gesetzt. Seine systematische, eigenhändig illustrierte „Pomologie" blieb ungedruckt, das Manuskript „Die Baumzucht im Großen" kam erst ein Jahrzehnt nach seinem Tod heraus. 1767, im zweiten Stück seiner „Betrachtungen über landwirtschaftliche Dinge im Herzogtum Württemberg" befaßte sich Friedrich Schillers Vater eindringlich mit dem Weinbau, vor allem mit der Sortenwahl. Durch das Vorbild seiner Baumschulen hat er den Obstbau in Württemberg nachhaltig gefördert. Seine Schriften verhallten weitgehend wirkungslos; Kaspar Schiller war seiner Zeit in vielem voraus.

Hermann Schneider (1879 Heilbronn – 1955 ebenda). Schon um die Jahrhundertwende entwickelte der junge Weingärtner mit scharfem Blick und unerhörter Beharrlichkeit seine Methode der Erhaltunsgzüchtung, also der vegetativen Vermehrung herausragender Weinstöcke im Weinberg. Schwarzriesling und Trollinger verdanken ihm ihre Qualifizierung, den Clevner hat er durch Selektion vor dem Aussterben bewahrt, den Samtrot als Mutation des Schwarzrieslings erkannt. Neben den vielfältigen Ehrenämtern für den „Stand" gehörte Schneider nach 1945 dem Landtag an und führte den von ihm 1947 wiederbegründeten Weinbauverband bis zu seinem Tode. Damit hat er die Weichen für den Wiederaufbau der Rebkultur gestellt, zugleich aber auch wertvolle Erinnerungen an das Weingärtnerleben des vorigen Jahrhunderts aufgezeichnet.

Heinrich Schoffer (1865 Strickhoff/Schweiz – 1928 Weinsberg). Nach dem Besuch der Weinbauschule Weinsberg und dem Studium in Hohenheim wechselte er 1895 aus badischen Diensten nach Weinsberg, wo er die Direktion der Lehr- und Versuchsanstalt bis 1928 innehatte. Er begründete und leitete die Rebveredelungsanstalt in Offenau und prägte sie mit ihrem Arbeitsethos bis heute – nicht zuletzt durch Gründung des Vereins der „Ehemaligen".

Christian Single (1816 Stuttgart – 1869 ebenda). Vorsitzender des Stuttgarter Güterbesitzervereins, des Weingärtner-Gesangsvereins Urbania in der Residenz, Ausschußmitglied der Gesellschaft für die Weinverbesserung in Württemberg, hat sich Single auf Studienreisen weitergebildet, wurde Wanderlehrer für Weinbau in Württemberg und baute ab 1866 die Weinbauschule Weinsberg auf, die zwei Jahre später eröffnet wurde. Nur ein Jahr war Single die Leitung der Schule vergönnt. 1860 gab er die „Abbildungen der vorzüglichsten und hauptsächlichsten Traubensorten Württembergs" heraus.

Balthasar Sprenger (1724 Neckargröningen – 1791 Adelberg). Nach der Stiftslaufbahn und einer Magisterreise durch Westeuropa fand Sprenger als Professor am Maulbronner Seminar einen neuen Wirkungskreis. Gemeinsam mit dem Verwalter Nast brachte er die Landwirtschaft des Klosters wieder in Schwung, gab neben zahlreichen Schriften über Feldbau, Bienenzucht und Weinbau einen „Allgemeinen Landwirtschaftskalender" heraus und wurde 1781 zum Prälaten des Klosters Adelberg ernannt. In seiner dreibändigen „Vollständigen Abhandlung des gesamten Weinbaues" (1776-1778) erwähnte er erstmals eine Rebschere, beobachtete er die Edelfäule der Trauben und gab Ratschläge zur Gewinnung von Trockenbeerauslesen. 1764 experimentierte er – vermutlich als erster in Deutschland – mit moussierendem Wein aus Trauben von Clevner und Ruländer. Der Landwirt im Prälatenrock war Mitglied zahlreicher Akademien und gelehrter Gesellschaften, der Theorie wie der forschenden Praxis im Geiste der Aufklärung gleichermaßen verpflichtet.

Ludwig Uhland (1787 Tübingen – 1862 ebenda). Der Jurist, Politiker, Germanist und Dichter war alles andere als eine dionysische Natur, auch wenn er seinen Tribut an landsmannschaftlich einverständigen Trinkliedern geleistet und so zum Selbstverständnis des Württembergers und dessen Weingesinnung beigetragen hat. Seine kaum mehr vorstellbare Popularität im ganzen deutschen Sprachbereich galt nicht nur dem Sänger und Gelehrten, sondern auch dem aufrechten Staatsbürger, dem politischen Gewissen Württembergs.

Wilhelm I., König von Württemberg (1781 Lüben/Schlesien – 1864 Stuttgart). Nach dem absolutistischen Regime seines Vaters, des dicken Königs Friedrich, hat Wilhelm dem Land eine konstitutionelle Verfassung gegeben, die Finanzen saniert, Verwaltung und Hofstaat vereinfacht, das Gewerbe und vor allem die Landwirtschaft gefördert und gegen den Widerstand des Adels die Bauernbefreiung begonnen. Der „König der Landwirte" baute die Domänen als Musterbetriebe aus, regte die Gesellschaft für die Weinverbesserung in Württemberg und den Weinbauverein an und schickte begabte junge Weingärtner zum Studium in andere Reblandschaften.

Württembergische Weinchronik

766 In einer Schenkung an das Kloster Lorsch an der Bergstraße werden Weingärten in Böckingen, Frankenbach, Schluchtern und Biberach im Unterland genannt.
769 Weinbau in Mühlacker an der Enz
777 Weinbau in Esslingen am Neckar
793 Mit der Stiftung einer Kirche auf dem Berg Riningenburc, dem heutigen Michaelsberg überm Zabergäu, werden zwei Weinberge in Villa Binincheim – wohl Bönnigheim – genannt.
803-817 Schenkung von Weingärten an das Kloster Fulda in Niedersteinach und Lohrhof im oberen Tauberland.
812 Weingärten in Manzell am Bodensee
875 Übergabe des Klosters Faurndau an der Fils mit zwei Weingärten an den Diakon Luitprant, Weingärten in Danketsweiler, Happenweiler und Trutzenweiler bei Schmalegg in Oberschwaben.
950 Weinbau in Bottwar und Stockheim
965 Weinbau in Illingen an der Schmie
976 Weinbau in Horkheim, Jagstfeld, Möckmühl, Oberkessach und Schwaigern am Heuchelberg. Der Terrassenweinbau wandert vom Rhein her ins Neckarland ein.
1076/77 Klirrende Kälte von Martini bis März, die Reben erfrieren bis auf die Wurzeln.

Um 1100 Das Kloster Lorch – oder etwas früher St. Gallen? – führt den Weinbau im Stuttgarter Tal ein.

1182 Baumblüte an Lichtmeß, 2. Februar, Weinlese Anfang August, viel und „ein Ausbund von süßem Wein".

1236 Beginn der Stuttgarter Weinchronik

1278 16. bis 18. Mai „durch Schnee und Kälte im Land Württemberg der Wein aller erfroren"

1288 Bodensee, Rhein und Neckar zugefroren, Maifröste, Hagel, Fehlherbst

1294 Wenig, aber „vinosissimum vinum", der weinigste aller Weine

1328 Baumblüte im Januar, Traubenblüte im April, Weinlese zwei Wochen nach Jakobi, 25. Juli

1348 Beulenpest oder „Schwarzer Tod", Erdbeben, Mißjahr

1370 Trauben am Stock erfroren. „In Ravensburg erwärmte man sie in Kesseln, um sie keltern zu können; der Wein blieb den ganzen Winter übersüß, erst um Pfingsten 1371 begann er zu gären und wurde sauer."

1383 Neckar zugefroren, Reben erfroren

1411 Urbansbruderschaft in Horb

1432 Wein in solchem Überfluß, daß der Kalk zum Bauen damit angemacht wurde, so in Rottenburg beim Bau des Turmes von St. Martin.

1434 Spätfröste in ganz Schwaben; das Kloster Zwiefalten brachte von seinem ganzen Rebbesitz nur zwei Fuder ein.

1438 Urbansbruderschaft in Rottenburg am Neckar

1456 Erlaß der württembergischen Regierung, daß in jeder Amtsstadt mit Weinbau nach der Lese eine Weinrechnung, eine Art Richtpreis für den Verkauf, zu machen sei.

1484 Gut und sehr viel. Die Maß des besten Weines kostete einen Pfennig. „Von geringerem gibt man die Maß um ein Ei."

1487 Der Reichstag zu Rothenburg ob der Tauber verurteilt Weinschmierereien und fordert Deklarationspflicht für geschwefeltes Gewächs.

1490 Urbansbruderschaft in Hirschau am Neckar

1490/91 Winterfrost; die ganze Stuttgarter Gemarkung liefert nur sechs Fuder Zehntwein.

1514 Aufstand des Armen Konrad

1518 Urbansbruderschaft an der Stuttgarter Stiftskirche

1525 Erhebung des gemeinen Mannes in Stadt und Land, sogenannter Bauernkrieg

1529 Sauer, wenig, „Wiedertäufer" oder „Türk"

1531 „Der reiche Herbst"

1539 „Tausend fünfhundert dreißig und neun
Galten die Faß mehr als der Wein."

1540 Um Bartholomäi, 24. August, hat man die frischen Trauben gelesen, die eingedorrten hängen lassen. Nach Regenfall zweite Lese. An dem schweren Wein, „die Herzsalben genannt", sollen sich bis zur Fastenzeit im Herzogtum 400 Menschen zu Tode getrunken haben.

1544 Sauer. Der württembergische Proviantmeister im Heer des Schmalkaldischen Bundes schreibt an die Rentkammer, man habe davon „mit Bescheidenheit zu melden, die Scheißend darob getrunken".

1556 170 Keltern in Heilbronn bezeugt.

1557 Maßordnung Herzog Christophs, die bis zur Gründung des Bismarck-Reiches gültig bleibt.
1571 Riesling und Welsche, wahrscheinlich Trollinger, in Mergentheim
1572 Winterfrost. Am 24. Februar gefriert in Esslingen der Wein beim Abendmahl im Kelch. „Sauer wie Essig, Wiedertaufer genannt"
1594 Etwa 4000 Morgen, 1260 Hektar Weinberge auf Stuttgarter Markung
1596 Viel und gut, „Beerleswein"
1599 Wegen des guten Weins „gab es im Herbst viele Totschläge".
1607/08 Winterfrost. „Die Weinstöcke, welche man damals noch vor vielen Häusern in Stuttgart traf, und von denen manche einen beträchtlichen Umfang, darunter fast eines Mannschenkels dick, hatten, gingen beinahe alle zu Grunde."
1626 „In der Nacht zu des Herrn Himmelfahrt ist der Wein im ganzen Taubergrund, am Neckar, Jagst, Kocher und Main erfroren."
1628 Verregnete Blüte; man muß die erfrorenen Trauben zerstampfen. Der „Stößelwein" schmeckt abgestanden, wird schwarz; „war für Essig zu schlecht".
1630 Münzprägung: „In diesem Jahr von Most sehr gut/all Kelter überlaufen tut."
1660 An Kocher und Jagst ist „der Most so dick rot, daß man sich dessen in Schreibung der Kelterrechnung, auch Handbrieflein, anhero statt der Tinten gebraucht".
1671/72 Neckar zugefroren. In Heilbronn binden die Küfer Fässer auf dem Eis und tanzen.
1693 Im Mai täglich Frost, „Franzosenwein"
1706 Nach mehreren Todesfällen wegen geschmierten Weines wird der Küfer Hanns Jakob Erni in Stuttgart enthauptet.
1709 Im Januar wird der Wein in den Kellern zu Eis, fast alle Reben im Weinberg erfrieren.
1738 Schneefall bis in den Mai; aber ein heißer Sommer und ein warmer Herbst bescheren „einen Ausbund von Wein. Im Jahr 1778 noch bewahrte man in großen Weinkellern einen Vorrat davon, um geringe Weine damit zu verbessern." 18. Mai, Hagelschlag in Esslingen, mehr als 100000 Gulden Schaden
1740 Winterfrost, verregneter Sommer, Anfang Oktober Frühfröste. „Zu Metzingen führte man die Trauben in Säcken heim und warf sie dem Vieh vor, zu Stuttgart, Esslingen, Tübingen, Besigheim, Beilstein und Mundelsheim ging gar keine Kelter."
1746 Heißer Sommer, „daß die Trauben sehr destilliert wurden, der Most wie Öl vom Biet lief und sogleich wie alter Wein zu trinken war".
1763 Winterfröste, kaltes, nasses Jahr, viel Sauerwürmer. Wein, „den man nur mit Obstmost trinken konnte".
1777 Heißer, trockener Sommer. Nach zwei Gewittern gefroren die Trauben vom 19. auf den 20. Oktober steinhart; wenig Wein, aber sehr gut, „weil durch die Kälte sich in den Trauben alles Wässerige verloren und das Geistige um so mehr zugenommen hatte".
1783 „... in der Mitte des Junius bei schwüler Hitze verbreitete sich ein im größten Teile Europas bemerkbarer Höhenrauch auch über Schwaben und hielt hier beinahe den ganzen Sommer an, die Sonne erschien dabei bald ganz blaß, bald feurig." Rosinenwein
1788 „Das hohe, mittlere und niedere Feld", also steile, hügelige und ebene Lagen, „hingen gleich voll Trauben, die roten Sorten, besonders die welschen, übertrafen die weißen noch an Reife."

Carlsberger Beerwein

aus der F. Hohenloh Langenburgé. Hofkellerei Weikersheim.

Ein selten frühes Kupferstichetikett, wohl für den „Eilfer", den Kometenwein des Jahres 1811. Die Bezeichnung Beerwein spricht für eine Beerenauslese vom Süd- hang des Karlsberges bei Weikersheim.

1796 Nach Aprilfrösten ordnet ein herzogliches „General-Rescript" für den Mai das Räuchern der Weinberge mit zehn Büscheln Rebreis je Morgen an.
1811 „... selbst die ältesten Männer konnten sich eines solchen ausgezeichneten Jahres nicht erinnern ... Die Obstbäume blühten noch einmal, und am 19. Oktober fand man in einem Garten bei Stuttgart zum zweitenmal blühende Rebstöcke. Der Wein, von einem im September erscheinenden Kometen der Kometenwein ge- nannt, zeichnete sich durch Geist und Süßigkeit aus, während er gärte, konnte man die Keller, in welchen er lag, nur mit der größten Vorsicht besuchen, und mancher erprobte Zecher fiel ihm zum Opfer." Der berühmte Eilfer.
1813-16 Herbstfäule, „Landsturm", Fehlherbste, Mißernten, Teuerung, Hungersnot
1817 Gute Ernte, aber schlechter Herbst
1822 Ausgezeichneter Jahrgang, der dem Eilfer wenig nachsteht.
1825 Gesellschaft für die Weinverbesserung in Württemberg
1826 Gründung der ersten Sektkellerei Deutschlands in Esslingen
1828 Württembergischer Weinbauverein; Zünftigkeit der Weingärtner aufgehoben
1830 Gesellschaft für Hagelversicherung

1837 „Der Herbst ist trüb, seine Freuden sind kalt, und die Trauben hangen wie Choleraleichen an den Stöcken" (Justinus Kerner an Sophie Schwab).
1846 „Bei Beginn der Weinlese war schon das meiste verkauft mit täglichem Aufschlag."
1848 Märzrevolution. Befreiung der Bauern in Neu-Württemberg von den grundherrlichen Lasten.
1849 Gesetz zur Ablösung des Zehnten
1855 Association für Bereitung und Verwertung der Weinernte in Neckarsulm, gilt als die erste Weingärtnergenossenschaft der Welt.
1860 Wenig und sauer, „Garibaldi"
1862 Klagen über den echten Mehltau, Oidium, auch Äscherich genannt
1865 Wenig, aber ausgezeichneter Wein, „der den Eilfer an Stärke noch übertrifft, ob auch an Lieblichkeit, wird die Zeit lehren".
1868 Weinbauschule Weinsberg
1871 Wenig, sauer, „Turko"
1875 Reblaus auf Stuttgarter Gemarkung entdeckt
1879 Reichsweingesetz erlaubt Kunstweinherstellung bei Kennzeichnung, die aber kaum beachtet wird.
1881 Peronospora, Blattfallkrankheit
1889 Genossenschaftsgesetz im Reichstag beschlossen
1895 Wenig, aber sehr gut, „Bismarck"
1901 Reichsweingesetz definiert erstmals den Begriff Wein und verbietet die gewerbliche Produktion von Kunstwein.
1904 Die 13 württembergischen Weingärtnergenossenschaften erfassen vier Prozent des Herbstes.
1911 Kometenwein

Schmucklos lapidar – Jahrgang und Weinbaugemeinde sprachen für sich.

1915 Wenig, aber gut; „Frauenwein", weil im Kriegsjahr die Frauen im Weinberg geschafft und den Herbst eingebracht hatten.
1917 Reicher Ertrag, viel Herbstgeld, „Schuldenzahler"
1921 Dem 1865er vergleichbar, „Witwenmacher"
1935 Württembergischer Weinbauverein aufgelöst
1937 Verbot der Weinmostversteigerungen
1939 Nach Frühfrösten und Hagel Markteinbruch im Remstal, der zum Zusammenschluß örtlicher Notgemeinschaften führt:
1940 Gründung der genossenschaftlichen Remstalkellerei.
1946 Landeszentralgenossenschaft Württembergischer Weingärtnergenossenschaften
1947 Dürrejahr, hochfeine, aber säurearme Gewächse, Weinbauverband Württemberg-Baden
1953 Erste gemeinschaftliche Umlegung mit Rebflurbereinigung in Großgartach
1954 Beginn der amtlichen Rebsortenstatistik
1959 Hochfeiner, aber säurearmer Jahrgang
1964 Nordbaden schließt sich dem Weinbauverband Baden an.
1968 Die seit vier Jahren als Württembergische Weingärtner-Zentralgenossenschaft firmierende WZG verlegt ihren Sitz nach Möglingen.
1971 Das neue deutsche Weingesetz tritt nach Angleichung an die Grundverordnungen der Europäischen Gemeinschaft in Kraft. Jahrgang der Spätlesen und Auslesen
1976 Edelfäule im Herbst, viele Weine mit Botrytiston
1982 Quantitativ ein Rekordherbst, fast 200 Liter pro Ar
1989 Quantitativ ein Rekordherbst. 6 230 Hektar Rebfläche im Land sind neu geordnet. 92 Weingärtnergenossenschaften mit 18 278 Mitgliedern, davon 32 Genossenschaften mit eigener Kellerwirtschaft, erfassen 85 Prozent des Herbstes.
1990 Mengenbegrenzung. Pro Ar dürfen höchstens 110 Liter, in terrassierten Steillagen bis zu 140 Liter je Ar vermarktet werden.

Kleines Wörterbuch der Weinsprache

Abbeeren oder Entrappen: Absondern der Weinbeeren von den Stielen – Kämme oder Rappen genannt –, die unerwünschte Bitterstoffe an den Most abgeben.
Ableger: einjährige Rebruten, die, in die Erde gepflanzt, neue Stöcke bilden. Seit dem Pfropfrebenbau ist diese Art der Weinbergverjüngung verboten.
Ampelographie: Rebsortenkunde.
Anreichern, früher verbessern: Dabei wird dem Most Zucker zugesetzt, der von der Hefe während der Gärung in Alkohol und Kohlensäure aufgespalten wird. Je nach Dosierung verbleibt eine mehr oder minder auffällige Restsüße. Seit 1971 ist Anreichern nur noch für Tafelweine, Landweine und Qualitätsweine ohne Prädikat erlaubt.
Aräometer: Senkwaage zur Bestimmung des spezifischen Gewichts von Flüssigkeiten. Mit der Mostwaage, auch Öchslewaage genannt, werden Zuckergehalt des Mostes, Alkohol und Extrakt des Weines bestimmt.

Aufbinden oder Heften: Die jungen Triebe der Rebe werden aufrecht am Drahtrahmen festgebunden, um Licht und Luft an den Stock zu lassen.

Auge: die Rebenknospe. Die Anzahl der Augen pro Quadratmeter nach dem Rebschnitt entscheidet über die Menge und damit auch Güte des künftigen Jahrgangs.

Ausbau: Gesamtheit der kellertechnischen Abläufe bei der Weinbereitung wie schonende Gärführung, Abstich des Hefetrubs, Schönung, also Ausfällen und Filtration der Eiweißstoffe und anderer Schwebepartikel, Schwefelung, Verschnitt, Lagerung in Faß und Stahltank, Flaschenabfüllung.

Ausbrechen: Die aus dem Stamm brechenden Wassergeschosse werden zugunsten der aus den einjährigen Fruchtruten wachsenden Triebe ausgebrochen.

Auslese: Bezeichnung für Weine aus vollreifem, oft edelfaulem Traubengut mit einem für Württemberg bestimmten Mindestmostgewicht von 95 Grad Öchsle.

Bannwein: bis zur Bauernbefreiung Naturalabgabe vom Herbst eines lehenspflichtigen Weingärtners an den Grundherrn, oft mit Kelterzwang zur Kontrolle verbunden.

Beerenauslese: Weine aus überreifen, edelfaulen Beeren, die oft einzeln aus der Traube herausgeschnitten werden und in Württemberg ein Mindestmostgewicht von 124 Grad Öchsle haben müssen.

Bereich: Zusammenfassung benachbarter Großlagen, aus deren Erträgen Weine gleichwertiger Geschmacksrichtung gewonnen werden. Das bestimmte Anbaugebiet Württemberg ist in fünf Bereiche unterteilt: Württembergischer Bodensee, Oberer Neckar, Remstal-Stuttgart, Württembergisches Unterland mit Hohenlohe sowie Kocher-Jagst-Tauber.

Biet: Kasten, der das Maischegut zum Keltern aufnimmt.

Blindrebe: 30 cm langer Rebtrieb, der als Steckling oder Setzling in die Erde kommt und sich zum Wurzelstock ausbildet, während sich aus dem obersten, allein übrig gelassenen Auge der neue Rebstock entwickelt.

Bocksbeutel: Das fränkische Flaschenoriginal hat sich aus der seitlich abgeplatteten Form der alten bauchigen Bouteille entwickelt und seine Legitimität als Behältnis eines unverfälschten Würzburger Steinweines im 18. Jahrhundert nicht von der damals allgemein üblichen Flaschenform, sondern von dem seit 1726 bezeugten Gütesiegel des Würzburger Stadtrates erhalten. Laut jüngster Definition des Bundesgesundheitsministeriums für den umstrittenen Herkunftsschutz des Bocksbeutels innerhalb der Europäischen Gemeinschaft „eine kurzhalsige, bauchigrunde, etwas abgeflachte Glasflasche mit ellipsoider Standfläche und mit ellipsoidem Querschnitt an der größten Wölbung des Flaschenkörpers, bei denen das Verhältnis von Hauptachse zu Nebenachse des elliptischen Querschnitts annähernd 2:1 und das Verhältnis von Höhe des gewölbten Flaschenkörpers zum zylindrischen Flaschenhals annähernd 2,5:1 beträgt.

Böckser: An faule Eier erinnernder Geruch und Geschmack des Weines; er geht auf Schwefelwasserstoff zurück, der sich während des Gärprozesses gebildet hat.

Bodeng'fährtle, auch Bodenton oder Bodengeschmack: Bestimmte Mineralien wirken wohl auf den Stoffwechsel der Rebe und damit auf die Bildung bestimmter Geschmacksstoffe ein. Der Begriff mußte oft als Erklärung für Fehler beim Ausbau herhalten.

Bordelaiser Brühe: Kupfervitriol-Kalk-Lösung zum Spritzen gegen die Peronospora.

Botrytis cinerea: Grauschimmel, Edelfäulepilz, gefürchtet, wenn er auf unreifen

Beeren die Sauerfäule, auf Traubenstielen die Stielfäule hervorruft; begehrt, wenn er bei warmer, trockener Herbstwitterung die Schale der reifen Beeren durchwächst, die Säure abbaut, das Wasser im Beerensaft verdunsten läßt und so die Zuckerkonzentration steigert.

Brache: Regenerationsphase für die Monokultur des Weinbergs; meist wird Luzerne eingesät, um der Rebenmüdigkeit oder auch spezifischen Virusinfektionen der Böden zu begegnen.

Bukett: Summe der Geschmackselemente, vor allem aber der Duftstoffe im Wein; gefragt ist heute ein typisches Sortenbukett. Die bis zu 400 Aromastoffe entwickeln sich meist erst mit der Gärung.

Bütte: große Kufe am Weinberg oder an der Kelter, in der man die Maische zum Gären stehen läßt.

Butten: längliches, auf dem Rücken getragenes Gefäß zum Transport der Trauben aus dem Weinberg. Buttentragen war und ist Schwerarbeit.

Chlorose: „Gelbsucht" des Reblaubs, tritt meist in schweren Böden mit Staunässe auf.

Deckrotwein wird zum legalen Verschnitt mit blassem deutschem Rotgewächs gebraucht; durch Züchtung eigener farbstarker Rebsorten ist der Verschnitt mit ausländischem Deckwein nicht mehr nötig.

Direktzug: unmittelbares Befahren der Rebgassen mit Zugmaschinen, möglich bis zu einer Hangneigung von 40 Prozent. Kostensenkend bei der Mechanisierung der Bodenbearbeitung, beim Düngen, bei der Schädlingsbekämpfung, bei Laubarbeit und Traubenlese.

Drahtrahmen: bei der neuen Reberziehung wird die Rebe in Längszeilen zwischen Betonpfählen oder Holzstickeln an Drähten gezogen. Die Gassen zwischen den Rahmenzeilen können mit Maschinen befahren werden.

Eichen: amtliches Abgleichen, Berichtigen und Beglaubigen von Maß und Gewicht.

Eisheilige: Namenstage der drei Heiligen Pankratius, Servatius und Bonifatius, vom 12. bis 14. Mai, sowie St. Sophias, der „kalten Sophie", am 15. Mai. Erfahrungsgemäß kommt es in dieser Zeit oft noch einmal zu Spätfrösten, die der austreibenden Rebe gefährlich werden.

Eiswein: hochkonzentrierter Wein aus hartgefrorenen Trauben, die bei mindestens − 8 °C gelesen worden sind. Durch das ausgefrorene Wasser in den Beeren werden Süße, Extrakt und Aroma konzentriert, wobei ein Mindestmostgewicht von 124 Grad Öchsle gefordert wird. Risikoreich durch Mengenverluste und entsprechend teuer.

Entsäuerung des Maischeguts ist erlaubt. Dabei wird die Weinsäure mit Hilfe von kohlensaurem Kalk, die Apfelsäure mit Doppelsalz teilweise ausgefällt.

Erosion mindert die Bodenfruchtbarkeit im Weinberg. Regen schwemmt, Wind weht die feinerdige Humuskrume fort. Früher dämmten Terrassenbau und natürlich Begrünung diese Gefahr ein, heute wirken Einsaat von Gründüngungspflanzen und Mulchen, also Bodenabdecken, der Verarmung der Böden entgegen.

Erziehung: Maßnahmen, die den Wuchs des Rebstocks durch Schnitt und Stützenhilfe möglichst arbeitssparend so lenken, daß Laubmasse und Traubenbehang, Quantität und Qualität des Ertrags zu einem ausgewogenen Verhältnis finden. Früher herrschte in Württemberg die Dreischenkelerziehung an einzelnen Stickeln, heute die Erziehung am Drahtrahmen im Flachbogen, Halbbogen oder Pendelbogen vor.

Extrakt: Summe der Stoffe, die beim Verdampfen des Weines übrigbleiben, wie Alkohol, Zucker, Säuren, Glyzerin, Mineralsalze, Gerbstoffe, Farbstoffe, Eiweiße, Aromastoffe.

Fanggrube: an der tiefsten Stelle des Weinbergs, soll das bei Unwettern abgeschwemmte Erdreich auffangen.

Fechser: die Wurzelrebe.

Federweißer: Traubenmost in der Gärung; milchtrüb und vitaminreich durch die Hefen, spritzig durch die Kohlensäure. Kuren mit Federweißem sind im Herbst im Weinland beliebt.

Felgen: Flache Bodenlockerung mit der Felghaue.

Firne: Alterston des Weines, durch zunehmende Oxydation bedingt.

Geschein: Blütestand der Rebe.

Gründüngung: Einsaat von Platterbsen, Lupinen, Raps, Roggen, Wicken in den Rebgassen. Nach dem Aufgehen wird die Pflanzendecke abgemäht und als Bodendecke, Mulchmaterial, liegengelassen oder als Humuszufuhr in den Boden eingearbeitet.

Häcker heißt im Fränkischen der Tagelöhner im Weinberg, aber auch der kleine Winzer.

Hape, Happe, Heppe, Hippe: Rebmesser mit gekrümmter Klinge, das inzwischen von der Rebschere abgelöst worden ist.

Haustrunk: aus Trestern gewonnener Wein, der zur Selbstversorgung im familiären Erzeugerbetrieb zugelassen ist, heute kaum noch von Bedeutung.

Herbst: im Weinland nicht nur die dritte Jahreszeit, sondern auch Traubenlese und -ertrag. Einen neidischen Herbst gibt es, wenn die Lese je nach Witterung in den einzelnen Talschaften oder Orten sehr unterschiedliche Erträge bringt.

Jungfernwein: der erste Jahrgang aus einem neuangepflanzten Weinberg.

Kabinett: früher Spitzenweine aus der Kellerschatzkammer, dem Cabinet; nach der Klassifikation des neuen Weingesetzes nun die unterste Stufe der Qualitätsweine mit Prädikat, die in Württemberg ein Mindestmostgewicht von 72 bis 78 Grad Öchsle haben müssen und nur mit Süßreserve angereichert werden dürfen.

Karst: zweizinkige Hacke zum tiefgründigen Auflockern des Bodens.

Kellerschimmel, Cladiosporum cellare: siedelt in schwärzlichgrauen Rasen, Nestern und Zöpfen in alten Gewölbekellern, ernährt sich von den in der Luft schwebenden flüchtigen Weinstoffen, riecht nicht unangenehm, harmonisiert die Luftfeuchtigkeit und zeigt so ein ideales Kellerklima an.

Kirchenfenster: Schlieren, die ein schwerer, glycerinhaltiger Wein im Glas bildet und die an die Zeichnung von Kirchenfenstern erinnern.

Klon: Nachkommenschaft einer selektionierten, besonders leistungsstarken Kulturrebe; durch die vegetative Vermehrung ist die Weitergabe gleichen Erbguts gewährleistet. Die Klonenzüchtung hat zu ungeahnter Ertragssicherung und Ertragssteigerung geführt.

Kreuzung: gezielte Bestäubung und Befruchtung zweier verschiedener Rebsorten, um Nachkommen mit neuen Eigenschaften zu erhalten. Bei Zwittersorten werden zuvor die männlichen Blütenteile, Staubblätter und Staubbeutel, entfernt, um Selbstbefruchtung zu vermeiden. Die Züchter stellen beim Namen ihrer Kreuzungen die befruchtete Mutterrebe der männlichen pollenspendenden galant voran.

Lage: bezeichnet als Einzellage einen genau umgrenzten und gesetzlich geschützten Weinberg; die Großlage faßt Einzellagen zusammen, aus deren Erträgen gleichwertige Weine gleichartiger Geschmacksrichtung gewonnen werden können. Mehrere Großlagen bilden einen Bereich.

Lägel: kleines Faß oder hölzerne Kanne, meinte im Schwäbischen meist 10 bis 20 Liter.

Lauer, Trester, Treber: Rückstand des gekelterten Maischguts. Für den Lauerwein, Nachwein, Tresterwein wird der Tresterkuchen mit Zuckerwasser angerührt und nochmals gepreßt. Lauer wird auch zu Tresterschnaps destilliert. Im Fränkischen heißt die Blutrote Singzikade, auch Weinhähnchen oder Traubensurrer genannt, Lauer.

Maische: vor der Kelterung zerquetschtes oder zermahlenes Traubengut. Läßt man die Maische für die Rotweinbereitung angären, werden zuvor die gerbstoffstrengen Stiele meist entfernt; aus den Beerenschalen und Kernen ziehen auch noch Gerbstoffe in den Most ein.

Mehltau, echter: aschgrauer Pilz, auch Oidium oder Äscherich genannt. Wenn die davon befallenen Trauben nicht ausgesondert werden, kann der Wein einen schimmeligen Geschmack bekommen.

Mutation: sprunghafte Änderung im Erbgefüge, bei der Rebe besonders häufig. Der Samtrot entstand beispielsweise aus einer Mutation des Schwarzrieslings, der Müllerrebe.

Öchsle: Gradeinteilung für die Messung des spezifischen Weinmostgewichtes, benannt nach dem Feinmechaniker Christian Ferdinand Oechsle aus Baiersbronn im württembergischen Schwarzwald und dem von ihm konstruierten Aräometer, der Öchslewaage. Je ein Grad Öchsle zeigt an, um wieviel Gramm der Most schwerer als Wasser ist. Der prozentuale Zuckergehalt berechnet sich nach der Formel: Mostgewicht geteilt durch vier und davon minus drei.

Oenologie: Wissenschaft vom Wein.

Peronospora: 1878 von Nordamerika nach Europa eingeschleppte, von einem Pilz verursachte Blattfallkrankheit der Rebe, die auch auf die Beeren übergreifen kann und sie ledrig einschrumpfen läßt.

Pfropfrebe: auf das Wurzelstück einer amerikanischen, reblausresistenten Rebe gepfropftes Reis einer europäischen Kulturrebe. Die unterirdisch an den Wurzeln saugende Reblaus kann so dem Rebstock nicht mehr gefährlich werden.

Qualitätswein ohne Prädikat: braucht in Württemberg, je nach Rebsorte, ein Mindestmostgewicht von 57 bis 63 Grad Öchsle.

Räumen: früher eine der ersten Arbeiten im Weinberg, wenn die im Spätherbst niedergelegten Stöcke von der darüber gescharrten Erde befreit wurden.

Reblaus: Mitte des 19. Jahrhundert von Nordamerika nach Europa eingeschleppter Schädling, der als Wurzel- und als Blattreblaus auftritt.

Rebschnitt ist nötig, weil die Rebe von Natur aus eine Schlingpflanze der Auwälder ist; ein Rückschnitt Anfang des Jahres auf eine oder zwei Fruchtruten ist die Regel. Bis in die 1920er Jahre wurde grundsätzlich nur bei zunehmendem Mond geschnitten.

Restsüße: heute meist das Ergebnis verfeinerter Kellertechnik. Normalerweise stellen die Hefeenzyme beim Gärprozeß ihre Tätigkeit ein, wenn etwa zwölf Grad Alkohol erreicht sind; das ist bei allen durchgegorenen Mösten bis zu 100 Grad Öchsle der Fall. Um lieblichere Weine auch von geringeren Mösten zu erhalten, stoppte man die Gärung vorzeitig durch abrupte Kühlung, rigorose Filterung oder

Zusatz von Schwefel ab. Heute setzt man dem durchgegorenen Most kurz vor dem Abfüllen sterilisierten Traubensaft zu, die Süßreserve. Nur bei Weinen im Auslesebereich sorgt neben dem Alkohol auch die hohe Zuckerkonzentration für ein so frühes Ende der Gärung, daß eine natürliche Restsüße verbleibt.

Roseewein, Roséwein: wird aus Rotgewächs gewonnen, dessen farbstoffhaltige Beerenschalen kurz nach dem Gären durch Keltern vom Most getrennt werden, so daß dem Wein nur eine apfelgeleefarbene Tönung bleibt.

Säcker, Secker: das Preßquantum Traubenmaische für einen Keltergang.

Sämling: aus einem Samen gezogene Jungrebe, die im Gegensatz zum vegetativ vermehrten Klon ihre Erbeigenschaften nicht sicher beibehält.

Schiller: traditionell wie gesetzlich aufs Anbaugebiet Württemberg beschränkte Bezeichnung für Rotling, einen aus dem Verschnitt von weißen und roten Trauben gekelterten, hellrot schillernden Wein. Frühere Namensform auch Schieler. Getrennt ausgebaute Weißweine und Rotweine dürfen nicht miteinander verschnitten werden.

Schwanz hat ein Wein, der nachhaltig ist, nach dem Schlucken nachhaltig im Gaumengewölbe nachhallt.

Schwefeln: seit der Antike gebräuchliches Verfahren, den Wein durch Zusatz von schwefliger Säure, nicht Schwefelsäure, gesund, frisch und hellfarben zu halten. Die Obergrenzen für die gesamtschweflige Säure liegen bei 175 mg/l bei einem trockenen Rotwein und bis zu 400 mg/l bei Beerenauslesen.

Seilzug: nur noch in Steillagen wirtschaftlich gerechtfertigt. Die Zapfwelle einer Zugmaschine treibt dabei eine Winde, an deren Drahtseil ein bemannter Sitzpflug durch die Rebgassen gezogen wird. Vom oberen Ende des Weinbergs muß der Pflug in Handarbeit wieder nach unten gezogen werden.

Sohn: Rute eines Rebstocks, die beim Verjüngen eines Weinbergs vergraben wurde und so einen ausgehackten Nachbarstock ersetzen sollte.

Spätlese: Wein aus vollreifem Traubengut, das nach der allgemeinen Lese geherbstet wurde. In Württemberg haben Spätlesen je nach Traubensorte ein Mindestmostgewicht von 85 bis 88 Grad Öchsle.

Süßreserve: Verschnitt von steril gehaltenem Traubensaft und durchgegorenem Wein, Ende der 40er Jahre in Württemberg erstmals erprobt. Erlaubt ist ein Zusatz bis zu 10 Prozent der Gesamtmenge.

Trocken: weltweite Bezeichnung für Wein mit maximal vier Gramm Restzucker je Liter. Laut deutschem Weingesetz dürfen, je nach Säuregehalt, Weine mit bis zu neun Gramm noch als trocken figurieren. Sogenannte halbtrockene Weine dürfen bis zu 18 Gramm Restzucker je Liter enthalten. Man muß schon zu Flaschen mit dem gelben Weinsiegel, dem früheren Diabetikerzeichen, greifen, wenn man sicher sein will, daß der als trocken deklarierte Wein wirklich trocken ist.

Trockenbeerenauslese: Wein aus edelfaulen, rosinenartig eingeschrumpften Beeren. Das Mindestmostgewicht liegt in Württemberg bei 150 Grad Öchsle.

Verrieseln kann die Traubenblüte bei naßkalter Witterung, aber auch bei zu üppigem Triebwachstum wegen Überdüngung; dabei werden die teilweise oder ganz unbefruchteten Blüten abgestoßen, die Gescheine verrieseln; entsprechend gering bleiben Fruchtansatz und Ertrag.

Vorlaß, Vorlauf: der erste, noch ohne oder mit nur leichtem Preßdruck aus der Kelter rinnende und entsprechend gerbstoffarme Wein, der früher extra hoch bezahlt wurde.

Wein: Das deutsche Weingesetz definiert: „Wein ist das aus dem Saft frischer Weintrauben hergestellte Getränk, das infolge alkoholischer Gärung mindestens 55 Gramm tatsächlichen Alkohol im Liter enthält und dessen Kohlensäuredruck bei 20 Grad Celsius 2,5 atü nicht übersteigt."

Weinberg: Der Begriff taucht im Gegensatz zum alten Weingarten in Mitteldeutschland erst im 13. Jahrhundert auf und wanderte mit der Lutherbibel nach Süden und Westen.

Weinflaschen waren ursprünglich aus Holz, Leder oder Metall. Die gläserne Weinflasche des 17. und 18. Jahrhunderts hieß Bouteille.

Weingartgrün hieß das Bingelkraut, das zur typischen Hackfruchtflora gehört.

Weinkauf: Die Zeugen eines Weingeschäfts durften beim Umtrunk, der den Abschluß erst bekräftigte, unentgeltlich mittrinken. 1756 legte die württembergische Gemeindeordnung fest, daß bei einer Kaufsumme von 50 Gulden 45 Kreuzer, bei 100 bis 400 Gulden jeweils 30 Kreuzer pro Hundert für den Weinkauf verwendet werden durften. Der Weinkauf war oft „nur causa bibendi", also ein Vorwand zum Trinken.

Weinkoch: alter Name für den Monat August.

Weinmond: alter Name für den Monat Oktober.

Weinsuppe wurde Wöchnerinnen und Kranken als besonders kräftigend gereicht.

Weinvisierer, Weinbeiler, Weinmesser: Beamter der Gewerbeaufsicht, der den Wein im Faß mit dem Visierstab vorläufig maß.

Weißherbst: Roséwein, der nur aus einer bestimmten Rebsorte gewonnen wird und sich mindestens als Qualitätswein ohne Prädikat klassifiziert hat.

Wengerterfleisch: Schwäbischer Spottname für Bohneneintopf.

Maß und Münze

Batzen: württembergisch, 4 Kreuzer

Eimer: württembergisch, seit 1557, 293,9 Liter, 16 Imi

Elle: württembergisch, seit 1557, 0,614 m

Fuder:, württembergisch, seit 1557, 1763,5 Liter, 6 Eimer

Fuß: württembergisch, seit 1557, 28,65 cm, 12 Zoll; ab 1806 28,65 cm, 10 Zoll

Gulden (fl): 15 Batzen, 60 Kreuzer; 1875 umgerechnet 1,71 Goldmark

Heller: 1 Pfund Heller, 20 Schilling, 240 Kreuzer

Hektar: 1 ha, 100 Ar, 10 000 qm

Hektoliter: 1 hl, 100 Liter

Imi: württembergisch, seit 1557, 10 Maß, 18,37 Liter

Jauchert: württembergisch, seit 1557, 1,5 Morgen, 47,27 Ar oder ein Tagwerk

Kreuzer: württembergisch, 1865 umgerechnet 2,86 Pfennig

Maß: württembergisch, seit 1557, 4 Schoppen, 1,837 Liter

Morgen: württembergisch, seit 1557, 31,5174 Ar, 150 Quadratruten

Quadratrute: württembergisch, seit 1557, 256 Quadratfuß, 21,01 qm

Rute: württembergisch, seit 1557, 16 Fuß oder Werkschuh, 4,58 m; seit 1806 10 Fuß, 2,864 m

Schoppen: württembergisch, seit 1557, 0,459 Liter

Zoll: württembergisch, seit 1557, 2,375 cm; ab 1806 2,86 cm

Hinweise zur Literatur

ADELMANN, RABAN GRAF VON: Die Geschichte des Württembergischen Weinbaus. Schriften zur Weingeschichte, Nr. 8, hrsg. von der Gesellschaft für Geschichte des Weines, Wiesbaden 1962.

AMBROSI, HANS UND BERNHARD BRAUER, HRSG.: Württemberg. Vinothek der deutschen Weinberg-Lagen. Stuttgart 1981.

BAER, OTTO: Werden, Wachsen und Wirken der Württembergischen Weingärtnergenossenschaften. Schriften zur Weingeschichte, Nr. 51, hrsg. von der Gesellschaft für Geschichte des Weines, Wiesbaden 1979.

BASSERMANN-JORDAN, FRIEDRICH VON; Geschichte des Weinbaus. 2. Auflage, 3 Bände, Frankfurt am Main 1923.

BAUMANN, REINHOLD: Zwölf Jahrhunderte Weinbau und Weinhandel in Württemberg. Schriften zur Weingeschichte, Nr. 33, hrsg. von der Gesellschaft für Geschichte des Weines, Wiesbaden 1974.

BERTSCH, KARL: Die wilde Weinrebe im Neckartal. Veröffentlichungen der Württembergischen Landesstelle für Naturschutz, Nr. 15, Stuttgart 1938.

BIBLIOGRAPHIE ZUR GESCHICHTE DES WEINES, zusammengestellt von Renate Schoene, hrsg. von der Gesellschaft für Geschichte des Weines, Mannheim 1976. Supplementband 1, Wiesbaden 1978; Supplementband 2, München 1982; Supplementband 3, München 1984.

BOLAY, THEODOR: Weinbau im Zabergäu einst und jetzt. Bietigheim 1969.

BOSCH, FRITZ: Weingärtnergenossenschaft Unteres Jagsttal. Manuskript, Neudenau-Reichertshausen 1990.

BRONNER, JOHANN PHILIPP: Der Weinbau im Königreich Württemberg. 2 Bände, Heidelberg 1837. Reprint, Tübingen o. J.

DERS.: Der Weinbau des Main- und Taubergrundes. Heidelberg 1839. Reprint, Tübingen o. J.

CARL, HEINZ ULRICH: Wo ein grüner Besen winkt. Ein Führer durch Strauß- und Besenwirtschaften. Stuttgart 1960.

CLAUS, PAUL U. A.: Persönlichkeiten der Weinkultur deutscher Sprache und Herkunft. Schriften zur Weingeschichte, Nr. 100, hrsg. von der Gesellschaft für Geschichte des Weines, Wiesbaden 1991.

COMBE, ERICH: Die Bedeutung des Weinbaues für die württembergische Volkswirtschaft. Diss. rer. pol. Köln, Vöhrenbach/Baden 1933.

DIRLAM, JOHANN KONRAD: Die Geschichte des Neckarweins und Weinbaues, vornehmlich in und um Stuttgart, von 1200 an bis 1778. Stuttgart 1778.

DORNFELD, IMMANUEL: Geschichte des Weinbaues in Schwaben. Stuttgart 1868. Reprint, Wurmlingen o. J.

ENGELMANN, WILHELM: Der württembergische Weinhandel einst und heute. Diss. rer. pol. Tübingen 1911.

FRANK, HANS GEORG: Württemberger Weinkunde. Stuttgart 1992.

FRAUENDIENER, REINHOLD: Die Tübinger Weingärtner und ihre Kelter. Tübingen 1907.

GAYER, KURT UND ALFRED HOFMANN: Das Schwäbische Weinbuch. 2. Auflage, Stuttgart 1976.

GOK, KARL FRIEDRICH VON: Über den Weinbau am Bodensee, an dem oberen Neckar und der schwäbischen Alp. Stuttgart 1834. Reprint, Wurmlingen o. J.

GÖTZ, BRUNO: Mosaik zur Weingeschichte, Freiburg 1982.

GRADMANN, EUGEN: Weinbau und Landschaft. In: Württembergische Studien. Festschrift zum 70. Geburtstag von Eugen Nägele, Stuttgart 1926.

GRÄTER, CARLHEINZ: Weinwanderungen an der Tauber. Oettingen 1969.

DERS.: Hohenloher Weinbrevier. Gerabronn-Crailsheim 1974.

GRÄTER, FRIEDRICH: Über 700 Jahre Weinbau am Kocher um Schwäbisch Hall. Sonderdruck aus: Jahrbuch des Historischen Vereins für Württembergisch Franken, Band 46, Schwäbisch Hall 1962.

HAAG, OTTO: Die Anfänge der Rebenselektion. Dem Altmeister Hermann Schneider zu Ehren, in: Rebe & Wein, Heft 3, Weinsberg 1985.

HERWIG, EUGEN: Weinland Baden-Württemberg. Mannheim 1976.

DERS.: Weinfahrten in Schwaben. Ein Lese- und Geleitbuch für den Freund des Weines und der Landschaft. 2. Auflage, Mannheim 1980.

HEUSS, THEODOR: Weinbau und Weingärtnerstand in Heilbronn a. N. Diss. rer. pol. München 1905. Neudruck Neustadt an der Haardt 1950.

HIPPEL, WOLFGANG VON: Die Bauernbefreiung im Königreich Württemberg. Band 1 Darstellung, Band 2 Quellen. Boppard 1977.

HOFFMANN, KURT M.: Weinkunde in Stichworten. Ein Weinkolleg, 2. Auflage, o. O. 1977.

KLING, HANS: Der Einfluß des Weinbaus auf die Bauernhausformen in den heutigen ländlichen württembergischen Weinbaugemeinden des mittleren und unteren Neckartales. Diss. TH Stuttgart 1936, Stuttgart 1937.

LINCK, OTTO: Der Weinberg als Lebensraum. Am Beispiel des Neckarlandes. Öhringen 1954.

DERS.: Das Weinland am Neckar. Konstanz o. J.

DERS.: Ende der „historischen Weinberglandschaft" des Neckarlandes und die Rebflurbereinigung auf dem Michaelsberg. Güglingen 1977.

LINK, GUNTER: Stuttgart und sein Wein. Stuttgart 1992.

LINSENMAIER, OTTO: Der Trollinger und seine Verwandten. Schriften zur Weingeschichte, Nr. 92, hrsg. von der Gesellschaft zur Geschichte des Weines, Wiesbaden 1989.

LUTZ, FRIEDRICH: Altwürttembergische Hohlmaße. Stuttgart 1931.

MUNZ, EUGEN: Ein Jahrtausend Weinbau in Marbach a.N. Aus der Vergangenheit der Marbacher Märkte, Marbach am Neckar 1964.

NÜBLING, EUGEN: Ulms Weinhandel im Mittelalter. Ulm 1893.

PFAFF, KARL: Württembergische Weinchronik. Esslingen 1865.

RAUCH, MORITZ VON: Salz- und Weinhandel zwischen Bayern und Württemberg im 18. Jahrhundert. In: Württembergische Vierteljahreshefte für Landesgeschichte, N. F. XXXIII, Stuttgart 1927.

REBE UND WEIN. Mitteilungen des Weinbauvereins (später Weinbauverbands) Württemberg-Baden. Monatsschrift für Weinbau und Weinbehandlung, Weinsberg 1948 ff.

RIEDE, PAULA: Das Weinbaugebiet östlich des unteren Neckars zwischen Marbach und Gundelsheim. Diss. phil. Mschr. Tübingen 1947.

SALZMANN, ERWIN: Weinbau und Weinhandel in der Reichsstadt Esslingen bis zu deren Übergang an Württemberg 1802. Diss. rer. pol. Tübingen 1930, Stuttgart 1930.

SATTLER, HERMANN UND FRIEDRICH KULL: Die sieben Metzinger Keltern. In: Schwäbisches Heimatbuch, Band 16, hrsg. vom Bund für Heimatschutz in Württemberg und Hohenzollern, Esslingen 1930.

SCHARFE, MARTIN: Weingärtnerkultur im Württemberg. In: Abschied von der Dorfidylle, hrsg. von Martin Blümcke, Stuttgart 1982.

SCHMOLZ, HELMUT UND HUBERT WECKBACH: Heilbronn, Geschichte und Leben einer Stadt in Bildern. Weißenhorn 1971.

SCHNEIDER, HERMANN: Die Heilbronner Weingärtner im Wandel der Zeiten. In: Jahrbuch des Historischen Vereins Heilbronn, Band 20, Heilbronn 1951.

SCHRÖDER, KARL HEINZ: Weinbau und Siedlung in Württemberg. Forschungen zur deutschen Landeskunde, Band 73, Remagen 1953.

SPAHR, GERHARD OSB: Wein und Weinbau im Bodenseeraum. Geschichte, Kunst, Kultur. Schriften zur Weingeschichte, Nr. 23, hrsg. von der Gesellschaft für Geschichte des Weines, Wiesbaden 1970.

SPRENGER, BALTHASAR: Praxis des Weinbaus überhaupt, besonders aber in Schwaben am Neckar, an der Rems und Enz ... Stuttgart 1778. Reprint Tübingen o. J.

STEEB, JOHANN GOTTLIEB: Faßliche Anleitung zum Weinbau mit besonderer Rücksicht auf die neuen Verbesserungen, zunächst für die Weingärtner Württembergs bestimmt. Reutlingen 1831. Reprint Wurmlingen o.J.

VOLZ, C.: Beiträge zur Geschichte des Weinbaues in Württemberg, von den ältesten auf die neuesten Zeiten, aus zum Teil noch ungedruckten urkundlichen Quellen, o. O. o. J. Dasselbe in: Württembergische Jahrbücher für vaterländische Geschichte, Geographie, Statistik und Topographie, Heft 2, Stuttgart 1850.

WECKBACH, HUBERT: Heilbronn im „Herbst". In: Jahrbuch des Historischen Vereins Heilbronn, Band 26, Heilbronn 1969.

150 JAHRE WEINBAUVERBAND WÜRTTEMBERG, Fürth 1976.

STAATLICHE LEHR- UND VERSUCHSANSTALT FÜR WEIN- UND OBSTBAU WEINSBERG: Festschrift 1869 – 1968. Weinsberg 1968.

Register

Namensregister

Sachregister

Bildnachweis

(BA = Bildarchiv) Luftbild Elsäßer, SU; Staatsgalerie Stuttgart, 11; Stadtarchiv Heilbronn (PKR 275/519) 15; B. Sprenger, Praxis des Weinbaus (1778) 17; Alfred Reder, 19; Foto Metzger, Böttingen, 22; BA: C. Gräter, 23; Nach Eichholz und Lorenz, Nachrichtenblatt des Deutschen Pflanzenschutzdienstes Braunschweig, 27; Schröder, Weinbau u. Siedlung in Württemberg (Forschungen zur deutschen Landeskunde, Bd. 73, Remagen 1953) 29; Weinland Baden-Württemberg (München, 1960) 32, 33; Schwäbische Heimat (Juni 1956) 35; Deutsche Volkskunst Bd. V. (München 1925), 38; J. B. Müller u. H. Lebe, Der Weinstock (Stuttgart 1878) 40; I. Rohloff, Würzburg, 43; Schiller Nationalmuseum, Marbach, 45; G. Hegi, Rebstock und Wein (München 1925) 48; WLM Stuttgart, 51; BA: C. Gräter, 53, 56; A. v. Babo u. E. Mauch, Handbuch des Weinbaus und der Kellerwirtschaft (Berlin 1893) 57; BA: C. Gräter, 60, 63, 64, 67; B. Sprenger, Praxis des Weinbaus (1778) 68; BA: C. Gräter, 71, 72, 73; Hauptstaatsarchiv Stuttgart (C 3 T 449) 76; Landesbildstelle Württemberg (Neg. Nr. 15271) 77; W. Bernhardt u. H. Koepf, Die Pfleghöfe in Esslingen (Esslingen 1982) 79; BA: C. Gräter, 82, 83; Hauptstaatsarchiv Stuttgart (H 107/16 Nr. 5) 84; BA: C. Gräter, 85, 86; Städt. Museum Heilbronn, 89; BA: C. Gräter, 93, 95, 97, 98; Hauptstaatsarchiv Stuttgart (F A88/101) 100: K. H. Schröder, Weinbau und Siedlung in Württemberg (Remagen 1953) 104; BA: C. Gräter, 106, 108; Sprenger, Weinbau, 1778, 109; BA: C. Gräter, 117, 123; I. Rohloff, 125; Stadtarchiv Heilbronn, 127; Schiller Nationalmuseum, Marbach, 129; Stadtarchiv Stuttgart, 131; Stadtarchiv Heilbronn, 136; BA: C. Gräter, 139, 140, 143; Dr. G. Götz, 144; Stadtarchiv Heilbronn, 147; A. v. Babo u. E. Mauch, Handbuch (Berlin 1893) 148; I. Rohloff, 154; BA: C. Gräter, 160, 161, 162; J. Braun, Tübingen, 165; A. Handel, 168; BA: C. Gräter, 170, 171; Liegenschaftsamt Stadt Stuttgart, 174; Landesbildstelle Württemberg (Neg. Nr. 20666) 176, (Neg. Nr. 23210) 178, (Neg. Nr.27594) 179; Schloßverwaltung Ludwigsburg, 181; BA: C. Gräter, 183; Felsengartenkellerei Hessigheim, 185; Hauptstaatsarchiv Stuttgart, 189; BA: C. Gräter, 190; Landesbildstelle Württemberg (Neg. Nr. 46342) 193, (Neg. Nr. 28440) 195; Stadtarchiv Großbottwar, 200; Landesbildstelle Württemberg (Neg. Nr. F 1555/7) 202; BA: C. Gräter, 204; Landesbildstelle Württemberg (Neg. Nr. 47748) 206; BA: C. Gräter, 207; Landesbildstelle Württemberg (Neg. Nr. 29815) 209; BA: C. Gräter, 210; Winzergenossenschaft Horrheim, 213; Landesbildstelle Württemberg (Neg. Nr. F 782/11) 219; Landesbildstelle Württemberg, 223; BA: C. Gräter, 224; WG Lehrensteinsfeld, 226; Landesdenkmalamt Baden-Württemberg, 230; Landesbildstelle Württemberg (Neg. Nr. F 447/46) 233; BA: C. Gräter, 234; Th. Eheheit, 236; Weinkellerei Hohenlohe, 241; BA: C. Gräter, 246, 249; M. Schuler, Weikersheim, 253; I. Rohloff, Würzburg, 255; BA: C. Gräter, 259; WZG Möglingen, 261; BA: C. Gräter, 269; Weinbaumuseum Uhlbach, Foto Hehl, 292; BA: C. Gräter, 304, 305.